한문소설의 통속성

양승민 지음

보고사

서문

　멋모르고 고전소설을 공부하겠노라 달려든 지도 어언 14년의 세월이 흘렀다. 이 책에 전재한 원고로 박사학위를 받은 지도 5년째다. 학문적 성장기의 주력 연구 분야를 책으로 출간하려니 얼굴이 화끈거린다. 그저 날뛰기만 했지 허점투성이요 알맹이가 없다는 사실이 이제 만천하에 드러나게 되었다. 다만, 구고(舊稿)를 묵혀두기보다는 세상으로 내밀어 새로운 각오를 다지는 것이 낫다고 생각해 부끄러움을 무릅쓰고 책을 낸다. 다 뜯어고치겠노라 누차 벼르기도 했다. 하지만 그렇게 벼르며 계속 묵혀두기를 5년째. 천성이 게을러 좀처럼 손을 대지 못했다. 맞다. 계속 붙들고 있어본들 뜻을 이루기는 힘들어 보인다.
　책 이름을 두고 고민하다가 '한문소설의 통속성'이라고 정했다. 본서에서 다룬 작품이 한문소설 전체가 아니라 17세기 전기소설(傳奇小說)로 제한돼 있다는 점에서, 이것이 적절한 제목인지 생각해 보았다. 문득, 전기소설은 하나의 유형적 명칭이니 한문소설이라고 하면 오히려 더 적합할 수도 있겠다는 생각에 미쳤다. 더구나 17세기 전기소설은 한문소설의 본령에 해당할 뿐만 아니라 우리나라 한문소설사를 대표한다고 해도 별로 틀리지 않잖은가.
　이 책에서 나는 한문소설의 통속성 그 자체를 분석적으로 설명하는 가운데 고전소설사에 나타난 통속화 양상의 추이를 짚어내고자 했다. 내가 찾은 해법은 국문소설과의 비교 독법, 바로 그것이다. 그래서 나는 의도적으로 국문소설을 읽는 시각에서 한문소설에 접근하고자 했다. 가령 15·16세기의 한문소설을 분석하는 잣대로 17세기 한문소설을 관찰하거나 한문소설이 국문소설과 현격히 다르다는 인식에서 접근하지는 말자는 게 내 생각이다. 그 담당층이나 생산지반에 있어서도 한문소설과 국문소설 양자가 판이한 양상을 보인다고 말하기는 어렵다. 또한 한문소설을 경전(經典)시하는 경향에 대해서도 나는 마땅치 않게 여긴다.

또 하나 염두에 둔 점은 소설의 통속성에 대한 부정적 인식과 편견을 버리자는 것. 작품성향으로서의 통속성과 상업적 통속성을 구분하자! 그 말이다. 혹자는 17세기에 출현한 한문소설을 가리켜 통속성 운운하는 발상에 대해 의혹을 가질 수도 있을 것이다. 하지만 소설이라는 것은 애당초 속문학이 아니던가. 동아시아 문명권에서 문화적 정점에 놓이는 것은 성현(聖賢)의 말로, 육경(六經)과 국사(國史) 이외의 모든 저술이 소설이자 속된 것이었다. 때문에 일단 모든 소설을 대상으로 통속성을 논할 수 있다. 단, 국문소설은 의당 통속문학의 본령에 속하므로, 국문소설이 아닌 한문소설을 대상으로 그 통속화 경향을 살펴야 소설사의 추이를 옳게 조명할 수 있다고 여긴다.

그러나 유감스럽게도 나는 이 책에서, 우리가 꼭 논의할 필요가 있는 과제들을 단지 던져두는 데 그친 것들이 적지 않다. 17세기 전기소설 내에서의 각 작품별 통속성의 층위를 보다 면밀히 파악해 드러내주는 일이 요망되며, 전기소설에서 통속성과 작가정신이 상충하는 문제를 균형감 있게 설명해 주는 일도 필요한 과제이다. 그런가 하면 통속소설이라는 범주 내에서도 다양한 스펙트럼이 존재하므로 기실 17세기 중후반 이후의 소설사에 등장한 통속소설 작품들 간의 다양한 스펙트럼을 면밀히 짚어주는 작업도 남아 있다. 더구나 작가가 지향한 통속성, 독자로서 느낄 수 있는 통속성, 상업적 통속성 등, 통속성의 층위에 대한 고려에는 거의 미치지 못했다. 어느 하나 명쾌히 해결하지 못하고 과제를 더 많이 남긴 것 같다는 생각에 몸도 마음도 움츠러든다.

그동안 공부하면서 나는 풍족한 인덕을 누렸다. 그래서 감사드릴 분들이 너무나 많다. 그 중에서도 석사생 시절부터 나를 지도해 주신 인권환 선생님은 언제나 큰 빛과 그늘이 되어 주셨다. 아버지 같은 은사 덕택에 나는 걸음마 시절부터 오늘까지 내내 용기 충천해 학문의 즐거움을 누릴 수 있었다. 그 은혜를 어찌 말로 다할 수 있으랴!

장효현 선생님의 은덕도 뼛속 깊이 입었다. 석·박사논문을 자애로우면서도 날카롭게 지도해주셨을 뿐만 아니라 평소 공부하는 내내 실로 많은 힘과 용기를 북돋아 주셨다. 나는 선생님의 학문과 가르침에서 깨우침을 받을 때가 한두 번이 아니었다. 선생님의 연구실에서 책과 자료를 빌려다 본 것이 또 몇 번이나 되는지. 감사합니다!

박일용 선생님의 은혜에 또한 깊이 감사드린다. 선생님을 박사논문 심사위원으로 모시게 된 것은 내게 큰 행운이었다. 나는 선생님의 참으로 예리한 지적과 고귀한 답에 힘입어 그 정도의 논문이나마 제출할 수 있었다. 이후에도 선생님은 종종 분에 넘치는 칭찬으로 내게 용기를 북돋아 주셨고 내 앞날을 진실로 축원해 주셨다.

유영대 선생님과 윤재민 선생님 또한 내게 은사님이시다. 박사논문 심사에서 열과 성을 다해 함께 고민해 주셨고, 격려도 아끼지 않으셨다. 두 분 선생님께서 나를 가르치고 일깨워 주신 은혜는 두고두고 잊을 수 없다.

문학연구소 연수 시절 지도교수였던 석창유(石昌渝) 선생님에 대한 그리움도 간절하다. 선생님은 "내 학생" 하시며 나를 자식처럼 대해 주셨고, 찾아뵐 때마다 엄청난 학문적 열정을 보여 주셨다. 나의 학문적 시야가 트이도록 도와주신 은사님이시다. 선생님, 만수무강하세요!
 감사드릴 분들이 어디 이뿐이랴. 내가 존경해 마지않는 그 밖의 여러 선생님들이 나를 위해 격려와 응원을 아끼지 않으셨다. 우쾌제 선생님, 강재철 선생님, 윤주필 선생님, 박재연 선생님, 정명기 선생님 등등, 다 언급할 수는 없지만 여러 선생님들의 격려에 힘입어 나는 더 힘을 받아 공부할 수 있었다. 머리 숙여 감사를 드립니다!
 대학원생 시절 매일 얼굴을 맞대고 공부하며 뜨거운 열정을 나누었던 고려대 서사분과 동학, 선후배님들, 그리고 고한연 선배님들께도 깊은 감사의 뜻을 표한다. 그 중에서도 의기투합해 경쟁하듯 공부했던 전성운 선생과 정창권 선생은 나의 가장 오랜 학문적 동지다. 수업기간 때마다 살벌하게 퍼부어댄 선배님들 덕분에 이를 갈며 공부한 때도 그립다!
 이 책을 내려니 우리 가족들이 다 떠오른다. 아, 나의 부모님! 은혜가 너무 높고 지은 죄가 너무 커 말을 할 수 없다. 부디 건강하십시오! 사위 노릇 한 번 못한 장인과 장모님께도 똑같은 생각이다. 부모님들의 하해와 같은 사랑과 은혜를 어찌 갚으랴! 빈털터리에 뭐하나 내세울 것 없는 나를 믿고 따라준 아내 김소희에게도 고맙다는 말을 전한다. 당신이 아니었다면 나는 단 한 줄의 글도 쓸 수 없었을 게요! 그리고 내 아들 시원아, 건강히 잘 자라주어 고맙구나! 네가 아빠에게 안겨주는 즐거움을 잊지 않으마.
 끝으로, 책 출판을 기꺼이 맡아 주신 보고사 김흥국 사장님과 정성을 다해 책을 꾸며주신 편집부에 진심으로 감사를 드린다.

2008년 4월
저자 씀

차 례

서문 …………………………………………………… 3

제1장 서론 ………………………………………… 11

1. 연구과제 ………………………………………… 11
2. 연구방법 ………………………………………… 21

제2장 고전소설의 통속성을 분석하는 시각 ……… 25

1. 비평자료를 통해 본 소설의 통속성 ………………… 26
2. 주제의 보편성과 소통의 개방성 …………………… 35
3. 통속과 저속의 분별 ………………………………… 45

제3장 17세기 전기소설의 통속적 성향 …………… 48

1. 서사구조의 양태 …………………………………… 48
2. 인물성격의 국면 …………………………………… 77
3. 서사기법의 실상 …………………………………… 121
4. 문체와 언어의 경우 ………………………………… 168

제4장 전기소설 통속화의 문화적 동인 ······ 228

1. 아(雅)문화의 세속화 ······ 228
2. 기층소설문화의 형성 ······ 239

제5장 17세기 전기소설의 소설사적 위상 ······ 247

1. 독본소설(讀本小說)로의 성장 ······ 248
2. 통속성과 작가의식의 충돌 ······ 262
3. 소설사적 조망 ······ 267

제6장 결론 ······ 283

【참고문헌】 ······ 291
【찾아보기】 ······ 298

한문소설의 통속성

제1장 서론

1. 연구과제

본서는 17세기 전기소설(傳奇小說)의 통속화(通俗化) 경향에 관한 연구를 과제로 삼는다. 필자가 17세기 전기소설에 다시 주목하는 이유는, 종래 풍부한 연구성과가 축적되었음에도 불구하고 해당 시기 소설사의 추이와 관련해 아직도 많은 문제들이 베일에 가려져 있다는 판단에서이다.

그동안 학계에서는 종종 17세기를 가리켜 고전소설사의 일대 전환기 혹은 본격적인 소설사가 개막한 시기로 평가하곤 하였다.[1] 17세기

---

1) 관련 연구성과를 자자순으로 들면 대략 다음과 같다. 강상순, 「전기소설의 해체와 17세기 소설사적 전환의 성격」, 『어문논집』36, 안암어문학회, 1997; 김대현, 『조선시대소설사연구』, 국학자료원, 1996; 김종철, 「전기소설의 전개양상과 그 특성」, 『민족문화연구』28, 고려대민족문화연구원, 1995; 박일용, 「전기계 소설의 양식적 특징과 그 소설사적 변모양상」, 『민족문화연구』28, 고려대민족문화연구원, 1995; 박일용, 「17세기 애정소설의 사실적 경향과 낭만적 경향」, 『조선시대의 애정소설』, 일지사, 1993; 박희병, 『한국전기소설의 미학』, 돌베개, 1997; 박희병, 「한문소설과 국문소설의 관련양상」, 『한국한문학연구』22, 한국한문학회, 1998; 윤재민, 「조선후기 전기소설의 향방」, 『민족문학사연구』15, 민족문학사연구소, 1999; 이혜순, 「전기소설의 전개」, 『고소설사의 제문제』, 집문당, 1993; 임형택, 「전기소설의 연애주제와〈위경천전〉」, 『동양학』22, 단국대 동양학연구소, 1992; 장효현, 「전기소설의 장르 개념과 장르사의 문제」, 『한국

를 그렇게 평가해온 데에는 두 가지 소설사적 현상이 그 배경으로 자리한다. 우선 17세기로 접어들어 전기소설이 전대의 그것들에 비해 뚜렷한 변모를 보인다는 것이다. 그 중추적 변모양상으로는 전설적 기이(奇異)를 청산하고 현실주의 경향이 증대되었다는 점, 인물·사건의 다양화와 함께 갈등이 증폭되었다는 점, 서사적 편폭이 한층 확대되었다는 점 등이 누차 거론되었다. 다음은 17세기 중후반기 무렵부터 국문소설 및 장편소설이 소설사의 새로운 주도적 장르로 부상했다는 측면이다. 소설 담당층의 확변(擴變)에 따른 문학적 생산양식의 지반 변동과 함께 전기소설이 급격히 퇴조하거나 양식적 해체를 맞는 대신 영웅소설이나 가문소설, 혹은 규방소설 등과 같은 중장편 국문소설이 족출했다는 것이다. 이들 양대 국면은 17세기를 고비로 나타난 고전소설사의 전환적 지표로 동시에 거론되기 일쑤였다.

  이를 좀 새겨서 수렴한다면 17세기 전기소설은 소설사적 전환 국면을 여실히 보여주지만 그렇다고 해서 해당 세기 소설사를 끝까지 짊어지고 나아간 소설유형은 될 수 없으며, 17세기 중후반기 이후의 소설사는 신흥양식으로 떠오른 일군의 국문소설이 그 주도권을 점하게 되었다는 논법으로 귀결된다. 물론 이론(異論)이 있기 어렵다. 그런데 문제는 17세기 전반기 전기소설과 후반기 국문소설의 거리가 전혀 파악되지 않아 전·후반기 사이가 소설사의 사각지대로 남아 있다는 점이다. 가령 17세기 전기소설이 소설사적 책임을 다했다는 논법에는 국문소설을 마치 평지돌출한 돌연변이로 다루는 관점이 엄존한다. 전기소

고전소설사연구』, 고려대 출판부, 2002; 장효현, 「고전소설의 현실성과 낭만성 문제」, 같은 책; 정민, 「〈위경천전〉의 낭만적 비극성」, 『한국학논문집』24, 한양대 한국학연구소, 1993; 정출헌, 「초기 한문소설에서의 현실주의 논의와 그 전망」, 『고전소설사의 구도와 시각』, 소명출판, 1999; 정출헌, 「17세기 국문소설과 한문소설의 대비적 위상」, 같은 책; 정환국, 「17세기 애정류 한문소설 연구」, 성균관대 박사학위논문, 2000.

설과 국문소설의 상호 맥락을 도외시한 채 소설사를 지나치게 단절적으로 파악함으로써, 결과적으로 국문소설의 전환성만이 강조되거나 17세기 전기소설의 소설사적 의미나 위상이 자못 불분명하게 되었던 것이다. 이는 전기소설 자체에 대한 연구자 나름의 해석시각에서 기인하는데, 17세기라는 전환기 역사 속에서 전기소설은 갈등의 간접화 혹은 갈등의 내면화와 같은 고답성과 폐쇄성으로 인해 현실반영의 폭과 깊이를 심화해야 한다는 소설사적 과제를 감당하지 못했다는 것이다.[2] 그런가 하면 전기소설은 기본적으로 문인지식층의 꿈과 원망을 표현한 단편소설양식으로, 장편소설과는 발생론적 기원 자체가 전혀 다르며 애초 현실주의 성격의 양식이 아니므로 조선후기의 시대적 요구를 감당할 수 있는 성질의 것이 아니라는 주장도 제기되었다.[3] 이와 달리 전기소설의 창작경험과 국문소설의 성립을 분리시켜 이해하고자 하는 관점은 소설사의 계통적 발전과정을 온전히 그려내는 데 합당치 못하다는 경청할 만한 지적도 있었다.[4] 동시에 17세기의 새로운 현실에 대한 소설사적 대응으로 국문소설이 전기소설의 한계를 돌파하면서 온통 그 역할을 대신한 것이 아니라 전기소설은 그것대로 자기에게 부여된 고유 역할을 수행했다는 비판도 제기되었다.[5] 다만 이같은 문제의식에도 불구하고 전기소설만의 고유한 영역을 강조하는 접근시각은, 마찬가지로 17세기 전기소설의 진면목을 규명하지 못하는 결과로 이어질 수 있다. 가령 전기소설만이 수행한 역할로 지적된 인간의 내

---

[2] 김종철·임형택·강상순의 위의 논문; 강상순, 「구운몽의 상상적 형식과 욕망에 대한 연구」, 고려대 박사학위논문, 1999.

[3] 윤재민, 앞의 논문, 32~34면.

[4] 박희병, 「한국고전소설의 발생 및 발전단계를 둘러싼 몇몇 문제에 대하여」, 앞의 책, 74~79면.

[5] 박희병, 위의 논문.

면성에 대한 진지한 반성적 탐구라는 측면이 17세기 전기소설의 실상과 얼마나 부합할 수 있는지는 여전히 논란이 될 수 있다. '진지한 모색'과 '정신적 높이'라는 잣대는 15·16세기 전기소설을 분석하는 데는 유효할 수 있어도 기실 17세기 전기소설을 온전히 해석하기에는 다소 부적절해 보인다.6)

이상은 17세기 전기소설을 둘러싼 핵심적 쟁점들을 일단 가설적 수준에서 소묘해본 것이다. 이밖에도 지금까지 학계에 나타난 전반적인 문제점들을 나름대로 종합적으로 진단해 보면 대략 네 가지 정도가 추가로 제기될 수 있다.

첫째, 한문소설사와 국문소설사라는 이분법적 시각에 견인되어 전기소설사 내에서의 다양성들을 은연중 도외시하는 경향이 있어 보인다. 가령 '초기소설'이라는 명칭으로 17세기까지의 전기소설 전체를 지칭함은, 전기소설사 내에서의 차별성들을 간과하고 있음을 반영한다. 더구나 그러한 관점에서 전기소설 일반론을 종종 도출해 왔다. 16세기까지의 전기소설을 분석하는 잣대로 17세기 전기소설을 관찰하지는 않았는지 진지하게 돌이켜볼 일이다.

둘째, 전기소설과 국문소설은 표기문자가 달라 양식까지도 판이하다고 인식한다는 점이다. 한문소설은 국문소설과 '현격한' 차이가 난다는 시각에서 접근한다는 것이다. 가령, 문언체 한문소설이라고 해서 국문소설에 비해 유달리 고답적이고 무거운 이미지를 갖고 있다는 선입견에서 접근하지는 않았는지 성찰해볼 일이다. 또한 한문소설이라

---

6) 소설사를 『금오신화』 중심에서 고상한 정신사를 해석하는 듯한 접근시각도 나타난다. 15세기에 발전·완성된 전기소설의 인문정신이 17세기 이후의 소설이 창조적으로 계승하지 못했다거나, 전기소설은 진지한 양식이기에 삶에 대한 반성적 통찰이라는 주제적 진지함을 점차 상실하게 된 17세기 소설사에 적응하지 못하고 급속히 퇴출당했다는 등의 해석이 그것이다. 윤채근, 『소설적 주체, 그 탄생과 전변』, 월인, 1999.

해서 작품을 경전적(經典的)으로 읽는 경향도 있어 보인다.

셋째, 전기소설은 그 담당층이나 생산지반이 국문소설의 그것과 판이하다고 간주한다는 문제를 들 수 있다. 물론 담당층이란 독자층을 포함해서 하는 말이다. 이는 마찬가지로 15·16세기 전기소설사와 17세기의 그것을 혼동하는 인식이 널리 팽배해 있음을 반영한다. 이같은 문제는 17세기 전기소설의 실상을 제대로 규명함으로써 풀릴 수 있을 것이다.

넷째, 전기소설은 일반적으로 비극적이며, 비극적이지 않으면 전기소설의 본령에서 벗어나거나 작품 수준이 떨어진다는 식으로 간주하는 경향도 있어 보인다. 〈운영전〉과 〈상사동기〉가 그토록 밀접한 관련이 있다는 생각과 함께 전자를 해석하는 관점에서 후자를 평가하려 드는 것이 그 대표적인 예이다.

이같은 진단이 틀리지 않다면, 그동안 17세기 전기소설을 해석·평가함에 있어서 무엇보다도 접근시각의 문제점들을 적잖게 노출한 셈이다. 일반적으로 인식해온 몇 가지 척도로 그것들을 묶어 두었다는 비판이 응당 제기될 수 있는 것이다. 17세기 전기소설의 진면목을 규명하는 작업은 우선 저와 같은 문제의 요인을 파악하고 인식하는 일로부터 출발해야 한다고 믿는다. 17세기 소설사의 공백이 그토록 넓어 보였던 것만 하더라도 전적으로 소설사의 실상이 그래서가 아니라 그에 대한 미흡한 연구결과 때문이기도 했다는 게 필자의 가설적 진단이다. 물론 이 글 역시 논의를 진행함에 있어서 이같은 문제제기를 얼마만큼 책임질 수 있을지는 단언하기 힘들다. 다만, 일단 무엇보다도 문제의 소재를 정확히 주지해야 17세기 전기소설의 실상을 제대로 드러낼 수 있다는 확신에서 저와 같은 사안을 서둘러 지적해본 것이다. 이 글은 그러한 문제들을 인식하는 가운데 17세기 전기소설의 통속적 성향과 그 소설사적 의미들을 집중적으로 밝히고 나아가 그것들의 소설사적 위상을 새롭게 정립해보는 것을 중추 과제로 삼고자 한다.

이 글의 대상 작품은 17세기 전반기 무렵에 창작된 주요 전기소설 전체로, 〈주생전(周生傳)〉·〈운영전(雲英傳)〉·〈위경천전(韋敬天傳)〉〈최척전(崔陟傳)〉·〈상사동기(相思洞記)〉·〈왕경룡전(王慶龍傳)〉·〈동선기(洞仙記)〉 등 일곱 작품이다.7) 이와 함께 동시대 작품인 〈왕십붕기우기(王十朋奇遇記)〉와 〈유소낭전(劉少娘傳)〉을 보조연구자료로 삼기로 한다.8) 주요 분석 대상인 7편은 17세기 소설사에 출현한 전기소설 유형을 대표한다. 그동안 이들 작품 전반을 대상으로 그 통속화 양상을 정면에서 연구한 논문은 아직 없었다.9) 18·19세기 한문소설의 통속성을 주목한 논문들이야 간혹 있었으나 그마저도 문제를 깊이 있게 다루었다고는 인정하기 어렵다.10) 이는 도리어 소설사의 통속화가 18세기

---

7) 주 텍스트는 다음과 같다. 〈周生傳〉: 金九經本(문선규 역주, 『花史·周生傳·鼠大州傳』, 통문관, 1961) / 〈韋敬天傳〉: 『古談要覽』 수록본(임형택, 앞의 논문에 교감 수록. 정민, 앞의 논문에 번역 및 영인 수록) / 〈崔陟傳〉: 천리대본 / 〈雲英傳〉·〈相思洞記〉·〈王慶龍傳〉: 『三芳錄』(국립중앙도서관 소장) 수록본 / 〈洞仙記〉: 천리대본. 이밖에 참고로 활용한 이본들은 그때그때 출처를 밝히기로 한다.
8) 〈王十朋奇遇記〉와 〈劉少娘傳〉은 일명 『愼獨齋手澤本傳奇集』(필사본)에 수록돼 있다. 정학성, 『(역주)17세기 한문소설집』, 삼경문화사, 2000.
9) 단, 정환국의 앞의 논문(216~221)과 윤채근의 앞의 저서(395면)에서 17세기 소설사의 통속화를 의식하고 있음이 엿보인다. 정환국은 통속화의 본격적 출발점은 18세기 후반 이후로 잡을 수 있으나 그 맹아는 17세기 후반의 규방소설에서 싹텄다는 점을 지적하는가 하면 17세기 전기소설에서도 俗化의 가능성이 감지된다고 하였다. 논점이 다소 불분명하지만 그러한 국면을 자각한 것만으로도 연구사적 의의가 인정된다. 윤채근은 17세기로 접어들어 본격화된 소설의 양적 팽창과 함께 소설사가 통속화로 흘러갔다는 점을 지적하였다. 이는 17세기 소설사의 매우 중요한 측면을 포착한 것으로 평가된다.
10) 전기소설을 대상으로 한 연구물 중에서는 다음 두 논문에서 그러한 시각이 엿보인다. 윤재민, 앞의 논문; 정길수, 「절화기담 연구」, 서울대 석사학위논문, 1999. 또한 다음 논문에서 한문 소설의 통속성을 밝히려는 시도가 있었다. 권도경, 「조선후기 통속적 한문소설 연구」, 이화여대 석사학위논문, 1999. 이 중 권도경의 논문은 한문소설을 대상으로 그 통속성 연구를 정면에 표방한 것이어서 주목되는데, 무엇보다도 소설의 통속성을 부정적으로 파악하지 않는 가운데 한문소설을 국문소설과의 관계 속에서 고찰

이후에 나타난 것으로 간주하는 학계 전반의 인식을 잘 보여준다.

이상택의 「고대소설의 세속화과정 시론」은 간접적이지만 오히려 중요한 선행 연구성과이다.11) 논자는 고전소설을 크게 신성소설과 세속소설로 양분하면서, 양자가 혼류된 상태로 고전소설사가 전개되었다고 했다. 그가 말하는 신성소설이란 주로 종교적·신비주의적 세계관을 바탕으로 형성된 것들을 가리키며, 세속소설은 현실적·실용적 가치관을 바탕으로 한 작품들이다. 〈숙향전〉·〈숙영낭자전〉·〈유충열전〉 등등과 같은 신성소설은 신선·도술·이인(異人)·보응·정수(定數)·영이(靈異)·변신·재생·언참(言讖) 등과 같은 모티프가 복합적으로 나타날 뿐 아니라 하늘이 정해준 숙명에 따라 위기를 맞거나 해소된다고 했다. 그런가 하면 연암소설과 판소리계소설을 비롯해 〈이춘풍전〉〈옥단춘전〉 등등과 같은 세속소설은 종교적인 신이성이 거의 소거돼 있을 뿐 아니라 강렬한 물질적·화폐경제적 세계관이 나타난다고 했다.12)

이같은 설명은 고전소설사를 새로운 방식으로 이해할 수 있도록 도왔다는 점에서 적잖은 연구사적 반향을 불렀다. 다만, 문화에는 신성문화와 세속문화라는 두 대립적인 패턴이 있고 전자에서 후자로 이행해 간다는 전제에 이끌려 소설을 저와 같이 양분한 것은 재고의 여지가 있다. 소설은 비록 신성성을 띨 수는 있어도 종교적 차원의 그것과는

하려 했다는 장점을 갖고 있다. 다만, 18세기 후반 이후부터 소설사에 통속성이 대두하기 시작했다는 관점부터 문제가 될 수 있으며, 나름대로 설정한 '통속적 한문소설의 개념과 범주'에는 국문통속소설도 해당된다. 또한 그러한 한문영웅소설과 여타 국문소설의 同異를 설명하기도 했는데, 그것은 국문소설과 한문소설의 관계가 아니라 개별 작품간의 문제로 보인다. 19세기 소설사에서의 한문소설이란, 표기문자에 관계없이 기본적으로 통속적이거나 아예 통속소설이라는 점을 기억해 두자.
11) 이상택·성현경 편, 『한국고전소설연구』, 새문사, 1991.
12) 두 패턴의 공통분모 위에서 형성된 중간계열의 작품도 있다고 하면서 한 예로 〈낙천등운〉을 꼽았다.

판이하기 때문이다. 기실 소설은 처음부터 끝까지 세속문화의 영역에 머물러 있을 뿐이었다. 가령 소설에 나타난 귀신이나 신선의 이미지는 종교적인 무엇이 아니라 기본적으로 인간의 정감을 반영한 것이다. 신화의 세계에서라면 종교적 성결함과 인간의 세속적 욕망을 구분해 이야기할 수 있을 터이나, 이미 지괴 단계에 와서 귀신과 인간의 구별은 거의 없어졌다.[13] 오히려 논자가 말하는 신성소설이야 말로 전형적인 세속소설로 보아 마땅하다. 현실세계에서의 결핍을 환상세계에서 보상받고자하는 인간의 통속적 심리가 반영된 결과물이란 점에서 그렇다. 생의 우환이나 윤리적 규범과 속박으로부터 탈출해 절대적 자유를 꿈꾸었다는 점에서도 확실히 그러하다.[14] 아마도 전대의 한문소설로부터 출발했더라면 논의 방식이나 결과가 상당 부분 달라졌을 것이다.

 이상과 같은 실로 일천한 연구동향에 비추어 볼 때 17세기 전반기에 출현한 전기소설을 두고 통속적이라는 시각에서 해석·평가하려는 이 글의 시도는 자못 의혹을 살 우려마저 있어 보인다. 통속성이라 하면 으레 영웅소설이나 판소리계소설 혹은 세태소설 등과 같은 18·19세기 국문소설만을 떠올려왔던 터이다. 그러나 전형적인 국문통속소설

---

[13] 초기소설사를 보면 귀신은 다 사람처럼 사랑과 행복을 갈망하는 것으로 나타난다. 즉 인간에게 가장 중요하고 보편적인 사랑의 감정이 부상하는 한편 귀신 본래의 이미지는 거의 다 퇴색했음을 보여준다. 인간의 정감을 표현하는 문학의 각도에서 귀신에게 인성을 부여했기 때문에 귀신과 인간 사이에 차이가 없어졌던 것이다. 따라서 소설을 통해서는 기본적으로 종교적 신성성을 거론할 수 없다. 이같은 착상은 다음 책에 잘 나타나 있다. 葛兆光(심규호 옮김), 『도교와 중국문화』(동문선, 1993), 456~499면.
[14] 가령, 초기소설사에 종종 등장하는 귀신과의 비극적인 사랑은 사랑의 승리를 보여주는 것이기도 한데, 이는 현실세계에서의 진지한 사랑의 결핍을 보상받고 비판하기 위함이다. 작가는 가장 아름답고 완벽한 품성과 가장 진지한 사랑의 감정을 자신이 만든 귀신의 이미지 속에 투영시킨 것이고, 때문에 전체 줄거리를 엮어 가는 귀신이나 정령들은 '가장 완벽한 인성'을 지니고 있다. 여우가 가장 아름다운 인성을 지닐 수도 있고 호랑이가 가장 진솔한 애정을 지닐 수도 있는 것이다. 이것이 바로 문학적 감성이다. 葛兆光(심규호 옮김), 위의 책.

이 이미 17세기 중후반기 무렵에 무더기로 출현했다는 실상을 상기할 때,15) 그동안 고전소설사 해석에 있어서 중대한 오류를 범해온 것은 아닌지 자문해 보아야 한다. 우리가 암묵적으로 동의하고 있는 영웅소설이나 판소리계소설을 통속소설의 대표주자로 떠올리기에 앞서, 17세기 소설사에 나타난 〈임경업전〉·〈박씨전〉·〈구운몽〉·〈사씨남정기〉·〈창선감의록〉·〈숙향전〉 등을 통속소설의 '완성품'으로써 예의 주시할 필요가 있는 것이다. 더구나 15·16세기를 들여다보면 소설사의 국면이 결코 단선적이지가 않았다는 사실이다. 가령 『금오신화』 내에서도 〈이생규장전〉과 〈남염부주지〉가 갖는 편차란 자못 큰 것이었다. 〈이생규장전〉은 상당히 범속한 이미지를 선두에서 선보였다는 점에서 당시 소설사 내에서는 밤하늘의 별과 같은 존재랄 수 있다. 뿐만 아니라 대략 16세기 중후반기 무렵에 지어진 것으로 밝혀진 〈최고운전〉은16) 실로 소설사의 복병으로, 전기소설로서의 성향을 띠면서도 후대 영웅소설과 상통하는 면이 무척 농후한 작품이다.17) 애정담과 영웅담을 중심으로 나타나기 시작한 소설사의 통속화 징후를 이들 두 작품에서 엿볼 수 있는 것이다. 특히 〈최고운전〉의 경우 무명작가에 의해 민간설화 요소가 대거 수용된 채 변방 한구석에서 태어남으로써, 16세기

---

15) 사실 앞서 든 강상순의 박사학위논문은 〈구운몽〉이 지닌 통속소설로서의 성격을 논구한 것으로 이해해도 무방하다. 물론 논자는 〈구운몽〉이 연의소설류와 같은 여타 통속소설과는 차원이 다른 고품격의 작품이라는 생각을 품고 있는 것으로 보이나, 그렇다 해서 통속소설이 아니라고는 말할 수 없다. 이 점은 논자 스스로도 어느 정도 인정하고 있는 것으로 파악된다. 필자 역시 〈구운몽〉을 '고상한' 부류의 통속소설로 간주하는 시각에는 기본적으로 동의한다. 통속소설이라는 범주 내에서도 다양한 스펙트럼이 존재한다고 믿기 때문이다. 기실 17세기 중후반기 이후의 소설사에서는 통속소설간의 다양한 스펙트럼을 면밀히 짚어주는 작업이 긴요하다.
16) 김현룡, 「〈최고운전〉의 형성시기와 출생담 고」, 『고소설연구』4, 한국고소설학회, 1998.
17) 박일용, 「〈최고운전〉의 작가의식과 소설사적 위상」, 『고전문학연구』16, 한국고전문학회, 1999.

후반기로 접어들면서 소설문단의 지반 변동과 함께 이미 복잡한 지형도가 형성되기 시작했음을 보여주었다. 나아가 늦어도 18세기 초반 이전에는 국문으로 번역되어 널리 소통되었고 이후 숱한 국문본·한문본 이본을 파생시키면서 전승되어 왔다.[18] 17세기로 접어들어 소설사의 통속화 국면이 본격적으로 개막할 채비는 〈최고운전〉 즈음에서 이미 갖추어졌던 것이다. 뿐만 아니라 뒤에서 자세히 살피겠지만, 한문소설이나 백화소설이 표기문자의 전환에 힘입어 민간 여염집으로 전파되기까지 한 16·17세기 소설사의 저류는 우리가 생각해온 상황 이상으로 복잡하고 두터운 것이었다. 17세기 전기소설을 두고 문인지식층의 전유물로 간주하거나 당시 소설사를 한문소설 일변도로 파악하는 것은 실로 온당치 않음을 미리 지적해 둔다.

무엇보다도, 17세기에 지어진 전기소설을 가리켜 통속성 운운하는 발상에 대해 의혹을 가질 수 없음은, 소설이라는 것이 애초 '속문학(俗文學)'이었다는 점 때문이다. 우리는 이 기본 전제에서 출발해야 한다. 동아시아 문명권에서 문화적 정점에 놓이는 것은 성현(聖賢)의 말이다. 육경(六經)과 국사(國史) 이외의 모든 저술이 소설이자 속된 것이었다. 따라서 일단 모든 소설을 대상으로 통속성을 논할 수 있다. 단, 국문소설은 의당 통속문학의 본령에 속하므로, 국문소설이 아닌 한문소설을 대상으로 그 통속화 경향을 살펴야 소설사의 이행 과정을 원만히 이해할 수 있다. 그동안 이 방면 연구가 일천했던 것은 이같은 본질적 국면을 인식하지 못한 탓이기도 하다.

---

[18] 〈최고운전〉에 대한 재인식은 다음 논문에 잘 나타나 있다. 정출헌, 「〈최고운전〉을 통해 읽는 초기 고전소설사의 한 국면」, 『고소설연구』14, 한국고소설학회, 2002.

2. 연구방법

　본 연구의 대상작품은 다 17세기 전반기 소설사에 몰려 있다.[19] 필자는 기본적으로 그들을 중심으로 논구하되, 줄곧 전후(前後) 소설사의 실상과 맥락을 인식하는 서술태도를 견지하도록 하겠다. 그 시대 소설의 통속화 경향을 규명하려면 의당 전대 한문소설은 물론이고 특히 뒤이어 나타난 여타 국문소설과의 유사성향을 도외시할 수 없기 때문이다. 이는 결과적으로 17세기 전기소설의 소설사적 위상을 간파하는 데 효과적일 수 있을 것이다. 그동안 『금오신화』와 같은 전대 전기소설을 분석하는 시각에서 접근하거나 혹은 19세기까지의 '전기소설사'만을 중시해온 연구방법들은 17세기 전기소설의 진면목들을 드러내는 데 미흡할 수밖에 없었다. 사실 17세기 전기소설을 국문소설 식으로 접근하려는 이 글의 독법 자체는 보다 새로운 국면들을 읽어낼 수 있다고 믿는다. 특정 시기 소설사의 국면을 조망할 수 있는 길은 여러 갈래가 있을 수 있으나, 17세기 전반기 전기소설을 둘러싸고는 '통속화'라는 기준이 무엇보다도 적절하다고 여긴다.

　그런데 본서에서 하필 17세기 전기소설을 대상으로 본 주제를 탐구하는 데에는 특별한 이유가 있다. 그것은 우리나라 고전소설사의 통속화 현상이 바로 17세기를 고비로 본격적으로 확산되었다는 확신 때문

---

[19] 단, 〈위경천전〉의 경우 작자문제를 두고 논란이 있어 그 창작시기에 대해서도 의문이 제기될 수 있다. "權石州製"라 하여 지은이를 權韠(1569~1612)로 밝혀놓은 『고담요람』의 기록을 인정하는 견해와 준신할 수 없다는 시각이 대립하고 있는데, 가령 정민과 문범두의 글에서 전자의 입장을 확인할 수 있으며 임형택과 박희병의 논문에서 그와 상반되는 주장을 볼 수 있다.(정민, 앞의 논문; 문범두, 『석주권필문학의 연구』, 국학자료원, 1996; 임형택, 앞의 논문; 박희병, 「전기소설의 문제」, 앞의 책.) 따라서 작자문제는 일단 유보한다 하더라도, 그 창작시기는 17세기로 잡아 무방할 것으로 판단된다. 『고담요람』에 〈운영전〉이나 〈상사동기〉와 같은 17세기 전반기 전기소설과 함께 묶여 있는 데다 그 작품 성향으로 미루어 18세기 이후에 창작된 것으로는 보이지 않는다.

이다. 17세기 전반기의 전기소설은 그 주역인 셈이다. 물론 앞서 언급한 것처럼 소설은 처음부터 속문학(俗文學)에 속했고 근대 이전에는 내내 그 범주에서 벗어나지 못했다. 시종 대아지당(大雅之堂)에 오르지 못했던 것이다. 그러나 그것은 모든 소설을 속문학으로 다룰 수 있는 문화원론적 근거일 뿐이다. 다시 말해 비록 모든 소설이 속문학의 영역에 들긴 하지만, '통속소설'이라는 범주가 소설사에 실존했으므로 실은 이에 견주어 살피는 것이 온당하다는 뜻이다. 극소수를 제외한 17세기 이전의 대다수 소설작품은 통속소설의 지점에서 현격히 떨어져 있어, 통속적 성향을 논구하는 일은 사실상 무리가 따를 뿐 아니라 의의도 반감될 수밖에 없다. 17세기 이전 소설사를 점유한 것들은 비록 '소설(小說)'이지만 정작 속문학(俗文學)으로서의 성격은 상대적으로 미약했던 탓이다. 뒤에서 살피겠지만, 이미 무시할 수 없을 만큼 두터워진 16세기 소설사의 지층 위에서 17세기 전기소설과 같은 통속적인 작품들이 산출된 것으로 파악하는 것이 가장 무난하다. 소설양식의 통속화가 진행되다가 통속소설이 산출되는 과정을 고전소설사의 실상에 맞게 설명하기 위해서는 17세기 전반기 작품들로부터 출발할 필요가 있는 것이다.

　이때 아속(雅俗)이라는 이원적 문화론을 응용함은 대단히 적절하다. 가령 소설은 기본적으로 속문학이지만 고아(高雅)한 것들이 있는가 하면 속되기만 한 작품도 있다. 즉 소설이라는 것은 시문에 비해 상대적으로 통속적이지만 그 내부로 들어가면 통속화의 정도를 일률적으로 이야기할 수 없다. 소설을 편의상 '통속소설'과 '비통속소설'로 갈라 국문소설과 한문소설을 각각 전자와 후자에 귀속시킨다면, 한문소설 내에서 통속적 경사가 심한 17세기 전기소설을 대상으로 그 양상을 살필 수 있고, 또 그렇게 해야 의미가 있다는 뜻이다. 16세기까지의 소설사에는 아(雅)에 치우친 비통속소설이 주류를 이루었고, 17세기 후반기 이후에는 속에 치우친 통속소설이 소설사의 전면에 부상했다는 가설을 일단 세워볼 수 있는데, 본서에서는 그 중간 지점인 17세기 전반기를 집중 논구하고자 하는 것이다.

아울러 본서에서 유념하고자 하는 측면은 소설사의 '이면'을 살피는 것과 소설비평자료를 두루 활용하는 일이다. 소설사의 이면이란 겉으로 확연히 드러나 있진 않지만 유추해서 충분히 밝혀낼 수 있는 소설문화의 저류 같은 것을 말한다. 물론 여기에는 소설작품이 소통되고 목록학의 범주 안팎에서 맴도는 따위의 양상들까지 포함된다. 16·17세기를 전후해 두터워진 소설사의 '저류'를 살피지 않으면 17세기 소설사의 실상을 상당 부분 발견하지 못할 수 있다. 이는 기실 관련 소설비평자료를 적절히 활용함으로써 어느 정도 해결할 수 있다. 그리고 작품을 분석하거나 통속소설의 정체를 이해하기 위해 필요한 대로 중국측 소설비평자료까지 이용하기로 하겠다.

본서의 진행 방향에 대해 간략히 언급해 두겠다. 우선 제2장에서는 고전소설의 통속성을 분석함에 있어서 요구되는 몇 가지 사안들을 소설비평자료에 기대어 서술하도록 하겠다. 하필 '고전소설'이라는 단서를 다는 이유는 근대 이후 통속소설에 접근하는 연구자 및 비평가들의 관점들이 매우 다양하게 있어왔기 때문이다. 고전소설사의 실상을 고려할 때 그와 같은 방법론이나 연구시각은 부적절하다. 가령 순문학성이 결여된 소설, 낭만적 병리현상, 시민계급 대중의 기호에 투항한 쾌락 위주의 소설, 값싼 상업주의 소설, 하류층의 읽을거리 등등과 같은 통속소설을 둘러싼 부정적 해석들이 그것이다. 이같은 통념에 견인될 경우 고전소설의 통속성을 바로 관찰할 수 있는 시야를 갖추기란 쉽지 않다. 그동안 통속소설을 둘러싼 원론적 논의들이 풍부하게 있어왔음에도 불구하고 고전소설의 통속성을 분석하려면 악전고투할 수밖에 없는 실정이라고 할 수 있다. 따라서 필자는 고전소설사의 실상에 걸맞는 접근시각을 제시하는 가운데 이 글의 목표에 접근하고자 한다.

다음 제3장에서는 본서의 핵심 주제인 17세기 전기소설의 통속적 성향에 관해 집중적인 논의를 펼치도록 하겠다. 서사구조, 인물성격, 서사기법, 문체와 언어 등 크게 네 가지 방면에 걸쳐서 진행된다. 이를 통해 그들에 나타난 통속적 경사의 정도가 드러나게 될 터인데, 기실 그와 같은 성향이 곧 해당 시기 전기소설의 주된 특질임을 확인하는 자리가 될 것이다.

나아가 제4장과 제5장에서는 17세기 전기소설이 그렇게 통속화된 요인은 무엇이며 그들의 소설사적 위상은 어떻게 정립될 수 있는지에 관해 각각 논구하기로 한다. 여기서 특별히 염두에 둔 점은 소설을 둘러싼 상하층 문화의 지반 양상과 17세기 전기소설이 소통되는 역사적 실태에 관해서다. 소설에 대한 담당층의 인식, 작가층의 전변 양상, 소설의 사회적 위상, 전기소설이 표기문자의 전환에 힘입어 널리 소통되던 실상 등등을 밝히게 될 것이다. 이를 토대로 17세기 전기소설이 당시 소설사의 흐름 내에서 어떤 의의를 갖는지 조망해보도록 하겠다. 그리고 제6장에서는 논의 결과를 요약·정리하고 미진했던 문제와 향후 요망되는 과제들을 제시하는 것으로써 마무리하도록 하겠다.

제2장 고전소설의 통속성을 분석하는 시각

　소설문학의 '통속성' 문제는 '통속소설론' 및 '대중소설론' 혹은 '속문학론(俗文學論)'을 비롯해 그 방면 연구논저들 가운데에서 줄기차게 거론된 바 있다. 근대 이후 임화의 탁월한 문학론을 비롯해 김동인·염상섭·김기진·안회남·윤백남·방인근 등이 내놓은 일련의 주장에서 그것을 살필 수 있으며, 그밖에도 국내외의 숱한 연구자·비평가들이 그에 관해 언급해온 것으로 파악된다.[1] 그런데 저간의 논의들을 검토해보면 의견 조율이 거의 불가능할 정도로 복잡한 양상을 드러낸다. 때문에 그와 같은 전철을 밟다보면 자칫 비생산적인 결과만을 가져올 위험이 있어 보인다. 본서에서 근현대 통속소설을 둘러싼 원론적 문제

---

1) 대략 다음과 같은 논저 및 편서들을 참고할 수 있다. 임화,『문학의 논리』, 서음출판사, 1989; 임규찬·한진일 편,『임화 신문학사』, 한길사, 1993; 조성면 편저,『한국근대대중소설비평론』, 태학사, 1997; 鄭振鐸,『中國俗文學史』, 東方出版社, 1996; 胡適,『白話文學史』, 東方出版社, 1996; 김주연 편,『대중문학과 민중문학』, 민음사, 1980; 아놀드 하우저(최성만·이병진 역),『문학과 예술의 사회학』, 한길사, 1983; 김종철,「상업주의소설론」,『한국문학의 현단계Ⅱ』, 창작과비평사, 1983; 김현,「무협소설은 왜 읽히는가」,『김현문학전집』2, 문학과지성사, 1991; 움베르토 에코(김운찬 옮김),『대중의 슈퍼맨들』, 열린책들, 1994; 박성봉,『대중예술의 미학』, 동연, 1995; 박성봉 편역,『대중예술의 이론들』, 동연, 1995; 대중문학연구회 편,『대중문학이란 무엇인가?』, 평민사, 1995; 케스린 흄(한창엽 옮김),『환상과 미메시스』, 푸른나무, 2000; 동국대 한국문학연구소 엮음,『대중문학과 대중문화』, 아세아문화사, 2000.

로까지 뛰어들 겨를은 없으므로, 단지 목표 달성에 필요한 몇 가지 해석시각만을 제시하고자 한다.

물론 소설의 '통속성'을 논구하는 작업은 '통속소설'의 개념과 맞물려 있다. 무엇을 가리켜 통속소설이라 하는지를 설명할 수 있다면 '통속성'이라는 용어의 정체는 저절로 밝혀질 터이다. 그러나 '통속소설'이라는 말은 하나의 장르적 명칭이 아니므로 이를 둘러싼 개념 설명은 그다지 생산적이지 못할 뿐만 아니라 명확한 일반론 도출도 사실상 불가능하다. 이는 통속소설의 개념을 둘러싼 그동안의 논의가 그토록 종잡을 수 없다는 데서도 잘 드러난다. 더욱이 '통속소설'의 뜻은 시대별로 대단히 가변적이었고, 그에 대한 인식과 접근시각 자체도 나라마다 다르고 개인마다 다르다. 저간의 쟁론들을 꼼꼼히 되짚어 합일점을 도출하는 일을 회피하거나 포기해서는 안되겠지만 그것은 이 글의 범위를 넘어서는 문제인 데다 무엇보다도 혼란을 가중시킬 우려가 있다. 따라서 필자는 근대 이후의 논의들은 가급적 뒤로 하고, 우선은 전근대시대 동안 한중 양국에서 있어온 통속소설 관련 주요 비평자료를 종합적으로 살펴보기로 한다. 이를 토대로 고전소설의 통속성 문제에 접근함에 있어서 요구되는 핵심 사안들을 설명하도록 하겠다.

1. 비평자료를 통해 본 소설의 통속성

동아시아 문명권의 문화적 범주를 일단 아(雅)와 속(俗)으로 양대별한다면, 육예(六藝)와 정사(正史) 이외의 모든 저술이 소설(小說)이자 속된 것이었다.[2] 하지만 아속(雅俗) 개념의 역사성과 상대성을 고려할

---

2) 六經國史而外, 凡著述皆小說也.(可一居士, 〈醒世恒言敍〉) 丁錫根 編著, 『中國歷代

때, 육경·정사 이외의 저술 가운데 전근대시대 내내 대아지당(大雅之堂)에 오를 수 없었던 것은 바로 '소설'이다. 그런데 언제부턴가 '통속소설'이라는 명칭이 나타나 마치 '비통속소설'이 따로 있는 것처럼 되어 버렸다.3) 그리고 실제로 소설은 그렇게 양분된 채 존속하였다. 그러다 보니 문언소설과 통속소설 양측 소설비평자료들에서도 확연한 차이점들이 나타난다. 한중 양국의 소설비평자료들을 일고해보면, 국문소설이나 백화소설과 같은 통속소설 관련 비평문에 이르러 문언소설 관련 자료들에는 나타나지 않았던 새로운 언급들이 대두함을 실감할 수 있다. 그와 같은 새로운 언급들은 바로 통속소설의 전반적 특질을 밝혀준 것이나 다름없다는 점에서 특기할 만하다. 우선 통속소설 관련 중국측 비평자료들을 종합적으로 살펴보기로 하자.4)

『小說序跋集(中)』(人民文學出版社, 1996), 779면.
3) '통속물'의 시원은 南宋代로까지 거슬러 올라가나, '통속소설' 혹은 '통속연의'라는 이름과 함께 본격적으로 대두한 것은 대략 元末明初로 보인다. 그리고 '三國志通俗演義'나 '京本通俗小說' 등과 같은 이름처럼, 민간의 說書나 話本 그리고 기존의 문언소설 따위를 변용·발전시킨 문인 창작 연의소설이나 화본소설이 그 장본인이다. 원말명초에 통속소설이 민간에서 산생한 이후 사람들은 正史·野史·演義의 순서로 그 지위를 정했다는 연구보고도 있다. 史家의 필법으로 역사를 서술하면 평민들은 이해하지 못하기 때문에 通俗의 필법을 사용했던 것인데, 그것이 통속소설의 첫 완성품인 셈이다. 물론 그것들은 자주 하나의 '역사'로 인식되었다. 중국인들은 文史 개념의 구분이 늦어 왕왕 소설에 묘사된 내용을 사실로 여겼다는 것이다. 국내에서는 잘 알려진 대로 김만중의 『서포만필』 가운데 '통속소설'이라는 명칭이 처음 나타나며, 그것들을 역사로 인식하는 습관도 중국과 비슷했다. 다만 중국과 달리 그 명칭이 매우 드물게 쓰였다. 김만중의 그 글만 해도 중국측 자료인 『東坡志林』 가운데의 〈삼국지연의〉 관련 기록을 인용한 것이다. 중국측 관련 서술은 다음 자료 및 저서에 의거한 것이다. [明]笑花主人, 〈今古奇觀序〉; [明]庸愚子, 〈三國志通俗演義序〉; [明]甄偉, 〈西漢通俗演義序〉; [明]綠天館主人, 〈古今小說序〉; 孔慶東, 『超越雅俗－抗戰時期的通俗小說』(北京大學出版社, 1998), 1~25면. 비평자료의 출처는 본서 본 장 각주 4번 참조.
4) 이하 언급될 자료들을 미리 한 자리에 들면 다음과 같다. [明]修髥子, 〈三國志通俗演義引〉, 中 888~889면; [明]甄偉, 〈西漢通俗演義序〉, 中 878~879면; [明]袁宏道, 〈東西漢通俗演義序〉 中 882~883면; [明]吉衣主人, 〈隨史遺文序〉 中 956~957면;

통속소설을 대표하는 연의소설(演義小說) 관련 비평자료들을 살펴보면 핵심 국면 두 가지를 직감할 수 있다. 하나는 언어의 통속성과 그로 인한 세속에로의 소통작용이고, 다른 하나는 인물·사건의 생동감과 그로 인한 흥미 제고 및 감동·교화의 용이함이다. 물론 역사에 대한 보충적 기능이야 기본이다. 〈삼국지통속연의인(三國志通俗演義引)〉에서는 역사가의 기록은 그 문장이 예스럽고[文古] 뜻이 너무 심오해 웬만한 학식이 아니면 졸음이 쏟아지므로, 호사자(好事者)들이 그것을 '통속적이고 천근(淺近)한 언어'로 고쳐 지어 '귀로만 듣고도' 그 사건을 이해하고[入耳而通其事] 동시에 그 '사건'으로 인하여 거기에 담긴 뜻을 깨달으며 나아가 그 뜻으로 인해 감동을 일으킬 수 있다고 했다. 또한 특별히 깊이 생각하지 않아도[不待硏精覃思] 권선징악의 이치와 충효의리의 득실을 깨닫게 해 풍교에 유익하다는 말도 덧붙였다.

그런가 하면 〈서한통속연의서(西漢通俗演義序)〉에서는 역사서의 미진한 측면을 보충하기 위해 통속연의를 짓는다고 하면서 무엇보다도 "세속에 통할 수 없다면 연의(演義)할 필요가 없다"고 했다.[5] 세속에 전파되지 않으면 아무 의의가 없으므로 그렇게 될 수 있도록 통속적 언어를 사용해 소설을 지었다는 뜻이다. 〈동서한통속연의서(東西漢通俗演義序)〉를 쓴 원굉도(袁宏道)도 이 점을 강조했다. 자기는 경사(經史)를 펼치면 곧 잠이 오지만 가령 〈수호전〉의 경우 쉽고 훤한 데다 일상어[語語家常]로 되어 있어 한번 집어들면 손에서 놓지 못하는 맛이

[明]可一居士, 〈醒世恒言敍〉 中 779~780면; [明]綠天館主人, 〈古今小說敍〉 中 773~774면; [明]笑花主人, 〈今古奇觀序〉 中 792~793면; [淸]氷玉主人, 〈平山冷燕序〉 下 1246~1247면. 전부 다음 자료집에 모아져 있다. 丁錫根 編著, 『中國歷代小說序跋集(上中下)』, 人民文學出版社, 1996. 페이지 표시는 이 책에 근거한 것이며, [明]은 明代를 [淸]은 淸代를 가리킨다.

5) 俗不可通, 則義不必演矣.

있다면서, 문인들에게는 통할 수 없되 속인들에게는 통할 수가 있어 '통속연의'라는 이름이 붙게 된 것이라고 했다.6) 또한 남녀노소 누구나 밤낮 그 사건의 전말에 대해 이야기하면서도 싫증내지 않았다는 사실도 증언했다. 〈수사유문서(隨史遺文序)〉의 경우엔 특별히 '인물·사건'의 통속적 측면을 적절히 지적했다. 장부의 의협심과 열사(烈士)의 기개, 지기(知己)에 대한 영웅호걸의 의리, 적을 쳐부수는 장수의 활약상 등이 생생하고 기이하게 펼쳐진다고 하면서, 그것이 속인들을 즐겁게 하면서도 권선징악의 뜻을 밝히고 권계적 깨달음을 준다고 했다.

화본소설(話本小說) 관련 비평자료들에서도 비슷한 측면들을 지적한다. 가일거사(可一居士)가 쓴 〈성세항언서(醒世恒言敍)〉를 보면, 글쓴이는 소설이 이치만을 숭상하면 너무 심난(深難)하게 되고 문장 수사에만 힘쓰면 수식에 빠지게 되는 문제가 있다는 점을 우선 지적한다. 그로 인해 여항 평민들의 귀에 들어 항심(恒心)을 진작시킬 수가 없다는 것이다. 이는 '소설'이라는 속문학 내에서도 문언소설과 통속소설이 서로 구분됨을 지적한 말로 받아들여도 무방하다. 또한 이에 근거할 때 통속소설의 핵심 정의는 일단 '일반인과 교통하는 소설'로 압축된다. '통속(通俗)'이라는 글자 자체가 세속과 통한다는 뜻이다. 그러나 가일거사는 통속소설의 특질을 보다 구체적이고 설득력 있게 설명했다. 그에 따르면, 『유세명언(喻世明言)』에서의 '명(明)'은 어리석은 사람을 계도한다는 뜻이요, 『경세통언(警世通言)』에서의 '통(通)'이라는 글자는 세속 평민들이 이해할 수 있는 언어로 썼다는 뜻이며, 『성세항언』에서의 '항(恒)'은 익혀도 싫증나지 않아 오래도록 전해질 수 있음을 뜻한다고 했다.7) 물론 국사 육경을 보충한다는 말도 덧붙였다.

---

6) 文不能通而俗可通, 則又通俗演義之所由名也.
7) 明者, 取其可以導愚也. 通者, 取其可以適俗也. 恒則習之而不厭, 傳之而可久.

여기서 거론된 '도우(導愚)'·'적속(適俗)'·'불염(不厭)' 이 세 가지 표현은 통속소설의 핵심적 성격을 정확하게 드러낸 것이다. 이를테면 교훈성·권계성을 비롯해 언어적 통속성으로 인한 소통의 대중성, 그리고 내용적 흥미로 인한 소통의 항상성(恒常性) 등을 밝혀준 것으로, 이는 통속소설의 본질적 국면들에 해당한다. 명대(明代) 사람의 글에서 통속소설의 개념을 둘러싼 문제들이 전부 다 설명된 셈이다. 자료 하나에서 이토록 명쾌하게 설명한 경우는 찾아보기 힘들다. 기실 한중 양국의 대다수 고전통속소설이 기본적으로 여기에 부합된다.

그 유명한 〈금고기관서(今古奇觀序)〉에서는 우선 소설이란 정사(正史)에서 다루지 않는 것이라고 했다. 일단은 국사(國史)에 대비해 소설을 가른 셈인데, 흥미로운 점은 '전(傳)'이나 '지(志)'의 경우 이름은 소설이라곤 하나 문장이 단아[雅馴]해 여항 평민들 가운데 그것을 이야기할 수 있는 사람이 드물다고 했다. 이 또한 소설을 다름 아닌 비통속소설과 통속소설로 가른 대표적 사례이다. 그리곤 수다한 통속소설을 비평하면서 인정세태에 대한 묘사의 절묘함, 비환이합(悲歡離合)의 극치, 일상성의 진기(眞奇), 권선징악의 효용성, 풍화의 미(美) 등을 그 특질로 거론했다. 특히 아래의 글귀는 지괴적 기이함[奇]과는 구별되는 통속소설의 기이함에 관해 명쾌히 언급한 것으로 이목을 끈다.

무릇 천하의 '眞奇'라는 것은 늘 평범하고 일상적인 데서 나온다. 인의예지를 常心이라 이르고, 충효열절을 常行이라 일컬으며, 선악과보를 常理라 이르고, 성현호걸을 常人이라 일컫는다. 그러나 대부분 常心을 유지하지 못하며, 常行을 닦지도 못하며, 常理를 드러내지 못하며, 常人을 만나기도 힘들다. 그러므로 서로 놀라서 이야기를 하면 듣는 이는 슬퍼하거나 감탄을 하기도 하며 혹은 기뻐하거나 놀라기도 한다. 선한 자는 권면을 알게 되고 불선한 사람 또한 부끄럽고 두려워하는 바가 있게 되니 공히 풍화의 美를 완성한다. 그런즉 무릇 지극히 기이한 것으로 사람을 감동시키는 일은 바로 지극히 일상적인 것으로 사람을 가르치는 일이다.[8]

글쓴이의 말대로 인의예지·충효열절·선악과보·성현호걸 따위는 '상도(常道)'임에도 불구하고 지키기가 무척 어렵고 쌓기도 어려우며 만나기도 쉽지 않으니 지극히 기이한 것들이다. 지극히 평범하고 일상적인 것이야말로 천하의 진기(眞奇)여서 그것으로 사람을 감발시키고 가르친다는 이 설명은, '전기(傳奇)'라는 명칭이 '소설'의 뜻으로 그토록 널리 통용되었던 사정을 알게 해준다. 통속소설의 기이함이란 비현실적이거나 불가능한 무엇이 아니라 일상생활에서 드물게 발생하는 그럴 듯한 것임을 지적한 말로 음미해볼 가치가 높다.

그런가 하면 풍몽룡(馮夢龍)의 글로 추정되고 있는 〈고금소설서(古今小說敍)〉에서도 통속소설에 대한 정곡을 얻은 설명을 볼 수 있다. 우선은 그 역시 소설을 비통속소설과 통속소설로 구분하고 있음이 주목된다. 즉 요즘[明代] 들어 어떤 사람들은 소설[통속소설]에 당인(唐人)[唐傳奇]의 풍치가 결여돼 있음을 탄식하지만 그것은 잘못된 생각이고 소설이라는 것은 시대에 따라 맞는 형식이 필요한 법이라고 했다. 또한 당인들의 소설이라는 것은 문인들에게나 받아들여졌고 송인(宋人)들의 통속화본(通俗話本)은 여항인에게 잘 어울리는데, 글을 이해하는 선비는 적고 여항 평민들은 많으니 정선(精選)된 당인 소설에 의지하는 사람은 적고 통속물에 의지하는 자는 많다고 했다.[9] 이어서 통속소

---

8) [明]笑花主人, 〈今古奇觀序〉. 夫天下之眞奇者, 未有不出於庸常者也. 仁義禮智謂之常心, 忠孝烈節謂之常行, 善惡果報謂之常理, 聖賢豪傑謂之常人. 然常心不多葆, 常行不多修, 常理不多顯, 常人不多見. 則相與驚而道之, 聞者或悲或嘆, 或喜或愕. 其善者知勸, 而不善者亦有所慚惡悚惕, 以共成風化之美. 則夫動人以至奇者, 乃訓人以至常者也. 丁錫根 編著, 앞의 자료집(中), 793면.

설의 위력적인 특질들을 인상깊게 지적하면서, 통속적이지 않고서는 도저히 불가능한 일이라고 선언했다.10) 그가 주장한 내용은 다름 아닌 감동·감화력이 무척 뛰어나다는 것인데 무려 10가지나 된다. 정리하면, 기뻐하거나 놀라게 하고, 슬퍼하거나 눈물을 흘리게 하며, 신나 노래하고 춤추게 하며, 칼을 움켜잡게 만들며, 엎드려 절을 하게 만들며, 스스로 목을 찌르고 싶어지게 하며, 돈을 던지도록 하며, 겁쟁이를 용감하게 만들며, 음탕한 자가 정조를 깨닫게 하며, 경박한 사람이 돈후한 성품을 갖도록 유도하며, 우둔한 사람도 땀을 흘리게 만든다는 것이다.11) 이같은 설명은 통속성이야말로 통속소설이 전근대시대 최상의 오락이게끔 했다는 사실을 실감나게 보여준다.

이상과 달리 〈평산냉연서(平山冷燕序)〉에서는 '아속공상(雅俗共賞)'이라는 말이 눈에 띤다. 무릇 문인의 유희지필(遊戱之筆)은 아속인(雅俗人)이 함께 감상할 수 있는 것이라야 이상적이라는 설명이다.12) 화본소설이나 연의소설에 비해 문인창작성이 상대적으로 강한 재자가인소설의 경우 아속인을 두루 겨냥한 것임을 밝혀준 셈이다. 기실 이 말에는 통속소설의 층위가 잘 반영돼 있다. 재자가인소설은 같은 백화소설이면서도 투박하기보다는 화려하고 전아한 문체가 두드러지는데, 이는 문인취향에 걸맞는 측면으로 해석해도 무방할 것이다. 조선의 김춘택(金春澤)이 〈사씨남정기〉를 추켜세우는 자리에서, 〈평산냉연〉의 풍치(風致)를 인정한 것도 족히 그럴 만하다.13) 〈사씨남정기〉가 최고

---

9) 大抵唐人選言, 入於文心, 宋人通俗諧於里耳. 天下之文心少而里而多, 則小說之資於選言者少, 資於通俗者多.
10) 噫, 不通俗而能之乎!
11) 試令說話人當場描寫, 可喜可愕, 可悲可涕, 可歌可舞, 再欲捉刀, 再欲下拜, 再欲決脰, 再欲損金, 怯者勇, 淫者貞, 薄者敦, 頑鈍者汗下.
12) 夫文人遊戱之筆, 最宜雅俗共賞.

라는 점을 강조하기 위해 결국은 무익하다고 말하긴 했어도 〈평산냉연〉을 깎아 내렸다고는 볼 수 없다. 물론 '아속공상(雅俗共賞)'이라는 말은 가일거사(可一居士)가 〈성세항언서(醒世恒言敍)〉에서 지적한 '항상성'과도 상통한다. 계층을 초월해 누구나 즐길 수 있다는 점을 지적한 것으로 이해할 수 있다. 또한 누구에게나 널리 소통될 수 있어야 진정한 통속소설이라는 말로도 받아들일 수 있다.

한편, 우리나라는 소설문화가 중국에 비해 상대적으로 개방적이질 못해, 비슷한 편수의 소설을 양산했으면서도 그에 대한 비평은 대단히 조심스러웠다. 통속소설에 대한 인식이야 말할 나위 없이 그랬다. 그것들을 광범위하게 읽으면서도, 적극적인 옹호를 펼치거나 그 특질들을 구체적으로 논의한 경우는 매우 드물다. 때문에 소설비평사의 토대가 다소 박약하나, 그래도 몇 가지 자료들을 통해 대략 더듬어 살필 수는 있다. 우선 김만중은 『서포만필』에서 『동파지림(東坡志林)』의 기록을 인용해 통속소설의 위력을 지적한 바 있으며, 18세기말(정조 14년)에 종로 담뱃가게 앞에서 소설 낭송을 듣던 어떤 사람이 흥분해 그 구연자를 베어 죽였다는 일화는 유명하다. 이는 앞서 살핀 〈고금소설서(古今小說敍)〉와 일맥상통하는 것으로, 선악의 대결구도와 권선징악이라는 교훈적 주제가 소설의 통속성을 보장하는 측면임을 실감케 한다.

그런가 하면 서유영은 〈육미당기(六美堂記)〉 서문에서 통속소설의 특질을 비교적 자세히 설명했다.14) 패관언서(稗官諺書)는 한결같이 남녀의 혼인으로 시작해 규방의 행적을 두루 서술했으니 서로 약간의 같고 다름은 있지만 다 가허착공(架虛鑿空)하고 지리번쇄(支離煩瑣)하다

---

13) 如平山冷燕, 又何等風致!(〈論詩文〉, 『北軒集』권16, 散藁)
14) 서유영, 〈六美堂記小序〉, 김기동 편, 『필사본고전소설전집』1(아세아문화사 영인, 1980), 305면.

고 했다. 하지만 인정세태에 대한 묘사가 우수하다는 점을 인정하면서 무릇 비환득실(悲歡得失)의 경계와 현우선악(賢愚善惡)의 분별이 왕왕 독자의 정서적 감발을 부른다고 했고, 여항 부녀자들이 탐독하면서도 싫증을 내지 않는다는 사실도 지적했다. 이는 국문통속소설에 나타난 도식성, 인물성격의 절묘함, 교훈성, 오락성 등을 설명해준 것이나 다름없다. 재자가인의 애정담이 소설사 통속화의 주범이라는 점도 간접적으로 시사했다. 더 중요한 것은 통속소설이라는 범주 내에서 덜 통속적인 층위가 있음을 구체적으로 지적한 사례라는 점이다. 이같은 생각은 조선후기 한문장편소설 관련 기록들에서 두루 나타난다. 그들 한문소설 작가들은 비록 현달하지는 못했어도 상당한 명성을 날린 사대부들인데, 소설을 '한문'으로 지어 애써 국문통속소설에 대해 반기를 들려고 했다. 문자가 달라지고 뜻이 심오해졌으니 이는 19세기 소설사의 전변(轉變) 양상을 반영한다. 그러나 특별한 경우가 아니라면 이미 19세기라는 시대는 한문으로 소설을 창작한다고 해서 비통속소설로 태어날 수 있는 시대가 아니다. 누구든 국문소설의 전통에서 자유로울 수 없었던 탓이다. 그것들은 그래서 국문소설과 층위는 달라도 통속소설이기는 마찬가지다. 더구나 곧바로 언역(諺譯)되고 상인들이 눈독을 들여 국문통속소설과 별 차이 없이 소통되었다.[15]

특별히 국립중앙도서관본 〈사씨남정기〉 서문은 인정물태의 통속성을 매우 상세히 논한 독후감으로 주목된다.[16] 글쓴이는 소인배·간신·악인 등에 대한 미움의 감정을 신랄히 드러냈고, 여주인공의 선행과

---

15) 〈옥루몽〉의 경우에도 근대 이후 〈춘향전〉이나 〈구운몽〉 그리고 일군의 영웅소설과 함께 재래 통속소설로 운위되는 가운데 그 대중성이 높이 평가되었다. 김기진, 〈대중소설론〉, 조성면 편저, 앞의 책, 48~49면.
16) 국립중앙도서관본 〈南征記序〉, 무악고소설자료연구회 편, 『한국고소설관련자료집 I』 (태학사, 2001), 146~161면.

절개를 최대로 드높였다. 심지어 엄숭·동청·교씨 등과 같은 악인형 적대자 이름을 하나하나 거론해가면서 욕을 해댔다. 선을 통해 선으로 계도하고 악을 통해 악을 징치하는 소설로 〈사씨남정기〉를 읽은 것이다. 게다가 첩을 둔 자, 정권을 쥔 자, 내침을 당한 부인네들이 다 본받을 수 있다고 했다. 이는 중국에서 장죽파(張竹坡) 이후 대대로 있어온 〈금병매(金甁梅)〉 독후감들과 일맥상통하는데, 거기에 해당되는 독자들은 소설을 대하면서 깊이 찔리는 바가 있을 것이라는 이야기이다. 통속소설의 핍진한 인정세태가 독자에게 얼마나 가까이 다가설 수 있으며 독자를 얼마나 흥분시킬 수 있는가를 여실히 보여준다. 그러한 인물성격이야말로 통속소설이 단연 선호하던 유형으로, 그들은 선악의 구도나 권선징악의 교훈성을 책임져준다. 사실 통속소설에서 오락성과 교훈성은 항시 불가분의 관계에 있다. 고전통속소설은 독자에게 영합하기보다는 도리어 선도하는 역할을 중책으로 여겼으며, 흥미 유발뿐만 아니라 권계적 기능을 생명으로 여겼다.

2. 주제의 보편성과 소통의 개방성

앞서 살핀 한중 양국의 비평자료들에 따르면, 통속소설은 창작정신과 심미성 양측 모두에 있어서 비통속소설과는 확연한 차이를 지닌 것으로 인식돼왔음이 드러난다. 우선 주목할 점은, 비통속소설의 경우 '심오한 이치'와 '단아하고 수식적인 문장'이 우위를 차지해 평민 독자의 접근이 어렵다는 사실 그것이다. 이를 새겨서 이해하면, 비통속소설은 특수화·개별화에 치우치는 경향이 두드러져 대중적 공감대를 획득할 수 있는 가능성이 차단돼 있다는 뜻으로 받아들일 수 있다. 이를테면 다중 독자의 정리와 심미취향을 도외시한 채 작가 개인의 특수한 사상과 이념을 짙게 투영하거나 혹은 자아완성에 몰입한 결과, 보편적 해석이 개입할 만한 틈새를 불허한다는 것이다. 일단 우리는 이같은 사안에 견주어, '통속소설'은 작가 개인의 이념 혹은 자아를 표출하는 데 몰입하지 않는다는 가설을 세워볼 수 있다. 즉 작가가 믿고 있는 현실은 창작행위를 하는 그로 하여금 의식적·무의식적으로 자아 표출을 추동할 터이나, 그 소설작품은 그와는 별도로 보편적 의미들을 생성한다는 것이다. 서사의 비중이 절대적 우위를 차지해 작가의 그림자를 압도할 경우 작품 그 자체는 단지 허구적 독서물로만 소통되는 가운데 독자의 다층적 수용을 허용할 터이다.

여기서 잠시 임화의 탁견을 들어 보자. 임화에 따르면, '순수예술소설'이라는 것은 허구를 통해 작가의 세계관과 환경[현실세계]의 관계를 표현하는 장르로, 작가는 그 결코 화합할 수 없는 환경과의 부조화를 나타낸다. 동시에 그 허구적 간접성을 통해 작가 자신이 처한 환경과의 날카로운 마찰을 어느 정도 은폐하므로, 마음 놓고 발언하면서도 생존할 수 있다는 점을 지적했다.17) 이와 달리 '통속소설'은 작가정신이 부족해 안이한 감상주의에 머물거나 현실성이 떨어지는 서사를 그려 '성실한 독자'로부터 공감을 얻어내지 못한다고 했다. 통속소설이 환경과의 '안이한 조화'를 취한다면, 성실한 문학은 "백인(白刃) 아래 분열과 부조화로 번뇌한다"는 것이다.18) 임화의 이같은 논리는 비록 순수예술소설과 통속소설을 대비적·차별적 시각에서 평가했다 하더라도 실로 경청할 만하다. 그런데 간과한 측면 한 가지가 있다. 순수예

---

17) 예컨대 예술소설은 이 은폐적 기능 때문에 30년대 후반 일제의 가혹한 탄압과 검열 속에서도 살아남을 수 있었다는 것이다.
18) 임화의 「본격소설론」 및 「통속소설론」, 앞의 책(1989), 218~253면.

술소설도 그 은폐된 작가정신에 관계없이 독자에게는 단지 통속소설로 소통될 수 있는 가능성이 있다. 다시 말해 투철한 작가정신이 작품세계에 투영되어 양자가 혼연일체를 이루었다 하더라도, 특별히 철학적 현실감을 기대하는 '성실한 독자'가 아니라면 그것은 단지 통속소설과 다름없이 감상될 수 있다는 것이다. 더구나 '단편소설'에서는 작가정신과 허구의 혼연일체가 상대적으로 용이해도, 일단 중편소설 정도만 되어도 양자의 조화를 완벽하게 추구해 독자를 그 안으로 끌어들이는 일은 거의 이상에 가깝다. 왜냐하면 소설의 길이가 늘어날 경우 작가정신과는 별도의 보편적 의미들이 생성될 틈새가 넓어져 독자는 작가의 속박으로부터 자유로울 수 있기 때문이다. 임화 자신도 장편소설의 경우 애초 통속성의 세례에서 벗어나기가 무척 어렵다는 사실을 간접적으로 인정했다. 즉 순수예술소설을 추구하면서도, 줄거리 안출을 위해 통속성을 수용함으로 인해 순수예술소설도 아니고 통속소설도 아닌 어정쩡한 작품을 짓게 된다는 점을 지적했다. 장편소설을 지을 때 예술성을 상실하지 않으면서 줄거리를 창출해내기는 실로 어렵다는 것이다. 작가의 주장과 묘사가 적절히 교섭할 때 참다운 예술적 작품이 탄생하는 법인데, 그렇게 쓰지 못하고 줄거리 안출을 위해 통속소설의 방식을 취함으로써 어정쩡한 방향으로 경사된다고 했다.[19]

소설의 통속성은 이렇듯 작가정신과의 길항관계를 형성하는 가운데 독자를 작가정신 내에 붙잡아두지 못하도록 하는 요인으로 작용한다. 소설을 창작함에 있어서 투철한 현실인식으로도 통속성을 배제하기란 실로 어려우며, 통속서사로의 경사가 심해질수록 그 허구적 서사가 독자를 유인함으로써 독자는 작가의 영향권에서 벗어나 거기에 몰입할

---

19) 임화, 「통속소설론」, 앞의 책.

수 있게 되는 것이다. 통속소설 텍스트가 작가의식과는 별도로 독자의 수용시각 안에서 다양한 의미들을 산출할 수 있음은 이 때문이다. 따라서 소설의 통속화란 다름 아닌 '독자와의 거리'를 좁히는 소설사적 현상을 가리키며, 통속성은 그것을 가능케 하는 제반 서사적 특질을 의미한다. 독자의 심미안에 적합한 서사체야말로 소설 독서로의 몰입을 유도하고 공감을 이끌 수 있을 터이다.

이를 구체적으로 설명하기에 적합한 유형으로 애정소설이 있다. 애정소설에서 애정 성취에 따르는 시련과 갈등은 인간의 숭고한 정신적 가치에 대한 철학적 사유를 드러내거나 종종 정치적 알레고리를 함유하기도 한다는 점에서 퍽 농후한 현실인식을 품고 있다. 기실 상당수 애정소설은 애정갈등을 통해 사회의 윤리관이나 인간 삶의 정향을 진지하게 모색하는 본도에 충실한 편이다. 그런데 흔히 그것들은 주인공 남녀의 사랑을 파괴하려는 적대적 상황의 연쇄적 설정과 제시가 절대적 우위를 차지한다. 심지어 천상과 지상을 갈라 필연적 우연을 구현하고, 선악의 첨예한 대결을 통해 흥분을 자극하는 경우도 볼 수 있다. 그와 같은 서사가 압도적일 경우 독자들은 사건의 순차적 전개 과정에 대한 기대지평을 갖고 작품을 감상하게 된다. 특히 주인공이 직면한 상황이나 인물의 행동에 몰두해 작품을 읽어 나아가게 될 터인데, 기실 중편소설 정도만 되어도 파란만장한 서사가 우위를 점해 독서과정에 큰 영향을 미칠 수 있다. 그와 같이 복잡하고 우여곡절한 줄거리는 독자로 하여금 서사에 푹 몰입해 본의를 망각하도록 유도할 게 자명하다.

또한 애정소설은 그와 같은 선정적 갈등구조뿐만 아니라 일종의 '예외성'이란 것이 그 통속성을 보장한다. '인물설정의 예외성'과 '환경의 예외성'이 그것이다. 가령 애정소설은 한미한 남성 재자가인과 상층 여성 재자가인, 혹은 양반 문사와 하층 여성의 사랑을 그리기 일쑤인데, 그들의 불가능한 결연은 일단 감각적인 데다 호기심을 촉발하기에도 족하다는 점에서 보통독자와의 거리가 현저히 좁아질 수 있다. 그들 주인공은 모든 남녀 독자의 벗이자 연인으로, 독자와 소통하는 가운데 독서 순간의 욕망에 부응할 수 있는 것이다. 환경의 예외성을 엿볼 수 있는 상투적인 방식으로는 부귀와 이국취향을 꼽을 수 있다. 주된 환경으로 설정된 상류층 재자가인의 화려한 집안 분위기는 전시적 이국정서를 연출해 독자가 족히 거기에 몰입하고 선모하도록 유도한다. 그리고 애정소설은 그와 같은 예외성에 충실했다는 점에서, 종종 애정지상주의로 흐르기도 한 것은 기실 예정된 일이었다. 애정지상주의는 갈등을 해결하는 방식에서 특히 잘 드러나는데, 그것은 흔히 불가능한 것을 가능케 하는 양태로 나타난다. 양반 문사와 기생의 사랑에서 신분 문제란 것이 애정갈등에 가미된 양념 수준에 그칠 뿐 심각한 갈등을 동반하지 않는다거나, 남녀의 결연을 천상계의 질서에 따른 예정된 운명으로 설정한다거나, 주인공의 시련을 전생의 업보로 설정하는 가운데 궁극적인 운명을 좌우하는 초자연적인 기제를 교묘히 침투시키는 것들은 다 그런 예이다.

　이같은 예외성이나 기이(奇異)한 애정지상주의를 가리켜 현실에 대한 외면을 조장하는 요소로 폄하해버리는 것은 옳지 못하다. 줄거리 위주의 연쇄적 서사에 대해서도 마찬가지다. 투철한 작가정신으로 무장해 독자를 그 속에 묶어두는 것만이 소설 본령의 사명이라고는 간주할 수 없는 탓이다. 물론 그러한 요소들은 일면 비난의 소지를 안고 있으며, 독자에 따라 미학적 실망을 느낄 수도 있는 게 사실이다. 분명 거기에는 현실에 대한 안이한 통찰과 낭만적 미봉 심리가 서식해 있기에, 우리가 이 점을 배제할 수는 없다. 그러나 보다 중시할 측면은 거기에 내재된 진실감이나 개연성 바로 그것이다. 그리하여 통속소설의 그와 같은 기이함[奇]은 독자로 하여금 자신이 속고 있다는 생각을 갖도록 만드는 게 아니라 서사에의 몰입과 동일시를 유도해 현실적 욕구를 상상적으로 해소할 수 있게 한다. 이같은 차원의 '허구적 진실'은 통속소설에 부여된 시대적 요구이기도 했을 터이다.

애정소설의 허구적 진실감을 받쳐주는 요소로는 우선 '의리와 정절'을 꼽을 수 있다. 애정소설은 주인공 남녀가 의리와 정절로 똘똘 뭉쳐 완벽한 진선미를 체현하는 형국으로 전개되기 일쑤인데, 이는 불가능한 사랑을 가능한 것으로 그림에 있어서는 가장 적절한 선택이라고 할 수 있다. 이로 말미암아 인물설정의 예외성이 높은 개연성을 획득할 수 있었다. 이와 함께 현실의 논리상 사랑과 정절은 기실 불가분의 관계에 있다는 점이다. 남녀의 애정관계에서 정절은 필수적으로 요구되는 보편적 덕목이기에, 이를 포용함으로써 현실성을 구현할 수 있었을 터이다. 나아가 교화적 기능을 발휘할 수 있다는 점에서도 광범위한 독자에게 마찰 없이 수용될 수 있었다. 그런가 하면 애정소설의 허구적 진실감을 높이는 요소로 '권선징악'이나 '인과응보'로 대표되는 소박한 민간신앙을 빼놓을 수 없다. 가령 천상과 지상을 갈라 남녀의 연분이나 애정 시련을 선험적으로 규정하더라도 그것은 필연적 우연으로 인식될 수 있는데, 이는 동아시아인들 사이에 내내 존속해온 선악의 가치관이나 순환론적 믿음 따위와 만나기 때문이다. 인과응보의 이치가 현실적 삶에 관여한다고 여기거나 신성의 세계가 현실세계와 공존한다고 믿어온 뿌리 깊은 민간신앙의 전통 속에서, 그와 같은 유토피아적 환상이나 주인공의 시련은 상당히 진실된 이미지로 수용될 수 있는 것이다. 통속소설의 창작과 독서에 줄기차게 관여해온 고진감래나 새옹지마 혹은 호사다마나 사필귀정 따위와 같은 통속적 미의식도 다 마찬가지다.

이렇듯 통속적 허구는 기본적으로 '독자와 친숙한' 보편적 가치를 추구함으로써 그 진실감을 조성한다. 가령 '통속적 기이함'이란 비현실적이거나 불가능한 무엇이 아니라 일상생활에서 드물게 발생하는 그럴듯한 세계로 인식될 수 있다. 이때 지극히 평범하고 일상적인 가치로 독자를 감발시킬 수 있다는 사실은 대단히 중요하다. 독자의 정리(情理)에 다가서는 일이야말로 통속소설의 지향점이었던 것이다. 수용자와 교통 가능한 서사성과 주제를 공유할 경우 족히 독자를 사로잡을 수 있고, 그리하여 거기에 함유된 엄숙한 작가의식과는 별도로 독자대중 앞에서 다양한 의미로 소통될 수 있다. 또한 독자와의 거리가 현저히 좁아진 시대적 상황에서 소설이 양산될 경우 그렇게 대중의 심미 취향에 적합한 형식과 주제를 겸비하게 될 터이다.
　전근대시대 소설비평자료들에서 누차 언급된 인정물태의 통속성도 바로 이같은 국면을 가리킨다. 인정물태라는 것은 인물·사건과 밀접히 관련되는데, 주어진 환경 속에서 살아가는 인물군상의 구체적 행동이나 생활상을 비롯해 그들이 엮어내는 일련의 사건들을 가리킨다. 살아 숨쉬는 인물형상을 중심으로 세속화처럼 펼쳐지는 흥미진진한 사건들이야말로 독자를 끌어들여 소설 독서에의 몰입을 유도하고 정서적 감발을 일으킬 수 있다는 것이다. 나아가 그 핍진하고 생동감 넘치는 인정세태를 통해 권계적 깨달음이나 명교(名敎)의 뜻을 보다 용이하게 밝힐 수 있었다. 앞서 든 〈고금소설서(古今小說敍)〉나 〈사씨남정기〉 서문에서 거론된 사안들은 바로 이를 지칭한 것이며, 〈성세항언서(醒世恒言敍)〉에 언급된 '적속(適俗)'과 '도우(導愚)'라는 통속성도 마찬가지다.
　물론 독자를 겨냥했음을 뜻하는 서사구조상의 특질을 살펴보면, 수용자와의 거리를 좁히는 게 통속화의 주안점이었다는 사실이 보다 확실해진다. 주지하듯 소설은 기본적으로 역사가 이루지 못했던 서사성을 혁신적으로 성취했는데, 연속적이고 유기적인 긴밀성은 물론이고 기승전결의 변화기복이 돋보이거나, 시작과 끝 사이에 존재하는 일련의 대소 사건들이 대단원의 결말과 긴밀히 연결되는 등의 특질들이 그것을 말해준다. 가령 소설 독서에 푹 빠져 돌아올 줄 모른다거나 밤을 새가면서 소설을 읽는 일들이 어떻게 해서 일어날 수 있을까? 〈성세항언서(醒世恒言敍)〉에서 본 '불염(不厭)'이라는 표현은 바로 이같은 측면을 두고 한 말이다. 또한 선악의 성쇠(盛衰)가 볼 만하다거나 희비고락(喜悲苦樂)과 번영성쇠(繁榮盛衰)가 돋보인다는 식의 설명들도 다름 아닌 서사적 통속성을 지적한 것이다.

　통속적 서사구조는 특히 '평온회복의 도식'이라는 완결성을 지향한다. 대개의 경우 '태평-혼란-회복'이라는 이른바 복초론적(復初論的) 구도를 통해,20) 흐트러진 질서가 다시 회복되기에 이른다는 식의 서사구도를 보여준다. 이는 선한 주인공이 승리하기를 바라거나 비극적 결말을 원치 않는 독자층의 욕망에 부합해 무척 광범위한 지지를 얻었던 것으로 보인다. 예를 들어, 부처의 신통력이나 도통한 조력자 혹은 카리스마적 영웅이 악인에게 잔인한 징치를 가하는 따위의 패턴화된 구도는 독자를 위무(慰撫)하는 기능을 발휘한다. 그런가 하면 독자를 죄었다 풀어주는 우여곡절한 서사적 연쇄와 긴장은 독서에의 몰입을 유도하며, 어느 순간에 이르러 갈등이 술술 풀려 주인공의 편에서 일

---

20) '復初論'은 본래 성리학적 인성론을 지칭하는 개념으로, 가령 가전체소설에 나타난 '태평-혼란-회복'의 구도는 이에 기초한 것이라 할 수 있다.(윤주필,「愁城誌의 3단 구성과 그 의미」,『한국한문학연구』13, 한국한문학연구회, 1990.) 鄭泰齊(1612~1669)는 〈天君衍義序〉에서 "善을 밝히고 그 본심을 회복하면서 종결된다(明善而復其初終之)"는 사실을 지적하기도 했다. 통속소설에 흔히 나타나는, 평온했던 질서가 흐트러졌다가 다시 회복되는 식의 서사구조는 다름 아닌 복초론적 구도임을 보여준다. 물론 유가의 인성론적 개념과는 무관하게 서사구조상 그렇다는 말이다. 그리고 '복초론적 구도'라는 말에는 그 결말뿐만 아니라 서사전개의 '과정'까지 포함된다.

사천리로 전개되는 형국을 그려 독자와의 일치를 꾀하기도 했다. 물론 여기서도 독자 대중과 친숙한 인과응보나 사필귀정 따위의 보편적 미의식에 토대해 있음이 드러나며, 특유의 선정적이고 감각적인 성향을 종종 노출한다.

이와 함께 소설은 그 분량이 늘어남에 따라 갈수록 다양한 서사기법들이 요구되었는데, 그것들은 대개 쉽고 편리한 독서를 위해 고안된 경향을 드러낸다는 점에서 상당히 통속적이다. 가령, 독자로 하여금 소설 읽기의 흥미와 몰입을 유도해 스토리 전체를 관장할 수 있도록 한다거나, 독자의 주의를 환기시켜 흥미를 유지하는 가운데 줄거리의 흐름을 관망하도록 돕는가 하면, 경이와 호기심을 유발하고 이목을 집중케 하는 기법들을 구사하기도 한다. 이는 줄거리를 이해하기 쉽게 운용한 흔적으로, 우여곡절하면서도 차곡차곡 잘 정돈된 고사를 지향할 경우 독자의 이목을 솔깃하게 만들고 싫증나지 않게 하며 감동까지 줄 수 있었다. 그런가 하면 때때로 서술자가 개입해 독자에게 사건의 진행 상황을 알려주기도 하고 의문을 풀어주기도 하며 서사정보를 미리 제공해주기도 한다. 혹시 모를 가상의 독자를 위해 서사 전체를 조망할 수 있도록 돕는 한편 독서에의 몰입을 도모했던 것이다. 한 가지 흥미로운 점은 그럴 경우 종종 구연문학적 수사가 교묘히 침투할 수 있다는 사실이다. 소설은 기본적으로 가상의 독자를 겨냥한 '이야기'란 점에서 구연양식의 기교를 떨치기 어려운데, 특히 국문통속소설은 대개의 경우 마치 작가와 독자의 맞대면적 상황을 가상한 것 같은 특질을 곳곳에서 드러낸다.

그런가 하면 소설의 통속성을 분석함에 있어서 빼놓을 수 없는 측면으로 문체·언어적 특질을 꼽을 수 있다. 통속적 언어야말로 소설의 대중적 전파를 가장 확실하게 보장하는 주역이란 점에서 그렇다. 앞서

"세속에 통할 수 없다면 연의(演義)할 필요가 없다"는 주장도 보았는데, 통속적이고 천근(淺近)한 언어야말로 그토록 큰 의의를 갖는다. 또한 귀로만 듣고도 사건을 이해한다거나 한번 집어들면 손에서 놓지 못하는 맛이 있다는 설명도, 쉬운 일상어의 위력을 두고 나온 말들이다. 일단 언어가 통속적이지 않으면 여항 평민들의 귀에 들어 항심(恒心)을 진작시킬 수 있는 가능성이 원천적으로 차단된다는 점에서, 일반인과의 교통이 생명인 통속소설 본령에는 들 수 없는 것이다. 그래서 통속소설의 본령은 말할 나위 없이 국문소설이다. 한문소설은 일단 '통속적(通俗的)'이라는 평가만 가능할 뿐이며, 그것도 모든 작품이 그렇다고는 말할 수 없다. 물론 상당수 한문소설은 표기문자의 전환에 힘입어 국문통속소설과 다름없이 탈바꿈되었으므로, 그런 실상을 종합적으로 고려할 경우 통속적 한문소설 내에서도 퍽 다양한 '층위'가 존재한다. 상당수 한문소설은 우선 평이하고 천근(淺近)한 문언체로 기울어 있음이 확인되는데, 이는 그 언어적 통속화를 기본적으로 엿볼 수 있는 측면이다. 또한 번역을 하지 않아도 알아볼 수 있는 일상적 언어표현들을 대거 활용하거나 심지어 국문소설에 가까운 언어미학적 특질을 전반적으로 드러내기도 한다. 당시의 언어관습상 구어체로 보아 마땅한 어휘들을 구사할 경우 문언체 문장성분을 유지하면서도 그런 현상이 나타날 수 있다. 나아가 구술문학의 양식을 흡수하거나 모방한 결과 세속적 감각과 선정성이 두드러지는 통속취향의 서술단위들이 출현할 수 있다.

   이상 고전소설의 통속성을 분석함에 있어서 고려돼야 할 사안들은 종합적으로 검토해 보았다. 소설의 통속화를 보여주는 제반 특질들은 의미의 보편성과 소통의 개방성이라는 큰 개념 구도 아래 놓이며, 동시에 수용자와의 거리가 좁아지도록 기여한 소설사적 현상이라고 할 수 있다. 물론 이상에서 논의한 사안들은 이른바 '통속소설'을 중심으로 삼은 것이다. 본서의 연구대상인 17세기 전기소설은 기본적으로 '통속소설'의 범주에 드는 것은 아니라 하더라도, 이상과 같은 접근 시각에 비추어 분석할 수 있다는 것이다. 17세기 전기소설의 '통속적(通俗的)' 국면들은 무엇보다도 전형적 통속소설이 보여주는 제반 특질들에 견주어 밝혀낼 수 있을 터이다.

3. 통속과 저속의 분별

여기서는 앞서 살핀 내용들을 상기하면서 소설의 통속성(通俗性)에 대한 인식의 문제를 간략히 지적하고자 한다. 주지하듯 통속소설은 전근대시대 내내 비판의 대상이 되기 일쑤였다. 기실 소설 가운데 가장 심하게 폄하되는 대상이 통속소설이었다. 이는 오늘날 '통속성'이라는 용어가 '문학성'과 대비되는 뜻으로 규정되는 관행을 낳은 것이 아닌가 한다. 그러나 '통속성'이라는 용어는 통속소설의 전반적 성격을 총칭하는 것일 뿐이다. 가령 앞서 논구한 통속소설의 다양한 특질들은 다름 아닌 '통속성'이라는 대용어에 포괄된다. 따라서 이 용어는 현재 왜곡된 뜻을 품은 채 널리 사용되고 있는 셈이다.

현대인들이 문학의 통속성을 운위할 때 가장 광범위하게 범해온 오류는 통속성을 '저속성(低俗性)' 혹은 '용속성(庸俗性)'과 동일시하는 태도 그것이다. 통속문학이라 하면 이른바 삼류 저속성을 먼저 떠올리는 것은 완전한 오류이다. 극소수를 제외한 대다수 사람들이 그렇게 연상하는 게 아닌가 한다. 예를 들어 흔히 운위하는 '통속적 국문소설'이라는 표현은 부적절하다. 응당 '저속한 국문소설' 혹은 '작품성 떨어지는 국문소설' 혹은 '용속한 통속소설'이라고 설명하는 것이 적절하다. 국문소설 가운데 혹 수준 낮은 측면들을 가리키고자 한다면 이런 수식어를 쓸 수 있을 것이다. 물론 한문소설에 대해서도 마찬가지다. 그런 경우를 가리켜 '통속적'이라고 설명하면 일반적으로 운위되어온 의미와 구분이 되지 않아 혼란이 야기될 수 있다. 이는 단순히 언어표현상의 문제가 아니라 통속성이나 통속소설에 대한 그릇된 인식이 널리 자리하고 있음을 반영한다. 통속소설에서 통속성을 배제하면 작품 전모를 해석해내기 어렵다는 사실을 유념할 필요가 있는 것이다.

　소설의 통속성을 가리켜 엉뚱함, 비합리성, 대중의 저속취미나 퇴영적 심리에 투항·영합하는 인자 등으로 이해하는 경우도 종종 만날 수 있다. 문제의식이 결여된 흥미위주의 성분으로 간주하거나 문학성을 따질 수 없는 열등하고 저급한 요소로 이해하기도 한다. 또한 독자층의 낭만적 병리현상에 영합하는 측면 정도로 여기는가 하면, 반드시 상업성과 결부돼 있는 것처럼 생각하기 일쑤이다. 특히 '통속소설'이라는 용어는 저속한 상업주의에 영합한 흥미본위의 소설을 지칭하느라 널리 사용되고 있는 실정인데, 그러한 소설이 저열하다는 가치평가적 관점이 깔려 있는 게 문제이다. 이는 소설이 당당히 문학장르로 인정받기 시작한 근대 이후 더욱 확산·고정된 것으로 보인다.

　그런데 여기에는 큰 함정이 존재한다. 가령 조선시대의 사대부들은 통속소설이라는 이유로 보잘것없는 잡서로 치부하는 경우가 흔했다. 그러나 지금은 대개의 경우 당당히 고전으로 재인식되어 찬사를 받는다. 이는 어떤 통속소설작품에 대한 평가나 인식이 시대마다 달라질 수 있음을 뜻한다. 따라서 통속소설이라는 말에 가치평가의식이 개재되어서는 곤란하며, 현재의 그와 같은 시각에서 고전통속소설에 접근함은 더더욱 부당하다. 통속성이나 통속소설이라는 용어를 편의대로 사용하는 경향도 문제지만, 무엇보다도 그에 대한 부정적 인식부터 버릴 필요가 있다는 것이다. 그렇지 않고서는 통속소설의 진면목을 파악하기 힘들며, 특히 그것들이 담지하고 있는 리얼리티를 해석해내는 일은 더욱 어려워진다. 통속성이야말로 소설이 지향한 본원적 성격이라는 시각을 가져볼 필요가 있다.

제3장 17세기 전기소설의 통속적 성향

1. 서사구조의 양태

　서사구조란 주지하듯 소설작품에 나타난 사건의 짜임새를 가리킨다. 물론 형식과 내용이 다 포함되는 개념으로, 서사구조를 검토한다는 것은 소재나 제재가 어떻게 배열·정돈돼 있는가를 따지는 일이다. 여러 접근방식이 있겠으나 이 글은 심층구조와 표면구조로 나누어 그 정돈 상태를 살피기로 한다. 심층구조란 제재나 원료적인 개념으로서의 스토리나 줄거리를 가리키며, 표면구조란 그 통합적이고도 거시적인 구성, 즉 플롯이나 기본 골격을 이름이다. 17세기 전기소설의 전반적 성격까지 미리 파악하려면 심층구조를 먼저 살펴보는 것이 나을 듯하다.

1) 환경·제재의 통속화 국면

　본 항에서는 각 대상작품의 서사세계를 개략적으로 소묘하는 가운데 그 환경 및 제재의 특질을 살펴봄으로써, 17세기 전기소설의 전반적 성격까지 함께 개괄해 보기로 한다. 특별히 주목할 점은 그 환경·제재가 일상생활에서 발생하는 기이하면서도 친숙한 '현실의 뒷이야기'를 통속적으로 그리는 데 복무하고 있다는 사실 그것이다. 17세기로 들어 전기소설이 지괴적 요소를 청산했다거나 전기(傳記)와의 결합을 시도했다거나 혹은 현실적 생활공간으로의 환경 이동을 꾀했다는 등의 설명은 그동안 귀가 닳도록 들어온 터다. 그럼에도 불구하고 이 자리에서 그와 같은 전철을 다시 밟고자 하는데, 이는 현실 환경 속에서의 일상적 제재야말로 전기소설의 통속성을 담보하는 측면이라고 믿기 때문이다.

우선 〈주생전(周生傳)〉은 호방한 청년선비 주생(周生)과 명문가 규수 선화(仙花)의 사랑을 그린 작품이다. 과거에 거듭 낙방한 주생이 촉주(蜀州)를 떠나 오초(吳楚) 사이를 떠돌며 상인 노릇을 하던 중 고향 전당(錢塘)으로 흘러들어 기생 배도(俳桃)와 연분을 맺은 데 이어 다시 재상집 딸과의 충동적인 사랑을 감행한다는 줄거리를 담고 있다. 나아가 선화와 이별해 호주(湖州) 장씨(張氏) 집에서 눌러 지내던 주생이 그녀와의 성혼을 앞두고 전쟁으로 조선에 파병되어 송도(松都)에서 지은이를 만나기까지의 사건이 후반부를 메우고 있다. 남주인공의 부평초 같은 인생역정과 비운의 사랑을 그렸다는 점에서, 일대기 형식에 의한 본격 애정소설로서의 국면을 보여준다. 또한 시간의 흐름에 따라 촉주·전당·호주·조선이라는 네 공간을 이동하면서 남주인공의 행적이 상당히 우여곡절하게 펼쳐진다. 주생의 삶이 줄곧 자의와는 반대되는 방향으로 전개됨에 따라 소설 무대가 계기적으로 확장되는 양상이 나타난다는 것이다. 이로써 인간의 불투명한 운명 내지 참담한 삶의 국면을 비교적 사실적으로 반영했다고 이를 만하다. 동시에 남주인공 주생의 그와 같은 '연속적 좌절'을 통해 지식인 작가의 비판적 현실인식을 엿볼 수 있다. 그것은 아마도 도저히 예측할 수 없는 불투명한 현실 속에서 삶의 정향(定向)을 잃어버린 지식인문사의 자화상일 터이다.

그런 가운데 서사가 거의 종결되어갈 무렵 임진왜란이라는 돌발사태를 그럴듯하게 설정해 약혼 남녀가 생이별의 곤경에 처하도록 만들었다는 사실은 새삼 특기할 만하다. 현실세계에서 종종 빚어지는 기구한 인생체험에 익숙한 독자들로서는 그와 같은 '신기한 이야기'를 통해 "쉽게 있을 것 같지는 않지만 있음직도 한 의사사실적(擬似事實的) 진실의 미적 체험 속으로 빠져들"1) 수 있다는 점에서 그렇다. 이같은 제재는 '새옹지마(塞翁之馬)'와도 같은 인생역정, 즉 가까운 거리에서 종종 목도되는 '현실의 뒷이야기'로 소통되기에 충분한 것이다. 의사보고적(擬似報告的) 제재를 그럴싸하게 결합시켜 이를테면 〈최척전〉에 압도적으로 나타난 '고진감래(苦盡甘來)'나 '호사다마(好事多魔)'와 같은 통속적 심미를 노정한 셈이다.

그런가 하면 서사적 중추를 이루는 애정담이 다름 아닌 중국 강남지역 대운하 인접 도시를 배경으로 전개된다는 사실도 주목되는 측면이다. 상인 노릇을 자처한 주생이 배에 잡화를 싣고 강호를 왕래하던 중 "청사초롱 은촉(銀燭)이 붉은 난간 푸른 주렴 사이를 은은히 비추는"2) 대도시 전당에서 두 여성을 차례로 유혹하는 과정은 일단 상당히 유흥적이다. 그리고 이같은 분위기를 더해주는 환경은 상상 속에서 그려낸 도시의 원림(園林) 바로 그것이다. 노승상가를 묘사한 장면을 들어본다.

　　주생은 마음을 진정할 수 없어 (배도의) 뒤를 따라 갔다. 용금문을 나와 왼편으로 돌아 수홍교에 다다르자 과연 구름에 닿을 듯한 최고급 저택이 보였다. 배도가 이른 '面水朱門' 바로 그 집이었다. 굽이굽이 아로새긴 난간이 푸른 버들 붉은 살구나무 사이에 반쯤 가려져 있었고, 생황 소리

---

1) 정출헌, 「한문소설의 미적 특성과 그 구현 양상에 대한 검토」, 『한국한문학연구』 29(한국한문학회, 2002), 58면.
2) 時有紗籠銀燭, 隱映於朱欄翠箔間, 問之乃錢塘也.

피리 소리는 아득히 반공에 떠 있는 듯하였다. 가끔 음악이 그칠 때면 웃음 섞인 말소리가 낭랑히 흘러나왔다.… 문득 몇 무리 낭자들이 붉은 대문을 통해 말을 타고 나오는데 금 안장과 옥 재갈이 눈부시게 빛났다.… 곧바로 붉은 대문으로 들어서자 끝내 한 사람도 보이지 않았고, 또 누각 아래 이르러도 사람 하나 보이지 않았다. 배회하는 사이에 달빛이 은은히 밝아옴에 누각 북쪽을 바라보니 거기에도 연못이 있었다. 연못에는 온갖 꽃들이 만발해 있었으며 꽃 사이론 굽이굽이 오솔길이 나 있었다. 주생이 그 길을 따라 몰래 걸어 들어가니 꽃길이 끝난 곳에 건물 한 채가 서 있었다. 섬돌을 따라 서쪽으로 수십 보를 꺾어 들어가자 멀리 포도 넝쿨 뻗어있는 시렁 아래에 집 한 채가 보였다. 작지만 몹시 아름다웠으며 반쯤 열린 사창으로 화촉이 환하게 타오르고 있었다. 촛불 그림자 아래로 다홍치마 비취빛 적삼들이 은은히 어른거리니 꼭 한 폭의 그림이었다."3)

선화를 훔쳐보기 직전, 주생의 눈에 든 재상집 광경이다. 이는 중국 남방 도시에 번성한 사가원림(私家園林)의 분위기를 매우 사실적인 수준에서 재현한 것으로, 애정소설과 썩 잘 어울리는 환경으로 평가된다. 기실 담장을 뚫고 미인의 침실을 훔쳐보는 따위의 서술은『금오신화』의 〈이생규장전〉과 같은 작품에서 이미 선례를 보인 전기소설의 오래되고 상투적인 수법 중 하나이다. 그러나 도시적 배경과 원림의 풍치를 의도적으로 부각시켜 유흥적 분위기까지 어우러지게 한 양태는 17세기를 전후해 새롭게 등장한 것으로 간주된다. 아속(雅俗)의 관점에서 볼 때 원림(園林)은 속과 동떨어진 세계이나, 사실은 누구나 선

---

3) 生不能定情, 隨後趕去, 出湧金門, 左轉而至垂虹橋, 果見甲第連雲, 眞所謂面水朱門也. 雕欄曲檻, 半隱於綠楊紅杏之間, 鳳笙龍管之聲, 渺然如在半空. 時時樂止, 則笑語琅然出諸外.… 俄有女娘數隊, 自朱門騎馬而出, 金鞍玉勒, 光彩照人.… 乃直入朱門, 了不見一人, 又至樓下, 亦不見一人. 徘徊間, 月色微明, 見樓北亦有蓮池, 池上雜花葱籠, 花間細路屈曲. 生緣路潛行, 花盡處有堂. 由階而西折數十步, 遙見葡萄架下有屋, 小而極麗. 紗窓半啓, 華燭高燒, 燭影下紅裙翠衫, 隱隱然往來, 如在畵圖中.(북한본)

망하고 동경하는 대상이어서 족히 세속과 교통할 수 있는 환경이다. 재자가인의 밀회의 장소로 설정한 도시 한가운데의 원림이야말로 다중 독자의 심미취향에 썩 적합한 통속적 환경인 것이다. 환상적 이국 정서를 촉발할 수 있다는 점에서도 그러하다. 화려한 도시 원림과 유흥적 분위기 속에서 맺어진 재자가인의 낭만적 사랑은 일종의 '예외성' 제재로, 감각적 분위기를 연출하고 호기심을 촉발하며 감상적 몰입을 유도하기에 적합하다는 것이다.

〈위경천전(韋敬天傳)〉은 무인(武人)집안 서생인 위생(韋生)과 명문가 규수 소숙방(蘇淑芳)의 사랑과 부부애를 그린 작품으로, 두 재자가인이 혼인을 맺었으나 전쟁으로 남주인공이 부친을 따라 조선에 출정했다가 군중(軍中)에서 병사해 돌아오자 여주인공도 자결했다는 게 그 골격이다. 〈주생전〉과 몹시 닮아 있어 일단 모방작 내지 속작(續作)으로 간주해도 무방할 정도이다. 두 작품의 편차를 규정짓는 요소로는 무엇보다도 무인의 아들과 재상집 딸의 혼인이 손쉽게 성사된다거나 '전쟁'이 갖는 의미가 상당히 달라졌다는 점을 꼽을 수 있다. 특히 전쟁과 그로 인한 후속 사건들에서 〈주생전〉과의 큰 편차가 읽힌다. 위생이 전쟁터에서 영구로 돌아오자 소숙방이 즉시 목을 매 자결했다는 설정은 물론이고, 전장에 나아가는 남편더러 전공을 세우고 개선장군이 되어 돌아올 것을 독려하는 여주인공의 모습도 나타나기 때문이다. 은근슬쩍 정절 이데올로기를 드러내고자 했던 것으로, 작가는 끝에서 굳이 두 부부의 길가 무덤을 들먹이면서 듣는 사람들이 그들의 이야기를 다투어 기록했다는 말을 덧붙이기도 했다.4) 그런데 다른 각도에서 살펴보면 이같은 사건 전개는 〈주생전〉과 비슷한 미적 체험을 유도한

---

4) 東西兩丘, 宛然路左, 聞之者, 爭爲掌記.

다. 현실의 인생역정에서 종종 마주치는 호사다마나 새옹지마와 같은 통속적 심미체험을 도모했다는 점에서 그렇다. 비록 남주인공의 일대기에서 눈에 띄는 우여곡절을 기대하기는 어려우나, 임진왜란이라는 돌발사태로 인해 부부가 비극적 운명을 맞았다는 의사보고적(擬似報告的) 제재가 결합됨으로써 정절이라는 보편적 이데올로기와 함께 그와 같은 통속적 심미를 드러낸다.

　여기에 위생과 소숙방의 애정담을 그림에 있어서 〈주생전〉과 마찬가지로 중국 강남지역의 도시와 원림을 환경으로 이입했다는 점도 주목되는 측면이다. 위생은 친구 장생(張生)과 더불어 고향인 금릉(金陵)을 출발해 남으로 악양(岳陽)을 거쳐 다시 북으로 전당(錢塘)과 소주(蘇州)를 여행하고 돌아오는데, 이는 중국의 동쪽 장강(長江) 및 대운하 인근에 번성한 대도시를 두루 돌아본 격이다. 그 과정에서 한적한 교외에서의 유흥적 분위기를 드리우는가 하면 도시 사가원림의 낭만적 풍치를 연출하기도 했다. 화려한 용마루에 높이 솟은 붉은 누각, 버드나무 사이로 반짝거리는 등불, 푸른 유리로 쌓은 9층 보루, 연못 가운데의 화려하고 정교한 가산(假山), 겹겹이 놓인 문, 굽이진 난간, 일대 악공과 노랫소리, 흩어지는 손님들, 구슬과 비취로 치장한 미인들의 향기 등등. 작자는 〈주생전〉에서 보았던 그것보다 더 사실적인 필치로 동정호(洞庭湖) 부근의 소상국가(蘇相國家)를 묘사해 놓았다. 이 사가원림의 거대한 담장 안에서 한 수재가 넋을 잃고 가인(佳人)의 침실을 훔쳐보면서 들끓는 욕정을 참지 못해 마침내 즉흥적 사랑을 맺는 것으로 나타난다. 환상적 환경 속에서 두 재자가인의 애정담이 전개됨으로써 〈주생전〉의 그것과 마찬가지로 이국정서를 촉발하고 감상적 몰입을 유도한다.

　〈최척전(崔陟傳)〉의 경우 의사보고적(擬似報告的) 제재를 전면적으로 활용해 기구한 인생체험의 국면을 매우 실감나게 구현한 작품으로 손꼽힌다. 임진왜란의 와중에 우여곡절 끝에 혼인한 최척(崔陟)과 옥영(玉英)이 연속되는 전란으로 생이별해 20년이 넘도록 동아시아 전체를 누비면서 상봉과 이별을 거듭하고 생사를 넘나들다가 마침내 극적으로 귀환해 온가족이 해후한다는 기상천외한 줄거리를 담고 있다.5) 무엇보다도 최척과 옥영이 강한 의리와 부부애로 그와 같은 인생역경을 극복하는 것으로 나타나며, 때로는 금불상을 조력자로 등장시켜 천우신조에 의한 구사일생의 여정을 구사하기도 하였다. 최척 부부의 이 같은 간난적 삶의 대단원은 전란과 천재지변으로 일그러진 17세기 기층민의 고달픈 삶의 뒷이야기란 점에서, 우선은 몹시 투철한 현실인식이 감지된다. 17세기의 제도적 모순이 초래한 민중의 피폐적 자화상을 제시했던 것인데, 이는 광해조(光海朝) 당시 집권당 대북(大北)과의 알력으로 정치적 좌절과 고립을 거듭하던 작자 조위한(趙緯韓, 1567~1649)의 삶의 이력을 통해 유추할 수 있다.6)

그런데 우여곡절하게 그려진 소설세계의 이야기가 특히 독자의 현실적 삶과 등가를 이룰 때 그것은 작가정신과는 별도로 일상적 심미체험의 장으로 소통되게 마련이다. 천우신조의 요행을 바라는 심경 속에

---

5) 주인공 남녀의 행로를 정리하면 이러하다. 【최척의 행로】 남원→중국 浙江省 紹興(余有文의 집)→절강성 杭州 涌金門(朱祐의 집)→安南[월남]→절강성 항주 용금문(주우의 집)→北征→남원 【옥영의 행로】 남원→일본 나고야→安南→절강성 항주 용금문(주우의 집)→순천→남원.
6) 조위한은 서인계 노선을 탔던 인물인데, 이로 인해 인조반정(1623년) 이전까지 내내 정치적 좌절을 거듭하는 가운데 뼈저린 이상의 붕괴를 느끼며 살아온 것으로 나타난다. 그는 전란과 천재지변으로 와해된 민중의 삶을 소설세계에 반영함으로써, 당시의 부조리한 권력구조가 초래한 역사의 오명을 은근슬쩍 비판하고자 했던 것으로 보인다. 〈최척전〉에는 광해연간의 대북집권당을 겨냥한 강렬한 정치적 알레고리가 깔려 있다는 것이다. 다음 논문에서 이같은 국면을 자세히 논구한 바 있다. 졸고, 「〈최척전〉의 창작 동인과 소통과정」, 『고소설연구』9, 한국고소설학회, 2000.

하루 하루를 연명했던 기층민의 실상을 그토록 사실적으로 그렸다는 점에서, 그것은 현실에서 종종 목도되는 신기하면서도 그럴듯한 인생역정의 단면으로 수용되기에 몹시 적합하다. 〈최척전〉에 그려진 주인공 남녀의 기상천외한 행로와 구사일생의 대단원은 다름 아닌 '현실의 뒷이야기'로 다가올 수 있다는 것이다. 말 그대로 깨졌던 유리가 다시 온전해진 형국을 그렸다고 이를 터인데, 때문에 그와 같은 기이지사(奇異之事)야말로 이를테면 '새옹지마(塞翁之馬)'나 '고진감래(苦盡甘來)'와 같은 통속적 심미체험을 유도하기에 적절한 것으로 평가된다.

궁녀와 수재의 애정비극을 다룬 〈운영전(雲英傳)〉은 안평대군의 수성궁(壽城宮)이라는 가혹한 질서 속에서 죽음을 무릅써가면서 감행한 운영과 김진사의 사무친 사랑의 시말을 몹시 의미심장하게 보여준다. 외형상 그것은 주인공 남녀가 금욕주의 윤리관에 대항해 개체인격자로서의 체현을 꿈꾸다가 마침내 파국을 맞는 양태로 그려진다. 〈운영전〉은 이같은 애정주제를 통한 현실인식의 단면을 그 어느 작품보다도 농후하게 드러내는데, 이는 무엇보다도 두 주인공이 사후 원한에 사무쳐 '절대적 현실부정'을 천명한다는 점에서 그렇다. 죽어서 천상계로 돌아간 운영과 김진사는 인간세상을 가리켜 천상의 즐거움에 비해서는 말할 것도 없고 지하의 즐거움보다도 못한 것으로 치부해 인세에 대한 털끝만큼의 미련도 남아 있지 않음을 분명히 한다.[7] 이같은 극한적 현실부정이야말로 애정담에 드리워진 알레고리의 진수를 보여준다.

게다가 〈운영전〉은 사대문 밖 촌뜨기 선비 유영(柳永)이 세인의 손가락질을 무릅써가면서 인왕산 자락으로 수성궁 구경을 나왔다가 몽중세계에서 한 맺힌 영혼을 만나 그 비통한 사연을 듣고는 아연실색했

---

7) 金生垂淚而謝曰, "吾兩人皆含怨而死. 冥司怜其無罪, 欲使再生人世, 而地下之樂, 不減人間, 況天上之樂乎! 是以不願出世矣."

다는 이야기이기도 하다. 몽유자 유영은 꿈속에서 현실의 극한적 모순과 절망감을 목도하곤 망연자실 침식을 끊고 명산을 주유하다 부지소종(不知所終)한 것으로 나타난다. 운영과 김진사의 숭고한 사랑이 결국 죽음으로 마감됨을 보면서 유영은 자신이 딛고 있는 현실적 삶이 실로 무가치한 것임을 깨달았던 때문이다. 현실적 삶의 방식에 전전긍긍하던 그가 한바탕 꿈을 계기로 현실이 지옥보다 더한 모순의 도가니라는 충격적 사실을 발견하곤 인세를 등질 수밖에 없다는 당위적 해답을 얻기에 이르렀던 것이다. 이것이 〈운영전〉에 정의된 현실의 모습으로, 당쟁이 심화되던 선조·광해 연간 어느 소외된 지식인작가의 부정적 현실인식의 정도를 미루어 짐작할 수 있다.

그런데 〈운영전〉은 귀신이 진술한 그 경이로운 애정담도 그럴듯한 현실의 뒷이야기로 소통될 수 있음을 잘 보여준다. 부지소종의 결말처리로 목격자 유영의 전문(傳聞)인 것처럼 위장을 해서가 아니라, 궁중 여성의 삶이라는 이미지가 정면으로 부상했기 때문이다. 적막한 심궁(深宮)에 갇혀 타고난 운명의 야박함에 탄식한다거나, 애타는 상사(相思)의 정(情)에 홀로 근심하고 탄식하며 피눈물을 흘린다거나, 주군에 대한 충의(忠義)와 인간의 성정 사이에서 갈등한다거나, 선(善)과 불선(不善) 혹은 정도(正道)와 권도(權道) 사이에서 갈등하는 따위가 다 그런 것들이다. 동시에 〈운영전〉은 다름 아닌 수다쟁이 궁녀들의 후원담(後園談)이 주요 제재로 나타난다. 운영을 둘러싼 서궁(西宮) 궁녀들의 쑥덕거림, 서궁 궁녀들이 눈치챈 상태에서 남궁(南宮)에까진 알려지지 못하게 입단속을 하는 과정, 김진사와의 만남을 성사시키기 위해 완사(浣紗) 장소를 두고 벌이는 궁녀들의 장황한 입씨름, 급기야 남궁에까지 소문이 퍼지나 되려 궁녀들끼리 똘똘 뭉쳐 운영을 비호해 주는 전세(轉勢), 사실이 들통나 공초를 받게 되자 서궁의 다섯 궁녀가 일제히 초사(招辭)를 올려 죽기를 자청하며 항거하는 모습, 운영의 죽음에 궁인들이 어미를 잃은 듯 통곡하는 양태 등등. 수성궁에 금압된 아홉 명의 궁녀들이 운영의 편에 서서 분주히 꾸민 음모와 대항은 안평대군으로서도 어쩌지 못할 만큼 주도면밀하고 거센 것이었다. 이같은 이미지는 여성독자의 소통시각 안에서 즉시 '규방의 뒷이야기'로 재생산될 수 있다. 조선조 여성들의 현실적 삶이 궁녀들의 그러한 작중현실과 상통할 수 있기 때문이다. 이를테면 여성독자가 거기에 공감해 내심 자기들의 고민을 위안 받을 수 있는 독서물로서의 성향도 갖추었다는 이야기이다. 〈운영전〉은 그래서 여성독자들에게도 인기를 끌었을 터인데, 실제로 이 작품은 국문본에 와서 여성의 시각이 가중되는 양태로 변개되는 운명을 겪기도 했다.8) 몹시 경이로운 작중현실도 수용자에게는 매우 현실적인 제재로 다가올 수 있는 것이다.

문사와 기생의 애정역정을 그린 〈동선기(洞仙記)〉는 남주인공 서문적(西門勣)이 현실에서의 거듭된 좌절로 도피적 유람길에 올랐다가 여주인공 동선(洞仙)과 운명적 결연을 맺었으나 전란과 악인의 중첩된 애정장애로 혹독한 시련을 겪고 나서 선계(仙界)로 숨어든다는 줄거리를 지니고 있다. 서사적 배경을 중국으로 설정한 데다 도선적(道仙的) 제재를 전면적으로 활용한 작품이란 점에서 특징적이며, 남주인공이 기혼자로서 애정편력에 가까운 행동을 보이는가 하면 여주인공의 헌신적 수난과 투지가 매우 돋보인다는 점에서도 동시대의 전기소설에 비해 몹시 다른 국면들을 드러낸다. 특히 그 도선적 제재로 인해 적강형 애정소설로 보아 손색이 없을 정도인데, 서문적은 여동빈(呂洞賓)의 환신(幻身)이고 동선은 적강 선녀로서 둘의 운명이 천상계의 질서

---

8) 박기석, 「운영전」, 『한국고전소설작품론』, 집문당, 1990.

에 의해 선험적으로 규정돼 있는 것으로 나타난다. 둘의 결연에 천상계의 논리가 개입하는가 하면, 마찬가지로 천상계의 질서에 따라 쓰라린 역경 끝에 함께 선계를 밟는다. 주인공 남녀의 모든 현실적 삶은 예고된 운명이자 속죄의 과정이라고 할 수 있다. 때문에 전란과 악인이라는 중층적 애정장애 요소가 두 주인공의 삶을 매우 강도 높게 짓누르는 양태로 전개되는데, 전쟁으로 둘이 생이별한 채 고투하는가 하면 그 과정에서 연적 안기(安琦)의 모략에 부딪쳐 애정갈등이 더욱 증폭되는 형국으로 발전한다. 주인공 남녀가 현실의 횡포 앞에 무력함을 노출하면서도 그럴수록 정신적 유대와 의리는 더욱 돈독해지는 양상을 엿볼 수 있는 것이다.

동선과 서문적이 예정된 운명에 따라 선계(仙界)로 돌아간다는 그 완결방식은 그래서 의미심장하게 읽힌다. 그들은 죽어서 승천하는 것이 아니라 뒤따르는 무리를 인솔해 스스로 은둔의 길을 택하는데, 동선의 주도 하에 떠날 채비가 계획적으로 진행된 데 이어 이웃의 자원자 백여 명과 함께 댓잎을 타고 도죽산(桃竹山)에 숨어드는 것으로 나타난다. 안기와 같은 적대자가 징계되고 전란의 와중에 서로 해후했을 뿐 아니라 약속대로 선계를 밟았으니 물론 해피엔딩이다. 그러나 스스로 세상을 등졌다는 점에서 몹시 심각한 현실인식과 첨예한 현실부정의 태도가 감지된다. 두 주인공의 마지막 '결행'은 서술방식의 상투성을 드러내면서도 현실에 대한 미련을 털어 버리려는 치열한 작가정신이 그 이면에 자리하고 있다.

이와 함께 그 전란은 다름 아닌 남송(南宋)과 금(金)나라의 분쟁을 차용한 것으로,[9] 이는 결론부터 말해 17세기 조선반도를 휩쓴 두 차례

---

9) 〈동선기〉에 설정된 전쟁은 중국의 역사적 사실과 상당 부분 부합한다. 남주인공 서문적은 다름 아닌 개봉부(汴京) 사람으로, 항주 여행에서 돌아와 곧바로 전란에 휘말린다.

의 호란, 즉 정묘호란(1627)과 병자호란(1636)을 유비(類比)한 경향이 짙다. 12세기 중국을 무대로 깔았지만 정작 17세기 조선의 민족수난을 그린 것이라 할 수 있다. 이처럼 유추할 수 있는 이유는 그 전란에서 썩 미심쩍은 구석이 감지되기 때문인데, 하필 송(宋)·금(金)의 투쟁을 끌어들인 그 연의적 제재를 살펴보면 전략적이고도 특수한 역사의식이 읽힌다. 가령 북송(北宋) 황제 휘종(徽宗)을 옹호적으로 서술하고 남송(南宋) 고종(高宗)을 향해서는 혹독한 비난을 퍼붓는가 하면, 금군(金軍)에 대항하지 않는 남송 정부의 미온적 태도에 대해서도 철저히 부정적이다. 또한 고군분투하던 의병장 악비(岳飛)가 군사 오백 기를 거느리고 개봉부(開封府)를 반격해 전세를 돌려놓는 장면을 삽입하기도 했다. 이를테면 작가는 몹시 주관적인 역사의식을 견지하는 가운데 단순한 배금주의(排金主義)를 넘어 화친적 외교정책을 강경히 비판하려는 의도를 드러낸다는 것이다.10) 송대(宋代)의 역사적 사건에 빗대어 청(淸)나라의 침입으로 가중된 17세기 민족수난의 현실과 외교문제

"천병만마가 장안을 짓밟으니 소리가 천지에 진동하고 화염이 사방에 자욱하더라"고 했다. "도망쳐 나온 가마가 급히 西湖로 향하더라"고 한 서술도 휘종이 흠종에게 양위하고 남방으로 달아난 그 역사적 사실에 토대한 것이다. 이와 함께 이른바 '靑城之禍'를 소설화한 대목은 특히 눈여겨볼 만하다. '靑城'은 河南省 개봉부에 위치했던 宋代 齋宮 名으로, 1127년(남송 高宗 1) 휘종과 흠종이 金國에 항복한 곳이다. 금나라는 북송 정부로 하여금 조약을 실행시키기 위해 이곳에서 두 황제와 황족 삼천을 인질로 붙잡아 자기네 영토로 데려갔다. 서문적이 宣撫使를 따라 靑城에 가서 道君皇帝[휘종]를 알현한 뒤 탁월한 외교 실력을 발휘함으로써 上客에 오르는 대목은 저 靑城之禍가 활용된 것이다. 서문적이 척화론자로 몰려 被擄될 당시 "함께 끌려간 수백 명과 앞서 잡혀간 삼천여 명이 모두 연경 옥에 갇혔다"고 한 서술 역시 마찬가지로 역사적 사실을 응용한 것이다. 이밖에 의병장 岳飛(1103~1141)의 활약상을 제재로 활용하기도 했다.

10) 岳飛만 하더라도 그는 초야에서 일어나 金軍과의 전쟁에서 가장 맹렬히 활약한 척화파의 우두머리이자 당대 민중의 영웅이다. 막강한 군벌세력을 구축했다가 秦檜가 이끄는 주화파와의 정쟁에서 누명을 쓰고 죽임을 당한 사람이다. 조선조 인물로 치면 임경업과 흡사하다. 악비의 기병 사실은 작가의식을 펴기에 썩 적합한 제재이다.

로 야기된 지배층 사이의 여론분열의 실상을 첨예하게 반영했던 것인데, 특히 척화론적 시각을 첨예하게 내비침으로써 성리학적 대의명분론자로서의 정체를 노출했다. 심지어 동선과 서문적이 연경(燕京)에서 그곳 유랑자들을 규합해 금군(金軍) 기지를 습격한 데 이어 그들 유랑민들에게 구휼을 베푸는 장면도 등장한다. 주인공의 애정역경과는 사실상 무관해 보이는 민중의 초상에까지 관심을 확대하는 가운데 함께 오랑캐를 응징하는 양태로 그렸으니 강경 척화론자로서의 작가적 태도를 알 만하다. 내우외환의 진정한 피해자는 일반 민중들이었고 응당 누구에게나 반청(反淸)의식이 확산될 수밖에 없었던 17세기 사회상을 반영한 것이라 할 수 있다. 기실 중세해체기 동아시아 국제질서의 특성상 과거 화이(華夷)의 투쟁은 분명 국적이 중요치 않았을 터인데, 특히 후금(後金)이 명(明)과 조선을 동시에 집어삼키는 상황이라면 더욱 그러하다. 서인계 노선을 탄 문인사대부작가로서 이상적 사림정치를 갈망했으나 낙척 실의해 도선(道仙)에 심취하는 가운데 소설을 통해 와해된 사회질서의 책임을 추궁하고자 했던 것으로 보인다. 발분저서적 심리로 인해 하필 척화적 입지와 여진족에 대한 불타는 적개심을 그토록 첨예하게 드리웠을 터이다.[11]

  그런데 남송(南宋)과 금(金)나라의 분쟁이라는 그 전란상황은 기실 대단히 통속적인 성향을 드러낸다. 무엇보다도 그와 같은 역사 제재에 투영된 정치적 시각이란 것이 민중의 생각과 상통할 수 있다는 점에서 그렇다. 통속적인 역사이야기에 침투한 정치적 경향이, 대체로 통치자들이 백성에게 가한 행위가 얼마나 부끄러운 일이며 정복자들이 얼마

---

11) 〈동선기〉에 설정된 '전란'이 갖는 의미에 대해서는 다음 논문에서 보다 상세히 논의한 바 있다. 졸고, 「〈동선기〉의 작품세계와 소설사적 위상」, 『고소설연구』11, 한국고소설학회, 2001.

나 잔인하게 행동했는가를 밝히는 차원이라면,12) 〈동선기〉는 독자들 앞에서 바로 이같은 보편적 의미를 생성하기에 썩 적합한 서사를 지니고 있다는 것이다. 삼전도의 치욕을 생생하게 기억하고 있는 평민들로서는, 같은 여진족의 침략으로 황제가 굴복하지 않을 수 없는 위기에 몰렸을 때 나가서 싸우고 구출해야 한다는 식의 구도가 예사롭게 다가올 리 만무하다. 게다가 후금(後金)과의 전투에서 아무런 전과도 올리지 못한 장수나 화친파에 대해서는 물론이고, 외교전에 밀린 주전파 관리나 장수를 기억하고 있는 독자들에게 소설세계에 그려진 그것은 결코 낯선 정치적 기호가 아닐 것이다. 그러한 서사는 전란의 충격을 체험한 당대인들로부터 족히 공감을 얻어낼 수 있는 현실의 당면문제로, 실제로 주전파의 입장을 지지했던 대다수 민중의 지지는 물론이고 민족의식과 애국심리까지도 이끌어낼 수 있을 터이다. 때문에 남의 나라의 머나먼 역사에 눈을 돌려 작가 개인의 안목으로 그것을 관찰하는 가운데 그에 빗대어 국내 경험적 사회현실을 민감하게 들춰냈다 하더라도, 이같은 특수성은 대중과 아주 가까운 거리에 있는 문제이기에 족히 '현실의 뒷이야기'로 소통될 수 있다는 것이다.

작가의 서술시각 자체가 독자들도 내심 품었던 잠재의식을 일깨우고 공감을 얻을 수 있을 정도의 보편성을 지녔다는 점에서 특기할 만한데, 이는 작가와 독자의 소통적 거리가 현저히 좁아진 소설사적 상황에서 소설창작에 반영되는 현실인식의 방향이 특수성을 넘어 보편성을 지향하게 될 수 있음을 의미한다. 물론 작품 이면에 노정된 심각한 현실부정의식까지 독자의 수용시각 내에서 동일하게 수렴될 수 있다는 뜻은 아니다. 가령 인세를 등지는 것으로 처리한 그 결말대목의

---

12) 야로슬라브 프루섹,「도시 : 통속소설의 요람」, 김진곤 편역,『이야기 소설 Novel』(예문서원, 2001), 374면.

경우 치열한 작가의식과는 별도로 수용자의 자유로운 해석을 허용하는 틈새가 열려 있다. 뒤에서 살피겠지만 그와 같은 서사적 완결에서 종종 기대할 수 있는 의미란 '낭만적 위무(慰撫)' 그것이다.

그런가 하면 〈동선기〉는 서문적이 애정편력에 가까운 행동을 보이는 그 도피적 유람 과정에서 이국취향적 분위기가 두드러진다. 다시 말해 동선과 함께 애정장애로 고투하는 과정이 중심제재로 부상하기에 앞서, 유흥적 분위기와 도시적 환경이 몹시 돋보인다. 호방한 성격의 서문적이 장만부(張萬夫)·최심(崔諗)과 함께 변경(汴京)을 출발해 장강과 운하를 따라 신선놀음을 하면서 양주(揚州)에 이르고, 양자서당(楊子書堂)의 경치를 구경하던 차에 우연히 기생 설영(雪英)을 만나 수십일간 향락하고, 다시 서주(徐州)에 당도해 기생 경경(瓊瓊)과 풍류를 즐기는 등의 과정이 그것을 보여준다. 경경을 다스리는 우두머리 기생과 같이 나서서 교합을 주선하는 포주까지 등장한다. 그리고 이같은 향락적 분위기는 여주인공 동선과의 운명적 만남이 이루어진 항주(杭州)에서 더 고조된다. 늘어선 성곽, 즐비한 호수와 기와집, 휘황찬란한 닻줄, 펄럭이는 돛, 다리 위로 연락부절인 말과 수레, 십 리 멀리 뻗쳐 있는 연꽃, 끊이지 않는 채련곡, 사방에 깔린 방초(芳草), 낭자하게 벌어진 술판, 꽃떨기처럼 열을 지은 미인들 등등. 이는 작가가 소묘해낸 항주의 물색이다. 서술자는 객관적 시안으로 도시의 인정물태를 스케치하듯 보여주는데, 이같은 국면은 감각적이고도 선정적인 분위기를 연출해 〈동선기〉를 읽는 한동안 선망과 호기심을 유도하고 환상적 이국정서를 촉발하기에 적절하다는 점에서 아주 통속적인 환경설정으로 평가된다. 이같은 환경이야말로 문사와 기생의 낭만적 사랑이라는 일종의 예외성 제재를 펼치기에 썩 적합할 터이다.

한편, 17세기 전기소설 가운데 표기문자가 국문이라면 아예 '통속소설'로 간주해도 무방한 작품으로 〈상사동기(相思洞記)〉와 〈왕경룡전 (王慶龍傳)〉이 있다. 차차 밝혀지겠지만, 기실 이 두 작품은 통속적·보편적 심미가 전면에 넘쳐 작가의식의 특수성을 엿보기 어려운 정도이다. 우선 〈상사동기〉는 명문가 자제와 왕족 시녀의 사랑을 그린 소설로, 서울이라는 도시를 환경으로 김진사와 영영(英英)의 그럴듯한 사랑이야기가 상당히 환상적으로 펼쳐진다. 도시적 인정물태를 흠씬 풍기는 가운데 신분을 초월한 재자가인의 사랑을 몹시 낭만적으로 그렸다는 점에서, 전형적인 '예외성' 애정서사를 보여준다. 흥미로운 점은 여성 독자들도 충분히 선망할 수 있는 제재를 택했다는 사실이다. 남주인공 김생은 여성들이 가장 흠모할 만한 풍류선남으로, 궁궐 시녀에 불과한 영영을 장원급제한 후에도 끝까지 잊지 않는다. 출세했다고 해서 애정이 식지 않으며 미천한 궁녀라고 해서 버리지 않는 의리의 사나이이니 이만한 남성이 또 있을까. 게다가 김생은 경화(京華) 거족이자 사림 종장가의 아들인데다 성균관 진사로서, 용모 준수하고 인품 넉넉하며 글 잘하고 유머까지 넘친다. 작품 결말에 "이후 영원히 공명을 버리고 끝까지 장가들지 않은 채 영영과 더불어 생을 마쳤다고 한다"고 썼다.13) 재자가인의 이 아름다운 사랑이야기는 허무맹랑한 기이지사(奇異之事)가 아니라 현실에서 실제로 일어났던 것임을 상투적으로 환기시킨 셈이다.14)

〈왕경룡전〉은 명문가 풍류공자와 홍등가 요조가인의 애정역경을 그린 작품으로, 주지하듯 풍몽룡(馮夢龍, 1574~1646)의 『경세통언(警世通言)』에 수록된 〈옥당춘락난봉부(玉堂春落難逢夫)〉를 개작한 것이다.

---

13) 自此永謝功名, 竟不娶妻, 與英英相終云云.
14) 이본에 따라 다음 글귀가 덧붙어 있기도 하다. 「生與英英, 唱和詩文甚多, 積成卷軸, 而生無子孫, 不傳於世, 嗚呼惜哉!」(신독재수택본, 정경주본)

철없는 귀족자제 왕경룡(王慶龍)이 서주(徐州) 홍등가에서 기생 옥단(玉檀)에 반해 사랑에 빠지나 재물에 눈먼 창모(娼母) 일당의 계략으로 온갖 수난을 겪은 끝에 결국 장원급제해 암행어사가 되어 적대자를 징치하고 옥단과 백년가약을 맺는다는 줄거리를 지닌다. 물론 〈동선기〉나 〈운영전〉 그리고 〈최척전〉이 그러하듯 여주인공의 비중이 훨씬 높게 나타난다. 다만, 읽기에 따라 어리석으면서도 방탕한 남주인공이 세상물정 모르고 충동적 유흥에 빠졌다가 여주인공의 도움으로 마침내 성숙해지고 출세한다는 국면을 보여준다. 특히 이 작품은 시종 도시적 환경 속에서 서사가 전개되는데, 원작과 달리 중국 강남 지역 대운하 인근 도시인 서주(徐州)를 주요 배경으로 설정하고 있어[15] 어느 전기소설보다도 농후한 이국취향적 분위기를 풍긴다. 때문에 도시의 인정물태에 대한 소묘도 빼놓지 않았다. 푸른 깃발, 황금색 간판, 누대와 정자 사이를 오락가락거리는 울긋불긋 차려 입은 기생들, 번갈아 연주되는 노래와 피리소리, 이리저리 널려 있는 술잔과 안주쟁반 등등은 작자가 그려낸 서주의 모습이다. 또 반쯤 걷힌 붉은 주렴, 푸른 연기 피어오르는 옥향로, 오락거리는 금빛 술잔들, 비단옷에 단장한 아가씨들, 애절하고 호탕한 풍악소리, 낭자하게 어우러진 춤과 노래 등등은 서주 홍등가 어느 누각의 시끌벅적한 모습이다.

〈왕경룡전〉은 이같은 도시환경 속에서 시종 돈을 둘러싸고 서사가 매우 우여곡절하게 전개된다. 남주인공 왕경룡은 옥단의 미모에 빠져 그곳 서주에 눌러 지내면서 수천 냥의 은자를 아끼지 않으며, 창모(娼母) 일당의 공모에 속아 걸인 신세로 전락하는 수모를 겪는가 하면, 은량(銀兩)을 둘러싸고 옥단과 합세해 창모 일당과 첨예한 대결을 펼

---

[15] 원작에 나타난 주요 배경은 北京이다. 중국 강남지역 도시에 대한 높은 동경심으로 인해 거의 상투적으로 배경이 달리 설정된 것으로 보인다.

치기도 한다. 도시적 환경 속에 금전이 주요 제재로 나타났다는 점에서, 시정의 기식(氣息)이 가장 두드러지는 전기소설로 평가된다.

그런데 덧붙여 언급할 측면은 17세기 전기소설 태반에서 주인공의 '의리'나 '정절' 따위가 몹시 강조되는 꼴의 애정구도를 보여준다는 점이다. 이는 우선 신분상 불가능한 결연을 성공적으로 맺는다는 인물설정의 허구적 예외성에서 진실감이 드러날 수 있도록 받쳐주는 기능을 담당했던 것으로 보인다. 다시 말해 불가능한 사랑을 가능한 것으로 그리기 위해서는 주인공 남녀가 돈독한 의리와 정절로 똘똘 뭉쳐 진선미를 체현하도록 설정할 필요가 있었다는 것이다. 다음은 남녀의 애정관계에서 의리나 정절은 필수적으로 요구되는 현실의 논리이자 보편적 덕목이기에, 이를 구현함으로써 교훈성은 물론이고 현실성까지 획득할 수 있었을 터이다. 17세기 전기소설의 애정제재는 전근대시대의 보편적이고 통속적인 유가이데올로기에 급속도로 견인되어 갔던 셈인데, 가장 대표적인 작품으로는 〈왕경룡전〉을 꼽을 수 있다.

〈왕경룡전〉의 경우 여주인공 옥단은 왕경룡이 은자를 몽땅 빼앗겨 거지꼴이 되었다고 해서 박대하거나 배신하지 않으며, 왕경룡은 장원급제해서도 옥단이 창기라고 해서 천대하지 않는다. 그 결말에서 옥단은 지금까지도 살아있고 그녀의 아들들이 다 현달해서 잘 살고 있다는 에필로그를 남겼고, 그 전말이 대략 이와 같으니 다는 기록하지 못한다는 말도 덧였다. 유달리 옥단에게 찬사를 보내 이 소설이 여주인공의 '미담(美談)'임을 나타냈고, 또 그것이 실제로 있었던 일임을 강조했다. 중국의 의화본소설을 개작한 것임에도 불구하고, 이같은 미담이야말로 사실로 통행돼야 한다는 일종의 강박관념 같은 게 있었던 셈이다. 특히 여성독자로 하여금 옥단과 같은 여주인공의 희생과 정절 그리고 지혜를 선모하도록 유도한다는 점에서 대단히 통속적이다. 이를테면 중세 여성으로서 가부장적 이데올로기에 길들여져 있다 보니, 여성 스스로 삶의 질곡을 느끼면서도 그것을 타파하지 못하고 그냥 안주하고 마는, 나아가 종종 그러한 질곡을 다른 여성들에게 강요하기까지 하는 모순적 실상 앞에서, 그와 같은 제재는 매우 통속적인 양식으로 여성독자들에게 다가설 수 있는 것이다. 『삼방록(三芳錄)』 소재본의 경우 "옥단전(玉檀傳)"이라는 별명을 덧붙여 이 작품이 여주인공의 이야기임을 인정했고, 개작된 신구서림본(1917)에서는 아예 "청루지열녀(靑樓之烈女)"라는 제목을 달아주기도 했다.16) 이는 그와 같은 미담이 여성의 정절 따위를 표창한 것에 다름 아니라는 독서시각을 드러낸 것이며, 여성독자들도 그렇게 하기를 요구하는 일종의 가부장적 기대심리가 부상한 결과이기도 하다. 이같은 대열에는 비단 남성들만이 아니라 중세 여성들도 동참했다고 보는 게 온당하다.

  참고로, 윤리적 이데올로기가 강화된 나머지 이젠 여성을 옥죄고 권계하는 태도를 앞장서 견지하는 작품도 거의 동시에 나타날 수 있었다. 〈왕십붕기우기(王十朋奇遇記)〉와 〈유소낭전(劉少娘傳)〉이 그것으로, 이 두 작품은 〈왕경룡전〉에 노정된 저와 같은 통속성이 이미 17세기 소설사의 전면에 부상하기 시작했음을 잘 보여준다. 〈왕십붕기우기〉는 재물에 눈먼 사람들의 온갖 모략을 물리치고 우여곡절 끝에 해후해 백년해로했다는 한 부부의 미담이다. 제재 자체가 철저히 유가이데올로기에 토대하고 있어 그와 같은 이데올로기를 선양하는 데에도 상당히 효과적일 수 있다. 〈유소낭전〉의 경우 그 끝에 "절강 지부 마진이 계선[유소낭]의 일을 갖추어 조정에 아뢰니 조칙을 내려 정비를 세우고 정렬부인의 시호를 내렸다"17)고 썼는데, 17세기 전기소설사에는

---

16) 다음 논문에서 〈청루지열녀〉에 대한 이본 검토가 있었다. 송하준, 「왕경룡전 연구」(고려대 석사학위논문, 1998), 21~23면.

이처럼 수준 미달의 '열녀전'도 족히 나타날 수 있었다. '벽사진경(辟邪進慶)'이나 '적선지가유경(積善之家有慶)'과 같은 후대 국문소설에 종종 나타나는 통속미도 17세기 전기소설이 이미 실험해 보였던 셈이다.

이상 각 대상작품의 서사세계를 개략적으로 살피는 가운데 그 환경 및 제재에서 읽히는 통속적 성향을 논구해보았다. 우선은 본 항에서 17세기 전기소설의 전반적 성격까지 미리 개괄하기를 희망해 필요한 경우 작품에 나타난 현실인식의 국면도 짚어보았다. 가장 주목되는 측면은 17세기로 들어 작가와 독자의 소통적 거리가 현저히 좁아진 가운데 전기소설이 창작되었음을 감지할 수 있다는 점이다. 무엇보다도 진정한 '현실의 뒷이야기'나 '여항 미담(美談)'으로 소통될 수 있는 심미적 속성을 갖추었다는 점에서 그렇다. 가령 그 소묘 대상이 문사들만의 생활권에서 세속의 기식(氣息)이 반영된 시정 풍물로 이동·확대되었음을 대다수 작품들에서 엿볼 수 있는데, 때문에 17세기 전기소설은 기본적으로 세속 노유(老儒)들의 구기(口氣)가 풍기는 작품성향을 드러낸다. 이는 물론 태반의 작가들이 눈을 여항으로 돌려 세속인의 일상생활과 인정을 널리 반영하고자 했음을 의미한다. 문사와 평민의 거리가 좁아지는 가운데 평민의 심리로부터 세계를 관찰함으로써 세속에 적합한 제재들이 부상할 수 있었던 것으로 보인다. 종종 시정의 신문(新聞)이나 체험을 소설 창작에 활용했음도 물론인데, 그리하여 문사들만의 생활권에 집중돼 있던 전대 전기소설과는 판이한 정도로 변모할 수 있었다. 이를테면 문인들의 사상과 자아를 넘치게 표현한다거나 작가 개인의 문제와 밀접히 얽히는 양상은 퇴색하고, 다중 독자의 정리와 심미취향에 근접해 가는 추세가 부상했던 것이다. 일상적 환경

---

17) 浙江知府馬震, 具桂仙事, 奏聞于朝, 詔旌其墓, 賜號靖烈. 정학성,『(역주)17세기 한문소설집』(삼경문화사, 2000), 47면·원문 56면.

과 질박한 전기체(傳奇體) 제재의 적절한 결합으로, 다중 독자의 정리에 부합하는 통속적 서사체로 태어날 수 있었다. 이는 17세기 문언전기소설이 이룩한 장족의 발전이라 할 수 있다. 뿐만 아니라 17세기 전반기부터 전기소설을 필두로 이국풍의 환경이 소설사 전면에 부상하기 시작했다는 사실도 기억할 만한 측면이다. 기실 그와 같은 환경설정은 동아시아 문명권 내에서 그다지 낯설지 않다는 점에서 상당히 보편적이고 통속적인 이미지로 소통될 수 있을 터이다.

2) 평온회복의 구도

17세기 전기소설이 이른바 '행복한 결말'이라는 격식을 지향하던 당시 소설사적 추이에 편승해 갔음은 누구나 다 아는 터다. 그런데 '행복한 결말'이라는 설명 방식은 유독 종결 부분을 중시한 것이어서 플롯의 정돈 국면들을 통합적으로 살피기에는 적절치 못하다. 무엇보다도 그 행복한 결말이 가능하도록 받쳐주는 구성요소들이나 서사 전개 과정상의 특질을 포착하는 일이 긴요하다는 것이다. 더구나 그들 전기소설 가운데 어떤 작품은 행복한 결말이 아님에도 불구하고 플롯의 배열 국면이나 서사장치들을 살펴보면 행복한 결말에로의 강한 유혹이 나타난다. 이 글은 이같은 문제를 고려해 보다 포괄적인 범주로서의 '평온회복의 구도'라는 개념적 도구를 택하고자 한다. 평온회복의 구도란 말 그대로 태평했던 질서가 흐트러졌다가 다시 회복되는 양태의 서사구조를 가리킨다.

17세기 전기소설 가운데 평온회복의 구도를 전형적으로 갖춘 작품으로는 우선 〈최척전〉을 꼽을 수 있다. 〈최척전〉은 전근대시대에도 그러한 국면이 주목을 받았을 정도다. 가령 이민성(李民宬, 1570~1629)이

지은 〈제최척전(題崔陟傳)〉은 〈최척전〉과 그 작자를 혹독히 비판한 시로 유명한데,18) 그 가운데에는 "깨진 거울 끝내 다시 온전해지고 쪼개진 비녀 끝내 다시 합해졌네(破鏡竟重圓, 分鈿終復合)"라는 자못 흥미로운 비평적 언급이 나타난다. 이는 세 나라에 뿔뿔이 흩어져 만날 기약이 없던 온 가족이 극적으로 생환해 상봉한 일을 두고 한 말로, 〈최척전〉의 구조적 특질을 명확히 지적했다고 이를 만하다. 그리고 이같은 구도를 받쳐주는 주요 기제들로는 우연성, 초월자의 개입, 주인공의 지략 등 세 가지를 들 수 있다.

우연성은 최척 일가 전체를 둘러싸고 발생한다. 정유재란 당시 지리산에서 가족이 이산한 가운데 강보에 싸인 몽석이 우연히 혜정스님의 구원으로 살아남는다거나, 최척의 부친과 장모가 연곡사에서 다시 우연히 몽석을 거두어 귀가한다거나, 최척이 후금(後金) 진영에서 몽석과 해후해 부자가 함께 귀환한다는 등의 설정이 다 그런 것들이다. 그런가 하면 최척·몽석 부자가 귀향 도중 은진(恩津)에서 우연히 만난 침쟁이 진위경(陳偉慶)은 다름 아닌 며느리 홍도의 아버지이다. 진위경과의 만남으로 최척은 등창을 치료해 무사히 귀환할 수 있게 되며 동시에 사돈과의 해후는 물론이고 조선으로 원정간 부친을 찾고자 했던 홍도의 소원까지 성취된다. 무너진 가족질서의 필연적 회복을 그리느라 곳곳에서 우연성을 위기 극복의 도구로 활용했던 것이다.

'초월자의 개입'은 만복사(萬福寺) 금불상의 등장으로 이루어진다. 고비 때마다 옥영의 꿈에 금불상이 조력자로 나타나는데, 이는 온 가족이 필연적으로 해후하게 될 운명임을 그리기 위한 설정이란 점에서 사실상 '보상장치'에 가깝다. 불교라는 특정 종교적 기제로 해석될 필

---

18) 李民宬, 〈題崔陟傳〉, 『敬亭集』 권4(『한국문집총간』 76, 252면).

요도 없이 '천우신조' 정도의 민간신앙적 보상장치로서의 성격이 강하다. 이밖에 '주인공의 지략'은 옥영의 행동양식에서 확연히 엿볼 수 있다. 우선 그녀는 피란 당시부터 줄곧 남복(男服)한 채 남성처럼 가장함으로써 위기에 대처하는 것으로 나타난다. 심지어 일본 나고야 돈우(頓于)의 집에 살면서도 옥영이 여자라는 사실은 내내 들통 나지 않는다. 또한 항주에서 조선으로 귀환하는 과정에서도 지략이 돋보인다. 그녀는 3개 국어에 능통해 몽선과 홍도에게 조선어와 일본어를 가르쳐가며 돌발상황에 대비하는가 하면 손수 항해사가 되어 파고와 싸우며 만 리 뱃길을 거쳐 돌아오는 것으로 그려진다. 그 귀환 과정에서 보여준 옥영의 '비범한 능력'은 자못 낭만적이고 환상적인 분위기를 연출한다.

〈최척전〉은 간난적 인생역경과 삶의 고투를 그린 소설이지만 그토록 파란만장한 서사가 진행되는 가운데 저와 같은 기제들이 때때로 개입함으로써 종국에는 무너진 가족질서가 완벽하게 복원되는 형국에 다다른다. 도중에 작중인물들이 위기에 처할 때마다 꼬인 일이 술술 풀리는 양상들이 왕왕 나타나는 이유는 그 때문이다. 가족의 무사 귀환과 해후를 그리느라 자못 선정적이고 감각적인 도구들을 종종 활용했던 것이다. 기실 최척과 옥영이 도중에 만나 도움을 입은 사람들도 다 선량한 자들로 나타나는데, 곳곳에 배치된 그들 보조인물들은 하나같이 주인공의 편에 서서 나름대로 그 낭만적 질서회복에 기여한다.

〈왕경룡전〉도 몹시 흡사한 구도를 보여준다. 전반적으로 고난이 수반된 애정역경을 그리는 가운데 곳곳에서 우연성, 여주인공의 지략, 남주인공의 공업(功業) 등을 위기 극복의 도구로 활용해 결국 행복한 결말에 이르는 형태로 마무리했기 때문이다. 우연성은 주로 주인공 남녀의 재회를 가능케 하는 기제로 작용한다. 창모의 계략에 속아 거지로 전락한 왕경룡이 양주(揚州)에서 고향으로 돌아가기에 앞서 관왕묘로 가던 도중 우연히 표주박 파는 노파를 만나 옥단의 소식을 듣는다는 설정이 가장 대표적인 경우이다. 왕경룡은 이를 계기로 옥단이 애당초 창모와의 공모에 참여한 게 아니었다는 진실을 알게 됨으로써 다시 발길을 돌려 그녀와 재회하게 된다. 여기에 옥단의 지략이 가세해 이때부터 사실상 창모에 대한 둘의 반격이 일사천리로 전개된다. 이제는 반대로 창모가 두 주인공의 꾀에 번번이 속아넘어가는 양태로 전개되는데, 흥미로운 점은 창모만 자신이 속고 있다는 사실을 모른 채 서사가 진행된다는 것이다. 서술자가 두 주인공의 편에 서서 그들이 승승장구할 것이란 정보를 독자에게 흘리는 방식으로 서사를 진행함으로써 적대자가 풍자 당하는 형국을 드러낸다. 이는 주인공과 독자의 일치를 꾀한 수법으로, 독서에의 몰입과 주인공에 대한 응원 심리를 극대화하는 효과를 거둔다.

　비록 도중에 창모 일당이 반전을 가해 옥단이 다시 위기를 맞기도 하나 지혜와 속임수로 비교적 싱겁게 해결된다. 가령 옥단은 왕경룡이 고향으로 돌아간 사이 다시 창모의 술책에 속아 상인 조가(趙哥)에게 팔려가지만 거짓으로 그의 환심을 사는 가운데 거기서 벗어날 계책을 독자에게 드러내놓고 세우는 양태로 그려진다. 더구나 옥단이 조가(趙哥)네 집으로 잡혀오던 중 옷감에 시를 써서 길가 나뭇가지에 걸어놓은 게 우연히 지나가던 나그네에게 발견되어 왕경룡에게 전해짐으로써, 적대자의 모해가 그다지 위력을 발휘하지 못한 채 갈등이 완전히 해소될 것이란 조짐을 드러낸다. 우연성과 여주인공의 지략이 위기 해소의 기제로 재차 활용되는 한편, 남주인공의 구원의 손길까지 가세해 모든 문제가 술술 풀리는 형국으로 치닫는 것이다. 때문에 고향 소흥(紹興)으로 돌아간 왕경룡의 행보가 무척 순탄하고도 빠른 속도로 전개된다. 갖고 돌아온 재물은 부친이 명한 것보다 도리어 넉넉했으며 글재주 또한 부친이 놀랄 만큼 성장했다는 식으로 자못 과장되게 그려진다. 나아가 3년간의 발분독서로 장원급제해 서주(徐州) 어사로 부임해 와서 의옥(疑獄)을 해결한 뒤 옥단과 낭만적으로 해후하기에 이른다. 의옥을 해결하는 자리에서 적대자를 징치한다는 보상장치도 빼놓지 않았다.

〈상사동기〉의 경우 〈최척전〉이나 〈왕경룡전〉과 같이 기복 있는 서사를 갖추지는 않았으므로 '평온회복'이라는 전형적 도식을 획득하지는 못했다. 그러나 이는 상대적 차이일 뿐 기본적으로 비슷한 구도를 드러낸다. 문제 해결의 기제들이 활용되는 가운데 주인공 남녀가 현실적 장애를 넘어 사랑의 염원을 성취하는 것으로 마무리되었기 때문이다. 우선 〈상사동기〉에 등장하는 막동, 상사동 노파, 이정자(李正字) 등 세 보조인물은 공히 김생과 영영의 결연을 돕는 역할을 수행한다. 막동은 상사동 노파의 관심을 끄는 전객책(餞客策)을 꾸민 뒤에 사라지며, 노파는 김생과 영영의 만남을 직접 중매한 뒤 사라지며, 이정자는 마지막 시점에서 잠시 등장해 둘의 재회를 돕는다. 김생과 영영의 애정갈등은 이들의 역할에 힘입어 때마다 순탄하게 풀려 나아가기에 이른다. 더구나 김생의 친구인 이정자를 하필 영영이 사는 회산군네와 친척지간으로 설정해 그 집 부인과의 접촉이 순조롭게 이루어질 수 있도록 꾸몄다.

무엇보다도 그 과정에서 김생이 장원급제하는데, 이는 영영과의 사랑이 결실을 맺는 데 있어 결정적인 계기로 작용한다. 세월이 흐른 뒤 남주인공이 공명을 달성해 여주인공과의 영광스런 재회가 실현될 수 있도록 구성했던 셈이다. 게다가 가장 큰 장애요소였던 회산군이 죽은 지 이미 3년이나 지난 것으로 설정해, 김생의 장원급제와 동시에 영영과의 해후가 급물살을 타도록 그렸다. 김생과 영영은 비록 결연을 맺었으나 비통하게 이별하지 않을 수 없었고 게다가 상사동 노파가 세상을 떠남에 다시는 편지를 부칠 길마저 없어 사랑이 끊어지는 듯했다.

그러나 김생의 장원급제와 함께 회산군이 세상을 떠났다는 유리한 조건 하에 친구 이정자까지 가세해 영영과의 낭만적 재회가 쉽게 성사되었던 것이다. 〈상사동기〉는 이렇듯 보조인물의 도움과 남주인공의 공명 달성이라는 두 가지 기제에 힘입어 주인공 남녀의 사랑이 현실적 장애를 넘어 낭만적으로 성취되는 형국을 보여준다. 비록 파란만장한 서사에는 미치지 못하지만 기본적으로 평온회복의 구도에 입각해 있기는 마찬가지이다.

한편, 의미상 행복한 결말이 아님에도 불구하고 평온회복의 구도에 몹시 근접해 있는 작품으로 〈운영전〉과 〈동선기〉가 있다. 두 작품은 우선 적강구조를 갖추고 있다는 사실을 통해 질서가 회복되는 국면을 엿볼 수 있다. 〈운영전〉 결말 부분을 보면 김생이 몽유자 유영에게 자신은 지금 삼청궁에 올라 운영과 함께 옥황상제의 향안을 모시고 있다는 요지의 말을 들려준다.[19] 애초 수성궁의 그 운영과 김진사는 천상에서 적강한 신선계 인물이었고, 사후에도 신선이 되어 선계(仙界)로 복귀했음을 알 수 있게 해주는 대목이다. 사실은 궁녀들이 완사(浣紗) 장소를 두고 신경전을 벌일 때 "우리 열 사람은 필시 삼청궁의 선녀였는데 『황정경』을 잘못 읽어 인간세계에 적강했을 게야"[20]라고 한 자난(紫鸞)의 말로 미루어, 나머지 아홉 명의 궁녀들도 적강 여선(女仙)임을 짐작할 수 있다. 현실적 삶의 역정이 천상 질서에 의해 선험적으로 규정되는 후대 국문소설의 적강구조에 몹시 근접해 있다는 지적도 있었지만,[21] 〈운영전〉에 나타난 이같은 요소는 그때까지의 소설사에

---

19) 金生曰, "吾兩人素是天上仙人, 長侍玉皇前, 一日, 帝御太淸宮, 命我摘玉園之果, 我多取蟠桃瓊玉, 私與雲英而見覺, 謫下塵寰, 使之備經人間之苦. 今則玉皇已宥前愆, 俾陞三淸, 更侍香案前, 而時乘飇輪, 復尋塵世之舊遊耳."
20) 紫鸞曰, "…吾徒十人, 必是三淸仙女, 誤讀黃庭經, 謫下人間."
21) 정출헌, 「〈운영전〉의 중층적 애정갈등과 그 비극적 성격」, 『고전소설사의 구도와 시각』

서는 전례를 찾아보기 어려운 아주 낯선 것임에 틀림이 없다.
〈동선기〉에서는 앞서 지적한 바와 같이 남주인공 서문적이 신선 여동빈(呂洞賓)의 환신(幻身)으로, 여주인공 동선은 죄를 짓고 적강한 선녀로 나타난다. 아예 '동선(洞仙)'이라는 유명한 신선의 이름을 빌려와 작품 제목으로 달았고, 여주인공의 이름도 그렇게 지었다. 또한 이야기를 시작하기에 앞서, 항주의 한 기녀가 옛날부터 전승된 〈동선사(洞仙詞)〉의 뜻을 다 푼 뒤 수십 년이 지나 남해 도죽산으로 들어갔는데 그 마친 바를 알 수 없다고 하면서, 이 〈동선기〉가 바로 그녀의 행적이라고 했다.22) 기실 〈동선기〉는 전형적인 적강형 애정소설로서 손색이 없는 모습을 보여준다.
〈운영전〉이 적강형 애정소설로서의 조짐을 보였다면 〈동선기〉는 후대에 줄곧 나타난 이 계열 국문통속소설의 도식을 마련한 작품이다. 때문에 주인공 남녀의 연분이나 애정 그리고 기타 현실적 삶은 다 천상계의 논리에 의해 규정된 것으로, 사후의 행복을 보장받기 위한 시련의 과정이라 할 수 있다. 〈운영전〉에는 안평대군이 군림하고 있는 수성궁에서의 살얼음판과 같은 애정행각이 '신선의 고행'으로 등장하며, 〈동선기〉에서는 전란을 비롯해 적대자 안기와 같은 인물에 맞서 대항하는 그 14년간의 혹독한 고생이 신선의 속죄 과정으로 나타난다. 운영과 김진사는 그 비극적 생을 마감한 뒤 승천해 선계를 밟았고, 동선과 서문적은 꿈속 선인(仙人)의 예언대로 댓잎을 타고 남해 한가운데 복지 도죽산(桃竹山)으로 자원해 숨어든다. 작중인물의 궁극적인

---

22) 洞仙之遺響古也. 黃唐之際, 徐杭人長於詞, 後來傳得, 而未極其趣. 杭有一妓, 能以理會得之, 悉解星河月帳之眞響. 後數十年, 捲入于桃竹山, 山在海南累千里, 世莫知其所終. 其詳在下.(국립중앙도서관본)

운명을 좌우하던 초자연적인 기제가 대단원에 이르러 확연히 그 모습을 드러내는 것이다. 〈운영전〉에서도 두 주인공의 비극적 운명이 그들이 거부할 수 없는 전생의 업보로 설정되는 가운데 끝내 초월적 기제가 개입해 질서가 회복되기에 이른다.

나아가 이는 더 과감히 해석될 소지를 안고 있다. 〈운영전〉과 〈동선기〉는 현실세계를 왕왕 편집해서 그리지 않고, 인간의 정감을 압살하고 자유를 박탈하는 현실의 질곡을 유달리 짙게 보여주었다. 〈운영전〉은 성정을 금압하는 조롱(鳥籠)과도 같은 세계를 나타냈고, 〈동선기〉는 전란과 적대자에 대항하는 그 간난적 삶의 모습을 그렸다. 그와 같은 정신적·육체적 속박과 허덕임의 현실세계를 보여준 뒤에야 불로장생의 선계, 즉 '절대적 자유'를 선사했다. 고진(苦盡)이면 감래(甘來)라는 식의 이같은 이원적 대비는, 현실의 부자유를 거부하고 자유에 목말라하는 독자에게든, 현실에서의 결핍을 환상세계에서 보상받고자 하는 독자에게든 현실적 고뇌와 비애를 배설해 버리고 유토피아로 향할 수 있게 해준다. 윤리적 속박이나 저열한 욕망 등등을 깔보면서 이상과 초월의 세계로 진입하도록 도와준다는 점에서 커다란 마력으로 다가올 수 있다. 현실은 그와 같이 추악하지만 선계는 아름답고 성결하다고 믿는 인간의 이원대립적 심리에 답할 수 있다는 말이다. 천상계의 질서가 현실의 간난적 삶을 지배한다고 앙신하며 살아가는 독자대중과 만남으로써 일종의 낭만적 '담론'으로 완성되는 셈이다. 다시 말해 인간의 유한한 삶에 대한 탄식과 자유에 대한 열망으로 인해 선계는 안락하고 풍족하며 신선은 유유자적 즐거움을 만끽하면서 장수한다는 식의 유토피아적 찬미와 환상 속에서 그와 같은 적강구조는 일종의 '보상장치'로 작용함으로써 결국 해피엔딩과 큰 차이가 없는 위무적(慰撫的) 담론으로 태어날 수 있다는 것이다. 기실 적강구조를 지닌

소설작품의 소통 과정에는 신성의 세계가 현실세계와 공존한다고 믿어온 뿌리 깊은 민간신앙의 전통, 이를테면 지상 너머에 천상이 있다고 여기거나 천상의 옥황상제가 인간세상을 관장한다고 믿는 따위의 소박한 신앙심리가 깊이 관여할 수 있을 터이다.

그런가 하면 〈운영전〉과 〈동선기〉 각각에서 특(特)과 안기(安琦)라는 적대자가 끝내 징치되기에 이른다는 설정도 중요하다. 이 또한 평온회복의 구도에 기여하는 보복장치로서의 의미를 갖기 때문이다. 물론 〈동선기〉조차도 주인공이 천상계 신분을 업고 슈퍼맨의 능력을 발휘한다거나 출장입상의 현세적 욕망을 성취하는 단계로까지 확대된 소설이 아니기에 주인공이 적대자 안기를 자력으로 처단하지는 못한다. 악비의 기병(起兵) 소식에 노발한 금군(金軍)이 항주 진영의 책임자 안기를 잡아가는 양태로 심판될 따름이다. 〈운영전〉은 김진사의 한(恨) 맺힌 기도가 하늘에 닿아 특(特)이 정말로 함정에 빠져 죽는다. 운영이 자결한 뒤에도 끝까지 살아남아 그녀의 저승길까지 방해했던 그에게 부처의 신통력이 징치를 가한 것이다. 〈운영전〉의 경우 선악의 집행자가 없어 어쩔 수 없이 신에게 보복이 위임되었다는 점에서 종교적 기제에 힘입고자 했음이 여기도 드러난다.

두 작품 다 응징의 수법치곤 싱겁기 그지없어, 참혹한 심판을 가해 악을 철저히 방축하는 통속소설의 통쾌함과는 아직 거리가 있다. 종종 낯설고 잔혹한 수법의 보복장치를 써서 궁극적으로 독자를 위무하는 수준의 효과를 발휘하는 통속소설과 달리, 두 작품은 독자의 기대를 저버리지 않은 정도에 그칠 뿐이다. 이는 아마도 현실의 광폭(狂暴) 앞에서 무기력할 수밖에 없는 주인공의 처지를 역설적으로 드러낸 것이 아닌가 한다. 그렇긴 하나 다중 독자에게 친숙한 인과응보나 사필귀정의 논리에 따라 악인의 말로가 어떠함을 보여주었다는 점에서 족히 통속적 보상장치로서의 기능을 발휘한다. 동시에 주인공들에 선사된 최후의 소설적 보상과 대비되어 주인공은 선인(善人)으로 가일층 선양되고 적대자는 더욱 부정되는 담론을 생성할 수 있을 터이다.

17세기 전기소설에 나타난 평온회복의 구도는 대략 이상과 같다. 이같은 서사구조는 독자와의 거리가 갈수록 좁아져 가는 소설사적 추이 속에서 자연스럽게 뿌리내렸던 것으로 생각된다. 무엇보다도 독자를 작중세계로 끌어들여 독서에의 몰입을 유도하고 동시에 주인공과의 동조감을 꾀하려는 태도가 여실히 나타난다는 점에서 그렇다. 해피엔딩으로 기울어간 완결지향적 결말은 물론이고 특히 플롯의 정돈 국면이나 사건 전개의 기복에서, 그들 전기소설이 독자층의 요구에 부응하는 방향으로 나아갔음이 뚜렷이 엿보인다는 것이다. 게다가 허구적 상상을 통해 현실의 모순을 낭만적으로 해소하려는 독서시각에 다분히 견인되어 가는 양상도 읽을 수 있었다. 이는 그들 전기소설이 17세기로 들어 소설에 부여된 새로운 시대적 요구를 나름대로 감당하는 가운데 존속했음을 의미한다. 그리고 평온회복의 구도라는 양식은 이후 통속서사물에서 기본적이고 보편적인 수법으로 자리잡았다. 잔잔하던 질서가 어떤 외부적 충격으로 와해되었다가 다시 회복되는 식의 구도는 고전통속소설에서 현대 드라마나 영화에 이르기까지 통속서사물에서 가장 널리 선호돼온 터이다. 이를 본격적으로 구현하기 시작한 17세기 전기소설은 그 전통을 확립한 서사물로 파악될 수 있을 것이다.

2. 인물성격의 국면

전기소설은 재자가인소설의 그런 '애정공식'을[23] 온전히 확보하진 않았지만, 빼어난 용모와 뛰어난 시재(詩才)까지 겸비한 청춘남녀, 즉 재자가인(才子佳人)의 애절한 사랑은 전기소설 작가들이 퍽 선호해온 형태이다. 모든 작품이 다 그런 것은 아니더라도 종종 재색은 있으되 집안이 한미한 혹은 재색도 뛰어나고 출신 가문까지 화려한 남주인공이 부귀한 명문가의 무남독녀와 현실적 장애를 무릅써가며 충동적이고 돈독한 사랑을 나눈다는 점에서 그러하다. 때문에 전기소설 주인공을 가리켜 자주 소외되고 낙척실의한 그리고 고독하고 감상적이며 소극적인 인간형으로 설명하는 것은 물론 타당하다.[24] 또한 문인지식층의 원망(願望) 내지 지기(知己)의 만남으로 해석하는 논법도 설득력이 높다.[25] 다만, 그와 같은 특질이 전기소설의 인물성격을 대표한다거나 실상에 온전히 부합한다고 간주하기에는 아직 이른 감이 있다. 각 작품들에 대한 거시적이고 종합적인 고려가 소홀해, 결과적으로 전기소설 유형에 중추적으로 나타난 인물성격의 실상과 다소 빗겨나 있다는 비판을 피하기 어려운 게 사실이다.

본서는 본 절에서 비교적 많은 지면을 할애하게 될 것이다. 인물성격은 소설작품에서 중추적 비중을 차지한다고 믿기 때문이다. 작품의 전반적인 특질이나 의미가 종종 인물에 의해 좌우되기 때문에 그것은 작품 해석의 관건이 될 수 있다. 그리고 무엇보다도 본 절에서 논의하는 인물성격의 핵심적 특질들은 그 자체가 17세기 전기소설의 통속화

---

23) '혼인'이 핵심 제재인 재자가인소설의 애정공식은 이러하다. 「詩詞를 매개로 사랑이 싹트고(詩詞媒介相愛連), 後園에서 평생을 밀약하고(乘定終身後花園), 소인의 훼방에 사랑은 더욱 돈독해지고(小人挑亂情更篤), 첩지를 받들어 혼인을 맺으며 대단원의 막을 내리다(奉旨完婚大團圓).」

24) 특히 다음 논문에 이같은 논점이 잘 나타나 있다. 박희병, 「전기적 인간의 미적 특질」, 『한국전기소설의 미학』, 돌베개, 1997.

25) 윤재민, 「전기소설의 인물성격」, 『민족문화연구』28, 고려대 민족문화연구원, 1995; 윤재민, 「조선후기 전기소설의 향방」, 『민족문학사연구』15, 민족문학사연구소, 1999.

경향을 단적으로 보여주는 것임을 미리 언급해 둔다. 게다가 디테일이 이미 복잡하게 변화해버린 17세기 전기소설의 경우 주동인물뿐 아니라 보조인물에 대한 섬세한 고찰도 중요하다. 다양한 개성을 지닌 주변인물들의 출현은 소설사의 통속화와 함께 필연적으로 나타난 현상이기 때문이다.

1) 남주인공 ㉮ : 유협(游俠)·협사(俠士)의 그림자들

'협(俠)[武勇]'은 본래 묵자(墨子)의 무리였지만 유(儒)가 점차 협(俠)으로 변질되면서 나중에는 협(俠)도 사(士)의 중요 특징이 되었던 게 사실이다. 때문에 우리는 이른바 '유아(儒雅)'와는 상당한 거리가 있는 '유협(游俠)'이나 '협사(俠士)'와 같은 건달풍의 선비[士]를 상정할 수 있다.26) 가령 '척당(倜儻, 호탕대범)' '상기절(尙氣節)' '중연낙(重然諾)'(신의가 굳건) 등과 같은 표현은 유협(游俠)의 풍채를 지닌 인간유형을 일컬을 때 일반적으로 쓰이던 것들이다. 또 '급인지난(急人之難)' '중의경재(重義輕財)' '억강부약(抑强扶弱)' 등과 같은 말도 마찬가지로 유협의 전통에서 자주 사용되었다. 물론 그러한 여성을 지칭할 때도 쓰일 수 있다. 사인유협이나 여성유협을 통틀어 '긍정적인 측면에서의' 설명 방식들을 열거해보면 대략 이 정도가 될 것이다. 호탕대범하

---

26) 물론 '士人'은 사회적으로 지위도 있고 修養도 있으며 사농공상에서 가장 윗자리를 차지하는 지배계층에 속하므로 '건달'과는 정반대이다. 그러나 실제 역사에서 독서인들은 왕왕 '放蕩不羈'하다는 취급을 당했다. 이른바 '文人無行'에는 다분히 건달풍의 습관이 스며 있는 것이다. 따라서 '士'라고 해서 순수하기만 한 것은 아니다. 이같은 논점을 비롯해 이하 游俠에 관한 이론적 착상의 일부는 다음 논저에 힘입었음을 미리 밝힌다. 完顏紹元, 『流氓的變遷』, 上海古籍出版社, 1993; 劉爲民, 『痞子文化』, 中國經濟出版社, 1995; 董躍忠, 『武俠文化』, 中國經濟出版社, 1995.

고 과단성이 있어 사소한 일에 얽매이지 않으며[不拘束], 기개와 절조를 세우며, 무리 지어 교유하기를 좋아하며, 의리를 목숨과 같이 중히 여기되 재물을 가볍게 여기며, 간악한 무리에 대항하고, 자기를 알아주는 이에게 목숨 바쳐 보답하며[忠誠], 남의 부족과 위급을 구제해주며, 이미 허락한 일[約束]을 천금같이 여긴다.

　물론 저것은 일반적으로 알려진 정통 유협에 대한 교과서적인 개념일 뿐이다. 여기서는 그 명칭을 그대로 가져다 쓰되, '방외인(方外人)'이나 '유맹(流氓, 문인유맹)' 그리고 '부랑사인(浮浪士人)'27) 등과 같은 인간형을 고려해 보다 확대된 의미에서의 '유협'을 우선 상정하고자 한다. 요컨대, 그들은 독서인[士]은 독서인이지만, 숭고한 도덕적 품성을 지향해 '인(仁)'이라는 실질적 정신세계를 추구한 윤리도덕형 모형 내지 이상적인 인격체, 즉 '성인(聖人)'이나 '대장부' 혹은 후대 유교사회를 대표한 '유생(儒生)'과는 달리, 변두리에 처해 있으면서 종종 유교문화의 격식에 도전하거나 충격을 가한 부류이다. 방탕불기(放蕩不羈)한 풍격을 지닌 사람들, 미친 체하거나 타락한 체하면서 격분해 세상을 미워했던 사람들, 물러나 있는 것을 공격의 수단으로 삼았던 사람들, '문인무행(文人無行)' '문비(文痞, 문인건달)' '필묵유맹(筆墨流氓)' 등을 견지한 문인들, 벼슬길에서 실의(失意)해 평생 출사하지 않은 선비, 현실적 소외와 불만으로 부평초같이 방랑하던 부랑사인(浮浪士人), 세속으로 유락(流落)한 은일지사 등등. 그들처럼 독서인으로서 '타락을 갈망'한 것은 새로운 삶의 의의를 추구하려는 일종의 '현실부

---

27) '浮浪士人'은 '游手浮浪之士' 혹은 '游手浮浪子弟'를 줄인 명칭으로, 현실에서의 소외와 불만으로 부평초같이 방랑하는 '떠돌이 선비' 정도의 뜻이다. 물론 '游手'는 '游手好閑', 즉 빈둥거리며 노는 데는 습성이 들고 노동 좋아하지 않는다는 뜻이요, '부랑'은 일정한 거처나 직업이 없이 이리저리 떠돌아다닌다는 뜻을 갖고 있다. 그러나 여기서의 '부랑사인'은 이와 다르다.

정'으로, 기실 지식인 계층으로부터 광범위한 공감을 얻어 그 역사적 의의를 남길 수 있었다.28) 이를테면 그들은 유아(儒雅)의 신성함을 더럽혀 성정(性情)을 추구한, 일종의 변방의 반역자와도 같은 부류이다. 필자는 이같은 사람들과 저 정통 유협을 통틀어 '유협(游俠)' 혹은 '협사(俠士)'라고 부르기로 한다.

17세기 전기소설 가운데 일부 작품은 그 남주인공의 인간형을 그림에 있어서 이상과 같은 유협의 풍모를 '진지하게' 혹은 '굴절시켜서' 반영하고 있다. 기실 총명하고 시재(詩才)가 뛰어난데도 과거에 연달아 떨어져 세상살이를 티끌로 여기면서 공명에 구속받거나 속세에 얽매이는 것을 싫어하는 따위의 모습도, 따지고 보면 저와 같은 유협의 품성에 매우 근접해 있다. 그리고 무엇보다도 그들이 보여준 구체적인 행동양식에서 그와 같은 기질이 분명하게 나타난다. 마음을 훌훌 털고 현실체제를 박차고 나와서는 벗과 함께 호탕하게 시를 읊으며 뱃길 여행을 떠난다거나 명승지와 도시 곳곳을 정처 없이 주유하는 따위의 행동양식도 그 중 하나이다. 세상에서 고립되어 가는 일사(逸士), 체제로부터 이탈해 비정상적으로 적응하려 드는 독서인, 통념을 거부하는 속된 선비, 무절제하고 방종적인 반항아, 사랑에 목을 매는 수재, 충동적이고 자유분방하며 풍류스런 탕자(蕩者) 등등. 이같은 기풍은 17세기 전기소설의 남주인공들에게 드리워진 유협남아의 그림자이다.

〈주생전〉의 남주인공 주생은 사회 통념상 '양반사인'이지만, 자기 스스로 그 통념을 거부한 채 상인임을 자처한 '부랑사인(浮浪士人)'이다. 중세 계급사회에서 상인은 철저히 종속화된 신분이고, 남성사대부사

---

28) 예를 들어 다음 논저들에서 조명된 방외인 그룹이나 游俠은 이와 가장 가까운 인간유형일 것이다. 윤주필, 『한국의 방외인문학』, 집문당, 1999; 박희병, 「조선후기 민간의 유협 숭상과 유협전의 성립」, 『한국고전인물전연구』, 한길사, 1992.

회에서는 일종의 열외(列外) 계층이다. 과거를 걷어치운 채 오초(吳楚) 사이를 마음 내키는 대로 주유하며 상인 노릇으로 생계를 꾸리는 주생의 모습은 영락없는 부랑자이다. 전당에서 배도에게 빌붙었다가 그녀의 죽음으로 인해 의탁처를 잃고 다시 호주로 떠나는 과정에서도 마찬가지의 모습을 보여준다. 동시에 〈주생전〉은 여자가 기생이라고 해서, 지나치게 당당할 뿐만 아니라 능청맞기 이를 데 없는 뻔뻔한 배신자 수재(秀才)의 행동양식 및 심리상태를 대단히 사실적으로 보여준다. 노승상가에서 선화를 엿보고 난 뒤 배도에게 들키지 않기 위해 급히 배도의 집으로 먼저 돌아와 이불을 끌어안고 짐짓 잠든 척하면서 우레처럼 코를 곯거나, 꿈속에서 선아(仙娥)를 만났더니 그 선아가 지금 옆에 있다는 시를 배도에게 능청맞게 써준다거나, 배도의 등을 어루만지면서 "그대가 바로 나의 선아가 아니겠소"라고 답하는 것 따위의 행동양식은 다 그러한 예들이다. 선아(仙娥)는 선화를 두고 한 말로, 마음은 이미 딴 곳에 가 있으면서도 배도 앞에서 그런 위선을 떠는 것이다.

심지어 주생은 배도가 선화의 시를 읊어주자 속으로는 그 빼어남을 칭찬하면서도 배도에게는 거짓말로 "우리 선아[배도]의 기묘한 재주에는 미치지 못한다"고 말할 정도이다. 게다가 오로지 선화를 노리기 위해서면서, 배도에게는 노승상가의 3만 장서를 보기 위한 것이라는 핑계를 대곤 국영의 독선생이 되어 그 집으로 들어가질 않았는가. 그런가 하면 선화에게는 대장부 운운하면서 매파를 보내 예로써 맞겠다고 약속하면서도, 배도가 눈치 채지 못하도록 가끔 배도의 집에 가서 태연하게 자고 오기도 하는 뻔뻔한 위인이다. 끝내 선화와의 관계가 들통나자 배도 앞에서 얼굴이 벌게지면서 당황하여 어찌할 줄 모르고 고개를 푹 숙인 채 방바닥만 쳐다보는가 하면, 배도가 그 사실을 노승상 부인에게 고자질하겠다고 하자 선화와는 이미 꽃다운 맹세를 한 사이이니 한 번만 봐달라며 애걸하기도 하고, 배도의 집으로 잡혀와서도 선화 생각에 병을 핑계로 아예 수십일 동안 드러누워 일어나질 않는다. 뿐만 아니라 선화를 훔쳐낼 당시 다른 사람에게 발각된 것이 아닌가 하는 낭패감에 달아날 곳이 없어 대밭 아래에 납작 엎드려 있다가 비로소 선화의 장난에 속은 것을 알고는 발딱 일어나 그녀의 허리를 끌어안으며 "어째 사람을 요롱듯 속일 수가 있소?(何欺人若是)"라고 말하는 그의 행동은 족히 웃음을 자아낼 만하다.

주생은 부평초처럼 떠돌다가 배도의 집에 더부살이하는 처지이면서도, 자기가 입신하도록 도와주고 싶어하는 그녀를 속이고 배신하며 은혜를 저버리는 남성으로 나타난다. 미래에 대한 배도와의 약속은 한갓 그녀의 고운 자태에 혹해서 한 일시적 충동에 불과했음을 부인하기 어렵다. 이같은 '뒤틀린 사인의 형상'은 격식화된 유아(儒雅), 즉 숭고한 윤리도덕적 품성에 위배되는 것이며 이상적 인격체와도 거리가 멀다. 주생이야말로 유교문화의 격식에 도전하거나 충격을 가한 바로 그런 부류로, '문인무행(文人無行)'이나 '문비(文痞)'를 공격의 수단으로 삼는 사람이다. 또 실의와 낙척으로 인해 '타락을 갈망'하는 독서인의 행동양식을 드러낸 것으로, 유아(儒雅)의 신성에 먹칠하면서 성정(性情)을 솔직히 추구한 변방의 반역자나 다름없다. 이같은 이유로 주생은, 인물성격 자체가 정통 유협과 도리어 반대인 듯 보이지만, 따지고 보면 유협의 전통에 닿아 있기는 마찬가지다. 단지 심히 굴절되어 나났을 뿐이다.

〈최척전〉은 아예 그 도입부의 인정서술에서, 호탕대범[倜儻]하고, 교유하기를 좋아하며[喜交遊], 이미 허락한 약속에는 신의가 굳건하고[重然諾], 사소한 일에는 얽매이지 않았다[不拘齦齦之小節]고 썼다.[29]
'희교유(喜交遊)'만 하더라도, 단순히 놀거나 교제하는 것을 좋아했다는 뜻이 아니라 처세의 고립성을 극복하기 위해 '무리 지어' 행동한 유협의 전통이 반영된 표현이다. 작자는 남주인공 최척이 어엿한 유협풍의 인물임을 문면에서 의식적으로 나타냈다고 할 수 있다. 아비 최숙(崔淑)은 그런 아들을 향해 배우지 않으면 무뢰배가 될 터이니 쓸데없이 활 쏘고 말 타며 놀지만 말고 머리를 숙이고 선비를 따라 과거공부를 해 등에 화살을 진 채 군대에 종사하는 일은 면해야 할 것이라고 훈계한다.30) 그가 옥영과 정혼한 상태에서 의병에 차출된 이유도 활 잘 쏘고 말을 잘 탄다고 해서이다. 거기다 최척은 사족은 사족이지만 "동쪽에서 빌리고 서쪽에서 구걸(朝不謀夕, 東貸西乞)"할 만큼 매우 가난한 집안 사람이다. 빈궁한 데다 유학(儒學)을 싫어하는 무인 기질의 사내이니 "늙은 홀아비에게 근심만 끼치는 불효자(貽老父之憂, 言孝耶)"요, 유아(儒雅)에게는 눈살을 찌푸리게 할 법한 건달풍의 협사(俠士)인 셈이다.31)

그런 그가 "(여자의) 백년고락은 실로 사내에게 달렸다(百年苦樂, 實

---

29) 이 4개의 표현 가운데 '重然諾'만 규장각본을 따랐고, 나머지는 고려대본에 의거했다. '重然諾'의 경우 고려대본에는 '主讌諾'으로 돼 있고 천리대본은 '事然諾'으로 썼다. 이는 분명한 오필이다. 물론 〈최척전〉 이본 중 그래도 가장 善本은 천리대본이다.
30) 其父戒之日, "汝不學無賴, 畢竟做何等人乎! 況今國家興戎, 州縣方徵武士, 汝無以弓馬之事, 以貽老父之憂, 言孝耶? 俯首受學從士於擧子之業, 雖未得策名而等[登]第, 亦可免負羽而從軍."
31) 필자는 기존 논문에서 최척은 남원의 향촌사족으로서 임진왜란 당시 의병장 변사정의 막하에서 활동했던 실존인물이라는 사실을 밝힌 바 있다. 그런데 鄭泰齊(1612~1669)의 『菊堂排語』에 전하는 그의 시를 보면 〈최척전〉에 나타난 최척의 유협적 기질과 상당 부분 상통하는 것으로 읽힌다. 그 시는 이러하다. 「佳人이 流連之詞를 노래함에(佳人唱流連之詞) / 오날이 오날이 또 오날이(今日今日又今日) // 취객은 은밀한 情으로 이어받아(醉客續慇懃之意) / 한 잔 드세 한 잔 드세 또 한 잔 드세(一盃一盃復一盃)」. 정태제의 증언에 따르면 이 시는 최척이 落葉會라는 모임에서 읊었다고 한다. 이른바 '오날이 시조'와 방불한 시로, 放逸하고 게걸스런 기운이 농후하다. 이로 미루어 소설에서 읽히는 그와 같은 인물성격에는 실존인물 최척의 기질이 일정 정도 반영된 것으로 보인다. 물론 〈최척전〉은 기본적으로 허구이다. 졸고(2000), 앞의 논문.

由他人)"고 생각하는 옥영에게 '장래성 있는' 낭군으로 점찍힐 수 있었던 이유는 무엇인가? 옥영은 최척에게 보낸 편지에서, 그의 온화한 말씨, 단정한 행동거지, 신실하고 진솔한 면모, 정숙하고 우아한 기품 등을 들어 용렬한 사람의 처(妻)가 되느니 차라리 군자의 첩(妾)이 되는 게 낫다며 연모의 정을 고백했다.32) 그런가 하면 가난을 이유로 혼사를 말리는 어미를 향해, "최생은 매일 아저씨[鄭上舍]에게 와서 열심히 배우고 있는 데다 충후성신(忠厚誠信)해 결코 경박한 탕자(蕩者)가 아니며"33) 더구나 집안에 부친도 안 계시고 왜적이 인근까지 쳐들어온 지금 상황에서는 실로 충신(忠信)한 사람이 아니면 두 모녀의 힘으로는 가문의 운명을 온전히 할 수 없다는 이유를 들어 자신의 의지를 고수한다.34) 사라(絲蘿)를 자신에게 비유하고 교목(喬木)을 최척에게 비유했던 옥영의 말[絲蘿所托, 必於喬木]처럼, 최척은 옥영이 의지하기에 '든든한 교목(喬木)'인 것이다. 옥영에게 최척은 부정적 건달풍의 유협이 아니라 매우 의롭고 믿음직한 정통 유협풍의 장부인 것이다. 그러니 소흥(紹興) 여유문(余有文) 집에 의탁해 살 때 여유문이 자기 누이를 최척에게 주려고 하자, 아내가 아직 살았는지 죽었는지도 모르는데 어찌 새장가를 들어 편히 살 수 있겠냐면서 거절하는 의리는 이해하고도 남음이 있다.35) 늙어 고향에 돌아오기까지 새장가를 들지 않음으로써 난리통에 맺어진 부부간의 사랑과 의리를 끝까지 지킨 유

---

32) "近觀郎君, 言辭雍容, 擧止端祥, 誠信之色, 藹然於面目, 閑雅之氣, 拔萃於凡流. 若求賢匹, 捨此其誰? 如爲庸人之妻, 寧爲君子之妾."
33) "窃覸崔生, 日日來學於我叔, 忠厚誠信, 決非輕薄蕩子[者]也."
34) "况今兒身, 異於他人, 家無嚴父, 賊在隣境, 苟非忠信之人, 何以使母女之身, 全一家之命乎!"
35) 陟固辭曰, "我全家陷賊, 老父弱妻, 至今不知死生, 終未得發喪服衰, 豈可晏然婚娶, 以爲自逸之計乎?"

협 남아라 할 것이다.

　물론 유협풍의 품성을 지녔다는 사실 자체가 최척의 인물됨을 다 설명해 줄 수 있는 것은 아니다. 중요한 점은 그러하기에 유아(儒雅)의 세계와 멀리 떨어져 있다는 사실이다. 그리하여 최척은 영웅 아닌 영웅의 모험과 시련을 체험하는 인물로 나타난다. 그의 '고생담' 그것은 전란으로 얼룩진 당시 기층민의 삶을 대변해주며 동시에 전란의 뒷이야기를 총체적으로 보여준다. 전쟁통에 겪은 그의 기상천외한 행적은 17세기 절대다수 민중의 피폐적 자화상이자 슬픈 인간형이라고 할 수 있다. 정통 유협풍의 인물을 통해 절대다수 민중의 삶을 포착하는 데로까지 나아간 셈이다.

　〈동선기〉의 남주인공 서문적은 주생과 최척을 섞어놓은 듯한 인물로 주목된다. 우선 그 인정기술을 보면 "기질이 호탕대범해 사소한 일에 얽매이지 않으며[倜儻不拘]" 이미 장가를 들었지만 "가정을 돌보지 않은 채[不事計活]" "피리 불기만을 혹독히 좋아하고[酷好吹笛]" "훌쩍 세상을 멀리하려는 뜻을 가졌다[飄然有遠去遺世之志]"고 했다. 모친 최씨(崔氏)는 "방달[放曠]"하고 "낙락(落落)"할 뿐 아니라 "돈후(敦厚)"하고 "호협(豪俠)"하기만 한 아들의 그런 성격과 장래를 몹시 걱정하면서 출세해 영락한 서문가(西門家)를 일으켜 주기를 바란다.36) 이에 서문적은 모친의 뜻을 따르지만, 십여 년간 연속 과거에 낙방해 뜻이 좌절되자 "분개·탄식[慨然自歎]"하면서 부귀와 공명을 미워한다.37) 게다가 번듯한 항산(恒産)도 없으면서 계속 그 방달한 품성을 뜯어고치지 못함으로써 부인 유씨(劉氏)의 기대에도 부응하지 못한다.38) 그러니

---

36) "今汝放曠是任, 落落自荒, 汝將欲何爲者, 龍伯高之敦厚, 杜桂良之豪俠, 吾甚不願!"
37) 慨然自歎曰, "富貴功名來不來中, 鬢欲白矣, 吾將何執以稽中分年乎!"
38) 劉氏亦端好人也. 尋常勸勉, 期揭異號, 生則一向放意, 終莫能改.

그는 '방광(放曠)'하고 '낙락(落落)'한, 즉 기상이 방달(放達)한 데다 뜻이 너무 고대(高大)해 세상과 어울리지 못하는 인물이요, 유아(儒雅)에게는 더욱 따돌림 당할 수밖에 없는 기질을 타고났다고 이를 만하다. 그러면서도 모친이 바라지 않는 '돈후(敦厚, 철석같은 의리)'와 '호협(豪俠)'을 숭상할 줄 아는 성격이다. 부랑사인의 유전인자를 타고났으면서도 전형적인 정통 유협풍의 사내가 바로 서문적인 것이다.

서문적의 동지(同志)는 바로 전쟁을 기회로 장수가 되어 이름을 날리기를 소망하는 장만부나 최심과 같은 소외된 유협풍의 사나이들이다. 그렇지만 서문적은 그 또한 한 때의 영웅이고 한 때의 영화에 불과하다면서 차라리 눈앞의 즐거움만을 추구하는 부랑사인이 되고자 한다.

"자네들의 뜻은 다 죽은 뒤에 이름을 얻고자 하는 데 있네. 나로 말할 것 같으면 모름지기 눈앞의 즐거움만을 취하려 하네. 왜 그렇겠는가?…… 열 달 동안에도 입을 열고 웃을 수 있는 날은 너댓새에 지나지 않네. 자네들 손에 들린 술잔이 참으로 수중에 있기는 단지 오늘뿐이네. 오늘 이후에는 다시 오늘이 없으니, 끝내 누구네 집 해와 달인지 알 수가 없네…… 듣건대 '뜻대로 노닐만 못하다'고 했네."39)

이렇듯 서문적이 최상의 가치로 여기는 일은 당장의 쾌락이다. 그리하여 변경을 출발해 양자강을 따라 신선놀음을 하며 양주에 이르고, 양자서당의 경치를 구경하기 위해 배를 댔다가 우연히 기생 설영을 만나 수십 일간 향락하고, 다시 서주에 당도해 기생 경경과 풍류를 즐기는가

---

39) "兩君之志, 皆在身後之名, 如吾不佞, 須取眼前樂, 何者…… 旬月之間, 開口而笑之者, 不過四五日, 諸君手中之杯, 誠在於手中者, 適有今日已耳, 今日之後, 無復今日, 則竟不知誰家之日月也…… 曾聞(不)如適意遨遊." 괄호 속 '不'는 국립중앙도서관본을 참조해 첨가한 것이다.

하면, 귀향하던 중 항주에 들러 곳곳을 유람한다. 서문적의 이같은 유희적 유람은, 낙척실의해 도피와 부랑을 갈망하는 뒤틀린 독서인의 모습이다. 차라리 방탕을 열망한 유협풍의 행동양식이라고 할 수 있다.

나아가 서문적은 동선과의 운명적 만남 이후 무척 일신된 유협풍을 보여준다. 우선은 동선이 기생임에도 불구하고 그녀를 끝까지 사랑하고 의리를 지키는 행동을 보여준다는 데서 그렇다. 난리통의 수난은 물론이고 안기(安琦)와 같은 간신의 모해에도 굴하지 않는 의리파 사나이의 면모를 드러낸다. 다음은 외교적 임무를 탁월하게 수행해 일시적으로나마 공명을 얻는 모습으로까지 나타난다. 물론 그것은 여주인공 동선의 조력으로 인해서다. 선무사(宣撫使)가 보좌관을 구한다는 소문에 동선이 변복한 채 항주 진영으로 달려가 서문적을 추천하고, 그리하여 그는 상장(上將)에게 발탁돼 막하의 핵심참모 자리에 오를 뿐 아니라 청성(靑城)에 가서 사명(辭命)을 잘 처리한 공으로 상객(上客)의 반열에 오른다. 게다가 서문적은 안기라는 적대자의 이간질로 애인 동선과 생이별하고 옥에 갇혔다 죽을 고비를 넘기는 등의 오랜 시련을 겪은 끝에 그녀와 함께 영웅적 민중구호자의 행동을 취하기도 한다. 본래 그는 당송대(唐宋代)에 민중들 사이에 폭발적인 인기를 누린 데다 전진교(全眞敎)의 증조가 된 신선 여동빈(呂洞賓, 798~?)의 환신(幻身)으로, 금군(金軍)의 점령지 연경(燕京)에서 동선과 합동해 유랑자들을 결집해 항주로 인솔해온 다음 가산을 털어 구휼을 베푼다. 이는 적강인물로서의 정체를 드러낸 셈으로, 유랑민에게 이타적 적선을 베푸는 따위의 활동은 당송(唐宋)시대에 널리 구전되던 여동빈의 그것에 몹시 가깝다.40) 그리고 〈최척전〉에서 본 저 최척과 마찬가지

---

40) 唐宋代에 들어 이른바 8仙의 異蹟을 담은 故事가 민간에 성행하는 가운데 그들이 점차 신격화되었음은 주지의 사실이다. 그 중 빈민구호에 앞장서 적선을 베풀었다는

로, 남주인공의 활동 범주가 17세기 민족수난의 실상을 드러내는 데로까지 확대되었다고 할 수 있다. 물론 최척에 비해 그 시련과 모험이 더 영웅적인 데다 종국에는 훌훌 털고 도죽산(桃竹山)이라는 이상계로 숨어버린다는 점에서는 적잖은 차이가 있다.

17세기 전기소설에 드리워진 유협의 그림자는 대략 이상과 같다. 남주인공들은 통념상 분명 문사(文士)이고 언뜻 재자가인을 닮아 있기도 하나, 작중현실 속의 구체적 모습들은 궁유(窮儒)이거나 세상질서에 무기력하거나 심지어 의타성 강한 위선자로 심히 굴절되어 나타나기도 한다. 그런가 하면 타고난 기질로 인해 종종 기이한 행동양식을 드러낸다거나 기층민의 편에 서서 그들의 삶을 대변하는 영웅적 모습을 띠기도 한다. 간혹 고독하고 감상적이며 유약하고 소극적이며 감수성 예민해 보이는 행동을 드러내기도 하는 것도, 맘 씀씀이가 여리고 충동적이며 경우에 따라 단순하기까지 한 소박한 인간미의 덕목을 지닌 유협풍의 인간이기에 그럴 수 있는 것이다.

물론 유협풍의 인물은 전대 전기소설에서도 찾아볼 수 있다. 『금오신화』〈남염부주지〉에 등장하는 박생이나『기재기이(企齋記異)』〈최생우진기(崔生遇眞記)〉의 최생이 그들이다. 박생은 의기가 높고 씩씩하여 위세를 보고도 굴복하지 않아 자부심 강하고 의협심 있는 사람으로 평판이 났으면서도, 남 앞에서는 겸손한 자세를 가졌다고 했다.[41]

여동빈은 가장 인기가 높았던 신선이다. 갈수록 과장되었겠지만, 생존 당시[唐末] 미관말직을 버리고 金丹을 팔아 병고에 신음하는 백성을 돌보는가 하면 묵을 팔아 빈민에게 혜시를 폈다는 전설적 인물이다. 민중으로부터 영웅으로 추앙 받는 가운데 가장 널리 회자되었고, 후대에도 폭발적 인기를 누렸다. 지금도 중국 영토 곳곳에 그가 神으로 숭배되었음을 보여주는 사당이 남아있을 정도다. 동시에 소외된 사족들이 雜劇이나 소설에 영웅적 주인공으로 형상화했을 만큼 여동빈은 대중적 선망을 받았다.

41) 成化初, 慶州有朴生者, 以儒業自勉. 常補大學館, 不得登一試, 常怏怏有憾, 而意氣高邁, 見勢不屈, 人以爲驕俠. 然對人接話, 淳愿慤厚, 一鄕稱之.

그리고 최생은 기개가 높고 영화와 이익을 가볍게 여기며 산수유람을 좋아해 세상물정에 어둡다고 비웃음을 당하던 인물이다.42) 이로 미루어 퍽 다수의 전기소설 작가들은 그런 유협풍의 남주인공을 통해 능력 있는 사람이 사회적으로 방황하면서 제자리를 잡지 못하는 모순적 실상을 지속적으로 이야기하고자 했다고 볼 수 있다. 이로써 덕을 갖춘 자에게 하늘이 대업을 맡긴다는 유가의 전통적 논리에 문제를 제기하고자 했음이 뻔하다. 이는 17세기까지의 상당수 전기소설작품들이 보여준 공통적 측면이기도 하다.43) 그러나 박생이나 최생을 진정한 유협풍 인물로 간주하기는 어렵다. 너무 소극적인 데다 구체성도 결여돼 있기 때문이다. 상투적 문구에 그쳤을 뿐, 17세기 전기소설의 그것과는 확연한 차이를 보인다.

17세기 전기소설에 소묘된 남주인공들의 기행(奇行)이란 결코 사대부 문사의 세계관을 대변하는 데 머물지 않는다. 유협풍 남주인공들의 구체적 행적들은 그 자체로 독자 대중에게 가까이 다가설 수 있다. 세속인의 인정과 기식(氣息)이 느껴지는 시정인으로서의 모습들을 동적(動的)으로 보여주었기 때문이다. 사람의 속물적 정리(情理)와 가치관을 숨기지 않고 표출한 경우를 주생에서 볼 수 있었고, 민중과 함께 동고동락한 최척이나 서문적과 같은 자도 있었다. 심지어 서문적은 민

---

42) 臨瀛有崔生者, 倜黨外榮利, 好遊覽山水, 人笑其迂.
43) 한 서양의 학자는 중국 唐代의 전기소설에 등장하는 많은 주인공들을 가리켜 '영웅'으로 해석하고 있는데(커티스 애드킨스, 「당전기의 영웅」, 김진곤 편역, 앞의 책), 그들이 영웅이냐 아니냐를 따지기에 앞서 전근대 동아시아 소설사에서 '豪俠'은 일단 상당한 전통성과 전파력을 가진 인물 제재이다. 한 연구자는 재자가인소설로 널리 굳어진 〈好逑傳〉의 주인공을 통해 짙은 俠義的 성향을 읽어내기도 했을 정도다.(김명신, 「〈호구전〉의 주인공 협의적 성격에 대한 소고」, 『중국소설논총』15, 한국중국소설학회, 2002) 俠義小說은 물론이고 전기소설이나 游俠傳 그리고 재자가인소설에 이르기까지 매우 광범위한 분포도를 보인다고 할 수 있다.

중의 편에 서서 민중과 함께 뛰는 영웅적 움직임을 선보이기도 했다. 마치 부랑자나 다름없이 그려지는가 하면, 미천한 기생을 사랑하고 의리를 생명과 같이 여기기도 하며, 민중적 삶의 한복판에 과감히 뛰어드는 모습을 드러내기도 했던 것이다.

이는 물론 17세기로 진입하면서 전기소설 작가들의 시야가 하나같이 아래로 이동하기 시작했으며 동시에 사회의 전 영역으로 확대되기 시작했음을 반영한다. 그리하며 이름만 사인일 뿐 상류층은 아니며 도리어 민간 평민의 심미취향에 걸맞는 주인공의 성격을 소묘할 수 있었다. 이미 문사의 세계를 떠난 문사의 행동을 그림으로써, 겉 신분과는 거리가 먼 양식들, 이를테면 보통사람들과도 교통할 수 있는 자질을 획득할 수 있었다는 것이다. 더욱이 유협풍의 사인을 주인공으로 설정한 데에는, 뼈대 있는 집안의 자제라 해서, 혹은 순탄한 운명을 타고난 자라고 해서 본질적으로 다르지는 않다는 의식이 은연중 깔려 있는 것으로 보인다. 사인과 부랑자를 동일시하는 시각을 견지함으로써, 신분계층의 벽을 뚫고 독자 대중의 심리로 파고들 수 있었을 터이다. 사인은 사인인데 일반 시정인의 심리로부터 그들을 관찰하고 소조(塑造)하고 평판했다는 점에서, 유협풍의 인물은 몹시 통속적인 형상으로 소통될 수 있다.

2) 남주인공 ④ : 풍류기남

앞서 살핀 유협풍의 기질이 다분하면서도 실상은 그렇지 않은 인물로 〈상사동기〉의 남주인공 김생이 있다. 그에 관한 인정서술을 보면 우선 "풍도절륜(風度絶倫)"과 "능소어(能笑語)"와 같은 표현이 눈에 들어온다. '풍도절륜'이란 기풍·도량이 매우 출중하다는 이야기요, '능소어(能笑語)'는 단순히 우스갯소리를 잘 했다는 뜻이 아니라 그 성격이 '통쾌하고 호탕함'을 반영한 표현이다. 막동(莫同)의 말에 따르면 "도련님은 항상 호쾌하고 걸걸해 사소한 일 따위에는 얽매이지 않으셨다"44)고 했다. "도련님은 참 신사시군요(郎君大是信士)"라는 영영의 말처럼, 김생은 장원급제해서도 미천한 시녀를 끝까지 저버리지 않는 "철석같은 심지를 가진 남아(以男兒鐵石之心)"요, 남아일언중천금을 실천해 보인 인물이다. 분명 그는 '자유인'라는 이름이 퍽 잘 어울리는 사람이요, 마찬가지로 불구속성을 나타내는 '방탕불기(放蕩不羈)'나 '척당(倜儻)'으로 표현될 만한 남자이다. 동시에 의리와 신의를 생명으로 아는 '중연낙(重然諾)'의 됨됨이를 가진 남성이기도 하다. 그러나 이 같은 해석은 그의 진면목을 외면할 때에만 가능하다.

무엇보다도 김생은 경화거족이자 사림 종장가의 아들로서, "용모수미(容貌粹美)"하고 "선속문(善屬文)"하는 "세간기남자(世間奇男子)"여서 향리에서 이름난 "풍류랑(風流郎)"이라고 했다. 거기다 약관에 당당히 진사에 올랐으니 그 명성이 경화(京華)를 진동해 공경대가에서 서로 딸을 주려고 아우성을 떨 법도 하다.45) 그러니 타고난 재자가인으로 말하자면 전기소설 남주인공 가운데 이 김생을 따라올 자가 드물다. 그에게서 감지되는 유협풍의 품성은 집안 좋고 실력까지 갖춘 '여유 있는 자'의 '호기(豪氣)'란 게 정확한 해석일 것이다. 좀 부정적으로 보자면, 그는 일종의 '행세'나 '거드름' 같은 것을 떨 법도 한 별난 선비이다. 말 그대로 '풍류기남(風流奇男)'인 것이다. 과연 김생은 모시적삼을

---

44) "郎君平日, 言笑豪縱, 卓犖不羈."
45) 爲人容貌粹美, 風度絶倫, 善屬文, 能笑語, 眞世間奇男子, 鄕里以風流郎稱之. 年甫弱冠, 登進士第一科, 名動京華, 公卿大家, 願嫁愛女, 約不論財實也.; 嫗果自疑, 斂容避席曰, "…且郎君京華巨族, 士林宗匠, 老身窮閭萎嫗, 草屋微生."

전당잡히고 홍주(紅酒)를 사서 마실 정도의 풍류객이고, 취기가 오르면 말안장에서 눈을 게슴츠레 뜨고 노래 한 곡조를 흥얼거리는 낭만파다. 이에 저자 한복판에서 들끓는 춘정(春情)을 이기지 못해 미인을 요리조리 뜯어보면서 뒤를 밟는 협기(俠氣)를 부릴 수도 있었다.

김생의 이같은 성격으로 인해 〈상사동기〉를 읽다보면 여러 번 웃지 않고는 못 배긴다. 아마도 작가는 친근하고 솔직 담백한 '보통사람'의 인간미를 그리는 데 주력한 듯하다. 김생은 때로는 안절부절못하고 때로는 투덜대기도 하는, 영영의 말대로 '잗달게 아녀자 때문에 성정을 해치는'46) 그런 유연하고 순박한 인간형으로 나타난다. 상사동 노파더러 예법에 맞지 않게 자기를 '복(僕)'이라고 낮추기까지 하는 정도다.47) 생기발랄하고 우스꽝스러운 범부요, 품위와는 거리가 먼 진솔하고 해학적인 형상으로, 곧 친근한 '나'의 모습이라는 설명은48) 비로소 정곡을 얻은 해석이라 이를 만하다. 귀족자제라는 명색에 어울리지 않는 '보통사람'으로서의 참모습을 그려 진술한 인간미를 담아냈다고 할 수 있다. 심지어 장원급제한 그가 얼큰하게 취해 말 등에 걸터앉아 저자거리를 둘러보는 모습은, 한 기남자(奇男子)의 코믹 연기와도 같게 느껴진다. 이는 김생이 줄곧 익살스런 언행을 연발해왔기 때문이다. 더구나 회산군의 원림(園林) 앞을 지나다 문득 영영과의 추억에 미소짓다가 느닷없이 말에서 떨어져 땅바닥에 나자빠져 기절한 척하는가 하면, 부축되어 와서도 여전히 어질어질한 척 누워 있다가 능청맞게 기지개를 펴면서 "여기가 어디래요?(此何所也)" "내가 어떻게 여길

---

46) "何可屑屑然, 爲兒女之念, 以傷性情乎!"
47) "僕以年少俠氣, 不禁春情之駘蕩, 尾而隨之, 趁其所到, 則孀家是也."
48) 신동흔, 「〈운영전〉에 대한 문학적 반론으로서의 〈영영전〉」, 『국문학연구』5(국문학회, 2001), 224~231면.

왔소?(我何爲來此耶)"라고 하질 않는가. 김생은 급기야 호들갑을 떨다 못해 출싹대는 행동까지 보여주는 것이다.

물론 명(名)과 실(實)이 어긋나 보이는 김생의 그러한 행동을 일러, 행여 양반계층에 대한 풍자나 비판 따위를 들먹이는 것은 옳지 않다. 작가는 단지 아름다운 사랑이야기를 흥미진진하게 그리려 했을 뿐이다. 세태를 핍진하게 그렸다고까지는 이야기하기 어려워도 '인정(人情)'을 꿰뚫었다고는 평가할 수 있는 소설이 바로 〈상사동기〉이다. 이 점이 바로 〈상사동기〉의 매력이자 의의로, 그 중심에 남주인공 김생이 서 있다고 할 수 있다. "그 후 (김생은) 영원히 공명을 버린 채 끝내 장가들지 않고 영영과 더불어 생을 마쳤다고 한다"49)는 최종 서술은 이른바 설서인(說書人) 상투의 전형적인 '마무리 발언'일 뿐이다.50)

그런가 하면 저 김생과 일면 쌍벽을 이루는 인물로 〈왕경룡전〉의 남주인공 왕경룡이 있다. 기실 〈왕경룡전〉은 철없는 귀족자제가 세파에 수난을 당함에 한 기녀가 구해주고 돌봐주어 끝내 출세하게 만든다는 줄거리이기도 하다. 장원급제해 암행어사로 파견되어 서주(徐州) 의옥(疑獄)을 해결하고 옥단을 태워 소흥으로 돌아오는 29살 나이의 경룡이, 그 성숙해지고 의젓해지기까지의 과정에서 보여준 행동이란 실로 '철부지' 그것이다. 〈왕경룡전〉은 읽기에 따라 어리석으면서도 방탕한 풋내기 공자가 세상물정 모르고 날뛰다가 거지꼴로 고생하는 과정을 그린 소설이기도 한 것이다. 작품 서두에서 왕경룡의 나이는 열여덟

---

49) 自此永謝功名, 竟不娶妻, 與英英相終云云. 이본에 따라 다음 글귀가 첨가돼 있다. 「生與英英, 唱和詩文甚多, 積成卷軸, 而生無子孫, 不傳於世, 嗚呼惜哉!」(신독재수택본, 정경주본)

50) 필자는 〈상사동기〉의 희극적 축제를 부정하거나 의심을 품어온 종래의 보편적 해석들에 반대한다. 특히 저와 같은 결말에 특별한 의미를 부여하는 것은 지나친 시각이라고 여긴다.

살이라고 했다. 그는 부친의 심부름을 다녀오던 중 서주 홍등가에서, 가훈(家訓)이 엄해 어른이 다 되도록 집안에 틀어박혀 책만 보느라 남들이 말하는 술집과 창루가 뭔지도 모르고 살았다면서 "잠깐만 구경하세"하는 충동이 인다.51) 늙은 하인이 '덜 성숙했다'면서 '주색의 나쁨과 위험'을 들어 말려보지만, 혈기왕성하고 호기심 많은 청년공자는 아랑곳하지 않는다. 한 미인에게 넋이 나간 왕경룡의 모습을 들어본다.

한 젊은 소저가 손에 푸른색 부용꽃 한 송이를 들고 행렬에서 떨어져 혼자 서 있었다. 화사한 차림새로 빛을 발하며 바라보는 모습이 마치 신선과도 같았다. 경룡은 유심히 뜯어보면서 어떡하든 한번 만나보고 싶었으나 한스럽게도 딱히 엮을 방법이 없었다.52)

왕경룡은 이처럼 먼발치서 누각 안을 기웃기웃 살피면서 미녀와 눈이라도 한번 맞춰보려고 애써볼 뿐 달리 어떻게 해야 할지를 모르는 순진한 공자이다. 표주박 파는 노파를 불러 그녀가 조운(朝雲)이라는 이름의 기녀임을 알고는 한 번 만나게 해달라고 용기를 내보긴 하지만, 옥단이라는 더 절색의 미인이 있으니 한번 연분을 맺어보라는 노파의 말을 듣고는 단박 이렇게 쑥스러워한다. "난 단지 절색을 구경하고 싶어하는 것일 뿐 합환(合歡)에 뜻이 있지는 않네."53) 사실 이 말은 왕경룡이 얼마나 순진한 '애송이'인가를 잘 드러낸다. 진짜 마음이야 합환에 있으면서도 겸연쩍고 쑥스러워서 그게 아니라며 부정을 한 것이다.

---

51) "我曩時, 家庭訓嚴, 局束於書籍, 年齒已長, 牢閉於欄, 世之所謂酒肆娼樓豪侈佳麗者, 未知果如何也. 今欲小停征驂, 暫得覽."
52) 其中有一少娥, 手把碧芙蓉一朶, 超班獨立, 精華耀矚望, 若神仙焉. 龍留神注目, 謀欲一見, 但恨無以爲緣.
53) "我之所以欲見者, 只欲觀絶色而已, 非有意於合歡也."

노파가 옥단을 데리고 나타나기를 기다리면서도, 혹 속은 것은 아닌지 의아해하면서 앉았다 일어섰다 하는 모습은54) 영영을 기다리던 저 김생의 안절부절 그것이다. 그리고 마침내 나타난 옥단의 절색을 보곤 심히 두근거리면서 덥석 은자 삼천 냥을 창모(娼母)에게 보낸다. 뿐만 아니라 옥단과 합환하기 어려울까 걱정해 노래 한 곡조로 그녀의 뜻을 떠보는가 하면, 잠자리에서 옥단이 희롱을 거절하자 안달이 나 냅다 백년해로할 것을 맹세하기도 한다. 늙은 하인이 다시 말리자 "배필로 삼을 게야! 백년해로를 맹세했노라!"며 호언장담해,55) 그 하인으로 하여금 "이제 절단 났네!"하면서 포기한 채 돌아가도록 만든다.56)

왕경룡은 이처럼 세상물정 모르는 철부지 공자이기에, 마침내 창모 일당의 공모에 휘말려 만 냥 은자를 다 털리고 죽을 곤경에 처했다가 거지가 되어 유리걸식하는 수난을 겪는다. 갈대숲[蘆林]에서 불한당들에게 잡혀 바지까지 벗겨진 채 두 손을 싹싹 빌며 살려달라고 애걸해 겨우 목숨을 건지는가 하면, 비렁뱅이 행색으로 걸식패들 틈에 끼어 여염집 경점(更點)을 치는 일로 밥을 얻어먹다가 그것도 제대로 못해 내쫓기는 신세가 된다. 심지어 울면서 겨우 양주로 굴러 들어가선 그곳 저자에서 구걸하며 다니다가 맹인 배우의 종이 되어 나례희에서 잔심부름을 하기도 한다.57) 그리하여 사람들로부터 '바보[愚癡]'라고 조롱당하는가 하면 부친으로부터는 '미쳐 발광했다[猖披]'는 소리를 듣는다.58) 바깥출입 한 번 못해본 독서서생이 한 번 노는 것을 대수롭지 않게 여겼다가 크게 낭패를 보게 되는 것이다.59) 때문에 경룡은 도시

---

54) 龍恐爲嫗所賣, 將信將疑, 或坐或立, 苦待之際….
55) 龍不悅曰, "我年踰志學, 未有室家. 此女名雖爲娼…可配君子, 況願與偕老, 矢未他適!"
56) 老僕曰, "郞君之事, 決矣! 老僕請今辭歸!"
57) 龍啼飢匍匐, 處處乞食, 轉入楊州, 乞食於市, 苟爲優盲之奴.
58) 里人皆笑龍之愚癡.; 閣老責問龍曰, "汝積歲娼詖[猖披], 廢其藝業, 無復望於功名."

유흥가, 즉 금전이 지배하는 곳에서는 정상적으로 적응하지 못하는 흡사 우부(愚夫)로 나타난다. 동시에 부모의 만 냥 재물을 탕진하면서 미색에 빠지는 모습에서, 비록 한량은 아니더라도 다분히 탕아적인 성격을 드러낸다.

그러니 큰 누이나 어머니와도 같은 옥단의 도움이 아니었다면 모든 걸 원상 복귀해 소흥 고향집으로 귀환하기는 어려웠을 것이다. 게다가 부친 왕각로에게 곤장을 맞으면서 징징 울어대는 모습도 그러하고, 옥단이 아른거리면 칼을 뽑아 휘두르며 글을 읽는 따위의 모습은 도리어 희학적으로 읽힐 뿐이다. 삼 년 독서로 장원급제해 옥단에게 은혜를 갚는 그이지만, 그녀의 치마폭에 싸여 정처(正妻)를 내쫓고 옥단을 정부인으로 삼으려고 하는 철없는 공처가이기도 하다. 마지막까지 옥단이 타이르면 듣기도 하고 그만두기도 하는 위인으로 나타나는 것이다. 때문에 경룡의 행동양식을 중심으로 〈왕경룡전〉을 읽는다면, 풋내기 탕아의 투정과 우치(愚癡)를 그린 작품이기도 하다. 경룡은 분명 창기라고 해서 애인을 천대하거나 버리지 않는 의리파 사내의 면모를 띠지만, 작품 전체의 그림을 옥단의 지혜와 부덕을 드러내고자 하는 방향에서 그렸기 때문에, 남주인공의 성격이 퍽 왜소해질 수밖에 없었던 것이다. 또 그로 인해 사랑·언약·실천을 퍽 갈등 있게 그렸으되 간혹 희학성을 드러낸다.

이상에서 살핀 풍류기남의 형상은 굳이 장황하게 설명하지 않더라도 17세기 전기소설의 통속화 경향을 여실히 보여준다. 저들 남주인공의 행동양식이란 한 마디로 인간미 넘치는 시정인의 숨결 그것이다. 독자 대중의 심미취향에 딱 맞는 일상적 주인공을 그림으로써, 등장인

---

59) 以勤學無意娶聘, 足不出門, 終夜讀書者累年.; 自謂'一者遊賞, 豈至於喪志也.'

물의 성격에 본질적인 변화가 일고 있음을 드러냈다. 기실 저들 남주인공의 신분이 상층 사대부란 사실은 별로 중요하지 않다. 상층 사인의 형상을 평민의 심리태도와 거의 동일하게 소조(塑造)했다는 점에서 그렇다. 저와 같은 행동양식들은 대중 독자에게 선뜻 자연스럽게 다가설 수 있는 몹시 통속적인 형상인 것이다. 따라서 김생이나 왕경룡 같은 인물성격만을 통해서는 작가의 이념적 그림자를 도무지 엿볼 수 없을 정도이다. 무겁고 엄숙한 주제의식을 내세우지 않았다는 말이다. 주인공의 신분이 사인이라고 해서 그들을 신비화하거나 환상적으로 접근하지 않고, 도리어 솔직한 속내와 행동을 놀랄 만큼 실감나게 소묘하였다. 둘 다 명문가 자제이지만 그와는 무관하게 보통사람과 동일시되고 누구나 쉽게 감동 받을 수 있도록 대중의 취향에 따라 그렸던 것이다. 세속 인정의 개성을 중시하는 창작 태도로, 족히 통속적 소통이 용이한 인물성격을 그려냈다고 이를 터이다.

3) 여주인공 ㉮ : 요조숙녀

『금오신화』〈이생규장전〉에 그려진 풍류재자와 요조숙녀라는 이상적인 배필의 사랑은 비교적 '범속한' 이미지를 드러낸다. 게다가 이성간의 사랑이 순수하고도 전면적으로 소묘됨으로써, 하나의 '애정소설'에 근접한 모습을 이미 갖출 수 있었다. 기실 그것은 소설사의 통속화를 추동한 주범이 다름 아닌 애정고사란 사실을 예고한 것이란 점에서 막중한 의의를 갖는다.

17세기로 들어 소설사가 애정고사 위주로 편성되는 과정에서 나타난 가장 뚜렷하고 중요한 현상은 다름 아닌 여주인공의 다양화이다. 동시에 그 형상의 다양성뿐만 아니라 여주인공의 작중 비중이 갈수록 증대되어 남성주인공의 역할을 앞지르는 작품들이 걸핏하면 나타났다. 아마도 여성을 그토록 '대단한' 개체로 그릴 수 있는 문학장르는 기껏해야 소설일 수밖에 없었던 때문이 아닌가 한다. 여성도 어엿한 인격체라는 사실을 말하고 싶어도 비루한 소설이 아니면 이야기하기 어려웠던, 선택의 여지가 없는 선택이었을 가능성이 높다. '여성'이라는 존재는 소설과 같은 '통속물에나' 그려지는 게 어울린다는 생각들을 뻔히 가졌을 법하다. 또한 소설이 천대받던 시대이다 보니 여성을 실제 주인공으로 내세움으로써 갈수록 여성을 독자로 끌어들이는 동시에, 종종 여성독자를 여성답게 가르치려는 목표까지 달성할 수 있었을 것이다. 전근대라는 시대적 특성상, '여성'이라는 존재와 '소설'이라는 존재는 분명 불가분의 끈이 형성돼 있었던 셈이다.

애정고사가 소설사의 제일 큰 세력으로 성장하는 가운데 다양한 개성을 띤 여주인공들이 대거 등장하고 그 역할도 크게 증대되는 현상이 나타남으로써, 애정고사의 성격도 전대의 그것들과 현격히 달라지는 양상을 보인다. 우선은 '사랑' 그 자체가 중요한 관심거리로 등장했다. 가령 〈이생규장전〉과 같은 '서사와 형상의 부자유'에서 탈피해, 작중인물의 진솔한 행동은 물론이고 일상적 정서까지 드러낸 순수애정담을 그리는 데로 관심이 이동했다. '사랑'이 전면적으로 구현되었음은 물론이고 솔직한 내면적 교류를 통한 정서적 유대와 화합을 추구함으로써,[60] 족히 독자를 사로잡을 수 있는 형국을 갖출 수 있었다. 이를테면 요조숙녀와의 사랑을 심금을 울리도록 그림으로써 진정한 애정소설로서의 독립을 선언했다. 어떤 여성을 가리켜 요조숙녀라 하는

---

[60] 기존 연구에서 공감해온 애정소설의 중요 요건을 들면, 구성의 전면성, 깊은 정신적 유대, 정서적 이해와 화합 등으로 요약된다. 김창식, 「연애소설의 개념」, 대중문학연구회 편, 『연애소설이란 무엇인가』, 국학자료원, 1998.

가? 사실은 온화하고 얌전한 말씨, 단아한 행동거지, 즉 교양과 품격을 갖춘 상류층 규방여성을 두고 나온 말이다. 그러나 17세기 전기소설은 종종 그러한 요조숙녀이기에 겪어야 했던 성적 결핍을 몹시 사실적으로 보여준다.

〈운영전〉의 여주인공 운영은 신분상 궁중 시녀이지만 전근대시대 요조숙녀의 설움을 가장 잘 보여주는 인물이다. 〈운영전〉에 대한 선행 작품론의 심도를 생각한다면[61] 운영의 행동양식을 두고 번다하게 중복된 논의를 펼칠 필요는 없다. 무엇보다도 그녀는 성애(性愛)에 목말라하는 '박명 요조숙녀'로서의 이미지를 드러낸다. 굳이 몇 대목만 거론한다면, 김진사의 붓끝에서 날아온 먹물 한 점을 광영으로 생각해 닦아내지 않는다거나, 김진사와 벽 하나를 사이에 두고 앉아 구멍을 뚫어 편지를 던지는가 하면, 병풍에 몸을 숨긴 채 흐느끼는 모습 따위를 보여준다. 운영 스스로 고백한 대로, 그녀는 꽃다운 17세 나이에 김진사의 신선과 같은 용모에 정신이 혼미해져, 홀로 근심하고 탄식하면서 기가 막혀 말도 못하고 눈물이 다하여 피눈물을 흘린다. 〈부연시〉가 빌미가 되어 안평대군의 의심이 점점 좁혀 오는 그 아슬아슬한 과정을 한 편의 시화(詩話)처럼 그리기도 했다.

과연 〈운영전〉을 읽다보면 여성으로서의 성적(性的) 불만감을 은근슬쩍 드러낸 '불온한' 표현들이 종종 나타난다. 새장 속의 새, 도닦는

---

61) 박일용,「운영전의 비극적 성격과 그 사회적 의미」,『조선시대의 애정소설』, 집문당, 1993; 신경숙,「운영전의 반성적 검토」,『한성어문학』9, 한성대 국문과, 1990; 정출헌,「운영전의 중층적 애정갈등과 그 비극적 성격」,『고전소설사의 구도와 시각』, 소명출판, 1999; 이상구,「운영전의 갈등양상과 작가의식」,『고소설연구』5, 한국고소설학회, 1998. 이들 논문은 〈운영전〉 연구의 현주소를 보여주며, 최근 다음 논문에서 그동안의 연구사 검토가 이루어졌다. 졸고,「〈운영전〉의 연구성과와 그 전망」,『고소설연구사』(一葦 우쾌제 박사 화갑기념논문집), 월인, 2002.

비구니, 외로운 그림자, 마주 대한 등불, 쌍쌍이 노니는 제비와 꾀꼬리 등등은 궁녀들이 툭하면 거론한 비유 대상들이다. 주변 궁녀들까지 총 동원해 박명한 여자로서의 성적 질투와 원정(怨情)을 걸핏하면 노출했던 것이다. 심지어 질투심에 꾀꼬리에게 매화 열매를 던져 날지 못하게 하고, 주렴으로 막을 쳐 제비 한 쌍이 같은 둥지에 깃들지 못하도록 했다는 은섬(銀纖)의 진솔한 토로도 있었다. 남녀의 정욕은 음양의 이치에서 나온 것이요, 여자의 마음이야 다 같다는 식의 생각을 종종 드러내고 있는 것이다. 자란(紫鸞)의 고백대로, 적막한 심궁(深宮)에 갇혀 누런 꾀꼬리 소리를 들으면 탄식하고 푸른 버들을 대하면 흐느끼면서 타고난 운명의 야박함에 설워하는 여성의 성적 불만을 몹시 신랄하게 드러냈다. 그녀들은 간혹 충과 불충 그리고 선과 불선 사이에서 주저하는 모습을 보이기도 하지만, 그것은 "광폭(狂暴)한 권력의 이데올로기가 개개인의 삶과 인식의 밑바닥에까지 침윤되어 그들을 내밀하게 옥죄었던 봉건적 윤리의식"[62]의 한 가닥일 뿐이다. 결국은 하나같이 운영이 김진사와의 불륜을 저지를 수밖에 없었던 그 현실에 분기등등한다.

〈운영전〉에 그려진 그 '사무친 사랑의 시말'은, 이렇듯 전근대 여성의 성적(性的) 결핍을 드러내는 쪽에서 소묘되었다. 다른 궁녀들을 총동원해 그녀들이 몹시 심한 성적 결핍을 느끼는 것으로 그림으로써, 홀로 흐느끼며 피눈물을 흘리는 운영이야말로 실로 그러한 장본인임을 은근슬쩍 드러냈던 것이다. 이 고난도의 작법을 통해, 당초 운영이 감행한 사랑은 다름 아닌 성애(性愛)에 대한 갈망에서 비롯된 것임을 분명히 했다. 〈운영전〉에 그려진 작중현실은 성애에 목말라하는 요조숙녀들의 반란에 다름 아니며, 그 중심에 운영이 서 있는 것이다.

---

62) 정출헌, 위의 논문, 111면.

〈주생전〉과 〈위경천전〉의 여주인공 선화와 소숙방도 마찬가지로 규방에 갇혀 지내던 요조숙녀로서의 성적 결핍을 드러낸다. 주생이 보내온 신호에 짐짓 잠든 척하다가 순순히 동침에 응하는 선화의 행동이라든가, 염정(艶情)에 불타 느닷없이 들이닥친 위생의 겁탈에 가까운 행동에도 금방 마음이 누그러지는 소숙방의 태도 따위가 그것을 말해준다. 두 작품에 등장하는 정사 장면을 꼼꼼히 읽어보자.

① 선화는 일부러 못들은 체하면서 얼른 불을 끄고 잠자리에 들었다. 주생이 들어와 동침을 하자 선화는 어리고 약질이어서 정사를 견디지 못했다. 허나 옅은 구름 이슬비 내리듯, 버들가지 하느작거리고 꽃이 요염을 떨듯, 향긋이 신음하면서 나긋나긋 속삭이고, 살짝 미소 지으며 가볍게 찡그렸다. 주생은 벌이 꿀을 따고 나비가 꽃을 사랑하듯 마음이 쏠리고 정신이 녹아들어 새벽이 밝아옴도 깨닫지 못하였다.[63]

② 위생이 낮은 소리 가는 어조로 들어오게 된 연유를 자세히 타이르자 여자는 차츰 풀어지는 듯하더니 거부하는 태도도 처음과는 달랐다. 생이 심지어 그녀를 친압해도 부끄러운 아미를 슬며시 치켜올릴 뿐 눈길은 어렴풋하였으며 몸은 가벼운 버들가지와도 같아 가눌 수 없는 듯하였다. 생은 春情이 뜨겁게 달아올라 진한 몸짓을 멈추지 않다가 극진한 정회를 맛보고 나서야 그쳤다. 옷매무새를 갖추고서 누우니 원앙 베개 위에 꽃그림자가 너울거렸다. 여자가 기지개를 켜곤 사내의 등을 쓰다듬다가 길게 탄식하기를, "인간의 즐거움이 깊은 규방에는 이르지 않더니 세상에 태어나 오늘에서야 처음으로 맛보게 되는군요."[64]

---

63) 仙花佯若不聞, 卽滅燭就睡. 生入與同枕, 仙花稚年弱質, 不堪情事. 微雲細雨, 柳嫩花嬌, 芳啼軟語, 淺笑輕顰. 生蜂貪蝶戀, 意迷神融, 不覺近曉.
64) 生低聲細語, 曲盡所由, 則女稍似小薄, 而拒之亦不如初也. 生押雎[雖狎]之, 羞眉懶擡, 眼波依微, 體若輕楊, 如不能堪. 生春雲蕩漾, 濃態未停, 極盡繾綣而罷. 正襟而臥, 鴛鴦枕上, 花影婆娑. 女欠伸撫郞背, 而長嘆曰, "人間歡樂, 不到深閨, 此生於世, 始見今日."

기존 연구에서는 두 작품에 서술된 이 성애 장면들을 너무 소홀히 보아온 경향이 있었다. 더욱이 남주인공 중심에서 해석하는 것은 그 진면목을 드러내기 어렵다. 국내 고전소설에서는 매우 드물게 나타나는 성묘사 장면 중 하나일 뿐만 아니라 특히 여성의 성적 욕망을 함께 그리고 있다는 점에서 그렇다. 사실 선화와 소숙방은 그동안 규방 요조숙녀로서 성애에 대한 심한 결핍을 느껴왔음을 직접 토로하고 있음을 볼 수 있기도 하다. 선화는 나중에 주생에게 보낸 편지에서, 깊은 규방에서 청춘이 쉬이 흘러감을 홀로 안타까워하였고, 님 그리는 마음이 간절해도 부끄러워 애만 태울 뿐이었으며, 푸른 버들을 보고 꾀꼬리 소리를 들을 때마다 춘정(春情)이 피어올랐다는 심경을 고백한다. 그러면서 나비가 정을 전하고 산새가 길을 인도해 주생이 담을 넘어왔다고 했다.65) 소숙방도 정사를 마친 자리에서, 깊은 규방에서 자라온 그동안 봄바람에 버드나무 나부끼는 정원에서 꽃다운 나이를 원망하였고, 오동잎에 빗물 떨어지는 가을밤에는 외로운 침실에서 홀로 잤다고 하면서, 오늘에야 소원을 이루게 되었다는 심경을 고백한다.66) 이렇듯 선화와 소숙방은 작중현실에서 요조숙녀이기에 겪어야 했던 설움을 거침없이 표출하며, 이는 전근대시대 여성의 일상적 정서와 심미를 사실적으로 반영했다는 의의를 갖는다.67)

---

65) "妾本弱質, 養在深閨, 每念韶華之易邁, 掩鏡自惜, 縱懷行雨之芳心, 對人生羞. 見陌頭之楊柳, 則春情駘蕩, 聞枝上之流鶯, 則曉思濛朧. 一朝, 彩蝶傳信, 山禽引路, 東方之月, 姝子在闥, 子旣踰垣, 我豈愛檀!"
66) "妾生長深閨, 未諳情事. 然而標梅霜落, 詩人有諷, 飛梭歲月, 不貸紅顔, 春風楊柳之院, 秋雨梧桐之夜, 孤眠洞房, 恨負芳年. 今夕何夕, 見此良人, 邂逅相逢, 適我怨[願]乎. 白首同歡, 與子成誓."
67) 그런데 소숙방의 인물성격에 대해서는 부가 설명이 필요하다. 충동적 사랑을 감행한 요조숙녀에서 당당한 여중군자로 변신하는 모습을 보여주기 때문이다. 그녀는 참전을 앞두고 갈등하는 남편 위생을 향해 한 마디로 '충효열'을 들먹이면서 일장 훈계를 펼치는

그런가 하면 〈상사동기〉의 여주인공 영영은 요조숙녀의 설움을 심히 느끼면서도 좀처럼 그와 같은 속내를 드러내지 않아 언뜻 여중군자처럼 보인다. 노파네 집에서의 첫 만남에서 김생은 영영을 가볍게 보고는 은근히 달래보기도 하고 보채기도 하고 간청도 해보고 육탄공세까지 해보는 등 갖은 방법을 다 동원해 유혹해 보지만 그녀는 호락호락 넘어오지 않는다. 도리어 정색을 한 채 김생을 어린애 달래듯하면서 다음 날을 기약한다. 약속한 날 회산군 집으로 찾아온 김생이 어서 동침하기를 보챌 때에도 차분히 행동할 뿐 전혀 흐트러진 모습을 보이지 않는다. 이별에 임박해서도 비록 설움에 흐느끼지만 그것을 현실로 인정하고 받아들이려는 매우 절제된 태도를 취할 뿐 아니라 도리어 김생을 위로하고 권면하면서 슬픈 심정을 애써 감추려든다. 선화와 소숙 방에게서 목도한 애인에게 일부종사하겠다는 다짐 같은 것도 없다. 그러나 훗날 장원급제해 나타난 김생을 보고는 그간의 애달픈 사랑의 감정을 구구절절 편지에 적어 보냄으로써, 끝내 그녀도 북받치는 울음을 터뜨린다. 김생의 해학과 어우러져 은밀히 눈물의 정서체험을 돕는 인물이 바로 영영인 것이다.

요조숙녀형 여주인공들은 전기소설이 심금을 뒤흔드는 정서적 감동을 일으키는 데 있어서 결정적인 역할을 수행하였다. 단순히 처량하거나 슬픈 정서가 아닌 진한 감동적 심미체험까지도 선사할 수 있는 예술성을 구비할 수 있었다는 이야기이다. 수용자와의 소통적 거리가 이로써 현저히 좁아질 수 있었음은 물론이다. 가장 대표적인 〈운영전〉의

가 하면, 훗날 위생의 주검을 대하고는 즉시 목을 매 자결함으로써 생을 열녀로 마감한다. 이는 사랑에는 필히 정절이 동반된다는 현실의 논리에 철저해서가 아니라, 소설사적 전통에 의한 상투적 수법으로 이해된다. 만일 전근대시대 여중군자의 정절을 선양할 의도까지 있었다면 응당 처음부터 그렇게 그려야야 정상이다. 거의 마무리될 즈음에서 돌연 교훈적 형국을 드러냄으로써, 구성의 작위성을 노출한 셈이다.

경우 그 비극과 절망이 예술로 전화되어 심금을 뒤흔드는 비장감은 거의 다 운영에게서 배출되고 있음을 볼 수 있다. 이와 함께 요조숙녀형 여주인공들은 애정소설로의 독립 과정에서 그 역할이 지대했다. 사랑이야 응당 쌍방이 일구는 것이지만 애정소설다운 작품들이 나오기까지는 여주인공들의 특별한 공로가 있었다. 나아가 그들을 통해 전근대 시대 여성들의 일상적 속내를 반영함으로써 여성독자들도 비집고 들어갈 수 있는 틈이 형성될 수 있었다.

4) 여주인공 ④ : 여중군자·여중호걸

앞서 지적한 바와 같이, 17세기 전기소설 태반은 신분상 불가능한 결연을 성공적으로 맺는다는 인물설정의 허구적 예외성이 두드러진다. 이때 주인공 남녀가 몹시 투철한 의리와 정절을 지니도록 설정한 것은, 불가능한 사랑을 가능한 것으로 그리기 위한 선택의 여지가 없는 선택이었을 가능성이 대단히 높다.68) 이로써 그 허구적 예외성이 현실성을 획득할 수 있었을 터이다. 이와 함께 중요한 측면은 '사랑'과 '정절'은 기실 불가분의 관계에 있다는 현실의 논리 그것이다. 정절 없이는 사랑이 지속될 수 없는 탓이다. 남녀의 애정관계에서 정절은 필

---

68) 다음 논문은 그래서 주목된다. 권도경, 「17세기 애정류 전기소설에 나타난 정절관념의 강화와 그 의미」, 『한국고전여성문학연구』2, 한국고전여성문학회, 2001. 이 논문은 〈주생전〉·〈동선기〉·〈왕경룡전〉을 중심으로 17세기 애정전기소설의 중요한 특질을 포착해냈다는 점에서 그 연구사적 의의가 인정된다. 기녀 출신 여주인공의 등장으로 주인공 남녀의 신분관계에 변화가 일어 '남성신분 상위-여성신분 하위'의 구도가 성립됨으로써 정절이데올로기가 강화되었다는 게 기본시각이다. 적절한 해석이다. 다만, '기녀'라는 여주인공의 출신성분과 정절이데올로기 사이에 어떤 필연적 함수관계가 있다거나, 소설사에 기녀가 여주인공으로 출현하는 현상에 대해 특별한 의미를 부여할 수 있다는 논리는 재고해볼 필요가 있어 보인다. 기실 〈최척전〉은 물론이고 〈상사동기〉나 〈위경천전〉에서조차도 정절이데올로기에 이끌려 가는 양상을 볼 수 있지 않은가.

연적으로 요구되는 현실의 논리이자 보편적 덕목이라 할 수 있다. 이 같은 이유들로 인해, 17세기를 전후해 소설사가 애정고사 위주로 편성되면서 정절을 앞장서 주장하는 인물도 자연스럽게 등장하게 되었다. 물론 사실상 여주인공들이 그것을 도맡다시피 했다. 남녀의 애정관계를 설정하되, 여주인공은 정숙해야 아름답고 정숙하지 않으면 아름답지 않다는 생각을 분명히 했다. 여성은 선(善)해야 아름답고 선하지 않으면 아름답지 않다는 논리, 즉 선(善)과 미(美)의 통일을 지향하려는 의식이 소설사에 나타났다고 볼 수 있다. 윤리적 가치가 소설미학을 대신하는 경향이 대두하는 가운데 그것이 작가의 창작을 직접 제약했던 것으로 보인다. 그리하여 소설의 인물성격이 갈수록 농후한 도덕적 색채를 띠게 되었고, 이는 개체인격에 내재된 도덕적 자아의 완선(完善)을 중시하는 쪽으로 나아갔다. 종종 신분에 관계없이 기본적으로 열부(烈婦)이면서 선(善)과 현덕(賢德)을 겸비한 여주인공들이 나타나 남주인공을 가르치거나 성공을 돕는 역할을 하였다. 그녀들은 성정의 자유를 갈망하는 요조숙녀와는 달리 도리어 봉건예교에 순응하는 '여중군자'나 당찬 '여중호걸'의 모습들을 보여준다.

우선 〈주생전〉의 둘째 여주인공 배도를 보자. 그녀는 신분상 기생이지만 남주인공의 중요 상대이기에 상투적으로 본래의 출신성분이 몰락사족의 딸로 설정되는 가운데 가부장 이데올로기가 덧씌워져 나타난다. 배도는 실로 측은한 신세로 비쳐지는데, 의탁할 곳 없는 주생을 건사해줄 뿐만 아니라 성공하기를 바라 뒷바라지를 해주고도 도리어 주생과 선화 사이에서 사랑의 장애물로 취급받는다는 점에서 그렇다. 더구나 자신의 연적(戀敵) 선화가 사는 노승상가에 주생을 소개했다가 결국 배신을 당하고 마는 비운의 여성이다. 연인이 바람을 피울 수 있는 빌미를 스스로 제공한 꼴이다. 그러면서도 대놓고 제대로 원망도 못하고 속으로만 시름시름 앓다가 생을 마감하고 말았으니, 어떻게 보면 배도야말로 가부장사회의 대표적 희생양이며 화병으로 죽어간 열기(烈妓)라 이를 만하다. 심지어 그녀는 임종하면서, 선화를 배필로 맞이하고 자기 유골을 주생이 다니는 길가에 묻어달라고 유언한다. 고아로 자란 몰락사족의 딸로서 사랑하는 남성이 요로에 올라 자기를 기적(妓籍)에서 빼주기를 소망했으나 그것도 이루지 못했다. 따라서 배도는 한을 품은 채 죽었다고 보아야 하는데, 작가는 이를 다분히 미화해서 나타냈다.

배도와 마찬가지로 기생 신분으로서 양가집 딸이라는 본래의 출신 성분을 강조하는 인물로 〈왕경룡전〉의 진정한 주인공 옥단이 있다. 그녀는 왕경룡과의 첫 만남에서 전형적인 요조숙녀의 행동으로 노류장화가 아님을 천명하는가 하면, 백년해로하겠다는 언약을 받고서야 동침에 응하는 면모를 보인다. 이야 다분히 상투적인 수법이라고 하더라도, 창모 일당의 온갖 시험에 맞서 끝까지 일부종사하는 행동을 고수함으로써 확실히 여중군자의 품성을 갖춘 여주인공으로 태어난다. 부덕(婦德)을 중점적으로 그리려 한 〈왕경룡전〉의 진면목을 옥단이 드러내고 있는 셈이다. 심지어 그 과정에서 왕경룡의 방탕을 두고 부모에 대한 죄와 사림에 끼칠 허물을 먼저 염려하기도 하고, 자기는 맹세코 죽음으로 절개를 지켜 훗날을 기다릴 것이니 소년등과하여 장부로서 입신양명의 웅대한 뜻을 펼치라는 일장 연설을 펼치기도 한다. 철없는 왕경룡을 바로 세우고 권면하려는 누이와 같은 모습으로 비쳐지는 것이다. 충신불사이군의 논리를 들어 열녀불경이부의 원칙을 대놓고 선언함도 물론이다. 나아가 왕경룡이 정실을 내치고 옥단을 정처로 들이려하자, 정실부인의 지조와 부덕을 들어 가모(家母)로 합당함을 주장하면서 만일 부인을 내치면 자기도 물러나겠다는 태도로 일관한다. 끝내 정실부인과 자매처럼 지냈다고 했으니 투기는커녕 일부다처제에 대한 옹호자로 나타나는 것이다. 그와 같이 점철된 부덕으로 옥단을 진정한 안방의 주인이게끔 만들었던 것이다. 전기소설에서의 사랑과 의리는 곧바로 정절을 선양하는 국면으로 동반 경사될 수 있음을 여실히 보여준다.

한편, 〈최척전〉의 여주인공 옥영은 여장부다운 부덕(婦德)을 꾸밈없이 보여준다는 점에서 더욱 주목되는 인물이다. 〈최척전〉은 주인공 남녀가 물질로 인한 혼사장애까지 겪으면서 정식으로 혼인하고 나서야 결합하는 것으로 보아, 애초 '부부'의 사랑과 의리를 그리는 데 역점을 두었다. 흥미로운 것은 여주인공이 자신의 배필을 손수 점찍어 먼저 구애를 펼칠 뿐만 아니라 혼인을 주도적으로 성사시킨다는 점이다. 옥영은 최척에게 보낸 편지에서, 자기의 빙호(氷壺) 같은 마음과 깨끗한 행실을 은근히 내비치면서, 여자의 백년고락을 책임질 교목(喬木)으로 최척을 점찍었다는 심경을 대놓고 고백한다. 또한 자기는 사족의 여식으로서 저자에서 노는 무리와는 달라 담벼락에 구멍을 뚫고 몰래 만날 수는 없을 뿐만 아니라 편지도 이것으로 마지막이니 필히 예에 따라 혼례를 치르자고 청한다. 최척의 가난을 이유로 혼사를 거절하는 모친에 대해서도 "가난은 선비의 본분이요 불의로 일군 부(富)는 뜬구름과 같다"[69]며 굴복하지 않는가 하면, 양생과의 혼사가 결정되자 자결을 시도해 철통같은 의리와 정절을 드러내기도 한다. 나아가 최척과 혼인한 후에는 "소매를 걷어붙이고 치마를 싸매 올린 채 손수 물을 긷고 절구질을 하며, 시아버지를 모시고 남편을 섬길 때는 효와 정성을 다하고, 윗사람을 받들고 아랫사람을 부릴 때는 인정과 예의에 두루 걸

---

69) "況貧者士之本分, 不義以富如浮雲."

맞았다"70)고 했다. 더구나 전쟁통에는 물론이고 나고야 돈우(頓于)의 집에서마저도 남장을 한 채 약질의 사내로 행세해 끝까지 정절을 지켰다.

이렇게 소탈한 여항(閭巷) 열녀효부와도 같은 옥영의 모습은 중국에서 최척과 재이별한 뒤에도 줄곧 점철되어 나타난다. 무엇보다도 그녀는 심하전투에 참전한 최척이 살았든 죽었든 끝까지 찾겠다는 의지를 보여주는데, 살아 있다면 그를 찾아 조선으로 갈 것이고 전사했다면 몸소 창주(昌州)로 가서 시신이라도 찾아 고향 선산에 장사지내겠다고 했다. 또한 선조의 묘소와 시부모의 안위를 우선 걱정하는 등 최씨 가문의 여실한 기둥으로 부각된다. 이같은 효부열녀이기에 그녀는 감히 망망대해를 건너려는 간 큰 여성의 행동까지 실행에 옮길 수 있었다. 말리는 아들을 향해 "풍랑과 파도의 험악한 변덕도 내가 감당할 것이요 배의 안위도 내가 주도하겠다!"71)는 배짱 두둑한 여장부로 나타나며, 심지어 조일(朝日) 양국의 의복을 짓고 몽선과 홍도에게 손수 언어를 가르치는 따위의 실로 가공착허한 주도면밀함을 보이기도 한다. 나아가 항해 도중 해적을 만나 배를 빼앗긴 뒤 지나가는 조선배를 기적같이 만나 남원으로 돌아오기까지의 그 여정에서, 옥영은 해양모험소설에 나올 법한 여걸의 행동까지 선보인다. 그토록 적극적 맞섬의 자세로 보여준 그녀의 강인한 여성상 일체는 다름 아닌 '부덕(婦德)'을 드러내는 방향에서 소묘되었던 것이다. 여기서 우리는 〈최척전〉을 하나로 전(傳)으로 인식했던 김진항(金鎭恒, 1762~?)의 아래와 같은 소감을 귀담아 들을 필요가 있다.

外史氏는 말한다. "…지금 최척은 온 가족이 세 나라에 뿔뿔이 흩어진

---

70) 攝衽抱梳, 躬執井臼, 養舅事夫, 誠孝至極, 奉上御下, 情禮俱稱. 遠近聞之.
71) "風濤險易, 吾自當之, 舟楫安危, 亦我主之. 脫有不幸之患, 豈無方便之道哉!"

가운데 서로의 거리가 몇 천만 리이고 세월도 수십 년이 흘러 단연코 이 세상에서는 영원히 다시 만날 기약이 없었음에도 하늘이 도와 구사일생 각자 그 목숨을 보존하여 끝내 천만의 뜻밖에 극적으로 상봉하였으니 이 또한 더욱 기이한 일이 아닌가! 이는 아마도 李氏의 貞淑한 일편단심이 워낙 각별했던 데다 하늘의 영험에 힘입었기 때문이리라."72)

인용문은 개작본 〈최척전〉에 덧붙어 있는 논평이다.73) 최척 일가의 극적 생환은 옥영의 '일심정숙(一心貞淑)'과 '하늘의 영험(天之靈)'으로 가능했다는 것이다. '옥영(玉英)'을 '이씨(李氏)'로 바꿔가면서까지 그녀의 절개를 더욱 높이 드러내고자 했는데, 김진항은 〈최척전〉의 그러한 측면을 제대로 읽어낸 독자라 이를 만하다. 물론 옥영의 간난적 삶의 여정 그것이야 천우신조의 요행을 희구하는 심경으로 하루 하루를 연명해야 했던 17세기 기층민의 실상을 대변하고, 그와 같은 행동양식이 갖는 의미 또한 최척의 그것과 하등 다를 바가 없다. 특별히 옥영을 통해서는 당시 정절을 지키기 위해 순절했거나 포르투갈 상인에게 노예로 팔려갔거나 일본군들에게 잡혀가 하인 내지 첩이 되었거나 하는 등의 임진왜란이 할퀴고 간 상흔까지도 족히 읽어낼 수 있다. 중요한 점은 작자 조위한의 경우 옥영이 그것을 극복해낸 힘의 원천은 다름 아닌 '부덕(婦德)'에 있다는 사실을 몹시 의도적으로 부각시켰다는 사실

---

72) 外史氏曰, "…今崔陟父子夫妻兄弟舅媳, 流離奔走於三國, 相去幾千萬里, 星霜且數十翻矣, 自斷此世, 永無重逢之期, 天幸萬死一生, 各保性命, 畢竟團聚於千萬夢想之外, 此又非更奇者耶! 是盖出於李氏之一心貞淑, 賴天之靈."

73) 김진항은 癸巳年(1833, 순조 33, 72세) 당시 〈최척전〉을 개작해 자필문고『麋山全集』(필사본 2책, 국립중앙도서관 소장) '傳' 항목에 수록해 놓았다. '개작'이라고 했지만 사실은 양을 줄이는 선에 그쳤을 뿐이다. 〈최척전〉을 사실담 내지 傳으로 인식하는 가운데 소설적 요소를 삭제해 더 전형적인 傳으로 고치려고 했다. 〈최척전〉은 이미 傳적인 성향을 다분히 띠고 있어 조선조 내내 그와 같이 소통되었다. 이에 대해서도 졸고(2000), 앞의 논문에서 검토한 바 있다.

이다. 동시에 옥영 일행이 그녀의 부덕에 힘입어 그렇게 생환할 수 있었던 것으로 그림으로써, 이를 통해 부덕의 중요성을 선양하려는 목표까지 달성할 수 있었다. 내우외환의 상황일수록 여성의 정절이 강조되고 칭송 받을 만한 부덕이 더욱 선양되는 것은 기실 당연한 일이다.74)

그런가 하면 옥영과 마찬가지로 여중군자와 여중호걸의 모습을 겸비하고 있는 인물로 〈동선기〉의 여주인공 동선이 있다. 우선 서문적의 구애에 대해 동선이 취한 태도부터 살펴보자. 동선은 어미[주모]가 서문적과의 결합을 부추기자 이렇게 말한다.

"몸은 천한 노예요 命 또한 기박하거늘 아직도 (과거의 情事를) 후회하지 못해 또다시 남과 즐긴다면, 이미 천해진 몸 이로 인해 더욱 천해지고 이미 낮아진 정절은 이로 인해 더욱 낮아질 것입니다.…텅 빈집 적막함에 남모르게 수심이 일면 무릎 위에 거문고 올려놓은 채 가락에 전념하고, 외로운 등불 가물거림에 초조히 잠 못들면 책상 위의 시를 그럭저럭 읊조리고, 세상 人情 다 잊고 길이 人事를 멀리한 채 고요히 풍류에 젖으면 이 또한 하나의 즐거움이지요."75)

동선은 항주 기생이다. 처음에 그녀는 신분 차이와 남녀유별의 법도를 들어 서문적과의 결연을 단호히 거절했었다. 이젠 이렇듯 정절까지 강조하면서 거듭 사양함으로써 스스로 성정을 억누르고 사는 여중군

---

74) 고전소설에서 흔히 여주인공에게 가부장 이데올로기를 덧씌우는 양상들은 여성을 옥죄거나 복무하게 만들려는 사고를 드러낸 것이 아니라, 도리어 그 반대로 최고의 여성상을 부조시킨 측면이 더 크다. 옥영이라는 인물의 적극적 여성상이 '婦德'을 드러내는 방향에서 소모된 것이라면, 옥영은 그 부덕으로 인해 찬양 받아 마땅한 최고의 여성으로 소통될 수 있는 것이다.
75) "身爲賤俘, 命亦奇薄, 尙不悔悟, 更與人歡, 旣賤之身, 由是而益賤, 旣卑之節, 由是益卑…虛堂閉闃, 黯黯生愁, 則膝上絲桐, 任遣迷趣, 孤燈明滅, 悄悄無寐, 則案上詩章, 足堪吟咏, 都忘世情, 永謝人事, 靜裡風流, 亦一樂也."

자의 기풍을 드러낸다. 결국 둘의 결연은 그날로 이루어지지 못하고, 천상계 논리의 개입에 의해 다음날에야 성사된다. 둘의 꿈에 똑같이 선인(仙人)이 나타나 서로의 삼생호연(三生好緣)을 일러주자, 이에 동선이 태도를 바꿈으로써 봉래산(蓬萊山)의 아름다운 기약을 맺는다. 여기서 남녀주인공의 결연에 천상계의 지배논리를 끌어들인 것은 윤리적 명분이 필요했기 때문이다. 자유연애는 비윤리적이니 떳떳한 명분이 있어야 결연할 수 있다는 세계관을 드러낸 것으로, 17세기 전기소설에 이같은 양상이 이미 보편적으로 나타나고 있음을 다시 한 번 보여준다. 당사자들끼리의 결연조차 자력으로 성사되지 못하고 훼절의 명분이 확보된 뒤에야 이루어지는 것이다. 이때 하필 '천상계'가 개입하는 측면은 〈동선기〉가 이룩한 독특하고도 중대한 변화의 국면이다.

결연 이후 동선은 홍안박명한 기생에서 서문적에게 일부종사하는 정숙하고 지혜로운 여인으로 그려진다. 그녀는 자기에게 빠져 항주에서 지체하는 서문적을 향해 〈왕경룡전〉에서 목도한 옥단과 거의 똑같은 충고를 던지기도 한다. 신분상 설영이나 경경과 차이가 없는 기생임에도 불구하고 남주인공의 천상연분으로 설정된 여주인공이기에 비록 기생이지만 숙녀여야 한다는 시각을 앞세운 셈이다. 그리하여 집안 내에서의 공식적 결연도 순탄하기만 하다. 서문적의 어미 최씨는 물론이고 아내 유씨(劉氏)까지도 전혀 불만스러워하지 않는다. 처첩갈등의 기미조차 싹트지 않음은 물론이고 동선은 도리어 공인된 부실(副室)의 위치에서 정실 이상의 권위를 부여받는다. 신분 차이가 사실상 무시되는 가운데 남편 서문적에게 미치는 영향력도 본처보다 훨씬 더 높게 나타난다.

나아가 동선은 정절을 사수하기 위해 유력한 적대자와 과감히 맞서는데, 간신 안기가 누차 수청을 요구하자 그때마다 '서문생의 열녀'임을 천명하면서 단호히 거절하는가 하면, 심지어 충신열녀의 의리를 들어 상대를 혹독히 욕한다. 안기에게 답한 장문의 편지를 요약하면 다음과 같다.

충신과 열녀는 이름은 다르나 그 행실은 같음, 송나라 신하로서 당신만의 안위를 생각해 북조의 강성함에 빌붙어 천한 목숨을 도적질하고 나라를 배신하지 말 것, 쇠와 돌같이 굳은 내 마음을 더럽힐 수 없으며 시퍼런 칼날을 들이대고 벼락을 친다 해도 내 마음을 빼앗을 수는 없음, 충신의 의리는 늘 이에서 다하고 열녀의 절개는 늘 여기서 끝나는 것임, 충신은 대의가 아니면 가지 말아야 함, 신하로서 충(忠)을 행하지 않고 아녀자가 열(烈)을 행하지 않으면 그 죄 하늘에 용납되지 않아 귀신의 재앙이 내릴 것임 등.

이렇듯 동선은 자신의 절개를 열렬히 상기시킴은 물론이고 솟구치는 열정으로 안기의 불충까지도 서슬이 시퍼런 논리로 조목조목 논박함으로써, 적대자로 하여금 부끄럽고 분한 마음에 이를 갈게 만든다. 심지어 안기가 흘린 서문적이 죽었다는 가짜 소식을 듣고는 스스로 목숨을 끊었다가 저승에 가서 실상을 알고는 되살아나기도 한다. 덧붙여, 호손달희(胡孫達僖)와의 한판 대결도 볼 만한데, 서하관(西河舘)에서 동선은 녀석에게 손을 잡혔다 해 도끼로 스스로 손목을 잘라 그의 이마를 향해 내던지는 엽기적인 행동을 연출한다. 그녀는 실로 사랑과 정절의 화신으로 형상화되었다고 이를 만하다. 그러므로 동선이 서문적과 합심해 영웅적 행동까지 서슴지 않는 것은 어찌 보면 필연이다.

동선이 말하기를, "이처럼 위급한 때 여기에 오래 머무를 수가 없으니 서둘러 짐을 꾸려야 합니다." 상객[서문적]이 답하기를 "그렇소." 마침내 유랑자 수천 명[國圖本은 수백 명]을 불러모아, "너희들은 장차 길바닥의 티끌이 되리니 만일 살아남기를 바란다면 모름지기 내 지휘를 따르라!"고 말하자, 무리가 일제히 '옳소!'하고 따랐다. 이에 그들을 거느리고 府中에 들이닥쳐 守直 관리를 劫迫해 그곳의 소장품을 모조리 탈취한 다음 기마 수십 騎 및 무기·깃발·포백 따위를 차지했다. 이어 오랑캐 복장으로 갈 아입곤 대오를 갖추어 거느리고 행군하니, 마치 城을 지키던 장수가 위급을 듣고 적진에 달려가는 모양과 같았다.…동선은 이 난리통에 거느린 군사들을 내버려둘 수 없어 가산을 털어 밑천을 채비해주었다.76)

앞서 서문적의 인물성격을 논구하는 자리에서 민중영웅 운운한 것은 기실 위 인용문을 두고 한 말이다. 동선은 연경까지 찾아가 금군(金軍)에게 몰살당한 옥중 사람들의 시체더미를 돌며 서문적을 기적적으로 구해낸 데 이어, 예문과 같이 서문적과 함께 그곳 유랑민을 결집해 금군 기지를 습격하고 나아가 규합해 데려온 그들 집단에게 구휼을 베푸는 영웅적 행동을 나타낸다. 다름 아닌 적강선녀로서 여동빈의 환신으로 태어난 서문적과의 천상 연분의 실체를 다시 한 번 드러내면서 이같은 일치된 행동을 보여주는 것이다. 기실 서문적의 행방을 수소문하기 위해 변복(變服)한 채 항주 진영으로 달려가 그를 선무사(宣撫使)에게 추천한 것만 해도 여주인공의 지인지감을 보여주는 통속소설의 영웅적 행동에 가깝다. 사랑과 정절은 곧 강한 정신적 유대를 의미하며, 그것은 종종 죽음을 불사하는 영웅적 행동으로 이어질 수 있음을 한층 더 구체적으로 그렸다고 이를 만하다.

이렇듯 17세기 전기소설에는 사랑하는 남성의 배신에 화병으로 죽어간 비운의 여성으로부터 현실에 맞서는 당찬 여중호걸에 이르기까지,

---

76) 洞仙曰, "此是危急存亡之時, 不可久留於此, 願急治行李." 上客曰, "然." 乃集行乞者數千人曰, "汝等將爲路上之塵, 若欲生出, 須聽吾之指揮." 衆皆諾從, 然後率入府中, 劫其守吏, 盡奪其所藏, 乃得數十騎及弓劍·旗鼓·布帛之屬, 衣胡服而設行伍, 以師行之, 有似守城部將聞急赴敵者也…洞仙當此亂中, 所率騎卒, 不可失也, 傾盡家産.

정절이데올로기 하나로 귀결될 수 있는 여주인공들이 퍽 다양하게 등장한다. 이제 전기소설도 사랑과 의리를 그리면서 여성의 덕목을 함께 드러내는 방향으로 관심이 확대되고 있음을 드러낸 셈이다. 그러니 정절이데올로기가 강화되는 소설사의 이같은 분위기 속에서, 〈왕십붕기우기〉나 〈유소낭전〉처럼 연애를 하지 않는 소설도 거의 동시에 나올 수 있었던 것은 기실 이상한 일이 아니다. 연애는커녕 중매로 납폐만 들이고 미처 혼례도 올리지 못한 채 삼종지도(三從之道)를 다하는가 하면, 과부 아닌 과부로 살다가 죽어서야 남편 곁으로 돌아가는 과도한 열녀까지 등장하게 되었던 것이다.77) 또한 '부덕(婦德)'이라는 윤리적 속성은 기실 소설에서 여성인물의 대표적 측면이기에, 등장인물이 차츰 유형화·전형화 되어 가고 있음을 실감할 수 있기도 하다. 그런가 하면 여주인공의 활동반경이 남주인공을 앞지르는 양상이 17세기 전기소설에서 퍽 널리 나타나고 있다는 사실도 기억할 만한 측면이다. 여성의 수난과 투지가 점차 높아 가는 가운데 주인공 남녀가 서로 경쟁하는 국면으로78) 소설사가 이동하고 있음을 반영한다는 점에서 그렇다.

그리고 무엇보다도 저와 같은 여주인공들의 모습은 독자로 하여금 선모를 유도하고 교훈을 드리운다는 점에서 대단히 통속적이다. 특별히 여성독자라 하더라도, 이를테면 가부장 이데올로기의 질곡에 대한 비판의식을 소지하면서도 한편으로는 그것을 묵수해야 하는 역설적인 상황 속에 처해 있었던 전근대시대의 당사자들로서는79) 저와 같은 품

---

77) 〈왕십붕기우기〉와 〈유소낭전〉은 비록 수준은 떨어지는 작품들이나, 소설사의 이같은 흐름을 엿볼 수 있게 해준다는 점에서 일정 정도 의의를 갖는다고 할 수 있다.
78) 조동일, 『한국문학통사(3)』(지식산업사, 1991, 제2판), 470~475면. 물론 조동일이 거론한 유형은 여성영웅소설류이다.
79) 박일용, 「〈사씨남정기〉의 이념과 미학」, 『고소설연구』 6(한국고소설학회, 1998), 244~245면.

행을 별 마찰 없이 받아들일 수 있다. 더구나 그렇게 가부장 이데올로기에 길들여진 채 안주하다 못해 종종 그러한 질곡을 다른 여성들에게 강요하기까지 하는 모순적 현실 속에서 저들은 별 거부감 없이 소통될 수 있는 것이다. 사실 등장인물의 윤리적 속성이야말로 고전통속소설의 가장 본질적인 측면임을 잊어서는 안 된다. 아마도 17세기 전기소설 작가들은 전란이 동반한 사회적 동요와 무질서 속에 생존하면서 꽤 자연스럽게 소설세계에서의 윤리적 체현을 구현코자 했던 것으로 보인다. 왕조 해체를 부추기는 내우외환의 현실상황 하에서 충군애국을 선양하고 열녀효부를 칭송하는 경향을 드러냈던 셈이다. 단순히 봉건예교에 복무했다고 간주하기 이전에, 이미 17세기 전반기부터 소설도 교육적 효과 없이는 대중에게 다가서기 어려운 현상이 대두했음을 반영한 측면으로 이해될 수 있을 터이다.

5) 보조인물 : 악인연적(戀敵), 단역 시정인

17세기로 들어 소설사에 다양한 부류의 보조인물들이 새롭게 출현했다 함은 이미 널리 알려진 사실이다. 〈운영전〉의 특(特)은 독특한 부정적 인물로 가장 자주 거론돼왔고, 〈최척전〉의 양생(梁生)과 정상사(鄭上舍)의 처(妻), 〈동선기〉의 안기(安琦)와 호손달희(胡孫達僖), 〈왕경룡전〉에 등장하는 창모(娼母) 등도 이 방면 연구자들로부터 꾸준한 관심을 받아왔다. 〈운영전〉에 나오는 무녀(巫女), 〈최척전〉의 진위경(陳偉慶)·홍도(紅桃) 부녀, 〈상사동기〉의 막동(莫同)과 상사동 노파 또한 익히 알려진 주요 보조인물들이다. 이밖에 〈왕경룡전〉에 등장하는 상인 조가(趙哥), 〈왕십붕기우기〉의 손여권(孫汝權)과 옥련(玉蓮)의 계모 최씨 등도 당시 새롭게 부상한 부정적 인물군상으로 꼽힌다. 이들은 기실 소설사의 통속화와 함께 17세기 전기소설에 대거 등장한 것으로 해석할 수 있다.

우선 비교적 비중이 무거운 보조인물들 가운데 부정적으로 그려진 자들만을 비슷한 부류별로 모아보자.

⑦ 성욕에 눈먼 인물 : 특, 무녀, 안기, 호손달희, 조가(趙哥)
㉯ 금전주의가 반영된 인물 : 특, 양생, 정상사의 처, 창모, 조가, 손여권, 계모 최씨

이들 인격체는 주인공 남녀의 사랑을 방해하거나 혼인을 가로막거나 혹은 여주인공의 절개를 꺾으려드는 일종의 '훼방꾼' 역할을 한다는 점에서 공통적이다. 17세기를 전후해 소설사가 애정고사 위주로 편성되면서 몹시 현실적인 '인간연적(人間戀敵)'이 등장했음을 의미한다. 저들은 뒤틀린 성적 욕망을 채우기 위해, 혹은 재물에 눈이 멀어 종종 폭력과 악행을 서슴지 않고 자행한다. 그리하여 소인의 꼬드김이나 간신의 유혹 등이 주인공 남녀 사이를 교란시켜 갈등을 부추기는 양태로 애정담이 전개될 수 있었다.

주인공 남녀에게 가장 치명타를 날리는 인물로는 〈운영전〉의 특과 〈동선기〉의 안기, 그리고 〈왕경룡전〉의 창모를 꼽을 수 있다. 특은 사다리와 버선을 만들어주면서까지 김진사를 돕는 척하면서도 상전을 죽이고 운영과 그녀의 재물을 독차지하려는 무서운 음모를 미리 세울 만큼 두뇌 회전이 무척 빠른 인물로 나타난다. 재물을 팔아 부처에게 발원하라는 상전의 명을 어기고는 스스로 코피를 터뜨려 강도의 습격으로 재물을 모조리 빼앗겼다면서 교활을 떨기도 한다. 또한 자신의 정체

가 드러나지 않도록 교묘히 맹인을 통해 헛소문을 퍼뜨려 주인공의 애정 행각이 들통 나게 만드는가 하면, 죽은 운영을 위해 절간에 공양을 드리러 가서도 패악하기 이를 데 없는 행동을 멈추지 않고 자행한다. 세상물정에 어두워 자기를 철석같이 믿는 김진사를 멋대로 농락하는 행동들을 연이어 자행하는 것이다. 운영과 김진사의 현실적 탈출구가 어디에도 없었음을 비극적으로 보여주기 위해 특별히 고안된 인물이 바로 노비 특(特)이라고 할 것이다. 특은 작품에서 끝까지 사라지지 않는데, 이로 보아 그는 작가가 특별히 아끼는 악한이다. 잔악한 연적(戀敵)이 제거된다 함은 곧 갈등의 소거 내지 사건의 종결을 의미하는 것이기에 그는 빨리 죽이면 안 되는 인물이다. 그는 지혜롭고 충직한 척 하다가 점점 교활해지고 나중엔 응징 받아 마땅한 악인의 형상으로 굳어진다. 상전을 쥐고 농락한 배신자요, 패륜아요, 계획적 범죄자로서, 사랑의 훼방꾼답게 그 역할을 충실히 수행함으로써 갈등을 증폭시킨다. 그간의 애정소설사에는 나타나지 않았던 진짜 인간연적(戀敵)으로, 조선시대 〈운영전〉 독자들이 가장 증오한 인물임에 틀림없다.

〈동선기〉에 출현한 안기는 사랑의 적대자가 권력형·간신형 악인으로 탈바꿈되고 있음을 보여준다. 안기는 무척 집요한 성적 욕망을 드러내는 인물로, 신분적 특권을 휘둘러 주인공 남녀를 노골적이고도 일방적으로 핍박한다. 그는 항주 선무사(宣撫使) 막하의 부장(副將)으로, 서문적을 추천하러 찾아온 동선에게 탐심을 품고는 그녀를 차지하기 위해 온갖 권모술수를 꾸민다. 둘의 만남을 방해하는가 하면, 서문경을 척화(斥和) 주모자로 몰아 연경 옥에 갇히게 하고, 옥살이하다 죽고 말았다는 위장 통지서를 서문가(西門家)에 보내기도 한다. 그리하여 속수무책이던 동선을 자결로 내몰고 서문적의 모친 최씨가 충격에 숨을 거두도록 만든다. 전쟁으로 말미암은 주인공 남녀의 시련은 말할 나위 없이 이 안기의 횡포로 인해 갈수록 고조된다.

〈왕경룡전〉에 등장하는 창모는 오로지 '금전'에 눈이 멀어 악행을 자행하는 전형적인 속물형 인간이다. 옥단을 왕경룡에게 선뜻 넘겨준 것도 그의 은전(銀錢)이 탐나서이며, 왕경룡이 누각에 머무는 동안 그의 재물을 날마다 갈취한 것도 하루속히 옥단과의 사이를 갈라놓아 그녀를 돈벌이에 이용할 속셈에서이다. 이미 애인과의 사랑이 돈독해진 옥단이 말을 듣지 않자 아예 왕경룡을 유인해 죽여 없애려는 음모를 꾸미기까지 한다. 반격의 시점에 이르러 옥단의 꾀에 걸려들게 된 것도 그 금전에 혹하는 심성 때문이며, 옥단으로부터 송사를 입어 용서를 애걸한 뒤에도 다시 그녀를 납치해 돈 많은 상인 조가(趙哥)에게 팔아 넘긴다. 세상물정 모르는 철부지 공자 왕경룡이 창모 일당에게 속아 재물을 다 털리고 유리걸식하는 수난을 겪었음도 물론이다. 주인공 남녀의 돈독한 사랑은 이토록 재물에 눈먼 창모의 계략에 말려 치명타를 입기도 하는 것이다.

그런가 하면 뒤틀린 성욕의 소유자들로 〈운영전〉의 무녀와 〈동선기〉의 호손달희(胡孫達僖)가 있다. 무녀는 김진사에게 정욕을 품었다가 넘어오지 않자 유감을 품어 운영과의 만남을 지연시켰고, 호손달희는 동선의 미색을 탐해 서하관(西河館)에서 그녀를 겁탈하려 했다. 이밖에도, 최척이 없는 사이를 틈타 재력을 믿고 옥영을 차지하려 했던 양생, 뇌물을 먹고 그 양생과 결탁한 정상사의 아내, 재력을 등지고 옥단의 미색을 탐했던 늙은 상인 조가(趙哥), 마찬가지로 재력만을 믿고 간교한 수단을 써서 옥련(玉蓮)을 차지하려고 했던 손여권과 그의 뇌물에 매수 당해 왕시붕과 옥련을 갈라놓으려 했던 계모 최씨 등은 〈최척전〉·〈왕경룡전〉·〈왕십붕기우기〉에 각각 나타난 재물에 눈먼 사람들의 초상이다. 특히 〈최척전〉의 양생이나 〈왕십붕기우기〉의 손여권과 최씨는 퍽 위력 있는 연적(戀敵)으로 행세한다.
  한편, 17세기 전기소설에는 이상과 같은 자들 이외에도 다양한 보조인물들이 등장한다. 그들을 작품별로 대략 모아보면 아래와 같다.

- ㋐ 최척전: 夢釋, 夢仙, 紅桃, 陳偉慶, 余有文, 頓于, 朱佑[鶴川], 杜洪, 朔州 土兵
- ㋑ 상사동기: 莫同, 상사동 노파
- ㋒ 왕경룡전: 기생 趙雲, 표주박 파는 노파, 늙은 하인, 巫夫, 趙哥의 아내, 장사치 노파[商嫗]
- ㋓ 동선기: 張萬夫, 최심(崔諗), 雪英, 瓊瓊, 主母[동선의 어미]

  이들 보조인물들은 긍정적 성격이든 부정적 인격체든, 전란의 와중에 목숨이나 부지하기를 바라던 부지기수의 유랑민들, 연명을 위해 차라리 북쪽 청나라에게 투탁했던 부류들, 임란 당시 조선에 참전했던 명군(明軍)들, 당시 이러저러한 이유로 진영을 이탈해 조선 민간인 집으로 잠적해 버리거나 전쟁이 종료된 후에도 철수하지 않고 잔류했던 수많은 명군(明軍)들, 동아시아 뱃길을 누비고 다니던 상인들, 작은 이익이나 쾌락에 마음이 동했던 시정인들, 의협심에 호기를 부리던 떠돌이 사나이들, 소탈하고 순박한 하층 서민들 등등과 같은 '보통사람'들의 초상이다. 저들은 한 마디로 시정 필부필부(匹夫匹婦)의 형상으로 나타나 저마다 개성 있는 단역배우로서의 역할들을 흥미롭게 보여준다.
  이상과 같은 보조인물들이 17세기 전기소설의 통속화에 기여한 바는 길게 설명할 필요 없이 분명하다. '악인'에 가까운 인간연적들은 필연적으로 주인공 남녀의 혼사장애를 유발하거나 여주인공의 훼절이 도전 받는 형국을 띠게 함으로써, 규격화된 선악의 대결을 도드라지게 할 수 있었다. 적대자의 횡포로 말미암아 종종 아슬아슬한 스릴과 통탄의 흥분을 유발시킬 수 있었고, 경우에 따라서는 결국 주인공이 승리하는 희극적 결말을 통해 도덕적 당위성을 천명하기도 했다. 게다가 간음과 탐욕에 사로잡힌 생생한 행동묘사를 통해 그에 맞서는 주인공의 선한 면모를 더욱 부각시킬 수도 있었다. 그와 같은 갈등구조는, 선악의 가치관을 비롯해 인과응보의 이치나 윤회의 질서 따위가 존재한다고 믿는 소박한 민간신앙으로 파고들어 권선징악이라는 통속적 소통 작용을 부를 수 있었던 것이다. 동시에 고아하고 성결하게 그려지는 주인공들의 사랑이 그 추하고 조야한 적대자들로부터 강한 도전을 받아 유린당하고 더럽혀질 수도 있다는 것을 그림으로써, 대중이 공감할 수 있는 비판적 인문정신을 관철할 수도 있었다.

다양한 시정 필부필부(匹夫匹婦) 인격체들이야 종종 일회적 출현만으로도 소설작품의 속된 분위기를 연출할 수 있었다. 이는 앞서 언급한 바와 같이, 17세기 전기소설 작가들이 사회의 가장 낮은 영역 내지 일상적 삶의 현장에 대한 관찰 경험을 소설창작에 활용한 결과라 할 것이다. 작가들은 기층민의 생활상을 이미 소상히 알고 있었고, 무엇보다도 소설 창작의 시야를 민간 대중의 심미가 반영된 다양한 시정인물들을 그리는 데로까지 확대했던 것이다.

3. 서사기법의 실상

17세기는 고전소설사에서 퍽 이른 시기에 해당한다. 흔히 그 시기 전기소설을 가리켜 '초기소설'이라고 일컬어왔을 정도이고, 그 대다수가 17세기 전반기에 출현했다. 게다가 그것들은 다 한문소설이다. 그럼에도 그것들은 후대의 국문통속소설에서 보편화된 서사문법들을 다양하게 보여준다. 그런데 그동안 17세기 전기소설의 서사기법으로는 별로 드러난 게 없다. 가령 17세기에 들어 전기소설의 분량이 길어졌다는 것은 잘 알려진 사실이지만, 그와 같은 서사를 진행시키는 데 있어서 구체적으로 어떤 장치들이 운용되었는가를 밝혀보려는 노력은 거의 없었다. 더욱이 한문소설을 국문소설에 비추어 읽어보려는 시도를 등한시함으로써, 거기에 내재된 통속적 문예미 따위는 아예 논의 대상에도 들지 못했다. 기실 17세기 전기소설이 후대의 국문소설과 그토록 현격한 차이가 나는 것처럼 인식돼온 데에는 그럴 만한 이유가 있었던 셈이다.

본서에서는 17세기 전기소설 작가들이 독자와의 거리를 좁히기 위해 어떤 서사기법들을 운용했는가를 밝힘으로써, 그에 대한 재인식의 토대를 마련하고자 한다. 17세기 전기소설은 이제 음미되는 '문장'의 수준을 넘어 읽히고 이야기될 수 있는 하나의 '독서물'을 지향했다고 믿는데, 이는 독서에의 몰입을 유도하는 다양한 서사적 장치들이 활용되었다는 사실로 보아 그렇다. 가상의 독자를 배려하는 기법들이야말로 전기소설의 통속화 경향을 보장해주는 중추적 측면일 것이다. 게다가 후대의 국문통속소설과 상통하는 국면들을 구체적으로 파악해낼 수 있다면 17세기 전기소설이 신장시킨 한문소설과 국문소설의 부단한 교섭의 가능성을 확인하는 자리가 될 것이다.

1) 상황별 안배

일찍이 모종강(毛宗崗)은 〈삼국지연의〉를 통해 이른바 '동수이지법(同樹異枝法)' 혹은 '동지이엽법(同枝異葉法)'이라는 창작기법[文法]을 포착·설명한 바 있다.[80] 같은 나무에서 서로 다른 가지들이 자라고 같은 가지에서 서로 다른 잎들이 나오듯, 인물의 행동이나 사건들을 상황에 따라 다채롭게 전개하는 서사기법을 이름이다. 또한 모종강은 이른바 '보금균수법(補錦勻綉法)'이라는 것을 설명하기도 했는데,[81] 명주실로 비단을 보조하고 바늘을 옮겨가며 골고루 수를 놓듯 작가의 철저한 계획에 따라 사건을 적재적소에 배치하는 창작기법을 말한다. 이를테면 앞에서 부족했던 점을 뒤에서 보충한다거나, 앞에서 유보해 두었다가 뒤에 가서 확대·호응할 수 있게 하는 따위의 전략을 가리킨다.

그런가 하면 김성탄(金聖嘆)은 〈수호전〉을 비평하면서 '도삽법(倒揷法)'과 '협서법(夾敍法)'이라는 기법을 거론하였는데, 후반부의 중요한 사건을 미리 앞에다 끼워 넣는다거나 한 고사가 미처 끝나기도 전에 다른 고사를 끼워 넣음으로써, 소설 구성의 생동감과 변화기복을 도모하는 것을 가리킨다.[82] 조선 조선후기 운림초객(雲林樵客)이라는 사람이 〈광한루기서(廣寒樓記敍)〉에서 〈광한루기〉가 저 '협서'를 응용했다고 지적한 사례도 있다.[83] 역대 소설비평가들이 거론한 이같은 몇몇 서사기법들은 기실 시사하는 바가 적지 않아, 우리는 17세기 전기소설을 분석함에 있어서도 이를 두루 응용할 수 있다.

〈운영전〉을 보면 운영이 유영에게 들려주는 그 긴 이야기의 서두를 장식한 것은 안평대군 중심에서 전개되는 일련의 사건들이다. 안평대군이 비해당(匪懈堂)을 지어 놓고 걸출한 문사들과 문장 필법을 겨루는

---

80) 毛宗崗,〈讀三國志法〉, 丁錫根 編著,『中國歷代小說序跋集(中)』(人民文學出版社, 1996), 917~933면.
81) 毛宗崗,〈讀三國志法〉, 위의 책.
82) 金聖嘆,〈讀第五才子書法〉, 方正耀(홍상훈 역),『中國小說批評史略』(을유문화사, 1994), 409~411면; 민혜란,「金聖嘆의 소설기법론에 대하여」,『중국소설논총』1집(중국소설연구회, 1992), 270~273면.
83) 정우봉,「조선후기 소설론에 있어 구성의 문제」,『한국고소설사의 시각』(국학자료원, 1996), 134면.

가 하면 궁녀 가운데 미인 열 명을 골라 시문을 혹독히 연마시키는 과
정이 그것이다. 다음은 과거시점으로 돌아가 김진사가 안평대군과 함
께 시의 종장을 논하는 상황이 이어지는데, 이는 운영이 자란에게 김
진사를 사모하게 된 계기를 고백한 내용으로, 다름 아닌 김진사 중심
의 사건에 해당한다. 이후 운영·김진사·궁녀들·특(特)·무녀 가운데
단수인물 혹은 복수인물을 중심으로 한 사건들이 각각의 상황에 따라
오락가락 전개된다.84) 대개의 경우 "기후(其後)"나 "자시궐후(自是厥
後)" 혹은 "일일(一日)" 등과 같은 상황 전환을 알리는 표현과 함께 새
로운 사건들이 펼쳐진다. 그리고 그처럼 번갈아 가면서 전개되는 전후
의 상황에 따라, 어떤 사건들이 긴밀히 호응하면서 더 구체적으로 확
대되는 양상을 읽을 수 있다.

우선, 운영이 누군가를 사랑하고 있다는 사실은 안평대군이 궁녀들
에게 시문을 연마시키는 그 첫 번째 상황에서 이미 은밀히 드러난다.
그런데 정작 그 사랑의 대상이 바로 김진사란 사실은 그 다음의 상황,
즉 운영이 자란에게 털어놓은 과거사를 통해 밝혀진다. 과거시점으로
바뀐 새로운 상황에서, 그동안 숨어 있었던 김진사가 비로소 등장하는
가운데 운영이 사랑을 하게 된 계기를 보여준다. 앞에서는 운영이 깊
은 사랑을 하고 있다는 사실을 그녀 일인을 통해 암시적으로만 보여주
고, 그 구체적 사건은 뒤에서 상황을 달리해 그렸던 것이다.

운영이 짝사랑을 한 것인지 아니면 김진사도 그녀를 사랑한 것인지

---

84) 김진사가 무녀에게 편지를 부탁하는 과정-궁녀들이 완사 장소를 두고 설전을 벌이는
과정-운영과 김진사가 무녀의 집에서 만나는 사건-특이 김진사에게 사다리와 털버선
을 만들어주고 김진사와 운영이 서궁에서 만나는 과정-특을 시켜 운영의 재물을 옮기
는 사건-김진사와 운영이 달아나려다가 포기하는 상황-운영이 목을 매는 사건-특의
농간과 모함-궁녀들이 초사를 올리고 운영이 자결하는 사건-특이 淸寧寺에서 패악을
부려 김진사를 농락하는 과정.

도, 나중에 상황을 달리해서야 밝혀진다. 운영이 자란에게 고백한 그 과거상황에서조차 김진사도 운영을 사랑하고 있는 것인지가 불분명하다. 그것은 운영이 무녀에게 편지를 부탁하는 과정을 중심사건으로 그린 세 번째 상황에서야 비로소 드러나는데, "얼굴이 야위고 기풍이 쇠해 예전의 기상과는 딴판"이라고 했다.85) 또 운영이 벽에 구멍을 내어 건넨 편지를 읽고는 "사랑의 정이 접때보다 배나 더했다"고 했다.86) 김진사도 운영을 처음 본 그날 이후 그녀와 마찬가지로 사랑의 열병을 앓아 왔던 것이다. 운영과 김진사가 품었던 감정을 행동에 옮기는 일은 사실상 이때부터로 나타난다.

이와 함께 운영과 김진사에 대한 안평대군의 의심이 상황에 따라 점차 확대돼 가는 것으로 그리기도 했다. "안평대군이 궁녀들에게 시문을 연마시키는 과정"에서는, 운영의 〈부연시〉에 나타난 사념의 감정을 꼬집으면서도 별 심문을 하지 않고 넘어간다.87) 부인하는 운영에 대해 "시는 성정에서 나오는 법이어서 감출 수가 없다."라는 말로 자기의 의심이 틀리지 않았음을 따끔하게 보일 뿐이다.88) 그 후 "김진사와 운영이 달아나려다가 포기하는 상황"에 이르러, 김진사의 상량문 가운데 나타난 "…담장을 따라 몰래 풍류곡을 훔친다네(隨墻暗竊風流曲)"라는 시구에 대해, 안평대군은 그를 의심하지만 내색을 하지는 않는다. 안평대군의 의심은 다시 얼마 후 "운영이 목을 매는 사건"을 중심으로

---

85) 俄而進士至而就坐, 形容癯瘦, 風槪消沮, 殊非昔日之氣像.
86) 妾以封書, 從穴投之, 進士拾得歸家, 拆而視之, 悲不自勝, 不忍釋手, 思念之情, 倍於曩時, 如不能自存.
87) "[…] 獨雲英之詩, 顯有惆悵思人之意. 未知其所思者何人, 事當訊問, 而其才可惜, 故姑置之."
88) 妾卽下庭, 伏泣而對曰, "追辭之際, 偶然而發, 豈有他意乎! 今見疑於主君, 妾萬死無惜." 大君命之坐曰, "詩出於性情, 不可掩匿, 汝勿復言."

한 상황에 이르러 극에 달하는데, 철쭉을 소재로 지은 운영의 오언절구를 본 그는 과거의 〈부연시〉와 상량문을 들먹이면서 아예 사모하는 사람이 김생이 아니냐고 다그친다.[89] 단번에 깡그리 폭로하지 않으려는 작가의 치밀한 전략에 따라, 안평대군의 의심이 이렇듯 점층적으로 고조되는 양상을 보이는 것이다.

그런가 하면 〈운영전〉은 "궁녀들이 초사를 올리고 운영이 자결하는 사건"을 그린 그 상황에서 매우 의도적인 구석 하나가 감지된다. 은섬(銀蟾)의 초사가 바로 그것인데, 그녀는 '느닷없이' 초사를 올림으로써 매우 극적인 분위기를 자아낸다. 형장을 갖춘 자리에서 제일 먼저 항거하는 궁녀는 다른 이가 아닌 은섬이며 그 항변의 기세도 매우 거세게 나타난다. 사실 은섬은 그 이전의 상황들에서는 제 역할을 전혀 드러내지 않았던 인물이다. 완사할 곳을 두고 궁녀들이 설전을 벌이던 자리에서도 그녀는 모습을 감춘 상태이다. 그런데 한참 뒤의 상황에 이르러 궁녀들 가운데 가장 앞장서 안평대군에게 몹시 강하게 항변함으로써, 하나의 돌출상황을 연출해내고 있는 것이다. 이는 작가가 일부러 앞에서 아껴두었다가 뒤에서 써먹은 것으로, 상황에 따라 구사한 변화기복의 전략을 잘 보여준다.

자란의 초사도 마찬가지다. 자란은 비록 운영과 김진사를 맺어주려 한 서궁의 주장이요 운영과는 각별한 사이이지만, 막상 둘이 달아나려고 하는 데에 이르러서는 주군의 사랑 등의 이유를 들어 애써 만류한다. 두 남녀가 도주를 포기한 가장 큰 이유도 표면상은 자란 때문으로 나타난다. 그랬던 그녀가 일이 들통나 문초를 받는 자리에서는 운영과

---

89) 大君大加稱賞曰, "汝等之文, 日漸就將, 余甚嘉之, 而第雲英之詩, 顯有思人之意. 前日賦烟之詩, 微見其意, 今又如此, 汝之欲從者, 何人耶? 金生之樑文, 語涉疑異, 汝無乃金生有思乎!"

김진사를 적극 변호하는 동시에 안평대군의 선처를 극력 호소한다. 이 또한 자란의 본심을 다 그리지 않다가 뒤에 가서야 그 전모를 드러낸 수법이라 할 수 있다.

〈최척전〉은 서로 떨어진 채 다른 장소에서 겪는 주인공 남녀 각자의 상황을 한 고리씩 번갈아 가면서 그렸다. 때문에 상황별 서술이 특히 두드러진다. 둘이 만나 함께 하는 시간보다는 떨어져 지내는 시간이 훨씬 길기에, 그들의 역정이 상황별로 오락가락 전개된다. 서술자는 시야를 옮겨가면서 둘의 행방을 추적하듯 보여준다. "거무하(居無何)"나 "우시(于時)" 혹은 "시시(是時)"나 "당시(當時)" 등과 같은 표현들과 함께, 바뀐 인물을 중심으로 한 바뀐 장소에서의 상황들이 연쇄적으로 펼쳐지는 것이다. "지정유팔월(至丁酉八月)"이나 "세경자춘(歲庚子春)" 혹은 "명년기미(明年己未)" 등과 같은 시간의 흐름을 알리는 표현들도 마찬가지로 상황전환의 기능을 수행한다. 그런데 유심히 살펴보면 이같은 상황전환의 언표가 대단히 불규칙적으로 그것도 너무 자주 나타난다. 그래서 상황별 편폭이 유달리 짧으며, 그것들은 무척 동적이고 긴박하게 전개된다.90) 20년이 넘는 세월 동안 동아시아 각처에서 겪은 여정을 중편의 분량에 담다 보니 으레 나타난 현상일 것이다. 전체 서사의 흐름을 상황별로 잘라 보이듯 서술한 점에 있어서는 이 〈최척전〉을 따라올 전기소설이 드물다.

---

90) 그러나 상황별 구분을 지나치게 자주 할 필요는 없기 때문에 대략 이 정도로 정리할 수 있을 것이다. 최척과 옥영의 혼사를 논하는 과정 - 최척이 참전하고 옥영이 혼사장애를 극복하는 과정 - 혼인해 행복을 만끽하는 상황 - 다시 전란으로 지리산에서 가족이 이산하게 된 상황 - 옥영의 일본[나고야] 생활 - 최척의 중국[소흥·항주] 생활 - 최척과 옥영이 안남에서 상봉하는 상황 - 최척과 옥영의 중국[항주] 생활 - 최척의 재참전과 옥영과의 세 번째 이별 - 최척이 전장에서 몽석을 만나 귀국하는 과정 - 최척 부자와 진위경의 만남 - 옥영 일행의 귀환 과정. 이하 다른 작품들의 상황별 정리는 생략한다.

〈최척전〉은 이처럼 상황별 교체서사가 두드러져, 어느 지점에 이르러 서사가 마무리되는 듯하거나 혹은 새로운 사건이 뻔히 돌출할 듯한 인상을 심어주기도 한다. 아래와 같은 예문을 보자.

①이후 사랑이 더욱 돈독해져 둘이 知音을 자처하면서 서로 하루도 떨어져 지낸 적이 없었다.91)

②경자년 봄, 최척은 주우를 따라 같은 마을 상선을 타고 월남에 가서 장사를 하였다. 이때 일본 배 십여 척도 포구에 정박해 있었다. 십여 일간을 머무름에 그럭저럭 4월 초이틀이 되었다. 하늘에는 구름 한 점 없고 물은 비단처럼 빛났으며 바람이 멈추어 물결도 잔잔하였다. 적막한 밤 뱃사람들은 깊이 잠들고 물새만이 가끔 울고 있었다. 오직 일본 배 안에서 염불하는 소리가 들려오니 그 소리 심히 처량했다.[…]92)

최척과 옥영이 우여곡절 끝에 결혼해 행복을 만끽하는 상황에 이어 ①과 같은 서술자 발언이 덧붙어 있다. 뒤이어 상황을 달리해 왜적이 남원으로 쳐들어오는 정유년 8월의 상황이 급박하게 펼쳐진다. 일단 저 지점에서 마치 서사가 해피엔딩으로 마무리되는 듯한 인상을 주었다고 할 수 있다. 그런가 하면 최척과 옥영이 안남에서 극적으로 상봉하는 상황에 이르러 그 초입에 ②와 같은 묘사로 그 분위기를 한껏 조장함으로써, 마치 저 지점에서 서사가 새롭게 시작되는 듯한 인상을 남겼다. 저와 같은 예들은 〈최척전〉이 상황과 상황을 얼마나 단절적으

---

91) 自此之後, 情愛尤篤, 自許知音, 未嘗一日相離也.
92) 歲庚子春, 陟隨祐與同里商舶, 往賈於安南. 時有日本船十餘艘, 亦泊於浦口. 留十餘日, 因値四月旁死魄, 天無寸雲, 水光如練, 風息波恬, 聲沈影絶, 舟人牢睡, 渚禽時鳴, 但聞日本船中念佛之聲, 聲甚悽惋.[…](고려대본) 이 대목은 물론 천리대본에도 들어있지만 고려대본이 더 정비돼 있어 그것을 가져왔을 뿐이다.

로 그리고 있는가를 잘 보여준다. 멈췄다가 다시 달리고 달리다가 다시 멈추는 듯한 변화기복이 상황별로 자주 발생한다. 이는 만남과 헤어짐의 반복을 최척 아니면 옥영의 행동반경에 따라 시시각각 다채롭게 그렸기 때문이다. 한 소설작품 내에 마치 두 사람의 전(傳)이 존재하는 듯한 형국을 띤다고 할 것이다.

그런가 하면 주인공의 가족에 대한 끼워 넣기 식 서술도 잊지 않았는데 그것들은 전후 상황에 따라 확대되는 양상을 보인다. 가령 지리산으로 피난했다가 가족이 이산하게 된 상황을 그리는 가운데, 서술자는 최척이 중국군을 따라 중국으로 들어갔음을 서술한 뒤 곧바로 그의 부친과 장모 그리고 몽석의 행방에 시야를 돌린다. 이때 최척이 소흥 여유문(余有文) 집에서 사는 모습을 현재시점으로 그렸으므로, 서술자는 "초(初)"라는 표현을 써서 다시 과거시점으로 돌아가 그 가족의 행방을 그린다.93) 앞의 상황에서, 몽석이 그 와중에 요행이 살아남았다는 사실을 삽화 형식으로 일단 드러낸 것인데, 한참 뒤의 다른 상황에 이르러 최척은 전장의 후금군(後金軍) 감옥에서 우연히 그 아들 몽석을 만난다. 인물의 행적이 상황에 따라 호응·확대되는 양상을 읽을 수 있는 것이다. 홍도와 진위경의 일도 마찬가지다. 중국 소흥에서 몽선의 짝으로 홍도가 등장하면서 그녀의 아비가 조선에 원정을 갔다는 사실이 나타나는데, 그 후 최척이 포로수용소에서 탈출해 귀향하는 여정에서 한 침쟁이를 만나고 그가 바로 사돈임이 밝혀짐으로써 진위경의 행적이 구체적으로 드러난다.

한편, 〈왕경룡전〉은 상황이 바뀌는 지점들에서 아예 '각설(却說)'이라는 언표와 함께 서사가 전개된다. 상황별 변화기복에 따라 '각설'을

---

93) 初, 陟家被擄至江, 賊以陟父姑老病不可走, 不甚防守. 二人俟賊間, 潛逃于蘆中, 賊旣退去, 行乞村間, 轉入鶯谷寺, 聞僧房有一孩兒悲號之聲······.(천리대본)

사용하는 관습이 이미 소설사에 정착했음을 보여준다.94) 가령 옥단과 왕경룡은 창모에게 속아 갈대숲에서 헤어진 뒤 관왕묘(關王廟)에서 재회할 때까지 서로 떨어져 생활하는데, 서술자는 양쪽을 번갈아 가면서 각자의 상황을 보여준다. 걸인 신세가 되어 양주(揚州)로 들어갔다가 부친의 옛 서리 한구(韓鷗)의 집에 얹혀사는 행적이라든가, 길일을 점치기 위해 관왕묘로 가던 도중 우연히 예전의 그 표주박 파는 노파를 만나 옥단의 소식을 듣는 사건 따위는 다 왕경룡 중심에서 그려진 사건들이다. 이어 '각설' 하면서 시선을 옥단에게로 옮겨 아직도 절개를 지키며 북루에서 참담하게 살아가는 그녀의 모습을 차례로 그렸다. 또한 창모에게 빼앗긴 재물을 되찾고 나서 왕경룡이 소흥 집으로 돌아간 뒤에도 주인공 남녀 각자의 생활이 상황별로 전개된다. 옥단이 창모를 송사에 회부하고, 다시 창모에게 속아 조상인에게 팔려가며, 조상인 아내와 무당의 사통으로 인해 의옥이 일어나는 과정 따위는 다 옥단 중심의 상황에서 전개된 사건들이다. 이어서 상황을 달리해 소흥으로 돌아간 왕경룡이 옥단을 구하겠다는 결심에 열심히 공부한 끝에 장원급제해 의옥을 해결하기 위해 서주 어사로 자원하기까지의 과정을 그렸다.

특별히 어떤 삽화를 이용해 상황과 상황의 연결을 꾀하기도 했다. 왕경룡이 관왕묘로 가던 도중 우연히 표주박 파는 노파를 만나 옥단의 소식을 듣는다는 삽화가 그런 경우이다. 창모에게 속아 옥단과 갈대숲

---

94) '각설'과 같은 표현은 중국의 백화소설이 〈왕경룡전〉으로 개작되는 과정에서 답습된 것으로 보인다. 저본이 된 〈玉堂春落難逢夫〉의 경우 '且說'과 '却說' 두 가지 표현이 쓰였다.(〈왕경룡전〉의 한 이본 〈龍含玉〉에 와서는 '却說' 이외에도 '且說'과 '再說'이 추가되었다.) 물론 우리가 중시해야 할 점은 이같은 언어표현을 써서 상황의 전환적 지점을 의도적으로 구분하려는 시도가 17세기 전반기 소설사에 이미 정착했다는 사실이다. 물론 상황별 구분 지점을 포착할 때 이 '각설'만을 기준으로 삼아야 한다는 뜻은 아니다. '각설'과 '각설' 사이에서도 전환적 상황은 나타날 수 있다.

에서 헤어진 뒤의 상황을 왕경룡 중심에서 그리는 가운데, 옥단에게로 바로 시선을 옮기지 않고 잠시 중간에 노파를 등장시켜, 옥단은 애당초 그 모의에 참여한 게 아니었으며 아직도 절개를 지키며 살고 있다는 소식을 듣도록 만들었다. 왕경룡의 오해를 먼저 풀 필요가 있어 이렇게 한 것인데, 그리하여 고향으로 돌아가려던 그는 다시 발길을 멈추게 되며, 옥단 중심으로 바뀐 바로 뒤의 상황에서 그녀는 노파를 통해 편지를 받곤 애인의 소식을 접하게 된다. 앞의 상황 가운데에다 표주박 파는 노파를 다시 등장시켜, 왕경룡의 그 상황이 옥단을 중심으로 한 뒤의 상황과 자연스럽게 연결될 수 있도록 구성했다고 할 수 있다. 또한 장사치 조가(趙哥)와의 갈등이 자연스럽게 확대될 수 있도록 삽입한 사건도 하나 있다. 옥단은 창모를 송사에 밀어붙여 궁지로 몰았다가 다시 역공을 받게 되는데, 이때 같은 마을의 장사치 노파[商嫗]라는 새로운 인물이 등장한다. 서술자는 "앞서[先時] 창모는 몰래 같은 마을의 장사치 노파에게 뇌물을 후히 주고 밀계를 꾸몄다."95)고 했다. "선시(先時)"에 어떠했다고 하면서 낯선 사건이 낯설어 보이지 않도록 하기 위해 그 사이의 일을 설명해주고 있는 것이다. 창모의 사주를 받은 그 장사치 노파는 옥단을 유인해 조가(趙哥)에게 팔려가게 만들고, 그리하여 이젠 조가와의 갈등이 새롭게 대두하는 형국을 맞는다.

그런데 그 조가와의 갈등 양상을 통해 우리는 어떤 적소에 끼어든 삽화가 상황별로 확대되는 경우를 읽을 수도 있다. 사실 조가는 옥단이 창모 일당에게 반격을 가할 지점에서 잠시 등장할 뿐이었다. 조가로부터 뇌물을 받은 창모가 합환을 종용하자 옥단은 거짓으로 "예"라고만 하고 차일피일 미루는 정도로 나타난다. 조가와의 갈등은 작품의

---

95) 先是[時], 娼母陰與同里商嫗, 賂重貨, 以秘計約之.

중간 무렵에서 일단 이렇게 미진한 채 그치고 마는데, 후반부의 다른 상황에 가서는 옥단이 다시 창모의 계략에 말려 조가에게 팔려감으로써96) 훨씬 구체적으로 전개된다. 나아가 아예 조가의 집을 무대로 의옥(疑獄)을 엮어내는 데로까지 확대되기에 이른다. 그리하여 서주로 어사를 자청해온 왕경룡이 그 의옥을 해결하고 살인자를 벰과 동시에 옥단을 데리고 서울로 돌아가는 데로까지 이어진다. 조가와의 갈등을 통해, 앞에서 미진한 사건을 뒤에서 채워주거나 뒤에서 그릴 것을 앞에서 미리 보여주기도 하는 상황별 변화기복의 수법을 엿볼 수 있는 것이다. 다음 두 인용문을 보자.

① 마침 절강성에서 온 한 상인이 그 이웃집에 묵으면서 향과 비단을 팔고 있었다. (옥단이) 난영더러 비단 한 필을 후한 값을 주고 사오도록 해 사운시 한 수를 수놓았다. 상인 조가는 까막눈이어서 단지 그 아름다움을 칭찬할 뿐이었다. 수를 다 놓자 은밀히 그 상인에게 돌려주면서, "자네가 소흥 왕각로 댁으로 돌아가 이걸 팔면, 한 젊은 사람이 반드시 두 배의 값으로 살 걸세." 상인은 그 말대로, 돌아가 각로 댁에 팔았다.97)

② 마침 어떤 상인이 그 집에서 수놓은 비단을 팔았는데 집안 사람들은 보면서도 그 귀함을 몰랐다. 단지 글씨만 수놓아져 있었기 때문에 경룡에게 가져와 보였다. 경룡이 시를 자세히 들여다보면서 그 뜻을 새겨보고는 곧 옥단이 지은 것은 아닌가 생각하였다. 상인에게 직접 물어보자 사실대로 이르기를, "여차여차 했습죠." 그런 연후에야 과연 옥단이 부쳤음을 알고 비싼 값에 샀다.98)

---

96) 前日, 趙賈知檀不可求, 急推所賂於娼母, 娼母惜其財寶, 相與陰約曰, "如此如此."
97) 適有浙江商人, 來寓於其隣, 賣香緞. 令蘭英取一段定, 以厚價買之, 綉刺四韻一首. 趙賈目不知書, 唯稱美而已. 綉畢, 潛還其商人曰, "你歸賣於紹興王閣老家, 必有少年, 倍直而買之." 其商人如其言, 歸賣閣老家.

①은 상인 조가네 집에서 일어난 일이고, ②는 상황을 달리해 소흥 왕경룡의 집에서 발생한 삽화이다. 조가네 집에서 옥단을 중심으로 한 일련의 사건이 전개되다가 딱 멈추고 ①과 같은 삽화가 등장하는데, 이것은 본 바와 같이 바뀐 상황 가운데의 ②로 이어진다. 이렇게 해서 왕경룡은 옥단이 창모의 술책에 빠져 조가 집에 잡혀있다는 사실을 알고 그녀를 구하기 위해 학업에 더욱 정진하는 행동을 보인다. 이는 특별히 어떤 삽화를 이용해 상황과 상황의 연결을 꾀한 사례이기도 하지만, 어떤 사건이 상황에 따라 호응·확대되는 양상을 뚜렷이 알 수 있는 경우이기도 하다.

〈동선기〉의 경우 일련의 사건이 주인공 남녀 각자의 상황별로 펼쳐지는 경향이 두드러진다. 동선과 서문적이 전쟁과 적대자라는 중층적 애정장애를 극복해 가는 역정을 각자의 행동반경에 따라 번갈아 가면서 그렸다. 이 점에 대해선 굳이 길게 설명하지 않아도 될 것이다. 설명이 필요한 부분은, 어떤 사건이 상황에 따라 구체화되는 양상이 나타나기도 한다는 점이다. 아래의 인용문을 보자.

> ① 곧 생초에 편지를 써서 粉筒에 담아 담장 아래 묻고는 …마침내 喪服으로 갈아입고 누워서 움직이지 않았다.99)

> ② 동선이 곧 편지 한 통을 던지고 사라짐에 상객이 답서를 건네며 안타깝게 이별하는 사이에 문득 잠에서 깼다. 한바탕 꿈이었다. 자리에 편지 한 통이 놓여 있었는데 생초에 쓴 것이었다. 얼른 가져다 뜯어보니 그

---

98) 適有商人, 賣綉緞於其家, 家人見而不知其貴. 只以綉字故, 持示於慶龍, 龍審其詩語, 詳其字意, 疑是玉檀之所作. 親問於商人, 商人以實對曰 "如此." 然後龍果知王檀所寄, 買以重貨.
99) 乃作一書於生綃, 入盛粉筒, 埋於墻底… 遂改成服, 因臥而不動.

편지에 이르기를 ….[100]

③ 동선은 유씨와 함께 지냄에 서로 의지하고 격려하면서 살았다. 하루는 우연히 담장 아래 묻힌 편지를 발견하니 그 글에 이르기를 ….[101]

〈동선기〉를 보면 동선이 절망 끝에 자결했다가, 죽은 줄 알았던 서문적이 연경 옥에 갇혀 있다는 사실을 알고 다시 살아 돌아오는 사건이 등장한다. 옥중의 서문적도 꿈속으로 찾아든 동선과 만나는 것으로 서술돼 있다. ①은 동선 중심의 상황에, ②는 서문적 중심의 상황에, ③은 다시 동선이 위치한 곳에서의 상황에 각각 삽입된 대목이다. ①의 경우 하나의 복선이기도 하지만, 그보다는 동선이 생집에 쓴 편지의 내용이 서문적 중심으로 바뀐 뒤의 상황에서 ②와 같이 구체적으로 공개된다는 사실에 우선 주목할 필요가 있다. 이와 함께 서문적이 답서를 주었다는 사실은 서문적 중심의 상황에서 ②와 같이 단지 언급만 되었는데, 그 내용은 동선 중심으로 바뀐 상황에서 ③과 같이 구체적으로 드러난다. 이같은 예들은 마찬가지로 어떤 사건이 상황별로 확대되어 가는 양상을 잘 보여준다.[102] 이와 비슷하면서도 좀 다른 경우 하나를 더 들어본다.

① 조정에서는 그러한 상황[오랑캐의 침략과 유린]을 알면서도 무사안일

---

100) 仙乃投一書而去, 上客爲答書以贈之, 依俙[sic依]相別之間, 忽然覺悟, 乃一夢也. 見席上有一封書, 寫以生綃, 急取披之, 其書曰….
101) 洞仙與劉氏同處, 相依相勉以度也. 一日偶然發墻底所埋書, 其書曰….
102) 가령 〈주생전〉을 보면, 선화가 주생의 주머니를 뒤지다가 전에 배도가 주생에게 주었던 시를 발견하곤 질투심에 그것을 까맣게 지운 다음 〈眼兒眉〉라는 시를 써서 넣어두는 장면이 나온다. 이때 작가는 "그 시는 이러하다." 하면서 선화가 쓴 그 시를 그 자리에서 즉시 보여준다. 만일 뒤에 가서 배도가 주생의 주머니를 뒤지다가 선화의 시를 발견하는 자리에서 그것을 공개했더라면 더 묘미가 있었을 것이다.

에 빠져 군대를 출동시키려 하지 않았다. 이에 악무목이 팔뚝을 걷어 부치고 격문을 띄워 의병 오백 기를 모집해 출전을 준비하고 있었다.103)

② 노인장이 말하기를, "차근차근 갖춰 말해보시게. 나도 군대에서 늙었으니 누설할 사람은 아닐세." 이에 그 병졸이 귀에 대고 속삭이길, "악무목이 군사 오백을 거느리고 汴京으로 반격해 들어왔는데 다들 일당백이어서 우리 북군[金나라 군대]이 대패했습죠. 해서 급히 본 진 장졸들을 출동시켜 전세를 돌리려고 하는데, 일단 본 진이 비면 옥에 갇힌 南人[송나라 사람]들이 뻔히 반란을 일으킬 터이니 모조리 베라는 전령이 떨어졌다 하오."104)

〈동선기〉에서 악무목은 서문적이 안기의 무고로 연경 옥에 갇힌 이후에야 등장하는데 ①이 바로 그 대목이다. 물론 이후에도 그는 작중에 직접 나타나 움직이며 행동하는 그런 인물은 아니다. 안기가 제거당하는 지점에서 서술자 발언 가운데 잠시 나타났다가,105) 거의 종결부에 이르러 그가 금군(金軍)을 반격했다는 사실이 ②와 같이 다른 인물의 입을 통해 언급만 될 뿐이다. 주목할 점은 앞에서 고개를 내민 그의 행적이 나중의 다른 상황에 이르러 ②와 같이 밝혀짐으로써 하나의 극적 상황을 연출해내고 있다는 사실이다. 악무목의 활약으로 인해 금군이 연경 포로에 대한 몰살작전을 폄으로써 남주인공이 죽을 위기

---

103) 朝廷知之, 而安於姑息, 不肯發兵. 岳武穆忠橄奮臂, 乃募五百騎出戰也.(천리대본)
104) 翁曰, "第言之, 吾亦老於兵, 非漏泄者." 其卒乃附耳語曰, "岳武穆將兵五百, 入汴大戰, 無不一當百, 北軍大敗, 急發本陣將卒, 以益兵勢旋, 恐本陣一空, 南人繫獄者必叛(爲慮), 盡數斬之云."(천리대본)
105) 악무목이 군사훈련을 하고 있다는 첩보를 들은 금군이 항주에 격문을 띄운 다음 군대를 보내 안기를 잡아들인다. 그 대목을 들면 이러하다. 是時, 金國聞岳武穆練習之奇[機], (大怒)先檄杭, 致其師捉安琦, 被縲而往, 杭營一空矣.(천리대본) 괄호 안의 "大怒" 두 글자는 국립중앙도서관본을 참조해 덧붙인 것이다.

에 처하는 돌발상황이 발생하기 때문이다. 앞에서 단초만 보인 행적이 뒤에 가서 구체적으로 드러났음은 물론이고, 나아가 큰 변화기복을 유발시켜 상황의 전환을 꾀했다고 할 수 있다.

이상에서 밝힌 사항은 크게 두 가지이다. 하나는 일련의 사건이 자주 상황별로 교체 전개됨과 함께 서사의 변화기복이 두드러진다는 것이요, 다른 하나는 어떤 사건이 전후 상황에 따라 호응·확대되는 양상들이 다채롭게 나타난다는 점이다. '상황'은 다른 말로 '마디[情節]'와 같다. 17세기 전기소설이 보여준 이같은 '상황별 안배'는, 후대의 통속소설과 접맥되는 주요 서사기법 가운데 하나로 간주된다.

통속소설은 기본적으로 '상황별 줄거리 구성'을 지향한다는 점에서 그렇다. 통속소설은 인물의 동적 행동이나 공간의 이동을 결코 방기하는 법이 없는데, 그것은 결과적으로 고사성과 우여곡절이 돋보이는 줄거리 위주의 서사를 보여준다. 복수 인물들의 동태나 활동반경의 변동을 중시하는 가운데, 그것들을 오락가락 상황별로 그림으로써 플롯의 기복과 사건 진행의 속도감을 노정한다. 독자에게 소설 독서의 '집중'과 '흥미'를 유도한다는 점에서, 통속소설이 일반적으로 지향하는 서사기법의 하나인 것이다. 가령, 전대의 대다수 소설작품의 경우 인물의 내면적 심성에 대한 소묘는 압도적인 데 반해 행동이 정태적이고 시간의 흐름까지 미미하며 행동반경의 변동 또한 가시적이지 못하다. 고도로 개인화된 어조로 은밀하고 내적인 관념과 상징의 세계를 드러내는 경향이 강해, 특별한 변화기복의 흐름을 기대하기 어려운 게 사실이다. 그와 달리 17세기 전기소설은 같은 문언소설이면서도 상황별 구성에 있어서 통속소설의 그것에 몹시 근접해 있는 양상이 퍽 광범위하게 읽힌다.106) 특별히 주요 인물 각자의 움직임이 엇비슷한 비중으로 상황에 따라 진행되는 측면은 주인공이 복수인 소설의 개벽을 열었다 이를 만하다.

　그런데 상황별 안배라는 서사기법은 국문통속소설이 일반적으로 품고 있는 구전문학적 수사와도 상통하는 것으로 보인다. 국문소설은 대개의 경우 마치 구연 상황을 가상한 것 같은 수사적 특징을 종종 드러낸다. 그것은 한 마디[情節]씩 끼워가며 순차적으로 서술한 데서 잘 나타나는데, 이는 물론 작가 스스로 자신과 독자를 은연중 화자와 청자의 관계로 가상했기 때문일 것이다. 또한 서사를 순차적으로 서술하되 변화의 리듬을 자주 가하는 것도 구연양식의 전통적 기교로 볼 수 있다. 17세기 전기소설이 보여준 저 서사기법은 이를테면 구연 상황에서의 전달 방식과 기교를 활용한 흔적이 농후하고, 동시에 국문소설의 그것에 몹시 근접해 있다. 의식적이든 무의식적이든 작가가 독자와의 맞대면적 상황을 가상함으로써 한문소설도 다중의 소설 독자에게 파고들 수 있는 서사적 전형성을 확보할 수 있었던 것이다. 사건의 중심이 자주 전환된다거나, 서사의 흐름을 도중에 끊어버리고 다른 고사를 삽입한다거나, 중도에 일단 정리해 주고 다시 시작한다거나 하는 따위의 통속소설 상투의 수사가 한문소설에서 먼저 발붙이기 시작했음을 보여준다.

　나아가 우리는 만일 작가들이 전기소설을 장회로 나누어 썼다면 과

---

106) 〈주생전〉·〈위경천전〉·〈상사동기〉의 경우엔 상황별 안배가 상대적으로 부족해 이 자리에서는 굳이 거론하지 않는다. 특히 〈주생전〉과 〈위경천전〉은 일단 '남주인공' 따라가기 식 서술이 압도적인 바, 서술자의 초점이 시종일관 남주인공 일인의 신변을 맴돈다는 특성을 보인다. 여주인공의 행동을 그릴 때에도 줄곧 남주인공 중심에서 그의 시선이나 관찰을 통하는 경향이 농후한데, 이는 남주인공 일인의 일대기 형식이 지나치게 두드러짐을 의미한다. 반면 여주인공의 浮上 정도가 동시대 다른 작품에 비해 다소 미미한 편이다. 사건의 다채로움과 서사의 변화기복이 그만큼 덜하다는 이야기이다. 이 점에 있어서는 〈상사동기〉도 엇비슷하다. 물론 이들 세 작품은 다른 측면들에서 그 통속화 경향을 두루 엿볼 수 있다. '상황별 안배'는 17세기 전기소설의 통속화 경향을 논함에 있어 주요 특징 가운데 하나일 뿐이다. 뒤에서 논의하겠지만, 가령 〈상사동기〉의 경우 특히 문체나 언어적 측면에 있어서 유달리 통속적인 작품이다.

연 어느 지점에서 갈랐을까 하는 문제를 나름대로 고려해 볼 수 있을 터인데, 가령 정태제(鄭泰齊, 1612~1669)는 〈천군연의〉(31회)가 중국 연의소설의 장회 형식을 본떴다고 설명한 바 있지만,107) 꼭 그렇지 않더라도 장회소설이 출현할 수 있는 길은 아마도 저렇게 해서 충분히 열렸을 것이다. 실제로 〈운영전〉·〈왕경룡전〉·〈동선기〉 등은 후대에 번역·변개되는 가운데 장회 형식으로 탈바꿈되었는데,108) 독자들의 자격 심사에서 통과하지 못했다면 그렇게 되기는 어려웠을 것이다.

2) 복선과 조응

소설은 현실반영의 폭이 넓어짐에 따라 분량이 늘어났을 터인데, 갈수록 다양한 서사기법들이 요구된 이유는 그 때문일 것이다. 이를테면 기괴만변(奇怪萬變)하고 곡절하면서도 차곡차곡 잘 정돈된 고사를 지향함으로써, 독자의 이목을 솔깃하게 만들고 싫증나지 않게 하며 감동까지 줄 수 있었다. 김소행이 〈삼한습유〉 "지작기(誌作記)"에서 말한 "체재의 정밀함(體裁之縝密)"이라든가 박태석(朴泰錫)이 〈한당유사〉 "범례"에서 언급한 "안배와 포치의 기교(安配鋪置之巧)", 그리고 그 이전에 이민성(李民宬, 1570~1629)이 〈제최척전(題崔陟傳)〉109)에서 꼬

---

107) 정태제, 〈天君衍義序〉. 嘗見史家諸書衍義, 其立言遣辭, 皆是浮夸, 實虛而修之, 有無而張之, 分其事而別其題, 未結於前尾, 而更起於下回, 盖欲利於引目而務於悅人也, 天君演義一書······其法則倣史氏衍義, 而其說則本儒家工夫也.
108) 영창서관본 〈(演訂)雲英傳〉(24회), 소재영·장홍재, 『운영전』, 시인사, 1985; 필사본 〈(王御史傳)龍含玉〉(30회, 한문현토)[〈왕경룡전〉의 이본으로, 대한일보에 연재되었던 〈용함옥〉을 필사한 것], 구 정병욱 소장본; 신구서림본 〈靑樓之烈女〉(5회)[〈왕경룡전〉의 이본], 우쾌제, 『구활자본고소설전집』14, 인천대 민족문화연구소, 1984; 신구서림본 〈동선기〉(24회), 김기동·전규태, 『동선기·배시황전·옥소기연』, 서문당, 1984.
109) 李民宬, 〈題崔陟傳〉, 『敬亭集』권4(『한국문집총간』76, 252면).

집은 "측량하기 어려운 신묘함(恍惚莫可測)"이라든가 정태제가 〈천군연의서(天君衍義序)〉에서 지적한 '장회의 구분[分其事而別其題, 未結於前尾, 而更起於下回]' 따위는, 다 그러한 측면을 구체적으로 알려준 국내의 사례들이다. 17세기 전기소설에 그처럼 상황별 안배가 두드러지게 된 것도, 기실 작품의 분량이 길어졌다는 사실과 밀접한 관련이 있다.

마찬가지로 소설의 분량이 늘어남에 따라 유력하게 떠오른 또하나의 문법은 다름 아닌 '복선'이다. 주지하듯 복선은 소설의 변화기복과 인과성을 보장하는 매우 의도적인 서사기법으로, 장차 펼쳐질 사건이나 상황에 대한 암시와 전조의 기능을 수행한다. 암시적이기 때문에, 응당 간략하고 은밀함을 생명으로 한다. 물론 뒤에 가서는 그것을 상세히 받쳐주는 사건이 뚜렷이 '조응'한다. 사실 복선에 대해서는 전통시대에 이미 명확한 설명들이 있어 왔는데, 김성탄(金聖嘆)이 〈독제오재자서법(讀第五才子書法)〉에서 〈수호전〉의 문법 가운데 하나로 거론한 이른바 '초사회선법(草蛇灰線法)'이라는 것이 제일 대표적이다. 마치 풀 속의 뱀이나 재 속의 줄과 같이, 얼핏 보기엔 아무 것도 없는 듯하지만 자세히 찾아보면 그 가운데 하나의 흐름이 있어서 그것을 끌어당기면 이야기 전체가 한꺼번에 움직일 수 있도록 하는 수법이라고 했다.110) 국내에서도 〈절화기담〉과 〈광한루기〉의 평비자들이 이들 작품에 복선이 깔려 있음을 구체적으로 지적한 바 있다.111)

〈주생전〉을 보면 선화가 주생의 주머니를 뒤지다가 배도의 시를 발견하곤 질투심에 그것을 까맣게 지운 다음 〈안아미(眼兒眉)〉라는 시를 써서 함께 넣어 두는 대목이 나타난다. 이는 사건의 전환적 발생을 미리 암시한 복선으로, 뒤에 가서 배도가 주생의 주머니를 뒤지다가 자

---

110) 方正耀(홍상훈 역), 앞의 책, 409~410면.
111) 정우봉, 앞의 논문, 136~144면.

기가 써준 시들이 까맣게 지워진 흔적과 낯선 시를 발견하곤 선화의 짓임을 눈치채는 양태로 조응한다. 동시에 울화가 치민 배도가 선화의 시를 주생 앞에 던지며 따져 물음으로써, 선화와 주생의 관계가 모조리 들통나기에 이른다. 그리하여 주생이 노승상가를 떠나 선화와 만날 수 없는 처지에 놓이게 되고, 배도 또한 화병으로 곧 죽게 되며, 결국 의탁할 곳을 잃은 주생이 전당을 뜸으로써 선화와 더 기약 없는 상황에 처하게 된다. 앞에 깔린 복선이 뒤에 가서 큰 변화들을 연쇄적으로 일으킨 셈이다.

〈위경천전〉의 경우 그 서두에서 독서의 집중을 유도하는데, 그것은 바로 위생과 장생이 동정호(洞庭湖)에서 뱃놀이를 하면서 왜 그토록 비장감에 젖은 채 시를 읊고 있는가 하는 의아심 때문이다. 두 사람은 한껏 취흥에 젖어 호탕한 기분으로 이비(二妃)의 눈물과 굴원의 충혼을 들먹이면서 시로써 회포를 푸는데, 그것은 다름 아닌 고금의 넋을 부르는 형태로 나타난다. 그 '동정호' 뱃놀이는 언뜻 엉뚱해 보이기도 하지만 결말을 보면 복선임이 드러난다. 소숙방은 전쟁터로부터 도착한 위생의 주검을 대하곤 곧바로 목을 매 자결하는데, 이에 그 한 쌍을 '구의산(九疑山)' 아래에 나란히 묻었다고 했다. 구의산은 바로 순임금과 이비가 묻혔다는 한 맺힌 전설 속의 산이다. 그러니 위생과 장생이 놀던 동정호 거기는 다름 아닌 위생과 소숙방이 묻힌 곳이라는 사실을 암시한 셈이다. 유명한 전고를 복선으로 유비(類比)시키는 가운데 서두부터 그러한 결말을 향해 나아감으로써, 수미가 호응하는 구조를 띠게 되었다.

〈운영전〉으로 이르자면 우선 작품 전체를 관통하는 복선 하나가 눈에 띈다. 유영(柳泳)이 몽중에 들어 한 소년[김진사] 일행과 마주한 자리에서, 한 여자[운영]는 아래와 같은 사(詞)를 노래한다.

심심 궁궐에서 이별한 옛 사람	重重深處別故人
천상 인연 미진해 다시 만났다네	天緣未盡見無因
몇 번이나 봄을 슬퍼했던가 꽃다운 시절이여	幾番傷春繁花時
운우지락은 꿈이요 현실이 아닌 것을	爲雲爲雨夢非眞
지난 일 다 사라져 티끌이 되었거늘	消盡往事成塵後
공연히 지금 사람으로 수건 적시게 하네	空使今人淚滿巾

유영이 몽중에 든 초입에서 여주인공 운영은 아직 그 이름을 드러내지 않은 채 단지 "여자[女]"로만 등장하는데, 위에 든 시는 바로 그녀가 읊은 것이다. 운영은 지금 천상 선계로부터 김진사와 함께 옛 수성궁을 다시 찾아온 입장이다. 자기들의 과거 애정비극을 이야기한 저 시는, 장차 펼쳐질 〈운영전〉 전체의 내용을 암시하고 있는 셈이다. 뭔가 아주 슬픈 이야기가 펼쳐질 것이라는 전조를 시로써 드리웠다고 할 수 있다. 그런가 하면 〈운영전〉에는 마찬가지로 시를 통해 주인공의 운명을 암시하는 복선도 나타난다. 한 절만 들어본다.

| 훗날을 기다리나니 응당 변하리 | 若待他時應變化 |
| 때마침 비구름 타고 삼청궁에 오르리라 | 會乘雨雲上三淸 |

운영은 〈부연시〉로 인해 안평대군의 의심을 받은 뒤 궁녀들이 비아냥거리는 자리에서, 포도를 소재로 시를 지어보라는 은섬의 요구에 그 의심을 풀기 위해 상사지정이 드러나지 않은 글을 짓는다. 위 시는 그 끝 절로, 자신이 장차 선경(仙境)에 오르게 될 것임을 은연중 암시하고 있음이 감지된다. 기실 저 시는, 운영은 다름 아닌 적강 인물로서 김진사와 천상 연분이라는 사실을 알려준 것이기도 한데, 뒤에 가서 또하나의 복선과 겹친다. 김진사가 안평대군과 시의 종장을 논하는 자리에

서 이백에 대해 내린 평가가 그것이다.

"제 소견을 말씀드리자면, 이백은 천상의 신선으로 오래도록 옥황상제의 香案을 받들다가 玄圃에 유람 와 玉液을 마신 뒤 취흥을 이기지 못해 萬樹琪花를 꺽어 풍우를 따라 인간세상에 떨어진 기상입니다."[112]

지금 김진사는 곧 자기의 이야기를 하고 있다. 나아가 천상계로의 복귀를 예언한 것이기도 하다는 점에서, 운영의 저 시와 마찬가지로 하나의 복선으로 작용한다. 과연 결말의 그 상황에서, 삼청궁에 올라 다시 운영과 함께 옥황상제의 향안을 모시고 있다는 내용의 이야기를 몽유자 유영에게 들려준다.[113] 앞에서 각 상황 가운데에 깔린 동일한 두 개의 복선이 결말에 이르러 동시에 그같은 형태로 조응하고 있는 셈이다. 이와 함께 〈운영전〉에는 꿈을 통한 복선도 나타나는데, 비해당 상량문으로 인해 안평대군의 의심이 좁혀옴에 서둘러 달아나자는 김진사에게 운영이 들려준 꿈 내용이 그것이다. 운영은 간밤 꿈에 모질게 생긴 사람이 나타나 자칭 묵돌선우(冒頓單于)라고 하면서 "이미 한 묵은 약속이므로 오래도록 장성 아래에서 기다렸다.(旣有宿約, 故久待長城之下)"고 말했다는 내용의 이야기를 들려준다. 이는 특(特)으로 인한 불상(不祥)의 조짐을 마치 까마귀 울음소리와 같이 암시한 것으

---

[112] "以小子所見言之, 李白天上神仙, 長在玉皇香案前, 而來遊玄圃, 餐盡玉液, 不勝醉興, 折得萬樹琪花, 隨風雨散落人間之氣像也."

[113] "저희 둘은 원래 천상의 선인으로, 오랫동안 옥황상제를 모셨습니다. 그러던 어느 날 상제께서 태청에 드시어 제게 동산의 과실을 따오라고 하셨지요. 저는 반도와 보배를 많이 따서 사사로이 운영에게 주었다가 들키고 말았답니다. 이에 상제께서 우리를 속세에 적강시켜 인간세상의 괴로움을 두루 겪게 했던 것입니다. 지금은 상제께서 전날의 잘못을 용서해 三淸宮에 올라 다시 香案前을 모시고 있죠. 잠시 시간을 내어 풍마차를 타고 예전에 노닐던 속세를 다시 찾은 것뿐이랍니다." 원문은 본서 제3장의 각주 20번 참조.

로, 뒤에서 특의 악행이 구체적으로 그려지는 양태로 조응한다.

〈최척전〉에서도 주인공의 운명을 암시하는 복선이 길게 관통하고 있음을 볼 수 있다. 최척과 옥영이 가까스로 혼인해 행복을 만끽하던 어느 날 옥영은 문득 눈물을 흘리며 남편에게 이런 말을 한다.

"사람이 살다 보면 변고도 생기는 법이지요. 호사다마라 했습니다. 함께 하는 일생 동안 헤어지고 만나는 것을 정하기는 어렵겠죠. 이 때문에 문득 슬퍼지곤 한답니다."114)

인생 호사다마라는 이 말은 불길한 조짐을 품고 있다. 옥영은 지금 이별을 걱정하고 있는데, 과연 머지않아 두 사람에게 다시 난리가 불어닥쳐 생이별의 고초를 겪게 된다. 이후로 펼쳐지는 일련의 사건들은 이 복선에 대한 하나의 조응이라고 할 수 있다. 민간의 일반적인 속신(俗信)에 가까운 복선을 깔아 인생 길흉화복의 운명을 기복 있고 그럴듯하게 그렸던 것이다. 덧붙여 바로 저 자리에는 〈최척전〉에서 옥영이 읊은 유일한 시 한 수가 복선으로 깔려있기도 하다. 그 앞 절을 들어본다.

그대 퉁소를 부심에 달마저 나리려 하는데　　王子吹簫月欲低
바다 같은 푸른 하늘 이슬만 차갑구나　　　　碧天如海露凄凄

옥영이 신혼의 단꿈에 젖어 읊조린 시이다. 이 시는 나중에 최척과 옥영이 안남 선착장에서 해후할 때 그대로 등장한다. 최척이 선창에 기댄 채 피리를 꺼내 처연하게 불자, 건너편 일본 상선 안에서 조선말로 읊조리는 칠언절구 소리가 들려오는데 바로 이 시이다. 이에 최척이 대경실색해 그 시의 주인공이 아내 옥영임을 알아챔으로써 둘이 기적적으

---

114) "人間有故, 好事多魔, 百年之內, 離合難期(常), 以此忽忽不能無慨慨焉."

로 상봉하게 되는 것이다. 저 시는 이와 같이 조응한다고 할 수 있다.

그런가 하면 〈최척전〉에는 마치 민담적인 정조를 드리우는 복선도 나타난다. 몽석이 신체에 '손바닥만한 홍점'을 갖고 태어났다는 게 그 것이다. 그 기이한 '붉은 점'은 최척·몽석 부자가 후금군 진영 감옥에서 서로를 확인할 때 다음과 같이 조응한다.

"잃어버린 아이는 나이가 몇이며 신체 모양은 어땠습니까?"
최척이 말하기를, "갑오년 10월에 태어났고 정유년 8월에 잃어버렸으며 등에 어린애 손바닥만 한 붉은 점이 있소."
몽석이 실성해 놀라 자빠졌다가 웃통을 벗어 자기 등을 보이며, "그 아이가 바로 접니다!"115)

한편, 〈동선기〉의 경우 초입에 사곡 한 편이 운용되어 작품 전체를 통어하는 복선으로 작용하고 있음이 우선 주목된다. 서문적이 벗과 함께 각자의 뜻을 이야기하는 자리에서, 장만부와 최심이 전쟁을 기회로 장수가 되어 이름을 날리기를 소망하자, 서문적은 먼저 아래와 같은 노래 한 곡조를 읊조려 말을 이끈다.

만세산 높이 몇 천 길인가	萬歲山高幾千丈
장한 기백의 남아를 낳음이여	孕出男兒壯氣魄
죽은 뒤의 명성 따윈 꾀하지 않고	不計身後名
눈앞의 즐거움만을 취하노니	適取眼前樂
금대에서 절묘한 가락 듣곤	却傍琴臺聞絶響
미인을 껴안고 함께 웃다가	提抱美人共笑語

---

115) "所亡之兒, 年歲幾何, 身體貌樣若何?" 陟曰, "甲午十月生子, 相失於丁酉八月, 而背上有赤痣如小兒掌." 夢釋失聲驚倒, 袒而視其背曰, "兒實是也!"

| 곡조 끝남에 손잡고 떠나니 | 曲終携手去 |
| 인간세상 어디쯤일는지 | 人間竟何許 |

  이 사(詞)는 명예와 영웅주의를 부질없이 여기되 눈앞의 즐거움만을 취해 뜻대로 노닐겠다는 서문적 자신의 뜻을 담고 있다. 사실은 장차 겪게 될 일의 전조를 드리운 것으로, 이후 실제로 저렇게 진행된다. 예를 들어, 양자강을 따라 신선놀음을 하며 양주(揚州)에 이르고, 양자서당(楊子書堂) 주변에 배를 댔다가 기생 설영(雪英)을 만나 수십 일간 향락하며, 다시 서주(徐州)에 당도해 기생 경경(瓊瓊)과 풍류를 즐기기도 한다. 물론 중심 줄거리는 항주 금대(琴臺, 동선의 집)에서 만난 여주인공 동선과의 일들이다. 동선과 함께 끝내 현실을 떠나 댓잎을 타고 도죽산(桃竹山)으로 숨어들기까지의 운명을 저 가사에서 모조리 예시했다. 초입에서 운용한 복선에 핵심적 서사골격들이 줄줄이 조응한다고 할 수 있다.

  그런데 저것은 마치 백화체 장회소설들에서 매 회를 시작하기에 앞서 설서인(說書人)의 어투로 본 이야기를 이끄는 그 전통적인 설자(楔子)와 몹시 흡사하다. 시작한 지 얼마 지나지 않아 잠시 서술을 멈추고 저와 같은 사곡을 의도적으로 끼워 넣음으로써, 복선은 물론이고 본격적인 이야기를 이끄는 기능으로도 작용하고 있는 것이다. 저기서 감지되는 수사적 미감 또한 설자와 매우 닮아 있다. 앞서 우리는 〈운영전〉에 나타난 복선들을 살핀 바 있는데, 한 여자[운영]가 몽유자 유영(柳泳)과 마주한 자리에서 부른 그 시는, 기실 저와 마찬가지로 본사를 이끄는 기능까지도 수행한다. 그 미감 또한 설자나 〈동선기〉의 저 시와 잘 통하고 있음을 느낄 수 있다. 특별히 두 작품에 삽입된 이들 시에서 이같은 특징이 나타나게 된 것은 〈말하기-듣기〉를 가상한 설화적 구연 의식이 은연중 발로됐기 때문일 가능성이 대단히 높다. 〈운영전〉에서는 운영이 유영 앞에서, 〈동선기〉에서는 서문적이 장만부와 최심 앞에서 각각 그와 같은 사를 노래하고 있는데, 여기에는 구연 양식의 수사가 정교하게 침투해 있다는 이야기이다.

그런가 하면 서문적이 노래한 저 시는 나중에 주인공의 운명을 예언한 또하나의 복선과 만난다. 서문적과 동선이 결연을 맺는 자리에서 둘이 나눈 '해몽'이 그것이다. 우선 아래의 두 인용문을 보자.

① "서문씨를 모르느냐? 옥동 呂仙의 정령이 만세산에 옮겨가 서문적을 낳으니 이가 곧 洞賓이니라. 너는 본래 환공의 딸로서 옥동의 선녀였는데 침상에 기대어 피리를 불다가 잘못 별곡을 불어 해중에 유배돼 이제 수백 기가 되었느니라. 妓籍에 내친 것은 특별히 고생시켜 속죄케 하기 위함이니 십여 년 뒤에 응당 복지에 들리라. 서문적을 버리지 말지어다!"116)

② 동선이 더욱 신기하게 여겨, "「만세산 높이 몇 천 길인가」에서 「미인을 껴안고 함께 웃다가」까지는 지금 일과 딱 들어맞군, 낙구에서 이른 「곡조 끝남에 손잡고 떠나니, 인간세상 어디쯤일는지」 역시 「응당 복지로 들리라」는 말과 통하는군요! 헌데 「妓籍에 내쳐 십여 년 동안 고초를 겪는다」고 일렀으니, 그 사이에 필시 환난과 이산의 근심이 있을 겝니다."117)

서문적이 자신의 꿈속에 선인(仙人)이 나타나 "동빈(洞賓)아, 동빈아, 동선을 만났으니 삼생(三生)의 좋은 인연이로다."118)라고 했다는

---

116) "不識西門氏乎, 玉洞呂仙之靈, 移托於萬歲山, 孕出西門勣, 乃是洞賓也, 汝則本이 桓公之女, 玉洞之仙, 據床吹簫, 誤了別曲, 謫來海中, 凡今數百紀于玆, 降生妓籍者, 特令苦之, 以贖前愆耳, 後十餘年, 當入福地, 其勿捨西門."

117) 洞仙益奇之曰, "自萬歲山高幾千丈, 至提抱美人共笑語, 甚協時[是]事, 落句云曲終携手去, 人間竟何許, 此亦當入福地之漸也. 降生妓籍, 酸苦十餘年云, 其間必有患難分散之慮矣."

이야기를 동선에게 들려주자, 동선은 자기도 그러한 꿈을 꾸었다면서 ①과 같은 몽사를 들려준다. 이에 서문적이 예전에 장만부와 최심 앞에서 읊었던 시를 꺼내 보이는데, ②는 동선이 그 시에 견주어 자기의 몽사를 풀이한 말이다. 앞서 제시된 복선[서문적의 시]의 일부가 풀리면서 다시 새로운 복선과 결합하고 있음을 볼 수 있다. 몽조라는 환상적 수법을 통해, 두 주인공이 복지에 들기까지 십여 년 동안 혹독한 고초를 겪게 될 것이라는 새로운 암시를 보였는데, 그것은 바로 전란과 안기로 인한 중층적 갈등을 가리킨다. 앞서 본 서문적의 시에는 암시되지 않았던 내용이 여기서 추가된 셈이다.

이와 함께 〈동선기〉는 '문제 해결'을 위한 도구로 환상적 수법의 복선을 활용하기도 했다. 동선이 호손달희(胡孫達僖) 앞에서 자신의 손목을 잘라버리는 장면이 그것이다. 그 사건은 동선이 유씨(劉氏, 서문적의 처)와 함께 서문적을 찾아 연경으로 가던 도중 묵은 서하관(西河館)에서 발생한다. 동선의 침실을 덮친 호손달희가 그녀를 무기고로 끌고 오자, 동선은 치한에게 잡혔던 손이라 해 도끼로 자기 손목을 잘라 달희에게 던지고, 그 손바닥은 그의 이마에 붙어 떨어지질 않는다. 달희가 한 병졸에게 치료법을 묻자, 흐르는 냇물에 백일을 담그고 있어야 떼어낼 수 있다고 했는데, 이는 나중에 서문적을 구해내기 위해 운용한 복선이다. 동선은 그 잘린 부위를 별현단(鼈莧丹)을 써서 간단히 치료하지만, 하필 손목이 잘려나간 채 연경으로 떠나는 것이다. 이것은 동선 일행이, 금군(金軍)에게 몰살당해 샘[泉]에 쌓인 연경 옥중 사람들의 시체더미를 돌면서 서문적을 찾아 헤매는 그 종결부에서 조응한다. 홀연히 한 손바닥이 시체더미로 파고들어 '어떤 시체'와 손을

---

118) "洞賓, 洞賓, 逢洞仙, 可謂三生好緣耳[矣]."

마주잡기에 동선이 단비(斷臂)를 내밀자 그 손바닥이 저절로 달라붙어 그녀는 잃었던 손을 되찾게 되며, 동시에 상처도 없이 되살아나는 '어떤 시체[서문적]'를 건져낸다. 복선은 때때로 작위성을 드러내기도 하지만, 이 경우 환상과 신비라는 소설의 무기를 더함으로써 그것이 정당하게 인식될 수 있음을 보여준다. 동시에 "우연성의 계기를 만들어 주거나 통속적 흥미를 돋우는"[119] 측면이 두드러진다는 점에서, 국문 통속소설에 특히 근접해 있는 경우라고 할 것이다.

〈왕경룡전〉에는 편지를 활용한 과장된 수법의 복선 하나가 배치돼 있다. 비단자락에 피로 쓴 옥단의 편지가 그것이다. 창모에게 쫓겨난 옥단은 마을 장사치 노파의 유인에 속아 조가(趙哥)네 집으로 잡혀가면서, 찢어낸 비단소맷자락에 단지로 편지를 써서 길가 나무에 걸어둔다. 이 편지는 옥단이 바라던 대로 어떤 나그네의 손을 통해 소흥 왕경룡에게로 전해진다. 물론 그 내용은 왕경룡 중심으로 바뀐 나중 상황에서 아주 길게 공개된다. 시가 아닌 편지를 활용한 것은 종류가 다르지 않지만, 농후한 허풍조의 분위기로 말미암아 잘 처리된 복선이 되지는 못했다. '위기 극복'을 위해 다소 조잡하게 느껴지는 뻔한 수법을 썼는데, 소설 독자에게는 퍽 익숙한 복선이라고 할 것이다.

17세기 전기소설에 운용된 '복선과 조응'은 대체로 이상과 같다. 도구 혹은 종류 면에서 시사(詩詞) · 편지 · 전고 · 속신(俗信) · 몽조 · 환상 등이 다양하게 활용된 것으로 드러난다. 기능별로 이르자면, 중심줄거리에 대한 암시, 구조적 모순에 대비한 예시, 주인공의 미래 운명에 대한 암시, 사건의 돌출 내지 극적 전환을 대비한 암시, 문제 해결 내지 위기 극복을 위한 암시 등으로 파악된다. 후대의 국문소설에서 흔

---

[119] 장효현, 「고전소설의 현실성과 낭만성의 문제」, 『한국고전소설사연구』(고려대 출판부, 2002), 95면.

히 볼 수 있는 수법들과 거의 차이가 없는 차원으로 보아 마땅한 것들이다. 그리고 시나 묘사를 통해 분위기를 조장하고 전조를 드리우는 정도는 전대의 소설작품들에서도 종종 만날 수 있지만, 17세기 전기소설의 그토록 완비된 형태와는 비교가 되지 않는다. 아주 의도적으로 구사된 복선과 조응이 서로 정교하게 호응하는 식의 그런 구조는 전대 소설사에서 거의 찾아보기가 힘들다는 이야기이다. 따라서 이 서사기법은 17세기 전기소설에서 보편화되기 시작하는 가운데 국문소설의 그것에 버금가는 수준으로 발전하였고, 나아가 17세기 소설사의 도약에 크게 일조했던 것이다.

'복선과 조응'은 잘 정돈된 변화기복이 생명인 소설에서는 빼놓을 수 없는 서사기법이다. 전후 서사가 상호 모순 없이 인과적·계기적으로 진행될 수 있도록 기능함으로써, 원활한 흐름과 안정성을 보장하기 때문이다.[120] 서사는 무엇보다도 정교한 구성과 일맥상통한 흐름이 막중하다는 점에서, 복선과 조응에 높은 가치를 부여할 수 있다. 나아가 합리적이고 개연성 있는 사건 전개는 물론이고 주제의 진실감까지 높일 수 있는 게 복선의 위력이다. 더욱이 독자로 하여금 소설 읽기의 흥미와 몰입을 유도해 스토리 전체를 관장할 수 있도록 돕는다는 점에서, 실로 중대한 기능을 수행한다. 독서가 진행되는 과정에서 독자가 복선을 발견하고 확인하는 것은 그 자체가 하나의 재미를 경험하는 일이며,[121] 특히 상황 전환이 잦거나 장회로 나뉜 긴 분량의 소설일수록 복선의 도움을 받아 흥미를 유지하는 가운데 줄거리의 흐름을 관망할 수 있다. 〈수호전〉의 복선을 그토록 예리하게 캐낸 김성탄도, 장회소설의 길고 긴 서사가 그것에 의해 좌우된다는 사실을 발견한 독자에

---

120) 정우봉의 앞의 논문(138면)에서 복선의 이같은 기능적 측면을 적절히 지적했다.
121) 최기숙, 『17세기 장편소설 연구』(월인, 1999), 295면.

다름 아니다. 이를테면 복선은 소설이 통속으로 나아감에 있어서 필수적이고도 보편적인 핵심 문법 가운데 하나라는 말이다. 이 자리에서 고찰한 '복선과 조응'이라는 서사기법은 17세기 전기소설이 그 시기 소설사를 통속화 방향으로 틀고 있었음을 보여주는 명백한 전조라 할 것이다.

3) 전경화 전략

'전경화(前景化)' 전략이란, 서사화 대상[인물·사건]을 통해 독자의 주의를 환기시키고 동시에 주요 인물이나 중심 사건을 더욱 도드라지게 만드는 수법을 가리킨다.[122] 소설이 일정 정도의 분량을 갖추게 되면 대개는 갑자기 시작해 단박에 끝나는 게 아니라 천천히 기복을 그리면서 전개된다. 가장 흔한 수법으로는 중심 사건을 그리기에 앞서 부차적인 상황으로 전조를 드리움으로써, 주된 상황이 천천히 나타나는 바로 그런 경우들이다. 대개의 작가들은 인물이나 사건에 대해 경중과 주객의 차등을 두는 가운데 중요한 것은 갑자기 꺼내들지 않는다고 할 수 있다. 김성탄(金聖嘆)이 〈독오재자서법(讀五才子書法)〉에서 이른 '농인법(弄引法)'은 바로 〈수호전〉의 이같은 측면을 지적한 것으로 유명하다. 농인법은 한 마디로 '이차인주(以次引主)', 즉 부차적인 것을 통해 주된 것을 이끌어내는 기법이다. 갑작스러움으로 인한 부자

---

122) '前景化'란, 어떤 것을 가장 두드러지는 위치에 내놓음으로써, 우리에게 가장 뚜렷하게 知覺될 수 있도록 한다는 정도의 뜻을 갖고 있다. 본래는 형식주의 비평에서 널리 사용된 용어로, 전경화의 방법으로 '낯설게 하기' 혹은 '생소화'를 거론하기도 한다. 즉 독자의 지각 능력을 새롭게 할 수 있도록 무엇을 '낯설게' 함으로써, 전경화가 가능해진다는 것이다. 그러나 본 항에서 말하는 '전경화'는, 어떤 인물이나 사건을 통해 '경이' '신비감' '추리력' '호기심' 등을 일으키거나 '진실감'을 제고시켜, 소설 독서 과정에서 독자의 주의와 집중을 유도하고 동시에 주요 인물이나 중심 사건을 더욱 도드라지게 만드는 전략을 가리킨다.

연감을 줄이기 위해 서서히 유인·확대해 나아가는 수법으로, 줄거리의 인과관계나 구성의 짜임새를 보장한다는 점에서 초사회선법(草蛇灰線法, 복선)과 형제지간이기도 하다. 그런가 하면 이와 매우 흡사한 이른바 '뇌우법(雷雨法)[장우문뢰법(將雨聞雷法)]'이라는 것도 있는데,[123] 비가 쏟아지기 전에 먼저 천둥소리가 들리는 것처럼, 주요 인물이나 사건이 담긴 '정문(正文)'을 그리기에 앞서 부수적인 한문(閑文)을 하나의 '인문(引文)'으로 배치하는 수법을 가리킨다.

그런데 우리는 이 '농인법'이나 '뇌우법'이란 것이 무엇보다도 소설 독자로 하여금 경이와 호기심을 유발하고 이목을 집중케 하는 기능을 발휘할 수 있다는 측면에 주목할 필요가 있다. 게다가 그 부수적인 것이 주된 인물이나 사건을 더 도드라지게 할 게 자명하다는 사실도 중요하다. 중심인물이나 사건이 천천히 출현한다는 것 자체는, 서사의 어색함과 독서의 당혹감을 줄여주는 차원 이외에도, 주된 대상을 더 부각시키고 동시에 독서의 흡인력을 높이는 효과를 거둘 수 있다. 주요 인물이나 사건이 가장 두드러지질 수 있도록 적절한 상황에서 꺼내놓는 전략을 씀으로써, 독자로 하여금 그것을 뚜렷하게 지각(知覺)할 수 있도록 한다는 것이다. 가만히 노리고 있다가 적재적소에서 칼을 빼들어 주인공을 두드러지게 만들고 독자의 주의를 '환기(喚起)'시킨다는 점에서, 농인법이나 뇌우법은 일종의 전경화 전략인 셈이다.

〈주생전〉에서 '애정담'이 본격적으로 펼쳐지는 것은 진정한 여주인공 선화가 등장하면서부터다. 선화는 아주 서서히 등장하는데, "승상은 돌아가시고 부인 혼자 사시는데 미혼인 아들 하나와 딸 하나가 있죠."[124]라고 한 배도의 말에서 그녀에 대한 정보가 처음 나타난다. 주

---

123) 毛宗崗,〈讀三國志法〉, 丁錫根 編著, 앞의 자료집.
124) 桃曰, "此去里許有朱門面水者, 乃故丞相盧某宅也. 丞相已死, 夫人獨居, 只有一男

생과 배도 중심의 상황이 한창 전개되는 가운데, 둘이 노승상가에 대해 말을 주고받는 자리에서 참 여주인공의 존재가 새롭게 나타날 조짐을 보이는 것이다. "(…只有一男一女), 皆未婚嫁"를 강조한 문장 표현 자체에서도 작가가 의도적으로 그 전조를 드리우려 했음이 역력하다. 아래의 인용문들을 보자.

1 웃음소리 향풍에 실려 날아왔건만	香風吹送笑語聲
누각 안 사람은 꽃에 가려 보이질 않네	隔花不見樓中人
부러워라 쌍쌍이 노니는 꽃 사이 제비	却羨花間雙燕子
붉은 주렴 속을 맘대로 날아드네	任情飛入朱簾裏

2 열 네댓쯤 돼 보이는 소녀가 부인 옆에 앉아 있었다. 구름 같은 쪽진 머리 푸른빛이 흐르고, 비취 같은 얼굴엔 홍조를 띠었다. 빛나는 눈동자로 흘겨보는 모양은 가을햇살에 반짝이는 유수와 같았으며, 예쁜 미소는 새벽이슬을 머금은 봄꽃과도 같았다. 그 사이에 앉아 있는 배도는 봉황 속의 올빼미요 진주 속의 자갈과도 같았다.125)

3 "仙花는 자가 芳卿이고 나이는 겨우 열다섯이지요. 자태가 우아해 진세간 사람이 아닌 듯하죠. 게다가 사곡에 능하고 자수에도 뛰어나 천첩은 감히 바라볼 분이 아니랍니다."126)

4 제비새끼 지저귀고 꾀꼬리 소리도 그대론데	燕雛解語鶯聲老
한스럽다 청춘이 꿈속에서 시들어 감이	恨韶華夢裏都衰
비파 잡고 살며시 퉁겨 보나니	(却)把琵琶輕弄127)

一女, 皆未婚嫁. 日以歌舞爲事. 昨夜遣騎邀妾, 妾以郎君之故, 辭以疾也."
125) 有少女年可十四五, 坐于夫人之側, 雲鬟結緣[綠], 翠臉凝紅, 明眸斜睞, 若流波之映秋日, 巧笑生倩, 若春花之含曉露. 桃坐于其間, 不啻若鴉梟之於鳳凰, 砂礫之於珠璣也.
126) "仙花字芳卿, 年纔三五. 姿貌雅麗, 殆非塵世間人. 又工詞曲, 巧刺繡, 非賤妾所敢望也."

가락 속 원망을 누가 알아주리요   曲中幽怨誰知

　①은 배도의 뒤를 밟아 노승상가 앞에 이른 주생이 주위를 서성이며 읊조린 시이고, ②는 주생의 눈에 든 선화의 모습을 묘사한 대목이며, ③은 배도가 주생에게 알려준 말이다. 그리고 ④는 배도가 주생에게 들려준 선화의 〈풍입송(風入松)〉이란 사(詞)이다. 이 네 인용문은 작품에 등장하는 순서대로 든 것인데, 우선은 선화의 존재가 점점 가시화되고 있음을 읽을 수 있다. 그러나 선화가 행동하고 움직이는 인물로 등장하는 것은, 훗날 주생이 국영의 글선생으로 들어가고 난 다음의 상황에서이다. 지금은 바야흐로 주생과 배도 두 사람 중심에서 서사가 진행되고 있는 상황이다. 그럼에도 불구하고 선화는 주생과 배도의 관계 속으로 이미 상당히 깊이 들어와 있다. 정작 선화라는 여주인공은 출현하지도 않았는데, 주생은 이미 배도로부터 마음이 떠나 미래의 연인을 향해 움직이고 있음을 보여준다. 심지어 ①의 경우 주생은 아직 선화의 모습을 구경도 못한 상태에서 그녀에 대한 사랑의 감정이 담긴 시를 읊조리고 있는 것으로 나타난다. 선화에 대한 인적사항을 드러낼 때에도, 선화에게 이미 마음이 가 있는 주생이 배도에게 그녀에 대해 꼬치꼬치 묻자 배도가 ③과 같이 답하는 형태로 처리했다. 타인의 입을 통해 알려주는 방식을 취한 것이다. 그런가 하면 규방의 연정을 곡진하게 표현한 ④와 같은 시를 그것도 배도의 입을 통해 보여줌으로써, 성정에 목말라하는 미래 여주인공의 심리를 미리 드러냈다. 작자는 배도라는 인물의 입을 통해 혹은 주생의 눈과 심리상태를 통해, 작품 전반부에서부터 선화라는 여주인공의 존재를 점층적으로 그려 가는 수법을 썼던 것이다.

---

127) '却'은 북한본을 참조해 첨가한 것이다.

주생과 배도 중심에서 전개되는 그 전반부의 상황은, 이를테면 선화의 등장을 알리는 과정이자 중심 사건이 펼쳐지기 이전의 예비적 단계이기도 한 셈이다. 물론 배도는 분명 주역의 반열에 올라 있는 인물이다. 서술자의 시야가 배도가 사는 전당(錢塘)으로 이동하기에 앞서 잠시 주생과 나생(羅生)의 일을 삽입한 것만 보아도, 그녀 또한 등장부터가 퍽 예사롭지 않음을 읽을 수 있다. 그러나 〈주생전〉은 선화라는 진정한 여주인공이 나타나서야 서사의 중심으로 진입한다는 점에서, 배도가 보조인물로서의 역할까지도 맡았다는 사실을 간과할 수 없는 것이다.

이렇듯 알고 보면 〈주생전〉의 중심 서사인 주생과 선화의 애정담은 몹시 전략적으로 구상되었음이 드러난다. 그리하여 독자는 선화가 그렇게 천천히 가시화되고 있음을 보면서, 주생이 그녀를 사랑하고 있다는 사실과 선화도 이성에 대한 갈망이 강렬하다는 조짐을 이미 느낄 수 있다. 선화가 행동을 개시하고 중심 사건으로 확대되기에 앞서, 그 미래의 여주인공에 대한 독자의 경이와 호기심을 유도하고 동시에 중심 사건에 대한 기대 심리를 추동할 수 있게 했던 것이다. 나아가 둘의 만남이 지연되는 동안 독자는 미리 선화의 형상을 지각함으로써, 마침내 정면에 부상했을 때 낯익게 인지함은 물론이고 동시에 그녀의 존재와 그녀를 중심으로 한 사건이 작중에서 가장 도드라지는 효과를 올리는 것이다. 주생과 배도가 중심인 전반부 가운데에서 그렇게 차츰 독자를 환기시키는 과정은 실로 **빼어난** 전경화 전략에 따라 그려진 것이라 이를 만하다.

〈상사동기〉의 경우에도 여주인공 영영의 출현 과정을 대단히 수준 높게 그렸다. 우선 작품 서두에서 **뽑은** 아래의 인용문을 보자.

  미인은 어데 있소   何處玉人在

복사꽃 만발함에 억누를 길 없는 情이여　　　　桃花無限情

　　읊조리고 나서 취한 눈을 반쯤 뜨자 열여섯쯤 돼 보이는 한 미인이 보였다. 걸음걸이 사뿐거림에 먼지마저 일지 않았으며, 몸매가 가냘프고 자태는 아름다웠다. …처녀가 점점 멀리 감에 생 또한 함께 쫓아가 마지막 도착하는 곳까지 따라붙으니 곧 상사동 길가 몇 칸짜리 보잘것없는 집에서 멈추었다.128)

　기실 〈상사동기〉에서는 이렇듯 여주인공이 작품 초두부터 그 자태를 드러낸다. 술 한 잔 걸친 김생이 미인을 그리고 있음을 먼저 시로써 암시한 다음 곧바로 한 미소녀를 등장시켰다. 일견 갑작스럽고 어색함이 감도는데, 가만히 살펴보면 아직 소녀의 '이름'이 등장하지 않는다. 단지 '미인' 아니면 '처녀'[女]라고만 했다. 미인을 갈망하는 김생 앞에 마침 국색이 나타난 것으로 그렸으니 웬만한 독자라면 그녀가 바로 여주인공일 것이라는 생각에 미칠 터이지만, 분명 그것을 단박에 드러내지 않고 암시만을 주는 선에서 서술하고자 했다. 더욱이 그 미인이 이른 곳은 하필 누추한 달팽이집[蝸室]이라고 했다. 그토록 화사하고 아름다운 아가씨가 걸맞지 않게 골목 보잘것없는 집으로 들어갔다는 사실을 부각시킨 셈이다. 게다가 그녀를 졸졸 따라간 사람은 다름 아닌 장안 명문가의 수재이다. 그러니 미인의 정체로 인해 신비감이 일고, 동시에 명문가 자제와 여항 출신 소녀의 -사실은 그렇지 않지만- 대비를 통해 일종의 신기함이 유발된다고 할 수 있다. 이를테면 저 인용문은, 이 처녀가 아마도 여주인공일 것이라는 추측과 함께 두 남녀의 관계에 대한 경이와 호기심을 야기하는 단계라 하겠다.

---

128) 吟竟, 半擡醉眼, 則有一美人, 年纔二八. 蓮步輕移, 陌塵不起, 腰肢嫋嫋, 態度婷婷. …女行漸遠, 生亦相隨, 趁其所終到, 則相思洞路傍蝸室數間, 乃其所止也.

〈상사동기〉는 그 초반부터 독서에 대단한 추동력을 불어넣는 작품이라 할 터인데, 여주인공 영영이 그 정체를 드러내기까지는 상당한 뜸을 들이고 있음을 아래에서 볼 수 있다.

1 생이 홀로 생각해 보니 전에 봤던 아가씨가 진짜 이 노파 집 딸인지 아닌지 알 수가 없었다. 해서 근심걱정에 죽을 것만 같았다.[129]

2 노파가 듣곤 …한참을 곰곰이 생각하더니 퍼뜩 깨달아, "있습죠! 바로 죽은 내 언니의 딸인데 이름이 영영이고 자는 난향이랍니다."[130]

3 노파가 답하길, "걔는 회산군 댁 시녀예요. …나아리께서 어여삐 보아 첩실을 삼으시려 했었지요. …에그, 도련님을 위해서 한번 방도를 찾아 보곤 싶지만 참으로 어렵습니다, 어려워요!"[131]

4 잠시 후 창 밖에서 신발 끄는 소리가 나더니 점점 가까워지자 생이 화들짝 돌아보니 바로 영영 아씨였다.[132]

위의 인용문은 상사병에 빠진 김생이 막동의 계책에 따라 전객연(餞客宴) 작전을 쓰는 과정에서 가져온 것들이다. 우선은 여주인공이 저렇듯 신비감을 머금은 채 서서히, 그리고 몹시 우아하게 그 모습을 드러내고 있다는 점을 특징으로 꼽을 수 있다. 4 이전까지 영영은 김생과 막동 그리고 상사동 노파가 엮어내는 일련의 사건 뒤에 줄곧 숨어 있는 상태인데, 그녀는 그렇게 드러나지 않음으로써 보다 더한 동경과

---

129) 生自料前所見小娥, 不知實是嫗家女否. 悒悒懷悶, 如不能自存.
130) 嫗聞之…沈吟半餉, 釋然頓悟, "有之! 此乃亡兄之少女, 名英英, 字蘭香者也."
131) 嫗曰, "是乃檜山君宅侍女也.…進賜愛之憐之, 將以爲綵衣.…噫, 爲郞君更圖一會, 誠難矣, 難矣!"
132) 有頃, 窓外有曳履聲, 自遠而近, 生驚顧視之, 乃英少娘也.

신비감 그리고 호기심을 불러일으킨다. 특별히 그 미녀의 정체는 상사동 노파라는 보조인물의 입을 통해 밝혀지는데, 이는 여주인공에 대한 경이심을 유발케 하는 전형적인 수법이다. 게다가 노파의 입을 통해 하필이면 지체 높은 집안의 시녀 신분인데다 주인의 총애까지 받고 있다는 정보를 추가로 제공함으로써, 독자의 이목을 끌고자 했다. 그동안 김생과 미녀의 당위적 만남을 기대했던 독자에게 그와 같은 기대심리를 지속적으로 요청하고 있는 것이다. 여하튼 그 미녀는 저렇듯 남의 입에서 회자되는 동안 아주 자연스럽게 핵심 인물로 부각됨으로써, 중심사건으로 확대될 단계가 갖추어진다. 신발 끄는 소리를 내면서 출현한 ④ 이후에야 영영은 행동하고 움직이는 여주인공의 모습을 구체적으로 보여준다.

〈최척전〉에서도 여주인공의 등장 과정을 전경화 수법으로 처리했다. 우선, 중심사건이 본격적으로 전개되는 지점은 여주인공 옥영이 정면에 출현해 최척과 혼사를 추진하는 상황부터라고 볼 수 있다. 이에 앞서 남주인공과 서신을 주고받은 지점까지 여주인공은 한동안 잠복한 상태에서 암시와 전조만을 드리운다. 작품 서두를 보면 최척이 정상사 집에서 공부할 때 한 소녀가 창문 아래에서 몰래 글 읽는 소리를 엿듣는 장면이 나온다. 나이가 열여섯쯤 돼 보이는 그 소녀는 구름 같은 머리에 꽃처럼 아름다운 얼굴이라고 했다. 그녀는 〈표유매(標有梅)〉, 즉 처녀가 짝을 찾는 마음을 노래한 시를 쪽지에 적어 창 틈으로 내밀기도 한다.[133] 단지 '소녀[丫鬟]'라고만 쓴 이 묘령의 처녀는 다름 아닌 여주인공 옥영인데, 그 사실은 춘생(春生)이라는 여종의 입을 통해 밝혀진다. 춘생은 화답시를 청해오라는 심부름을 받잡고 최척 앞에

---

133) 講學之時, 輒有丫鬟, 年纔二八, 雲鬟[髻]花顔者, 隱伏於窓底, 潛聽誦聲. 一日, 上舍因食入內, 陟獨坐詠詩, 忽於窓隙投一小紙, 取以視之, 乃書標有梅之末章也.

나타나 옥영에 대한 정보를 자세히 일러준다.134) 중심 서사를 그리기
에 앞서 보조인물과 부차적 사건을 서술해 점차 이끌고 확대해 가는
전략을 쓴 셈이다. '소저'의 정체를 서서히 드러내는 전략을 통해, 여
주인공의 존재를 자연스럽게 환기시키고 동시에 그녀의 이미지를 더
욱 돋보이게 만들었다고 할 수 있다.

〈왕경룡전〉에서는 왕경룡이 옥단과 결연을 맺기에 앞서, 조운(朝雲)
이라는 미기(美妓)와 표주박 파는 노파를 통해 여주인공의 화려한 등
장을 위한 전조를 드리웠다. 왕경룡이 조운의 미모에 넋이 나간 채 서
있자 표주박 파는 노파가 나타나 '옥단'이라는 이름의 더한 절색이 있
으니 한번 연분을 맺어보라고 청하는 장면이 그것이다. '조운'이라는
부차적 인물과의 대비도 그렇지만, 특히 노파의 입을 빌어 옥단은 '나
이가 열 넷'에 불과하고 '어려서 아직 팔리지 않았다'는 정보를 은근슬
쩍 흘림으로써, 앞으로 출현할 여주인공의 '귀함'을 애써 환기시키려
는 수법을 노출했다.135) 안절부절하며 기다리는 남주인공 앞으로 그
노파가 한 아환(丫鬟, 옥단)을 데리고 느릿느릿 걸어오는데, 광채를 뿜
어내는 선녀 같은 그 자태는 조운보다 백 배나 나아 실로 진세간에 둘
도 없는 국색이라고 했다.136) 게다가 그녀는 기생의 신분에 걸맞지 않
게 아주 부끄러워하는 행동까지 보이는데, 채 말도 붙이기 전에 얼른
자리에서 일어서는가 하면 노파가 자꾸 만류해도 끝내 앉아 있지 않았

---

134) "主家本在京城崇禮門外青坡里, 主父景新早沒, 寡母沈氏獨與一女居焉. 其處子名玉
英, 投詩要和者是耳. 上年避亂泛舟于江華, 來泊于羅州地會津, 至秋會津轉到于此…."
135) 嫗謝其賜而笑曰, "彼以悅人爲業, 招之則來. 但公子之欲見, 彼娥者若以美貌之故,
則美於斯者亦存焉, 乃彼娥之少妹也. 其名玉檀, 年今十四, 姿色絶人, 討盡兩館, 無出
其右者, 但以年小, 時未售價, 若貽重貨, 必有好緣."
136) 龍恐爲嫗所賣, 將信將疑, 或坐或立, 苦待之際, 嫗携一丫鬟, 緩緩而來, 斂容入門,
光彩動人, 天姿仙態, 百勝朝雲, 眞世間所未有之國色也.

다고 썼다.137) 정식 연회에서도 선뜻 노래 한 곡조를 뽑는 조운과 달리, 짐짓 교태 짓고 수줍어하면서 고개를 떨군 채 못한다고 빼기만 하는 모양새로 나타난다.138) 이렇게 드디어 출현한 옥단은 남주인공 앞에서 "꽃 찾는 나그네에게 당부하나니(寄語尋芳客), 행여 화류계에는 견주지 마오(莫比花柳場)"라는 시를 읊어 자신의 '특별함'을 다시 한 번 환기시킴으로써 여주인공으로서의 자리를 굳힌다.

이렇듯 여주인공의 등장 과정을 전경화 전략으로 처리하기는 〈동선기〉도 마찬가지다. 우선 서문적이 양주와 서주에서 각각 설영과 경경이라는 두 기생을 만나 연달아 풍류를 즐기는 과정은 여주인공 동선의 화려한 등장을 예비하는 단계로서의 의미를 갖는다. 두 부차적 인물과의 일을 앞서 배치해, 그녀들과 대비되는 가장 나은 미래 여주인공의 출현을 도모했던 것이다. 항주에서 서문적이 동선의 처소를 처음 발견하는 대목에서도 전아한 문체의 묘사로 분위기를 한껏 조장해,139) 여주인공의 출현을 알림과 동시에 독자의 이목을 끌고자 했다. 또한 동선과의 결연이 이루어지기 전에 미리 주모의 입을 빌어 그 여주인공의 '특별함'을 강조하고자 했다. 즉 주모(主母)는 저 소저를 만나게 해 달라는 서문적의 청에, 자기 딸은 손님 대하기를 꺼리니 번거롭게 하지

---

137) 坐未接語, 旋自起身, 累爲嫗之挽執, 而竟不肯留, 盖羞彼被老嫗之詬, 而誤赴公子之召也.
138) 歌罷, 乃令玉檀繼和, 檀乍嬌乍恥, 低顔不應 其母及朝雲幷力勸之, 檀辭以未能.
139) 畢竟至一處, 叢竹成林, 芙蓉滿塘, 塘隅有小閣, 翠簾乘之, 簾內有理曲聲, 琅琅然聞于外, 其寥亮音, 乃是絶調, 側耳靜聽, 則如從竹裏出, 就竹候之, 則宛在荷花間, 又潛聽之, 餘韻裊裊, 浮在半空雲煙之中矣.(마침내 한 곳에 다다르자 우거진 대나무는 숲을 이루었고 연꽃은 못에 가득했으며 연못 모퉁이 작은 누각엔 비취색 발이 드리워져 있었다. 발 안에서 가락 소리가 낭랑히 밖으로 들려오는데 그 처량하고 맑은 소리는 실로 절창이었다. 귀를 기울여 조용히 들어보니 대숲에서 흘러나오는 듯했고, 대숲으로 들어가 살피면 완연히 연꽃 사이에서 나는 듯했다. 다시 숨을 죽이고 들어보니 여운이 간들간들 창공 구름 가운데 떠 있었다.)

말라고 답한다.140) 이는 보조인물 혹은 남의 입을 통해 주요 인물의 '유별남'을 경이적으로 환기시키려는 전형적인 수법이다. 기생 신분에 걸맞지 않게 동선이 남녀의 유별을 들어 남주인공과의 결연에 뜸을 들임도 물론인데, 이 또한 여주인공다운 면모를 두드러지게 하려는 수법에 따른 것이다.

4) 정보 제공 장치

17세기 전기소설은 단편 내지 중편의 분량임에도 불구하고 줄거리를 '이해하기 쉽게' 운용하려 한 흔적들이 종종 나타난다. 다시 말해 이야기가 진행되는 동안 서사의 정보를 흘리거나 독자의 이해를 도모하는 경향이 두드러진다는 것이다. 서술자를 내세우거나 인물을 통해 그렇게 하는 경우도 있고, 서술자의 의식이 침투된 인물의 언술에서 그것이 읽히기도 한다. 이때 17세기 전기소설에 와서 서술자의 역할이 현저히 증대되었다는 사실은 특기할 만하다. 때때로 서술자가 직간접적으로 개입해 독자에게 사건의 진행 상황을 알려주기도 하고 의문을 풀어주기도 하며 악인에 대한 정보를 미리 제공해주기도 한다. 혹시 모를 가상의 독자를 위해 굳이 주석을 곁들인다거나 애써 암시를 줌으로써, 서사 전체를 조망할 수 있도록 돕는 한편 독자의 이목을 끌고 독서에의 몰입을 도모하고자 했다.

우선 〈주생전〉과 〈위경천전〉에는 서사가 줄곧 남주인공 중심에서 진행되다가 잠시 여주인공의 정황을 알려주는 대목이 나타난다. 아래의 두 인용문을 보자.

---

140) 主母曰, "吾女不善接賓, 請勿煩之."

선화는 주생과 이별하고부터 병상에서 지루한 나날을 보내니 아리따운 얼굴이 초췌하게 되었다. … 돌연 노씨 집안의 편지를 받곤 온가족이 놀랍고 기뻤다. 선화도 겨우 일어나 머리 빗고 세수를 하니 마치 예전과 같은 모습이었다.141) -〈주생전〉에서

"아씨께서는 도련님과 이별하고부터 매일 정원에서 기다리셨습니다. … 상공께서는 그 사정을 모르고 계시다가 하루는 아씨가 잠드신 틈을 타 비단 상자를 뒤져 相思의 글 편을 얻게 되었지요. … 상공께서 즉시 소인으로 하여금 달려가 통혼하라고 명하셨기에 감히 이곳에 이른 것입니다."142) -〈위경천전〉에서

〈주생전〉에서 주생이 선화와 이별한 뒤 다시 연락이 닿게 되는 것은 호주 장씨 노인이 전당에 서신을 보내 혼사를 추진함으로 인해서다. 저 인용문은 서술자가 전지적 시점으로 선화 측 소식을 설명한 것으로, 주생이 전당을 떠난 뒤 그동안 숨어 있던 선화는 저렇게 해서 잠시 다시 나타나게 된다. 이때 서술자가 문득 시선을 선화 쪽으로 돌린 것은 일단 여주인공의 그간의 행방을 독자에게 알려줄 필요가 있었기 때문이다. 주생과 선화가 이별한 뒤 줄곧 주생 중심에서만 서사가 전개되고 선화는 이미 숨은 지 오래인 터라, 그 사이 여주인공의 정황에 대한 독자의 의문에 답할 필요가 있었던 셈이다.

그런가 하면 〈위경천전〉의 경우에는 소숙방 집에서 먼저 혼사를 청해오는데, 저 인용문은 소상국이 보낸 '심부름꾼[使者]'이 위생 집에 당도해 그간의 소숙방에 대한 안부와 통혼을 해오게 된 계기를 설명한

---

141) 仙花自別生後, 支離在床, 綠憔紅悴. … 忽得盧家書, 滿家驚喜. 仙花亦强起梳洗, 有若平昔.
142) "娘子自別阿郎之後, 每待芳園中.…相公莫曉其意, 一日, 乘娘子之入睡, 括其錦箱, 得相思字數篇. … 相公卿[卽]令老僕, 馳通婚娶之命, 故敢來于此耳."

대목이다. 저 또한 여주인공 소숙방의 소식을 독자에게 알려주고, 돌연 통혼을 해오게 된 배경에 대한 독자의 궁금증을 풀어주기 위한 전략이다. 이때 저간의 사정을 굳이 장황하게 이야기하고 있는 저 심부름꾼의 말에는, 서술자의 자취가 교묘히 침투해 있다. "사자재배서왈(使者再拜敍曰)"로 시작되는 저 말은 원문으로 무려 124자나 되는데, 단지 심부름꾼이라는 단역인물의 입만 빌었을 뿐 사실은 서술자의 말이나 다름이 없다. 서술자는 자신이 직접 나서지 않고 대신 심부름꾼이라는 단역 인물의 입을 빌어 지나간 사건의 정보를 제공한 것이다. 이로써 여주인공 측 사정에 대한 독자의 이해를 돕고자 했다.

〈왕경룡전〉의 경우 서술자가 개입해 독자에게 서사 정보를 제공해주거나 예상되는 의문에 답해주는 사례가 유달리 자주 나타난다. 우선 두 예문을 들어본다.

①"…그들은 먼저 재물을 몰래 다른 곳에 날라다 놓은 다음 돌아왔고, 또 공자를 중도에 공연히 돌려보내 따라잡지 못하게 했으니 그건 속임수를 쓴 게죠. 공자께선 어찌 몰랐단 말이오!"143)

② 이 관리는 바로 왕각로의 옛 서리이다. 성은 韓이요 이름은 鷗으로, 지금 漕運郎中으로 뽑혀 이 府에 와서 살고 있는 자였다.144)

③ 이 종의 이름은 蘭香으로, 역시 자색을 지녔으나 성품이 남과 즐기는 것을 좋아하지 않아 혹 친압하려는 자가 있어도 응하는 일이 드물었다. 단지 옥단을 모신 채 그 곁을 떠나지 않았으니 옥단이 양가집[옥단의 본가]에서 데리고 온 사람이다.145)

---

143) "…渠先時, 暗偸輸財寶於他地, 隨而歸之, 又令公子中道空返, 不得跟尋, 其計譎矣. 公子何不悟歟!"
144) 此官者, 乃王閣老舊時胥吏也. 姓韓名鷗, 今擢爲漕運郎中, 來處於此府者.

①은 창모 일당에게 속아 갈대숲에서 홀로 돌려보내진 왕경룡에게 '이웃사람[隣人]'이 들여준 말로, 그들이 전에 어떻게 모의했던가를 알려준다. 창모 일당이 왕경룡의 재물을 언제 어떻게 빼돌렸는지는 이전 서사에 나타나지 않은데, 저 말을 통해 그 지난 일의 내막이 밝혀지는 것이다. '이웃사람'의 말로 인해 남주인공은 비로소 자기가 속았다는 사실을 알지만, 동시에 저것은 독자에게 그간의 정황을 설명해 주기 위한 전략이기도 하다. 게다가 설정은 인물과 인물의 대화로 돼 있어도, 기실 저기에는 서술자의 목소리가 아주 농후하게 침투해 있다. 일단 왕경룡이 그 속은 사실을 알아야 하는 시점이므로 '이웃사람'이라는 단역 인물을 설정해 그 역할을 맡겼을 터인데, 서술자가 여기에 교묘히 끼어들어 서사 정보를 제공함으로써 수용자의 이해를 도왔던 것이다.

②와 ③도 독자를 배려해서 한 서술자의 매우 의도적인 발화이다. 한언(韓鷗)이라는 보조인물은 왕경룡이 걸인 신세로 떠돌던 중 양주 관아 나례희 공연장에서 우연히 만나 신세를 진 사람이다. 그리고 난향(蘭香)은 옥단이 홀로 창모에게 시달리며 지낼 때 양식을 구걸해가면서 상전을 모신 종으로 나타난다. 서술자는 이 단역인물들이 '느닷없이' 나타나게 되자, 주인공과 예전부터 인연이 있었던 사람이라는 사실을 저와 같이 애써 설명해 주고 있다. 이름과 관직명까지 구체적으로 밝혀가면서 그 진실성을 제고하고자 했다. 독자가 어색하게 느낄 수 있거나 의문을 품음직한 문제를 서술자가 나서서 풀어줌으로써 원활한 이해를 돕고자 했던 것이다. 다음 인용문을 보자.

① 사람들은 옥단이 (趙哥와) 친압하려들지 않은 일을 몰랐으나 조가가

---

145) 此侍婢名蘭香, 亦有姿色, 性不喜與人交歡, 或有求押者, 罕有相應. 只侍玉檀, 不離其側, 盖檀自良家率來者.

때때로 그 친구들에게 말해 간혹 아는 자도 있었다.146)

② 경룡은 과거에 오른 뒤 각로의 명에 못 이겨 높은 집안 아무개 씨의 딸에게 장가들었으나, 옥단을 사랑하는 맘으로 인해 한 번도 동침하지 않은 채 마치 남처럼 끊고 지냈다.147)

두 예문은 서술자가 주인공과 수용자를 의식해 '괜한 염려'를 하고 있음을 보여주는 경우이다. 여주인공 옥단은 창모의 계략에 속아 조상인에게 팔려간 뒤 거짓으로 절개를 버린 것처럼 행동하는데, 이에 서술자는 그녀가 정절을 끝까지 지켰다는 사실을 애써 강조할 필요가 있었다. 독자가 혹시 옥단이 진짜 훼절한 것으로 오해할까를 염려해 그렇지 않다는 사실을 ①과 같이 굳이 상기시켜주고 있는 것이다. ② 도 마찬가지다. 왕경룡이 소흥으로 돌아간 이후 한동안 옥단 중심에서 서사가 전개되는데, 남주인공이 여주인공과 떨어져 지내는 동안에도 오로지 그녀만을 사랑하고 있었다는 사실을 독자에게 강조할 필요가 있어 굳이 저와 같은 말을 들려준 것이다. 두 인용문 다 서술자가 주인공의 편에 서서 주인공을 응원하면서 서술자·주인공·독자의 정서적 합일을 요구하고 있음을 보여준다.

〈동선기〉는 인물의 대화가 차지하는 비중이 유달리 높은데, 그러다 보니 서술자의 시각이 인물 발화 속에 침투해 있는 경우가 종종 나타난다. 그 가운데 특별히 주목되는 것은 〈왕경룡전〉의 저것과 마찬가지로 독자를 염두해 주인공의 성격을 애써 환기시키는 경우이다. 그것은 서문적이 죽었다고 알려진 시점에서 나타나는데, 그 거짓 정보를 흘린

---

146) 人不知檀不肯相押, 而趙時語(其)親故, 或有知者.
147) 慶龍登科之後, 迫於閣老之命, 聘冠蓋族某氏女爲妻, 而以念檀之故, 一不曾同寢, 截若他人焉.

안기가 주모에게 뇌물을 주어 동선의 마음을 돌리려 하자, 주모는 용문(龍門)의 돌, 옥정(玉井)의 물, 형양(荊楊)의 금, 오촉(吳蜀)의 비단, 장양·진평의 계책, 소진·장의의 말솜씨 등과 같은 각종 전고를 동원해 그 불가함을 역설한다.148) 물론 이는 서문적이 죽은 것으로 알고 있는 동선이지만 행여 악인의 꾀에 흔들리지 않는다는 사실을 독자에게 애써 상기시키려는 수법이다. 남주인공이 죽었다고 알려진 하나의 전환적 지점이기에, 그럼에도 여주인공은 결코 절개를 꺾지 않을 것이란 사실을 독자에게 확인시킬 필요가 있었다. 기생집 주인어미라는 신분에 걸맞지 않게 의도적으로 전고가 잔뜩 담긴 언술을 통해 그 진실감을 제고하고자 했다. 서술자가 보조인물의 발화에 교묘히 끼어들어 일장 훈계를 펼침으로써, 여주인공의 굳건함을 독자에게 은연중 강조했던 것이다. 마찬가지로 서술자와 독자의 정서적 소통의 가능성을 확연히 보여주는 예이다.

한편, 악인이 등장하는 작품의 경우 서술자가 주인공과 독자의 편에 서서 악인의 속셈을 미리 폭로해 주는 것을 볼 수 있다. 이는 독자가 그 정보를 인지해 주인공의 위기를 예감한 채 독서에 몰입할 수 있도록 도와주고, 나아가 주인공과의 정서적 합일을 유도한다. 우선 〈운영전〉에서 운영의 다음과 같은 말에는 특이 간악한 흉계를 꾸미고 있다는 사실이 미리 드러난다.

"특은 그 보물을 차지한 뒤 저와 진사를 산골로 유인한 다음 진사를 죽이고 저와 재물을 자기가 차지할 계략을 품고 있었죠. 하지만 진사는

---

148) 其母曰, "知女莫如母也, 吾女心曲, 吾已知之. 龍門之石, 可使轉也, 玉井之水, 可使汚也, 至於吾女心, 不可移也. 雖有荊楊之金·吳蜀之帛, 積如丘山, 不敢受也.(雖有良平之計·蘇張之舌, 何暇致而可圖也.)" 괄호 안의 문장은 국립중앙도서관본을 참조해 첨가한 것이다.

세상물정에 어두운 선비라 그것을 알지 못했습니다."149)

〈운영전〉은 '회고' 형식이라는 특수성으로 인해 운영과 김진사가 서술자의 역할까지도 대신 맡고 있는 소설인데, 위 예문의 경우 3인칭 전지적 시점의 서술자 담론으로 대체 가능한 대목 가운데 하나이다. 운영이 '특'이라는 타인의 속마음을 미리부터 꿰뚫어 읽고 있다는 점에서 그렇다. 저것은 철저히 독자를 겨냥한 말로, 특의 그와 같은 정체를 '서둘러' 탄로내고자 하는 의식이 앞선 나머지, 지금 주인공을 돕는 척 하고 있는 그가 장차 도리어 해를 끼칠 것이란 정보를 미리 이야기함으로써, 독자로 하여금 주인공의 편에 서서 함께 관주(觀注)하고 공감할 것을 요구한다. 〈운영전〉에서 서술자의 자취가 유달리 짙게 느껴지는 곳 중 하나로, 고전소설에서 흔히 악인형 인물에 대해서는 서술자가 먼저 반응을 보인다는 사실을 실감케 해준다.

〈왕경룡전〉이야말로 그것을 실감나게 보여주는데, 서술자는 아예 초반부터 "그 어미가 돈에 혹해 경룡을 집으로 맞아들였다.(其母利之, 要龍至家)"고 진술한다. 감정을 노출하면서까지 창모의 사악함을 서둘러 들통내고자 한 셈이다. 곧이어 왕경룡 앞에서 내뱉은 옥단의 탄식에서150) 창모의 인물됨이 구체적으로 드러난 이후에도, 서술자는 일이 터질 때마다 그녀의 못된 속내를 '들뜬' 구기(口氣)로 알려준다. 즉 "꾀를 부리기를(謀曰)", "속여서 말하기를(紿曰)", "서로 은밀히 짜기를 (相與密議曰)", "거짓으로 소리내 웃으며 말하기를(放聲佯笑曰)" 등과 같은 예가 그것이다. 한문소설에서는 무척 이례적으로 그냥 '曰'이라

---

149) 蓋特意, 得此重寶而後, 妾與進士, 引入山谷, 屠殺進士, 而妾與財寶, 自占之計, 而進士迂儒, 不可知也.
150) "…此家娼母, 察我才貌, 取爲子, 正爲今日取直之利耳. 故使妾得至于此.…"

고 하지 않고 전지적 시점을 투시함으로써, 수용자로 하여금 창모가 현재 나쁜 짓을 꾸미고 있다는 사실을 훤히 알도록 했다. 그런가 하면 창모가 옥단을 미워해 "항상 죽이려고 했다(常欲殺之)"고 폭로하기도 하고, 그 반대로 옥단은 양식이 없어도 끼니를 "창모에게는 일절 기대지 않았다(不籍娼母)"고 진술하기도 했다. 창모를 미워하고 옥단을 응원하는 가운데, 그러한 정보를 독자에게 알리고 동시에 동조를 구하려는 '선정적' 심리 상태를 드러낸 것이다.

〈동선기〉에서는 서술자가 악인의 독백을 흉내 내는 수법으로 그 심리 상태를 들통 낸다. 동선에 탐욕을 품은 안기는 그녀의 마음을 돌리기 위해 서문적이 죽었다고 흉계를 꾸미기에 이르는데, 서술자는 그것을 이렇게 밝혔다.

> 안기는 아직도 동선에 대한 미련을 버리지 못해 마침내 꾀를 짜, "(내 요구를) 듣지 않는 것은 단지 서문생이 죽지 않았기 때문이야. 만일 그가 이미 죽었다는 소식을 들으면 아마 그 마음을 바꾸겠지."라고 지껄였다.[151]

이렇듯 서술자는 안기를 미워하는 시각을 노출한 채 그의 혼잣말을 끌어들여 독자에게 그 악인에 대한 정보를 은밀히 흘린다. 결국 주인공만 그것을 감쪽같이 모른 채 서사가 진행됨으로써, 독자로 하여금 이를테면 서술자에 동조해 적대자를 미워하도록 유도하고 동시에 수난 받는 주인공 편에서의 정서적 공감을 요구한다. 악인의 형상이 더 악하게 굳어지고 선인이 더 선하게 됨은 물론이다. 그리고 서술자가 저와 같이 비밀을 폭로하고 감정을 노출한 데에는, 가상 구연 상황에

---

151) 安琦尙不釋洞仙之思, 乃設計曰, "所以不聽者, 徒以西門生不死之故. 假令聞其旣死, 則庶幾變其志也."

서의 청자에 대한 들려주기식 수사가 작용하고 있다는 사실도 기억해 두자. 〈왕경룡전〉은 말할 나위도 없다.

　이상으로 17세기 전기소설에 운용된 이른바 정보제공장치에 관해 살펴보았다. 이같은 서사기법은 17세기에 들어 일단 전기소설의 분량이 현저히 길어짐에 따라 점차 널리 활용되기 시작했던 것으로 보인다. 그리고 이 서사기법이 다름 아닌 구연문학적 수사의 일종이라는 사실은 무엇보다도 중요하다. 전기소설이라는 기록문학양식에 명백한 설화적 구연양식이 정교하게 결합해 있다는 이야기이다. 이는 17세기 전기소설이 독자와의 거리를 얼마나 부단히 좁히고 있었던가를 잘 보여준다. 사실 17세기에 출현한 한문소설에 구연양식의 수사가 침투해 있다는 설명은 아직 우리에게 퍽 낯설게 느껴질 수도 있다. 그러나 소설은 기본적으로 가상의 독자를 겨냥한 '이야기'란 점에서 구연양식의 전통은 한문소설에도 얼마든지 수용될 수 있는 것이다.

4. 문체와 언어의 경우

　17세기 전기소설은 일단 고전소설사의 전환기에 지어진 것들이란 점에서, 그 서술문체나 언어적 특질은 매우 중요한 연구 영역이다. 그럼에도 불구하고 그동안 이에 대한 문제의식 자체가 드물었던 이유는 아마도 '한문(소설)'을 다 같은 '한문(소설)'으로만 보아온 인식 때문일 것이다. 우선은 한문소설을 변별적으로 읽어보려는 전환적 시도가 절실하다. 그리고 그동안 학계에서는 전기소설의 문체를 가리켜 '미려하고 전아한' 문언체임을 곧잘 지적해 왔다. 그러나 이 점 이외에는 전기소설의 문체적 특질에 대해 더 이상 드러난 게 사실상 없다. 게다가 '한문'으로 써진 문장이라면 종종 미려하고 전아한 문체를 기본적으로 띠므로, 그를 가리켜 전기소설만의 문체적 특질이라고 말하기도 어렵다.

17세기 전기소설은 그 문체나 언어적 측면에서도 전대 전기소설의 그것과 현격한 차이를 보인다. 일단 이 시기에 출현한 대다수 작품들은 비교적 '평이한' 문언체로 쓰여졌다. 중국식으로 설명하자면 전반적으로 '반백반문(半白半文)'의 성향을 드러낸다. 물론 이후의 한문소설 대다수가 그러하므로, 17세기 이후의 한문소설은 기본적으로 '통속적' 문언체로 기울었다고 보아야 한다. 한문소설은 비록 대량의 구어체를 뒤섞어가며 서술하는 국문소설에 비해 언어 표현상의 제약이 훨씬 심하지만, 문언문으로 서술되었다고 해서 순수하게 문어체이지만은 않다는 것이다. 이는 무엇보다도 한문소설이 갈수록 구술문학의 양식을 흡수하거나 모방하기도 하고 민간의 평이한 언어들을 대거 수용하기도 했기 때문이다. 여기서는 가급적 많은 예문을 드는 가운데 17세기 전기소설의 언어적 실상을 폭넓게 조망해 보도록 하겠다.

1) 장식과 구술성 언어

서사를 구성하는 세부 장식들은 흔히 '격식'에 기반해 있으므로, 그것들조차 서로 판이하게 다른 것만은 아니다. 여기서의 '장식'이라는 말에도 '격식' 혹은 '도식성'의 의미가 내포돼 있다. 물론 통속서사물과 상통할 수 있는 장식을 이름이다. 17세기 전기소설의 문장을 면밀히 살펴보면 우선 남주인공들에 대한 서두의 '소개'가 전대 작품들에 비해 훨씬 상세하다는 사실을 알 수 있다. 흥미로운 것은 그중 일부 작품의 경우 격식화된 구술성 언어 표현이 두드러진다는 점이다. 〈위경천전〉과 〈상사동기〉에서 남주인공에 대해 소개한 부분을 들어본다.

① 大明萬曆間, 有韋生者, 金陵人. 名岳字敬天, 古唐賢韋應物之後也. 性質聰明, 才華羨秀, 年至十五而成文章. 詩韻效蘇州, 淸逸過之, 檀[擅]名當世, 人無依迹.(대명 만력 연간에 위생이라는 사람이 있었으니 금릉 사람이다. 이름은 악이요 자는 경천으로, 옛날 당나라 현인 위응물의 후예다. 타고난 바탕이 총명하고 재주가 빼어나 나이 열다섯에 문장을 이루었다. 시는 위응물을 본받았으나 맑고 특출남은 그를 능가해 명성이 당세에 떨치니 아무도 그에 견줄 만한 사람이 없었다.) -〈위경천전〉에서

② 弘治中, 有成均進士金生者, 忘其名. 爲人容貌粹美, 風度絶倫, 善屬文, 能笑語, 眞世間奇男子也, 鄕里以風流郞稱之. 年甫弱冠, 登進士第一科, 名動京華, 公卿大家, 願嫁愛女, 約不論財寶也.(홍치 연간에 성균관 진사 김생이라는 이가 있었으니 그 이름은 잊었다. 용모 수려하고 기풍이 출중했으며 글 잘하고 우스갯소리도 잘했으니 진실로 세간의 기남자요 향리에서는 풍류랑이라 일컬었다. 약관에 진사 일등에 올라 명성이 경화에 자자하니 공경대가에서 딸을 시집보내고자 해 약혼이라면 재물을 아끼지 않았다.) -〈상사동기〉에서

서술문체가 썩 평이함은 말할 나위도 없고, 전반적인 설명 방식이 후대 국문소설에서 흔히 볼 수 있는 상투적 인정서술과 거의 차이가 없다. 그 미감 또한 국문소설에서 느껴지는 그것들과 거의 동일해 보인다. 동시에 격식화된 서술의 기본 특징인 구술성 어투를 짙게 보여준다. "대명만력간(大明萬曆間)"이나 "홍치중(弘治中)"과 같은 '유명한' 시대를 들먹이는 가운데 역시 유명한 금릉(金陵[남경]) 출신이고 위응물(韋應物)의 후예라 하는가 하면, 성균관 진사라고 소개하기도 했다. "年至十五而成文章"이라든가 "年甫弱冠, 登進士第一科"는 물론이고 "청일과지(淸逸過之)" "천명당세(擅名當世)" "인무의적(人無依迹)" "명동경화(名動京華)" 등과 같은 표현들도 당시의 언어관습으로 보자면 문어체

적 표현이라기보다는 차라리 구어적·일상적 상투어나 다름없다. "풍도절륜(風度絶倫)"이나 "善屬文, 能笑語" 그리고 "진세간기남자(眞世間奇男子)"니 "풍류랑(風流郎)"이니 하는 표현들도 마찬가지다. 심지어 김생에 대해서는 이름을 대지 않고 단지 "망기명(忘其名)"이라고 했다. 서술자는 마치 이야기꾼이 청자에게 들려주듯 주인공이 그러그러한 인물이라는 점을 몹시 들뜬 어조로 이야기하고 있는 것이다.

그런가 하면 소설사가 통속화 방향으로 나아가면서 작가들 사이에는 주인공들이 결과적으로 어떻게 되었는지에 관해 의당 '마무리'해주는 전통이 형성되었던 것으로 보인다. 17세기 전기소설 작가들은 그것을 아래와 같은 '공식'으로 알려주고 있다.

① 陟與其妻, 上奉父與姑, 下育子與婦, 仍居府西門外舊屋. 偉慶倚紅桃同居陟家, 與之相終始焉. 自官狀聞, 朝家以陟特資正憲大夫, 其妻玉英封貞烈夫人. 後二年辛酉, 釋禪兄弟, 俱登武科, 而釋官至湖南兵馬節度使, 禪官至海南縣監. 是時, 陟夫妻俱存, 多受榮養, 可稀事夫!(최척은 그 처와 함께 위로는 부친과 장모를 모시고 아래로는 아들과 며느리를 기르면서 남원부 서문 밖 옛집에서 살았다. 진위경은 홍도에게 의지해 최척의 집에 같이 지내면서 서로 끝까지 더불어 살았다. 관청에서 장계를 올리니 조정에서는 최척에게 특별히 정헌대부를 내리고 그 처 옥영을 정렬부인에 봉했다. 두 해 뒤인 신유년에 몽석과 몽선 형제가 나란히 무과에 올랐고, 몽석은 벼슬이 호남병마절도사에 이르렀으며 몽선은 해남현감 벼슬을 지냈다. 당시 최척 부부도 함께 살아서 영화로운 부양을 다 받았으니 참 희한한 일이다!) -〈최척전〉에서

② 今景龍及妻卒, 丹猶在世.152) 妻之二子中一子, 及檀之三子中二子, 俱

---

152) "今景龍及妻卒, 丹猶在世."는 이른바 '신독재수택본'을 참조해 첨가한 것이다. 국립중앙도서관본에는 이 문장이 없다.

得文第, 歷踐淸顯, 檀之一子名某, 爲按察使, 萬曆己亥年間, 監東征役朝鮮, 妻之一子名某, 爲河東侯左布政, 檀之次子, 爲國子帥業. 末子未第者, 中武進, 方爲錦衣衛. 妻之次子未科者, 以勇力爲突擊將軍, 多有軍功, 上嘉之. 慶龍玉檀之大畧如斯耳.(지금 경룡과 본처는 죽고 옥단은 아직 살아 있다. 본처 소생 두 아들 중 하나와 옥단이 낳은 세 아들 중 둘은 함께 문과에 급제하여 청현직을 지냈으니, 옥단 소생의 한 아들 아무개는 안찰사가 되어 만력 기해 연간에 동쪽 조선에 監役으로 원정을 나왔고, 본처 소생 한 아들 아무개는 하동후 좌포정사가 되었으며, 옥단의 둘째 아들은 국자수업이 되었다. 등제하지 못한 (옥단의) 막내아들은 武進士에 합격해 바야흐로 錦衛 노릇을 하고 있고, 본처 소생으로 급제하지 못한 둘째 아들은 勇力으로 돌격장군이 되어 軍功을 많이 세움에 임금께서 기뻐하셨다. 경룡과 옥단의 대략은 이와 같다.) -〈왕경룡전〉에서

③ 二人常見, 其喜可掬, 生儵氣頓蘇, 數日乃起. 自此永謝功名, 竟不娶妻, 與英英相終云云.(그리하여 두 사람이 상면하게 되니 그 기쁨이야 이루 말할 수가 없었다. 앓아 누웠던 김생은 문득 기운이 솟아 수일만에 일어났다. 이후 영원히 공명을 버리고 끝까지 장가들지 않은 채 영영과 더불어 생을 마쳤다고 한다.) -〈상사동기〉에서153)

④ 洞仙曰, "吾聞桃竹山, 渺在滄海之中云, 豈非避世可藏處也?"上客從其言, 會一家, 約期一行, 隣人願從者百餘人. 至溟海, 水天一色, 一望無際, 望見翠嵐熹微, 高入天際而已. 忽有空小艇百餘隻, 從風而來, 其舟甚小, 僅容一人矣. 洞仙領率, 各乘一船, 其船隨風自行, 不日旣濟, 則乃是非船, 而皆爲竹葉也. 下陸入山, 天不高其地境, 周圍萬餘里, 中有千歲桃, 紅實堆積, 餐之可飽, 又有紅竹成密, 屋居極佳.(동선이 말하기를 "듣건대 桃竹山이 아득히 바다 가운데 있다고 하니 세상을 피해 숨을 만한 곳이 아니

---

153) 이본에 따라 다음 글귀가 덧붙어 있다. 「生與英英, 唱和詩文甚多, 積成卷軸, 而生無子孫, 不傳於世, 嗚呼惜哉!」(신독재수택본, 정경주본)

겠습니까?" 상객[서문적]이 그 말을 좇아 일가족을 모아 함께 떠나기로 기약하니 이웃 사람 백여 명이 따르기를 원했다. 바다에 이르자 물과 하늘이 한 빛깔이고 바라봄에 끝이 없었다. 멀리 비취색 山氣 희미함을 바라보며 높이 수평선까지 가고 또 갔다. 문득 빈 거룻배 백여 척이 바람을 타고 내려오는데 너무 작아 겨우 한 사람만 탈 수 있었다. 동선이 인솔해 각자 한 척씩에 올라타자 배가 바람 따라 저절로 미끄러졌다. 하루가 못되어 건너고 나자 그것은 배가 아니라 모두 댓잎이었다. 육지에 내려 산으로 들어서자 하늘은 지평선에 닿아 있고 둘레가 만여 리였다. 가운데 千桃나무 주위로 붉게 익은 열매가 지천으로 널려 배불리 먹을 수 있었다. 또 우거진 紅竹은 집 삼아 거주하기에 안성맞춤이었다.) -〈동선기〉에서

통속소설의 창 닫기 방식으로 이른바 해피엔딩이란 것이 보편적으로 자리잡았음은 누구나 다 아는 터다. 일단 저와 같은 결구는 통속소설의 그 도식적 해피엔딩에 몹시 근접해 있다는 점에서 응당 장식적 서술 단위로 볼 수 있다. 〈왕십붕기우기〉도 거의 동일한 격식을 취한 점으로 미루어,154) 저와 같은 '공식적' 결구는 이미 17세기 전기소설에서 퍽 널리 자리잡기 시작했음을 알 수 있다. 흥미를 끄는 것은, 마치 독자와 맞대면한 상태에서 이야기를 들려주듯 주인공들의 마지막 행적에 관해 기술해 놓았다는 점이다. 문장 전체에서 설화자의 구기(口氣)가 물씬 풍길 뿐만 아니라, 낱말 하나 하나에서도 평이하고 관념적이며 상투적인 통속미가 매우 짙게 감지된다. "여지상종시(與之相終始)" "영사공명(永謝功名)" "경불취처(竟不娶妻)" "자관장문(自官狀聞)" 등등과 같은 표현은 물론이고, "구등문과(俱登武科)" "구득문제(俱得文第)" "역천청현(歷踐淸顯)" 등과 같은 거침없는 표현도 통속소설에서 유감 없이 쓰일 법한 일상적 언어들이다. 또한 "수천일색, 일망무제(水

---

154) 王公又生男子, 皆捷壯元, 子孫詵詵, 門戶赫赫, 不稱其名, 只稱王壯元耳.

天一色, 一望無際)" "종풍이래(從風而來)" "수풍자행(隨風自行)" "불일기제(不日旣濟)" "천불고기지경(天不高其地境)" "주위만여리(周圍萬餘里)" 등등과 같은 표현도, 국문으로만 써 놓아도 알아챌 수 있는 것들이다.

한편 특별히 정헌대부(正憲大夫)를 가자했다느니 정렬부인(貞烈夫人)에 봉했다느니 벼슬이 병마절도사(兵馬節度使)에 올랐다느니 혹은 현감(縣監)을 지냈다느니 안찰사(按察使)를 역임했다느니 하는 말들은 물론이고, 좌포정(左布政)·돌격장군(突擊將軍)·국자수업(國子帥業)·무진사(武進士)·금위(錦衛) 등과 같은 벼슬 이름도 통속소설들에서 별 의미 없이 실로 거침없이 사용돼온 것들이다. "아무개(某)"가 어떠했고 '어찌 어찌 했다고 하더라(云云)' 등과 같은 구어체 언어도 마찬가지다. 이밖에 ④에서 천도복숭아가 지천으로 널려 있어 배불리 먹었다(中有千歲桃, 紅實堆積, 餐之可飽)느니 "우거진 홍죽(紅竹)은 집 삼아 거주하기에 안성맞춤이었다(有紅竹成密, 屋居極佳)"느니 하는 과장된 언어도, 일이 술술 풀리거나 이상적 분위기를 장식하는 데 있어서 상투적으로 쓰일 법한 것들이다.

서사가 한창 전개되는 가운데에서도 구술성 어투의 장식들과 종종 만날 수 있다. 아래의 예문들을 읽어보자.

[1] 歸報相國, 其家幸甚幸甚, 女聞其奇, 病忽勿藥而喜. 自此兩家通問不絶, 遂差穀日, 乃行東床之禮, 二人相得之樂, 雖能[張]碩之嫁蘭香, 裵航之遇女英, 未足踰也. 夫婦平居, 愛之敬之, 遠近親戚, 莫不禮之.([심부름꾼이] 돌아와 상국에게 아뢰니 그 집에서 심히 다행으로 여겼다. 여자가 그 돌연한 소식을 듣곤 약을 먹지 않고도 문득 병이 낫게 되었다. 이때부터 두 집안 사이에 연락이 끊이지 않더니 마침내 길일을 택해 동상지례를 행하였다. 두 사람이 서로를 얻은 즐거움은 장석이 난향에게 장가들고 배항이 여영을 만난 것보다 더했다. 부부는 평소 사랑하고 공경하였으며 원근 친

척들에게는 예를 다하지 않음이 없었다.) -〈위경천전〉에서

② 遂以仲冬初吉, 成婚於鄭進士家. 兩美會合, 其喜可知! 陟載妻與姑歸家, 僕隷歡悅, 上堂而親戚稱賀, 慶溢家中, 譽播四隣. 攝袘抱帨, 躬執井臼, 養舅事夫, 誠孝至極, 奉上御下, 情禮俱稱. 遠近聞之, 皆以爲梁鴻之妻・鮑宣之婦, 莫過於此也.(마침내 仲冬 초하룻날 정진사 댁에서 혼례를 올렸다. 두 가인이 회합하니 그 기쁨을 알 만하다! 최척이 처와 장모를 모시고 귀가하니 노복들이 환호하고 대청에 오르자 친척들이 축하해주어 경사가 온 집안에 넘치고 칭찬이 사방으로 퍼졌다. (옥영은) 소매를 걷어 부치고 치마를 싸매 올린 채 손수 물을 긷고 절구질을 하였으며, 시아버지를 모시고 남편을 섬길 때는 효와 정성을 다하고, 윗사람을 받들고 아랫사람을 부릴 때는 인정과 예의에 두루 걸맞았다. 원근에서 이를 듣고는 다들 양홍의 처와 포선의 아내도 이보다 낫지 않다고 여겼다.) -〈최척전〉에서

③ 陟娶妻之後, 所求如意, 家業稍饒, 而嘗患無子, 念及後嗣, 每以月朔, 夫妻致齋, 祈禱於萬福寺之佛前. 自甲午正月元日, 往禱之, 是夜, 丈六金佛現于玉英之夢曰, "我萬福寺之佛也, 嘉爾精誠, 錫以奇男, 生必有異." 當月懷孕, 及期而果生男子, 背上有赤痣, 如小兒掌, 遂名之曰夢釋.(최척은 장가를 든 후 구하는 바가 여의해 가업이 점점 넉넉해졌으나 일찍이 자식 없음이 근심이었다. 후사를 염려해 매월 초하루가 되면 부부가 재를 베풀고 만복사 불전에 기도를 올렸다. 갑오년 정월초하루에도 가서 기도를 올리는데 이날 밤 장육 금부처가 옥영의 꿈에 나타나, "나는 만복사 부처로다. 너희 정성이 가상해 기남아를 점지해주나니 태어나면 필시 다를 게로다!" 그 달로 아이를 배 기한이 차 과연 사내를 낳으니, 등 위에 어린애 손바닥만한 붉은 점이 있어 마침내 이름을 몽석이라 지었다.) -〈최척전〉에서

④ 遂拔劍正心, 端坐講讀, 或眩於目中, 乃揮刀而叱之曰, "汝勤業登第之戒別我(慇懃), 又以他日重逢之期寄我, 丁寧何今撓我如是耶!" 居數月, 厭疾

乃瘳. 龍力業三年, 得選解元, 又中會元, 終得壯元及第, 爲翰林修撰.(마침내 칼을 움켜쥐고 마음을 바로 한 채 단좌해 글을 읽었다. 혹 눈앞에 (옥단이) 아른거리면 이내 칼을 휘두르며, "네가 勤業登第之戒로 나와 이별하고 他日重逢之期를 나에게 기별해놓곤 정녕 어찌하여 지금 이렇듯 나를 흔드는가!"하고 꾸짖었다. 몇 달만에 상사병은 이내 나았다. 경룡은 학업에 힘쓴 지 3년 만에 해시[향시] 장원으로 뽑히고 또 회시에 장원으로 뽑더니 마침내 장원급제하여 한림수찬이 되었다.) -〈왕경룡전〉에서

⑤ 歲月荏苒, 光陰倏忽, 百憂叢裡, 三秋已過. 情隨事變, 念懷稍弛, 復事舊業. 沈潛乎經籍, 發奮乎文章, 以槐黃之期, 與國士鬪觜距於試場. 再進再捷, 擢千人爲壯元, 光耀一世, 人莫比肩.(세월은 여류하고 광음이 눈 깜짝할 사이에 백 가지 근심 속에서도 훌쩍 三秋가 지나게 되었다. 情도 일에 따라 변하여 (영영을 향한) 그리움이 점점 사라지게 되자 다시 옛일에 몰두하게 되었다. 책에 침잠하고 문장에 발분해 槐黃之期 때 나라 안 선비들과 실력을 겨루었다. 거듭 전진하고 승리해 천 명 중 장원으로 뽑히니 이름이 일세에 빛나 아무도 견줄 만한 사람이 없었다.) -〈상사동기〉에서

⑥ 然青鳥不來, 消息難傳, 白雁久絶, 音信莫寄. 斷絃不能復續, 破鏡難得重圓, 憂心悄悄, 輾轉何益! 形枯體鑠, 臥而成疾, 幾過數月.(허나 청조가 오지 않아 소식을 전하기 어려웠고 흰 기러기 끊긴 지 오랜지라 편지를 부칠 방도도 없었다. 끊어진 줄 다시 이을 수 없었고 깨진 거울 다시 붙일 수가 없었으니, 근심에 맥이 풀리고 전전반측한들 무슨 소용 있으리! 몸은 마르고 형체는 녹아 드러누워 병을 이룬지 거의 몇 개월이나 지나게 되었다.) -〈상사동기〉에서

위 인용문들은 앞서 든 것들과 마찬가지로 통속소설에서도 언제든 비슷한 형태로 재현될 수 있는 격식화된 서술 단위로 보아 마땅하다. 무엇보다도 설화적 어조와 구기(口氣)가 몹시 짙게 풍긴다는 사실인

데, 서술자를 내세워 마치 강설자가 청자를 향해 신바람이 나 고사를 들려주듯 인물의 정황이나 사건에 대해 서술해 놓았다. ③·④에서 금부처와 왕경룡이 한 말의 경우에도 서술자가 대신 전달하는 방식을 취했다. 또한 ④의 경우 그 자리에만 조자(助字)인 '乃'와 '又'가 거듭 나오고 있음을 볼 수 있는데, 특히 "或眩於目中, 乃揮刀而叱之" 중의 '乃'자와 "得選解元, 又中會元" 중의 '又'자로 인해 무척 생기발랄한 분위기를 자아낸다. 즉 왕경룡은 심중에 아른거리는 옥단을 '한동안' 멀뚱멀뚱 상상하다가 '퍼뜩' 정신을 차렸고, 향시 장원에 뽑히고 나서 '금방 또다시' 회시 장원을 맞췄다는 것이다. 요컨대 저들은 역력히 불특정 독자와의 가상적 대화 관계를 유지하고 있어, 고정적인 문어체 텍스트가 갖는 작가·작품·독자의 분리 현상이 현저히 감소된 상태임을 보여준다. 이에 작가는 엄연한 이야기꾼으로서의 정체를 숨길 수 없게 되었다.

그런데 마침 『금오신화』〈이생규장전〉에는 위에 든 인용문 ①·②·④·⑤와 비교해 보기에 썩 적합한 서술 한 대목이 눈에 띤다. 잠시 그것을 살펴보자.

於是, 擇吉日, 遂定婚禮, 而續其弦焉. 自同牢之後, 夫婦愛而敬之, 相待如賓, 雖鴻光鮑桓, 不足言其節義也. 生翌年, 捷高科, 登顯仕, 聲價聞于朝著.(이에 길일을 택해 마침내 혼례를 정하여 끊어진 현을 다시 이었다. 혼례를 올린 이후 부부가 사랑하고 공경하면서 서로 손님처럼 대하니, 비록 양홍·맹광 부부나 포선·환소군 같은 부부도 절의가 더 낫다고는 말할 수 없었다. 이생은 이듬해 장원급제를 따내 빛나는 벼슬에 오르니 명성이 조정에 드러났다.)

앞서, 〈이생규장전〉은 〈최고운전〉과 함께 17세기 이전 소설로서는 상당히 통속화된 작품이라고 했다. 위 예문은 바로 〈이생규장전〉의 통속적 측면을 엿볼 수 있는 대표적 서술 단위 가운데 하나인데, 이유는 저것이 격식화된 서술체에 몹시 근접해 있는 데다 언어 표현도 썩 평이하고 속화돼 있기 때문이다. 그럼에도 불구하고 서술자의 감정이 절제돼 있어 17세기 전기소설의 저것들에 비하면 설화적 구기(口氣)가 훨씬 덜하다. 언어 표현 양상을 한번 비교해 보자.

① 同牢 - 東床之禮(위경천전)
② 相待如賓 - 相得之樂(위경천전); 養舅事夫, 誠孝至極(최척전)
③ 雖鴻光鮑桓, 不足言其節義也. - 雖張碩之嫁蘭香, 裵航之遇女英, 未足踰也.(위경천전); 遠近聞之, 皆以爲梁鴻之妻·鮑宣之婦, 莫過於此也. (최척전)
④ 捷高科, 登顯仕, 聲價聞于朝著. - 力業三年, 得選解元, 又中會元, 終得壯元及第, 爲翰林修撰.(왕경룡전); 以槐黃之期, 與國士鬪觜距於試場, 再進再捷, 擢千人爲壯元, 光耀一世, 人莫比肩.(상사동기)

길게 설명할 필요도 없이 〈이생규장전〉은 압축적이고 17세기 전기소설은 풀어서 썼다. 낱말로 이른다면 '捷高科'와 '壯元及第'가 양자의 차이를 대변해 준다. 특별히 ③의 경우 〈최척전〉에서 든 문장 가운데 "遠近聞之, 皆以爲…"라는 표현이 주목된다. 서술자가 바로 간접화법을 쓴 것인데, 이로 인해 저 문장의 설화적 어투가 현격히 짙어질 수 있었다. 이렇듯 17세기 전기소설은 그 문장조직이 전반적으로 평이할 뿐 아니라 일상적 언어 표현들이 대거 유입되었음을 보여준다.

앞서 든 인용문들 내에서 관용성이 강하거나 상투적 구기(口氣)가 농후한 표현들을 대략 골라보면 다음과 같다.

  소구여의(所求如意) · 상환무자(嘗患無子) · 염급후사(念及後嗣) · 부처

치재(夫妻致齋)·발검정심(拔劒正心)·단좌강독(端坐講讀)·현어목중(眩於目中)·근업등제(勤業登第)·중봉지기(重逢之期)·역업삼년(力業三年)·득선해원(得選解元)·장원급제(壯元及第)·한림수찬(翰林修撰)·무약이희(勿藥而喜)·통문부절(通問不絶)·동상지례(東床之禮)·상득지락(相得之樂)·애지경지(愛之敬之)·원근친척(遠近親戚)·중동초길(仲冬初吉)·양미회합(兩美會合)·친척칭하(親戚稱賀)·경일가중(慶溢家中)·궁집정구(躬執井臼)·양구사부(養舅事夫)·성효지극(誠孝至極)·봉상어하(奉上御下)·정례구칭(情禮俱稱)·광음숙홀(光陰倏忽)·삼추이과(三秋已過)·부사구업(復事舊業)·침잠경적[沈潛乎經籍]·발분문장[發奮乎文章]·괴황지절[槐黃之期]·투취거[(與~)鬪觜距]·재진재첩(再進再捷)·탁발장원[擢~爲壯元]·광요일세(光耀一世)·인막비견(人莫比肩)·청조불래(靑鳥不來)·소식난전(消息難傳)·백안구절(白雁久絶)·음신막기(音信莫寄)·끊어진 현 다시 이을 수 없고[斷絃不能復續]·깨진 거울 다시 맞추기 어려워[破鏡難得重圓]·우심초초(憂心悄悄)·전전반측[輾轉]·와이성질(臥而成疾)

 사실 〈최척전〉·〈왕경룡전〉·〈상사동기〉의 경우 이러한 성질의 언어 표현들은 부지기수로 나타난다. 여기서도 주로 네 글자 표현 위주로 골랐을 뿐인데, 이들 대다수는 통속소설에서도 단골로 사용돼온 것들로 보아 무리가 없다. 상당수는 번역을 하지 않아도 알아볼 수 있는 언어이므로, 비록 문어체 문장 성분으로 쓰였지만 당시의 언어관습상 차라리 구술성의 차원에서 구사된 것들로 봄이 옳다. 후대의 국문소설에 걸핏하면 나타나는 문어체 표현들도 따지고 보면 이같은 부류와 별로 다르지 않다. 저와 같은 상태에서 글자를 약간 바꾸어 국문으로 표기한다든가 단순히 직역하는 식으로 쓰는 경우를 후대 국문소설에서 흔하게 만날 수 있다.

앞서 든 인용문 ①과 ②의 경우 위경천과 소숙방을 장석과 난향 그리고 배항과 여영에 비유하고, 옥영을 양홍의 처와 포선의 아내에 견주고 있음을 볼 수 있는데, 국문소설에서도 이같은 고사는 그냥 그대로 쓰는 게 일반적이다.155) 여하튼 국문소설이든 한문소설이든 저러한 표현들은 구술성 문체가 배어 나오도록 보조하는 역할을 할 수 있는 것이다. 17세기 전기소설이 얼마나 부지런히 일상 언어를 수용해 통속소설의 인자들을 품기 시작했으며, 얼마나 급속도로 국문소설과의 거리를 좁히고 있었는가를 알 수 있다.

2) 감정 분출

여기서 '감정 분출'이란 '눈물의 감상성'을 가리킨다. 국문통속소설을 읽다보면 과잉 정서, 즉 감상성을 노출한 서술과 종종 마주치는데, 눈물의 감상성은 그것을 대표한다. 사실 그와 같은 서사를 구사하는 것은 수용자로부터 정서적 공감을 유도하기 위한 전략이기도 하다는 점에서, 일종의 서사기법으로 다루어도 무방하다. 그런데 통속소설은 흔히 당장 눈앞에 펼쳐진 언어 표현을 통해 정서적 체험과 감흥을 한껏 고조시키려 한다는 사실이다. 경우에 따라서는 '느닷없이' 돌출하기도 하므로, 전후 서사를 조망할 필요도 없이 그냥 받아들일 수밖에 없도록 만들기도 한다. 주로 이성적 글읽기에 익숙한 우리가 그런 것들을 가리켜 과도하거나 작위적이라고 간주해 미학적 실망을 느끼기도 하는 이유는 이 때문이다. 이같은 특징을 중시해 이 글은 17세기

---

155) 〈최척전〉 국문본에서 해당 문장을 들어 본다. 「니쇼졔 모소 졍구를 보아 싀아비오와 자못 지아비 셩김애 각각 그 도리를 극진이ᄒᆞ니 사름이 다 뻐 니ᄅᆞ되 냥홍의 쳐와 포션의 부라도 능히 지나지 못ᄒᆞ리라 하더라.」(연세대본)

전기소설에서 감정 분출이 두드러지는 현상을 언어미학적 측면에서 접근하고자 한다.

전기적(傳奇的) 인간의 미적 특질의 하나로 '풍부한 내면성[감정]'을 지적한 연구 보고가 있었다.156) 물론 정확한 지적이다. 문제는 15·16세기 전기소설 주인공의 눈물과 17세기의 그것이 동일한가 하는 점이다. 아래에 예문 몇 개를 들어본다.

① 悲不自勝, 登于小樓, 抆淚長噓.([이생은] 슬픔을 이기지 못해 小樓에 올라 눈물을 훔치며 길게 탄식하였다.) -〈이생규장전〉에서

② 每歌一聲, 飮泣數下, 殆不成腔.([최 낭자는] 한 곡조씩 노래를 부를 때마다 몇 번이고 눈물을 삼키느라 거의 곡조를 이루지 못하였다.) -〈이생규장전〉에서

③ 歌竟, 坐中皆垂淚…蘇娘追出院外, 痛哭絶聲, 良久復穌, 觀者莫不憐之.([소숙방이] 노래를 마치자 좌중이 모두 눈물을 흘렸다. … 소낭자가 집밖까지 따라나와 통곡하며 기절했다가 한참 뒤 다시 깨어나니, 보는 사람들이 다 불쌍히 여겼다. -〈위경천전〉에서

④ 其兒奔遑入告, 擧家號擗, 哭聲喧天.(그 아이가 황급히 달려들어가 [위생이 죽어 돌아왔다는 말을] 고함에 온 가족이 가슴을 치며 울부짖으니 곡성이 하늘을 진동했다. -〈위경천전〉에서

⑤ 祖子孫三世, 手握抱頸, 痛哭失聲, 如醉如夢, 似非眞事也.([최척이 돌아오자] 할아버지부터 자손 3대가 손을 잡고 목을 껴안은 채 통곡 실성하니 술 취한 듯 꿈인 듯 진짜인지 믿기질 않았다.) -〈최척전〉에서

---

156) 박희병, 「전기적 인간의 미적 특질」, 『한국전기소설의 미학』(돌베개, 1997), 42~43면.

17세기 이전 전기소설 가운데 주인공의 감성이 가장 풍부하게 표출된 작품은 단연 〈이생규장전〉이다. 저들 예문은 언뜻 서로 비슷해 보이지만 사실은 차이가 크다. 핵심은 저들 언어 표현에 나타난 서술자의 태도인데, ①과 ②의 경우 서술자는 절제된 감정으로 단지 주인공이 슬퍼하고 있음을 객관적으로 전달하고 있을 뿐이다. 저 이생과 최낭자의 눈물은 말 그대로 비장미를 자아내기에 족한 것이다. 이에 비해 ③·④·⑤는 서술자가 나서서 슬픈 분위기를 애써 조장하고 있음이 역력하다. 표현 수법은 세 가지 정도이다. 하나는 과장법이고 다른 하나는 비유법이며 나머지 하나는 공조자를 끌어들여 분위기를 한껏 고조시키려는 강조 기법이다. "곡성이 하늘을 진동했다(哭聲喧天)"거나 통곡 실성해서 "술 취한 듯 꿈인 듯했다(如醉如夢)"고 말하는가 하면, "좌중이 모두 눈물을 흘렸다(坐中皆垂淚)"거나 "보는 사람들이 다 불쌍히 여겼다(觀者莫不憐之)"고 표현하기도 했다. 그런가 하면 "온 가족이 가슴을 치며 울부짖었다(擧家號擗)"거나 "3대가 손을 잡고 목을 껴안은 채(祖子孫三世, 手握抱頸)" 통곡했다고 표현하기도 했다.

서술자가 자의식을 추스르지 못해 한술 더 떠 거드는 것은 통속소설에서 널리 정착된 언어 표현 방식이다. 굳이 몇 개 예를 들면, '그 경상을 차마 못 볼너라' '눈물이 내가 되었더라' '눈물 아니 흘리는 이 없더라' '산천이 다 슬허하더라' 따위가 다 그런 것들이다. 17세기 전기소설은 그 언어 표현의 '감상성'이 통속소설의 그것에 버금가는 정도로 두드러진다는 것이다.[157] 다른 예문들을 살펴보면 물론 그것이 17세기

---

157) 때문에 15·16세기 전기소설 인물의 미적 특질로 '내면성'을 거론할 수는 있어도, 17세기 전기소설 대다수는 이미 그와 거리가 멀다. 더욱이 17세기 전기소설에서 주인공들이 눈물을 흘리는 것은 이미 도식적인 수준으로 변해 있어, 이 시기 전기소설의 인간형을 살피는 단서로는 적절치 못하다.

제3장 17세기 전기소설의 통속적 성향 183

전기소설에서 보편적으로 자리잡아 가고 있음을 확인할 수 있다.

① 卽與子婦哀號, 聲甚悽切, 涯滋恨入層波, 海若瑟縮, 山鬼嚬呻. 玉英登臨岸上, 將欲投海, 而子與婦共挽, 不得入水(곧 [옥영이] 자부와 더불어 애달피 우니 그 소리 심히 처절해, 바닷가로부터 한이 파도로 밀려들어 바다가 오그라드는 듯하였고 산귀신은 찡그리며 신음하였다. 옥영이 기슭에 올라 바다로 뛰어들려고 하자 아들과 며느리가 함께 말려 물에 빠질 수는 없었다.) -〈최척전〉에서

② 遂拊膺長痛, 哭聲甚悲, 四隣來覸, 如殘花帶雨, 落葉含露, 人莫不爲之流涕.(마침내 가슴을 치며 길게 통곡하니 그 곡소리 심히 슬펐다. 사방 이웃이 와서 보니 마치 시든 꽃이 빗물을 띠고 낙엽이 이슬을 머금은 듯해 눈물을 흘리지 않는 사람이 없었다.) -〈동선기〉에서

③ 却說, 玉檀自蘆林分散之後, 悲號哀泣, 以死守節. 還家之日, 卽上北樓, 想王郎寢食之處, 撫王郎服用之物, 輒自號哭, 久而彌切.…隣人來見者, 無不淚下, 游客經過者, 莫敢相問.(각설하고, 옥단은 갈대 숲에서 [경룡과] 헤어진 뒤 애달피 울면서 죽기로 절개를 지켰다. 집으로 돌아온 날 즉시 북루에 올라 왕랑이 침식하던 곳임을 떠올리고 왕랑이 입고 쓰던 물건들을 매만지면서 문득 통곡을 하다 한참 후에야 그쳤다. … 이웃사람들이 와서 보고는 눈물을 흘리지 않는 이가 없었으며 지나가는 유객도 감히 말을 걸지 못했다.) -〈왕경룡전〉에서

④ 其母擧杯餞送, 噎不能飮, 時餞客滿堂, 酒樂具張, 悲歌一曲, 玉淚交下, 出門作行, 四隣悲之.(동선의 어미 술잔을 들어 전송하니 목이 메어 마실 수가 없었다. 이때 집안 가득 전송객이 일제히 주악을 베풀며 슬픈 노래 한 곡조를 부르니 눈물이 하염없이 흘렀다. 문을 나서 길을 떠남에 온 이웃이 슬퍼했다.) -〈동선기〉에서

우선 인용문 1과 2의 경우 특히 과장과 비유가 돋보인다. 1에서는 옥영의 한 맺힌 절규가 파도 속으로 잠입해들어(恨入層波), 바다가 오그라드는 듯하였고(海若瑟縮) 산귀신도 찡그리며 신음했다(山鬼嚬呻)고 썼다. 바다에 투신해 죽으려 했다는 말을 덧붙이기도 했다. 이같은 과장되고 격정적인 표현은 전후 서사문맥이 어떠하든 감정 분출의 '즉흥성'과 '선정성'을 드러낸다. "將欲投海, 而(子與婦)共挽, 不得入水" 같은 표현만 하더라도 통속소설에서 흔히 접할 수 있는 매우 감각적이고 선정적인 언어 부류이다. 이같은 문장은 옥영의 저러한 즉흥적 돌출행동을 표현하기에 딱 어울리는 일종의 통속어인 것이다. 2에서는 가슴을 치며 통곡하는 동선이 마치 시든 꽃이 빗물을 띠고(殘花帶雨) 낙엽이 이슬을 머금은(落葉含露) 듯했다고 썼다. 하도 비통하게 곡한 나머지 축 늘어져 파김치가 되었다는 이야기이다. 사방 이웃이 와서 보니 그랬고 이에 눈물을 흘리지 않는 사람이 없었다고 했다. 멋진 비유를 섞고 이웃의 반응까지 끌어들여 독자로부터 동조와 공감을 얻어내려는 전형적인 강조 표현 기법이다.

그런가 하면 3과 4야 말로 서술자가 독자의 정서체험을 애써 강조하고 있는 경우이다. 3에서는 여주인공이 통곡함에 이웃사람들이 와서 보곤 다 눈물을 흘렸고 놀러온 객들(游客經過者)조차 감히 말을 걸지 못했다(莫敢相問)고 썼다. 심지어 4에서는 집안 가득 모인 객이 일제히 주악까지 베풀며 슬픈 노래 한 곡조로 전송을 해주었고 온 이웃도 슬퍼했다고 한다. 이같은 표현은 눈물의 감상성을 함께 체험해 보자는 서술자의 감각적 '선동' 심리를 드러낸다. 다음 예문을 보자.

1 洞仙聞之, 失聲痛哭曰, "蒼天, 蒼天, 寧有是理! 薄命餘生, 將何所望乎! 天地茫茫, 將安歸哉!" 遂絶(飮)食, 幾至莫保.(동선이 그 소식을 듣고는 실

성 통곡하며, "하늘이여, 하늘이여, 어찌 이럴 수가 있습니까! 박명한 남은 인생 장차 어떡하란 말입니까! 천지 아득하거늘 장차 어디로 돌아가란 말입니까!" 끝내 식음을 끊어 거의 죽을 지경에 이르렀다.) -〈동선기〉에서

② 仙見此, 不覺失聲仆地, 若無所措. 其母痛深, 十分扶護, 俄有聲息, 執其母手曰, "吾何以得此生乎! 生不得同會, 死可得從矣! 當共遊於地下!" 一場哀痛.(동선은 이를 보곤 자기도 모르게 실성해 땅에 엎어진 채 어찌할 바를 몰라했다. 그 어미 심히 슬퍼하며 온 힘을 다해 구호하자 잠시 후 정신을 차리면서 어미의 손을 잡곤, "나 사는 게 어째서 이렇습니까! 살아서 함께 하지 못하니 죽어선 함께 할 수 있겠구려! 마땅히 지하에서 함께 노닐겠소!" 하고는 한바탕 통곡하는 것이었다.) -〈동선기〉에서

위 예문은 앞서 살핀 것들과는 달리 서술자의 태도가 훨씬 객관적이다. 그럼에도 불구하고 수용자의 정서 체험을 애써 부추기려는 의도가 나타나기는 마찬가지인데, 이는 주인공이 감정을 실로 과잉 분출해 대성통곡하는 양태로 서술했기 때문이다. 주로 인물 발화를 통하기는 했어도, 언어 표현 자체에서 감상성을 직설적이고도 과하게 노출했다. 물론 서술자가 수용자에 대해 심리적 고양과 정황 공유를 꾀하고자 했기는 마찬가지다. 특별히 저 인용문들의 경우 눈물의 감상성을 드러내기에 아주 적절한 상투적인 표현들이 유달리 많이 쓰였는데,158) 이는 소설의 언어 표현과 미의식 양자의 불가분적 관계를 잘 보여주는 예라 할 것이다. 이어서 아래의 예문을 읽어보자.

英英展而欲覽, 淚滴濕字, 不能盡篇. … 于時, 曙燈晻翳, 東窓欲明, 英

---

158) "실성통곡(失聲痛哭)" "일장애통(一場哀痛)" "창천(蒼天), 창천(蒼天)" "박명여생(薄命餘生)" "천지망망(天地茫茫)" "실성부지(失聲仆地)" "십분부호(十分扶護)" "아유성식(俄有聲息)" "공유지하(共遊地下)" 등.

乃携生而出. 送于壞牆之外. 兩人相與嗚咽, 不能成泣, 慘於死別.(영영이 [김생의 시를] 펼쳐서 보려 하는데 눈물방울이 글자를 적셔 다 읽을 수가 없었다. … 이때 새벽 등불이 침침해지면서 동창이 밝아오자 영영은 이내 김생의 손을 이끌고 나와 무너진 담장 밖에서 전송하였다. 두 사람은 서로 울음이 북받치면서도 소리내 울지도 못하니, 죽어서 이별하는 것보다도 더 참혹하였다.) -〈상사동기〉에서

위 예문은 해학성이 전반적으로 넘치는 〈상사동기〉에서 언뜻 비장미가 감도는 김생과 영영의 이별 장면 가운데 일부를 가져온 것이다. 저기선 독특한 언어 표현 몇 개가 우선 주목된다. "눈물 방울이 글자를 적셨다(涙滴濕字)"거나 "새벽 등불이 침침해지면서(曙燈晻翳)" "동창이 밝아왔다(東窓欲明)"거나, 혹은 "서로 울음이 북받치면서도(相與嗚咽)" "소리내어 울지도 못했다(不能成泣)"거나 하는 표현들이 그것이다. 서술자는 이렇게 이별의 아쉬움에 눈물짓는 청춘남녀의 심경을 절절이 드러낸 데 이어 "죽어서 이별하는 것보다도 더 참혹했다(慘於死別)"는 말로 자의식을 표출함으로써 제법 비장감을 연출하고자 했다. 그런데 이같은 언어 표현은 진정 비장미를 고양시키지는 못하고 단지 '진지하게' 슬픈 분위기 정도에 머물 뿐이다. 이를테면 마치 신파극이나 순정 멜로드라마, 혹은 〈미워도 다시 한 번〉과 같은 부류를 연상케 한다는 것이다. 저 영영의 눈물방울이 적신 종이는 실로 눈물 젖은 손수건이라 이를 만하다. 서술자의 태도 또한, 자기도취를 드러내는 것까지는 아니더라도, 자못 연민과 동정을 선동하고 있음이 역력하다. 가령 '숭고함'이 곁들여져 진정한 비장미를 연출하고 있는 〈운영전〉에서는 이같은 눈물을 찾아보기 어렵다. 운영이나 김진사는 피눈물을 삼키며 단지 슬픔을 속으로 삭이기만 할 뿐인데, 그래서 우리 눈앞에 드러난 언어 표현은 고작 꾀꼬리 울음소리나 쌍쌍이 나는 제비들뿐이다. 물론

양자 모두에서 '감동적 슬픔'이라는 미적 체험을 기대할 수 있다는 점을 망각해서는 안 된다. 어떤 부녀자들이 〈운영전〉을 읽으며 눈물을 훔쳤다면 권전(權佺, 1583~1651) 같은 이는 〈상사동기〉의 저 이별 장면에서 감상에 젖어 시를 읊조렸다.159)

이상에서 살핀 감상적 언어 표현들은 17세기 전기소설의 세속적 감각과 선정성을 여실히 보여준다는 점에서 실로 관주(觀注)할 만한 측면이다. 고상하거나 절제되지도 귀족적이지도 않은 통속 취향의 언어일수록 수용자와의 거리는 좁아질 수 있는 것이다. 그런데 17세기 전기소설의 그와 같은 언어를 보면서 우리가 새삼 상기해야 할 것 한 가지가 있다. 다름 아닌 서술자의 '선동적' 태도 바로 그것이다. 예를 들어, "곡소리가 심히 슬펐다"거나 "눈물을 흘리지 않는 이가 없었다"거나 혹은 "죽어서 이별하는 것보다도 더 참혹했다"와 같은 표현에서 우리는 현장 상황의 환기를 꾀하는 듯한 서술자의 '호소'를 발견할 수 있었다. 사실 이는 수용자에게 은연중 대화를 요청한 것이며 미적 체험과 감정 이입을 유도한 것이기도 하다. 불특정 수용자를 약정하고 있다는 뜻인데, 따라서 여기에도 구연양식의 수사가 교묘히 침투해 있다고 보아 마땅하다. 작가가 구연양식의 전달 방식을 가상함으로써, 그와 같은 설화인의 어투를 체현한 흔적들이 나타나게 되었던 것이다. 일반적으로 문언체 한문소설은 구연양식을 모방했다는 흔적을 드러내지 않는 게 정상일 법하지만, 사실은 어떤 한문소설 작가도 구전문학의 속성을 완전히 떨쳐버리기는 어려운 것이다. 17세기 전기소설이야 말할 나위 없이 한문소설도 구술성의 지배에서 자유롭지 못하다는 점을 그렇듯 뚜렷이 보여준다.

---

159) 본서 제5장(각주 12번)에 든 시 참조.

3) 해학성

'해학성'은 눈물의 감상성만큼이나 우리에게 낯익은, 웃음의 미학이다. 그리고 고전통속소설의 해학성을 대표하는 유형으로는 19세기 무렵의 판소리계소설이나 세태소설을 꼽을 수 있다. 그러나 전기소설에서 해학성을 들먹이는 일은 아직 낯설게 느껴질 수도 있을 것이다. 그렇다면 그 실상은 어떠한지 이 자리에서 살펴보도록 하겠다. 물론 여기서 거론할 수 있는 작품은 제한적이다. 〈왕경룡전〉과 〈상사동기〉두 작품을 들 수 있을 뿐인데, 특히 〈상사동기〉를 중심으로 논의하게 될 것이다. 사실 〈상사동기〉는 그간의 오해와는 달리 고전소설사에서 괄목할 만한 작품으로 간주되므로, 과감히 많은 예문을 들어 보임으로써 그 자료적 실상이 온전히 부각될 수 있도록 하겠다. 필자는 〈상사동기〉의 문체적 특질이 밝혀질 경우 이 작품에 대한 연구사적 재평가도 응당 이루어질 수 있으리라 믿는다.[160]

그럼 먼저 〈왕경룡전〉에 나타난 해학적 표현들을 살펴보자.

> [1] 翌朝, 適有老翁過去, 聞草中有氣息激激之聲, 尋聲入來, 解其縛, 去其塞, 良久得甦. …卽解破衣而衣之曰, "此地飢荒, 餬口極難! 數十里許有閭閻, 乞食輩扣更點而受食於里人. 爾亦往赴, 庶可得活, 不然爾死矣!"(다음 날 아침 마침 한 노옹이 지나가다가 풀숲에서 헐떡거리는 소리를 듣고는 찾아 들어와 그 포박을 풀고 재갈을 벗겨주어 한참만에 깨어날 수 있었

---

[160] 앞서 든 신동흔의 논문「〈운영전〉에 대한 문학적 반론으로서의〈영영전〉」에서,〈상사동기〉의 진면목이 비로소 상당 부분 드러날 수 있었다.〈운영전〉을 겨냥한 반론까지는 아니더라도, "애정소설의 계보 쪽에서 볼 때〈춘향전〉하고 맥이 닿는 것이 아닐까 하는 억측도 해 본다"(239면)는 설명은 억측이 아니라고 본다. 그런가 하면〈상사동기〉가 笑話의 성격을 드러낸다거나〈배비장전〉과 같은 풍자류 소설과의 친연성이 엿보인다는 경청할 만한 지적도 있었다(정환국,「17세기 애정류 한문소설 연구」, 성균관대 박사학위논문, 2000, 150면).

다. …얼른 해진 옷을 입혀주면서, "여긴 흉년이 심해 입에 풀칠하기가 극히 어려워! 몇십 리쯤 가면 여염집들이 있는데 비렁뱅이들이 更點을 쳐 주고 고을사람들한테 먹을 걸 얻어먹지. 너도 그리로 가면 목숨을 부지할 수 있을 게야. 안 그러면 넌 죽어!")

② 慶龍見此綉書後, 審檀定在趙家, 慎其娼母姦謀, 亦知檀之冤懷, 尤用憂 慖, 將成心恙. 或讀書之際, 依俙見玉檀, 而狂叫其名. …遂拔劒正心, 端坐 講讀, 或眩於目中, 乃揮刀而叱之曰, "汝勤業登第之戒別我(慗慗), 又以他 日重逢之期寄我, 丁寧何今撓我如是耶!"(경룡은 수놓아진 글을 보고 나서 옥단이 趙哥 집에 잡혀 있음을 환히 알고는 그 창모의 간사한 꾀가 분통 했다. 거기다 옥단의 원통한 마음을 알고 나니 더욱 걱정되고 괴로워 마 음의 병을 이룰 지경이었다. 혹 책을 읽을 때에도 어슴푸레 옥단이 떠오 르면 그 이름을 미친 듯이 불러댔다. …마침내 칼을 움켜쥐고 마음을 바 로 한 채 단좌해 글을 읽었다. 혹 눈앞에 [옥단이] 아른거리면 이내 칼을 휘두르며, "네가 勤業登第之戒로 나와 이별하고 他日重逢之期를 나에게 기별해놓곤 정녕 어찌하여 지금 이렇듯 나를 흔드는가!" 하고 꾸짖었다.)

〈왕경룡전〉에서 간혹 보이는 해학성은 오로지 남주인공 왕경룡의 행위와 관련해서인데, 위에 든 두 예문은 그 가운데 가장 대표적인 장면이다. ①에서는 노옹의 말이 가장 볼 만하다. 지체 높은 집안의 귀공자 경룡은 지금 노인 앞에서 초라한 비렁뱅이일 뿐이다. 그가 누구이며 어쩌다 그렇게 되었는지 알 길이 없는 노옹은 거지 행색의 경룡더러 '여기선 입에 풀칠하기가 어렵다(餬口極難)'느니 걸식배(乞食輩)들한테 빌붙어 살면 목숨은 부지할 수 있다는 등의 말을 나름대로 자상하게 일러주고 있다. "안 그러면 넌 죽어!(不然爾死矣)"라는 말로 퍽 심각하게 걱정까지 해준다. 나중에 진짜 그렇게 함으로써 우부(愚夫)에 가까운 행동을 보이는 경룡이지만, 그와는 별도로 말이 아니게 구겨진 녀석의 우스꽝스런 현재의 행색이 노옹의 투박하면서도 사실은 좀 엉뚱한 말과 만나 아주 익살스런 분위기를 연출하는 것이다.

②는 철두철미한 전지적 시점으로 주인공의 분울한 속감정을 드러내려 한 것이 도리어 우스꽝스러움을 연출하고 만 경우이다. 경룡은 지금 무척 "분하게 여기는(憤)"데다 "걱정되고 괴로워(憂懣)" "마음의 병을 이룰 지경(將成心恚)"이어서, 책을 읽다 말고도 "어슴푸레 옥단이 보이면(依俙見玉檀)" "그 이름을 미친 듯이 불러댄다.(狂叫其名)" 심지어 "마음을 다잡는답시고 칼을 움켜쥔 채(拔劒正心)" "단좌해 글을 읽다가(端坐講讀)" 혹 옥단이 "눈에 아른거리면(眩於目中)" 칼을 휘두르면서 '그녀의 입장이 되어' 자기 스스로를 엄히 꾸짖고 있다. 역시 핵심은 "依俙見玉檀, 而狂叫其名"과 "拔劒正心…乃揮刀而叱之"라는 서술자 발언에 있다. 남주인공의 울분에 찬 모습과 심기일전하는 행동을 이를테면 과하고 선정적으로 표현함으로써, 도리어 웃기기만 할 뿐이라는 것이다. 게다가 경룡의 저 꾸짖는 말에는 '汝'자와 3번의 '我'자가 쓰였는데, '汝'는 그 자신을 '我'는 옥단을 가리킨다. 이렇게 가설적인 어법으로 '丁寧'코 그러지 말라며 스스로를 문책하는 경룡의 말은, 도리어 이로 말미암아 조금도 진지하게 들리지 않는다. 눈물의 감상성까지는 아니더라도 분명 심각한 분위기를 전하려 했던 것인데, 엉뚱한 언어 표현으로 인해 아주 우스꽝스럽고 약간은 희학적인 인물행동을 낳았다고 하겠다.

고도의 해학, 즉 품위 있는 익살스러움은 〈상사동기〉에서 넘치게 드러난다. 우선 김생과 상사동 노파의 대화에서 뽑은 아래의 두 예문을 보자.

①
此洞名云何?"(이 동네 이름이 뭡니까?)

曰, "相思洞也."(상사동입죠.)
曰, "吾爲洞名所祟耳."(내, 동네 이름 때문에 야단났소이다.)

②
嫗聞之…, "有之! 此乃亡兄之少女, 名英英, 字蘭香者也. 若然則誠難矣, 誠難矣!"
生曰, "何故?"
嫗曰, "是乃檜山君宅侍女也.…噫, 爲郎君更圖一會, 誠難矣, 難矣!"
生仰天太息曰, "已吾當死矣!"
嫗甚悶之…曰, "無已則有一焉…."
生喜曰: "果如嫗言, 人間之五月五日, 乃天上之七月七日也!"

노파가 듣곤…, "있습죠! 바로 죽은 내 언니의 딸인데 이름이 영영이고 자는 난향이랍니다. 만약 걔라면, 참 어렵습니다, 참 어려워요!" / 생 왈, "왜요?" / 노파 왈, "걔는 회산군 댁 시녀예요. …에그, 도련님을 위해서 한번 방도를 찾아보곤 싶지만 참으로 어렵습니다, 어려워요!" / 생이 앙천탄식 왈, "난 이제 죽었네!" / 노파가 심히 염려해 …왈, "정 그렇다면 묘안이 하나 있긴 하죠…." 생이 기뻐서 왈, "과연 할미 말씀대로 된다면 인간세상 5월 5일은 천상 7월 7일이네요!"

①에서는 '相思洞' 세 글자가 핵심이다. 김생은 동네 이름을 몰라서 물은 게 아니다. '相思洞'이라는 동네 이름이 자기가 지금 앓고 있는 '相思病'의 빌미[祟]가 되었다는 심각한 우스갯소리를 하고 있는 것이다. 웃음 유발을 겨냥한 일종의 유희언어인 셈이다. 게다가 대화 주체를 생략한 채 그냥 '曰'만을 씀으로써 실로 위트가 넘치는 문장임을 보여준다. ②의 경우 가장 재미난 표현은 오월단오와 칠월칠석을 대비한 저 김생의 말이다. 노파의 말을 받아 오월단오일 자기와 영영의 만남을 칠월칠석 견우와 직녀의 만남에 비유하고 있으니 실로 재치가 넘친

다. 이와 함께 노파의 걱정스런 반응이 생생히 반영된 "誠難矣, 難矣!"라든가 김생의 놀람과 다급함이 드러난 "何故?"와 같은 극히 짧은 물음, 그리고 "난 이제 죽었네!(已吾當死矣)"와 같은 익살스런 탄식 등도, 매우 해학적인 미감을 연출케 하는 언어 표현들이다. 다음 예문을 보자.

1

及期而往, 則嫗出而迎之甚喜. 生問無恙外, 不暇出一言, 祇曰, "事勢若何?"

기일에 미처 가니 노파가 나와서 몹시 반갑게 맞아주었다. 생은 無故하시냐고 묻는 것 외에는 한 마디 할 겨를도 없이 단지, "어찌 됐습니까?"

2

生將信將疑, 且喜且懼, 心莫能定, 而悄然憑几, 開戶而待之. 日將欹午, 了無形影, 胸煩腸熱. 凝坐成癡, 有若霜後蠅然也. 生(齅然)起立, 揮扇擊柱, 呼嫗而告之曰,

"望眼欲穿, 愁腸欲斷! 多少行人, 近而却非, 吾望絶矣!"

嫗慰之曰, "至誠感天, 郞且少安."

(…)

生拍手曰, "豈非天也!"

생은 반신반의하면서도 기쁘고 떨려 마음을 가라앉힐 수가 없었다. 초조하게 안석에 기댄 채 방문을 활짝 열어놓고서 기다렸다. 해가 정오로 기울어가도록 끝내 그림자도 없자 가슴이 답답해지고 창자가 탔다. 꼼짝달싹 않고 앉아 멍충이가 되니 꼭 서리맞은 파리 꼴이었다. 생은 벌떡 일어나 부채를 날려 기둥짝을 가격하면서 노파를 불러, "눈이 뚫어지고 창자가 끊어지려 하오! 얼마나[그렇게] 많은 행인들이 지나가도 죄다 아니니 내 소원은 끝장났소!" / 노파가 달래며, "지성이면 감천이니 도련님은 우선 조금만 참으세요." / (영영이 신발 끄는 소리를 내면서 등장) / 생은 박수를 치면서, "어찌 하늘의 뜻이 아닌가!"

마찬가지로 두 예문 다 상사동 노파네 집에서 일어난 일을 담고 있다. ①에서의 핵심은 "生問無恙外" 이하 글귀이다. 영영과의 만남을 고대해온 김생은 지금 약조한 오월단오날이 되어 숨가쁘게 달려온 터다. 노파에게 안부를 묻는 말 외에는[問無恙外] 숨돌릴 새도 없이 대뜸 "事勢若何?"라고 다그치듯 물었으니, 성질이 얼마나 급한지가 족히 나타난다. 저 문장에서는 김생의 성질이 몹시 다급하고 단순함이 느껴지기 때문에 우스운 것이다. 만일 "生問無恙外"를 '生曰, (媼)無恙耶'라고 썼다면 그 미감이 훨씬 달라졌을 것이다. ②는 영영을 기다리며 안절부절 못하는 김생의 행동을 무척 생동감 있고 익살스럽게 보여준다. 사실 표현 하나하나가 다 폭소를 자아내므로 굳이 설명이 필요치 않다. 차라리 그냥 지나치기 쉬운 표현 몇 개만 골라보면 "開戶而待之"가 우선 주목된다. 영영이 오나 안 오나 잘 보일 수 있도록 외짝문을 활짝 열어놓은 채 기다렸다는 것이니, 참으로 위트 있는 표현이라 이를 만하다. 노파의 말도 흥미롭다. 그토록 안달이 난 김생더러, 지성이면 감천이니 우선은 좀 참고 기다리라고 말하고 있질 않은가. 저 느릿느릿한 할미의 말투는 약이 오를 대로 오른 김생과 대조를 형성하는 순간 절로 웃음을 자아내는 것이다. 그런가 하면 김생이 박수를 쳤다는 표현도 세심한 주의가 필요하다. 그냥 '生曰'이라 하지 않고 "生拍手曰"이라고 썼는데, 이는 그토록 열이 오른 김생이 돌연 어린애처럼 좋아하고 있음을 절로 느끼게 함으로써 족히 웃음을 유발한다. 나머지 설명은 번역문으로 대신하기로 하고, 다음은 김생과 영영이 만난 자리에서 나눈 말들을 한번 살펴보자.

生謂英曰, "頃者, 自夫子廟來, 相見于弘化門前路. 三月初吉, 實惟其時, 記憶否?"

英答曰, "記馬不記人也."
生曰, "人不如馬耶?"
英曰, "見馬不見人也."
生曰, "汝豈徒不記人乎哉. 顔色之憔悴, 形容之枯稿, 不如曩者之相見者, 豈無所由然而然耶. 汝非我, 安知我之心哉!"
英笑曰, "子非妾, 安知妾之心乎?"
生移席狎坐, 以實告之曰, "爾咨蘭英, 汝豈無情人哉? … 徯我娘, 娘來其蘇矣!"
英英微啞不答.

생이 영영에게 묻길, "저번에 부자묘 쪽에서 오다가 홍화문 앞길에서 마주쳤었소. 삼월초하루가 바로 그때인데 기억나오?" / 영영 답왈, "말은 기억나되 사람은 기억나지 않습니다." / 생 왈, "사람이 말보다도 못하단 말이오?" / 영영 왈, "말은 보았으나 사람은 보지 못했습니다." / 생 왈 "네가 어찌 사람을[나를] 기억하지 못하는 것이겠느냐. 내 안색이 초췌하고 생김새가 마른 게 접때 마주쳤을 때보다 못하니 그게 어찌 아무 이유 없이 그렇겠느냐. 너는 내가 아니니 어찌 내 마음을 알겠느냐!" / 영영이 웃으며 왈, "그러는 선생께선 첩이 아니거늘 어찌 첩의 마음을 아시죠?" / 생이 찰싹 붙어 앉으며 이실직고하길, "아아, 난영아, 넨들 어찌 무정한 사람이겠느냐? … 우리 낭자를 기다렸더니 낭자가 왔으니 이젠 살았네!" / 영영은 미소만 지었다.

위 예문에서도 거의 모든 문장들이 대단한 해학을 품고 있다. 우선 눈에 띠는 표현은 "記馬不記人"과 "見馬不見人"라는 영영의 엉뚱한 대답이다. 바야흐로 김생은 구체적인 장소와 날짜까지 들어가면서 영영이 자기를 알아보리라 잔뜩 기대한 채 "기억나오?(記憶否)"라고 묻고 있다. '자네 날 기억하지?'나 다름없는 질문을 던진 것이다. 영영은 그런 김생더러 말[馬]만 기억난다느니 말[馬]만 보았다는 둥, 김생의 짐작에서 빗겨난 그리고 듣기 싫은 대답을 하고 있질 않은가. 김생은 지금 영영도 자기를 기억하리라 착각해 지레짐작 김칫국부터 마시고 있는 셈이다. 이렇듯 영영이 재차 낭창하게 던진 비슷한 대답은 폭소를 자아내기에 족한데, 이같은 반응에 김생이 속으로 불끈하며 하는 말들은 더 볼 만하다. 세심히 살펴보면 영영에 대한 김생의 호칭이 그 순간 바뀌어 나타난다. 저 인용문에는 없지만 영영이 처음 들어설 때 김생은 "낭자도 앉으시오. 난 지나가다 들렀소(娘亦就坐, 吾巡及至矣)"라고 점잖게 말했었다. 사실은 이때도 영영을 퍽이나 아는 것처럼 이렇게 말했었다. 그런데 지금 영영이 그와 같은 반응을 보이자 김생은 그 참을성 없는 성질이 은연중 다시 발동해 돌연 '너[汝]'라고 부르면서 자기 모습이 접때와는 사뭇 달라 못 알아보는 게 아니냐는 둥 그녀가 알아줄 리 없는 갖은 변명을 다 늘어놓고 있다. 요조숙녀의 그 낭창한 무반응에 이미 속으론 바짝 약이 오른 채 자기 마음을 좀 알아달라는 말을 빙빙 돌려서 하고 있는 것이다. "移席狎坐, 以實告之"라는 표현은 그래서 그냥 넘길 수 없다. "汝非我, 安知我之心哉!"라고 말하는 자신에게 영영도 똑같이 "子非妾, 安知妾之心乎?"라고 대꾸하자, 이제는 안 되겠으니까 돌연 코가 닿을 만큼 '찰싹 붙어 앉으면서[狎坐]' 이실직고를 했다는 말이다. 이젠 달래기 작전으로 돌입한 셈인데, 김생은 아주 친한 척하면서 "아아, 난영아~(爾咨蘭英)"와 "우리낭자(我娘)"를 다정다감하게 연발하고 있다. '낭자'에서 '너[汝]'로 바뀌었던 호칭도 순간 다시 바뀌었다.161) 영영은 지금 첫 대면인지라 예를 다해 김생을 '선생[子]'이라 부르고 자신을 '첩(妾)'이라 낮추고 있는데,162) 김생 혼자서

---

161) '蘭英'의 경우 誤記가 아니라면 蘭香[영영의 자]의 蘭과 英英의 英을 따서 부른 것이 된다.
162) 영영은 잠시 후 김생을 '郎君'이라 부르며, '妾'도 잠시 '余'로 바뀌었다가 다시 '妾'으

안달이 나 영영을 이리 불렀다 저리 불렀다 하면서 구애를 펴고 있는 것이다. 이에 약간은 어이가 없는 듯 "웃고만 있는(微啞不答)" 저 영영을 향해 김생은 다음 차례로 어떤 수법을 쓰는지 마저 살펴보자.

"苟如若言, 則當奈此心何! 日已云云暮, 分手已迫. 後會未易, 良晤難再, 汝其憐之, 無吝乎半餉之歡!"
遂欲狎之, 英斂衽正色曰, "余其木石人哉…."
生拊髀而歎曰, "予豈生乎! 其爲泉下人哉!"
遂執其素手, 捫其酥乳, 接其玉脚. 唯心所欲, 無所不爲, 至於搆歡, 則不可也.

"실로 너의 말과 같다면 이 마음 어쩌란 말이냐! 날은 벌써 총총히 저물어 이별이 임박했구나. 훗날 만나기도 쉽지 않고 좋은 만남은 다시 갖기 어려우니 너는 이를 가엾게 여겨 잠깐의 즐거움마저 아끼지는 말거라!" / 드디어 희롱하려 들자 영영이 옷섶을 여미고 정색을 하며, "저라고 어찌 목석 같은 사람이겠습니까만…." / 생이 그녀의 넓적다리를 어루만지며 탄식하길, "내 어찌 살리! 이제 저승 사람이 되었네!" / 드디어 그 새하얀 손을 잡고 매끄러운 젖가슴을 주물럭거리면서 옥 같은 정강이를 휘감았다. 맘 같아선 못할 짓이 없을 것 같았으나, 희열을 엮는 데까지는 가지 못했다.

조금 전 김생은 영영을 달래 동침을 요구했으나 거절당했다.163) 이에 김생은 그녀를 오래는 붙잡아 둘 수 없을 것 같다는 생각에 조바심이 나기 시작했고, 드디어 위 예문에서와 같은 구애 작전을 쓰기에 이

로 달라진다. 정황에 따라 상대나 자신에 대한 호칭이 바뀌며 뉘앙스도 조금씩 다르므로 유의해 읽어야 한다. 특히 저 인용문에 나타난 호칭의 경우 작가가 몹시 세심하게 구사한 것들로, 김생과 영영의 심리를 엿볼 수 있는 중요한 단서가 된다.
163) 生欲留英于此, 仍以繼夜, 要以同枕. 英不可曰….

른 것이다. 예문에 나타난 김생의 유혹 수법은 두 가지다. 하나는 분위기를 띄워 동정심을 유발하는 것이고 다른 하나는 육탄공세이다. "내 마음 어쩌란 말이냐(奈此心何)"고 하소연하는가 하면 "날은 벌써 총총히 저물어(日已云云暮)"간다는 둥 "좋은 만남은 다시 갖기 어렵다(良晤難再)"는 둥 영영의 마음을 돌리기 위해 갖은 감언이설을 다하고 있음을 볼 수 있다. 심지어 "반식경(半食頃)의 재미(半餉之歡)"라도 인색해 하지 말라며 측은해 보이는 언사까지 늘어놓는다. '일식경(一食頃)'도 아닌 '반향(半餉)'만이라도 재미를 좀 보자며 보챘다는 것이다. 그러나 영영이 손을 뿌리쳐 도저히 친압할 수 없게 되는데[遂欲狎之, 英斂衽正色], 이에 더는 참을 수 없어 육탄공세로 나오는 김생의 행동에 대한 표현은 더 볼 만하다. "넓적다리를 쓰다듬으면서(拊髀)" 동시에 '난 이제 죽었네![予豈生乎, 其爲泉下人哉]'라고 탄식했다는 것이다. 도저히 맘대로 되지 않자 슬며시 영영의 허벅지라도 어루만지면서 탄식을 늘어놓아 그녀가 요지부동 못하도록 했다는 말이다. 그 다음 행동에 대해서는, '드디어[遂]' "그 반지르르한 젖가슴을 주물럭거리면서(押其酥乳)" "옥 같은 정강이를 휘감았다(接其玉脚)"고 썼다. 영영을 후리는 김생의 단계적 행동을 극히 사실적으로 그렸다고 할 수 있다. 나아가 그런 김생의 심리를 가리켜선 "맘 같아선 못할 짓이 없을 것 같았다(唯心所欲, 無所不爲)"고 표현하는가 하면, 재미를 끝까지 보지 못한 아쉬움을 두고 "至於構歡, 則不可也(희열을 엮는 데까지는 가지 못했다)"고 썼다. 둘 다 몹시 노골적일 뿐만 아니라 웃기기 이를 데 없는 표현으로 다가오는 것이다. 특히 "至於構歡, 則不可也"의 경우, '至於~則(不可)'를 구사해 '구환(構歡)'을 강조했는가 하면, 하필 '構[엮다]'을 써서 '構歡'이라고 표현하기도 했다. 기실 여기서 "至於構歡, 則不可也"라는 말은 '아쉽게도 식색(食色)의 목표까지는 달성하지 못했다'는 뜻을 함축한다. 이렇듯 세심한 표현들에서 실로 고도의 해학을 읽어낼 수 있는 것이다. 그럼 김생이 소원을 성취하는 순간의 서술은 어떠한지 살펴보자.

　　生出而撫背曰, "情人金某在斯矣."
　　英曰, "郎君大是信士."
　　卽携手狎坐, 問安否, 生答曰, "忍得萬死, 僅保殘喘耳."
　　英曰, "何故其然耶?"
　　生曰, "地邇人遐之故也."
　　相與打語, 不覺夜深.
　　生仰見明月而驚之曰, "初我來時, 此月在東, 今已中天, 夜將過半, 不以此時同枕, 將何俟焉!" 卽把英之衣襟而解之.
　　英止之曰…. 生掉頭而謝曰….
　　(……) 英右手持玉燈, 左手携銀瓶, 出而開戶, 則生塗壁累足而立, 自以爲將死而已. …遂以金荷葉盞, 酌而勸生, 生辭曰, "在情不在酒也."
　　생이 (숨어 있다) 나와 등을 어루만지며, "情人 김 아무개 여기 있소." / 영영 왈, "낭군은 참으로 신사시군요." / 얼른 손을 이끌어 코를 맞대고 앉아 안부를 묻자, 생이 답왈, "만 번을 죽을 뻔하다가 꺼져 가는 숨을 겨우 간수하고 있다오." / 영영 왈, "무슨 연고로 그러하십니까?" / 생 왈, "땅은 가까운데 사람은 멀기 때문이오." / 서로 수작하느라 밤이 깊어 가는 줄도 몰랐다. / 생이 명월을 바라보곤 깜짝 놀라, "처음 내가 왔을 때는 저 달이 동편에 있더니 지금 벌써 중천에 떠있구려. 밤이 절반이나 지났으니 이때 동침하지 않으면 장차 언제를 기다리겠소!" 즉시 영영의 옷고름을 풀어헤쳤다. / 영영이 못하게 하면서…. / 생은 안 된다고 고개를 저으면서…. / (……) 영영이 오른손에 옥등을 잡고 왼손엔 은병을 들고 나와 방문을 열자, 생은 벽에 찰싹 붙어 발을 포개고 선 채 '이젠 죽었구나'고 생각할 뿐이었다. …마침내 연잎 무늬 띤 금술잔에 술을 따라 권하자 생은 싫다고 하면서, "마음이 情에 있지 술에 있지 않소."

인용문은 회산군 저택을 찾은 김생이 드디어 영영과 잠자리에 들기 직전의 일을 서술한 부분이다. 이제 두 사람은 영영이 손을 이끌어 코를 맞대고 앉을[携手狎坐] 만큼 발전한 사이인데, 이번에도 김생은 코미디 대사를 연발한다. 우선 "情人金某在斯矣"라는 표현부터 그렇다. 누구한테 들킬까봐 숨어 있다가 살금살금 나와 속삭이듯 한다는 말이 "정인(情人) 김 아무개 여기 있소"이다. 이를테면 하필 '정인 김 아무개'라고 한 말이 그의 우스꽝스런 행동과 일치함으로써 더욱 웃음을 자아낸다. 그런가 하면 다독다독 안부를 묻는 영영에게 "만 번을 죽을 뻔했다(忍得萬死)"느니 "꺼져 가는 숨을 겨우 간수하고 있다(僅保殘喘)"는 둥 '만나자마자' 엄살부터 떤다. '천사(千死)'도 아니고 '만사(萬死)'라고 했으며 '잔명(殘命)'도 아니고 '잔천(殘喘)'이라고 표현했다. 당장은 온통 영영과 자고 싶은 생각뿐이어서 이렇듯 숨넘어가는 소리로 너스레를 떤 것이다. 그러면서도 그는 겸연쩍어 대놓고는 말하지도 못하는데, 왜 그러냐는 영영의 물음에 한 대답이란 것이 "땅은 가까운데 사람은 멀기 때문이오(地邇人遐之故)"이다. 실로 능청맞으면서도 익살스런 표현이라 이를 만하다.

서술자 발화에서도 재치가 넘치기는 마찬가지다. 밤이 깊었음을 느낀 김생은 벌써 달이 중천에 떴다고 하면서 저토록 '서둘러 잠자리에 들자는 말[不以此時同枕, 將何俟焉!]'로 폭소를 유발하는데, 달을 바라보는 그의 표정을 두고 "仰見明月而驚之"라고 표현했다. '문득' 고개를 들어 명월을 바라보면서 짐짓 '깜짝' 놀랐다는 것이다. 김생이 '얼른' 잠자리에 들고 싶어하는 심리를 이렇듯 재치 있게 드러냈다. 뿐만 아니라 "卽把英之衣襟而解之"에 '卽'자를 써서 김생이 달을 보며 그렇게

'말하자마자' 영영의 옷고름을 풀려고 달려드는 행동을 익살맞게 나타 냈다. 영영이 말렸다는 표현도 이제는 앞서 본 "英斂衽正色"에서 "英止 之"로 누그러들었는데, 우스운 것은 이에 대한 김생의 반응이다. "掉頭 而謝", 즉 머리를 설레설레 흔들면서 어린애처럼 안 된다고 보챘다는 것이다. 이밖에, 실은 저 예문에서 해학이 가장 돋보이는 "塗壁累足而 立"을 비롯해 "自以爲將死而已"나 "在情不在酒也" 등과 같은 표현도 주 목되나, 이들에 대한 설명은 번역문으로 미룬다.

〈상사동기〉는 이상에서 든 예문 외에도 해학이 넘치는 문장 표현들 이 수두룩하다. 간략히 지적하자면, 장원급제한 김생이 말 등에 턱 걸 터앉아 일일천가(一日千家)하던 중 회산군 저택에 이르러 문득 영영을 생각하면서 취한 척 말에서 뚝 떨어져 꼼짝 않고 누워있는 모습,164) 회산군 저택으로 실려가서도 한참을 거짓으로 누워 있다가 능청맞게 기지개를 켜고 일어나선 계속 너스레를 떠는 김생의 행동,165) 그리고 이정자(李正字)와 회산군 부인의 대화166) 등은 다 해학적인 문체로 서 술되었다. 문체의 해학성은 곧 〈상사동기〉의 주된 특질로 규정지어도 무방한 것이다. 그리고 〈상사동기〉에 나타난 그토록 생생한 언어 표현

---

164) 三日遊街, 頭載桂花, 手執牙笏, 前導雙盖, 後擁天童, 衣錦唱夫, 左右呈技, 執樂工 人, 衆聲並奏, 觀者滿庭, 望若天上郎也. 生半醉半醒, 意氣浩蕩, 着鞭跨馬, 一日千 家.…生問之則乃檜山君宅也. 生忽念舊事, 中心暗喜, 佯醉墮馬, 臥而不起. 宮人出問, 聚立觀者如市.

165) 生望之[영영], 心甚悽然, 然日將夕矣. 知其不可久留於此, 欠身而起, 顧而驚曰, "此 何所也?" 宮中老奴藏獲趨而進曰, "檜山君宅也." 生益驚曰, "我何爲來此耶?" 藏獲乃以 實對, 生卽欲起出.

166) 卽日, 正字往于夫人前告之, "某月某日, 有及第壯元者, 醉過門前, 墮馬不省人事, 姑 氏命扶入西軒, 有諸?" / 曰, "有之." / 曰, "命英英, 奉茶慰渴, 有諸?" / 曰, "有之." / 曰, "是乃姪之友壯元金某也. 爲人才器過人, 調度脫俗, 將大有爲之人也. 不幸嬰疾, 閉戶臥吟, 已數月. 姪朝夕往來問疾, 則肥膚憔悴, 氣息奄奄, 命在朝夕, 姪甚憐之, 問 疾所由, 則英英爲祟也. 不識可使活諸?"

들은 '인정(人情)'을 몹시 세심하고도 사실적으로 드러내고 있는데, 이 같은 측면에서는 고전소설 최고 수준에 올라 있는 작품이라 해도 과언이 아니다. 17세기 전기소설 가운데 문체적 측면에서의 통속성을 대표한다 함은 말할 나위도 없다. 덧붙여, 〈상사동기〉와 〈왕경룡전〉에는 괄목할 만한 구어체 표현들이 대거 활용되었는데, 그것들은 다음 항에서 일목요연하게 정리하기로 한다.

4) 한국식 한문, 구어체

17세기 전기소설 가운데 〈상사동기〉와 〈왕경룡전〉은 언어·문체적 측면에서 특별한 개성과 가치를 지닌 작품이다. 당시의 구어체 언어관습이 대거 반영되었기 때문으로, 기실 언어학적 연구 가치마저 높다. 그러므로 두 작품에서 주목되는 문장표현들을 일목요연하게 정리해보기로 한다. 여기서 구어체 언어관습이 반영된 문장이라 함은 다음 세 가지 부류를 두고 하는 말이다. 첫째, 우리말 어순에 견인됨과 동시에 우리말 구어체나 다름없는 어휘들이 침투한 결과, 순수 문언문과는 달리 한국식 한문의 색채를 짙게 드러내는 경우. 둘째, 한어(漢語)식[백화체] 문장 작법에 의거하거나 한어 어휘가 활용된 일련의 표현 단위들. 셋째, 선진시대(先秦時代) 고문의 전범을 충실히 따르되, 소박하고 평이한 문장. 우리는 편의상 첫 번째 경우를 '반한반문(半韓半文)'이라 지칭하고, 나머지 것들은 '반백반문(半白半文)'이라고 부르기로 하자.

검토 결과부터 밝히면, 〈상사동기〉는 반한반문(半韓半文)에 치우친 가운데 반백반문(半白半文)도 종종 나타나는 경향을 보이며, 〈왕경룡전〉은 반백반문과 반한반문이 비슷한 비중으로 구사된 작품이다. 그러나 반백반문과 반한반문이 섞여 있는 문장도 많고, 반백반문인지 반한반문인지 구분이 무척 애매한 경우도 흔해, 양자를 나누어 정리하는 것은 사실상 별 의미가 없다. 그러므로 일단 작품별로 정리하되 한어(漢語)식 어법의 반영 정도가 두드러지는 문장이나 한어 어휘에 대해서는 밑줄을 그어 표시해 주는 방식을 택하기로 한다. 밑줄을 긋지 않은 '문장'이나 '부분'은 반한반문과 반백반문이 섞여있는 정도로 간주하면 무난하다. 또한 고문체 문장의 예는 가급적 줄이고, '백화체가 섞인 반백반문'과 '반한반문'을 중심으로 정리하겠다. 고문체 문장은 〈왕경룡전〉에서 특히 두드러지게 나타나는데, 선진시대 고문체의 경우 우리에게 무척 낯익은 문체이므로 소수만 들기로 한다. 그리고 원문의 상태를 한 눈에 파악하기 위해 긴 문장은 임의로 잘라서 정리하겠다. 일부는 앞서 든 예문에서 이미 보았던 것들인데, 그 경우 번역이 조금 다를 수 있다. 덧붙여, 이하 예문들의 경우 간추려 정리하는 작업만으로도 의의가 충분하다고 보아 일일이 설명을 덧붙이지는 않겠다. 번역문을 통해 소기의 목적을 상당 부분 달성할 수 있다고 믿는다.

《상사동기》

- 生自料前所見小娥, 不知實是嫗家女否.(생이 곰곰이 생각해 보니 전에 만난 그 아가씨가 참으로 이 노파의 딸인지 아닌지 알 수가 없었다.)
- "意者, 或有所以然而然耶?"(저, 혹시 무슨 까닭이 있어서 그러시는지요?)
- "果於某月某日, 從某處來, 路上適見少娘子."(모월 모일 모처에서 오다가 길가에서 젊은 낭자를 보았소.)
- "年甫若干 … 着白綾襪紫的鞋."(연보 약간으로 … 흰 비단버선에 자주 빛 신발을 신었소.)

- "夫人之諾則丁寧矣, 但未知進賜之出遊乎否也."(마님께서 허락하신 것은 틀림이 없으나, 나리께서 출타하실지 안 하실지 그걸 모르겠습니다.)
- "汝來何暮也? 吾恐汝終不來, 故已祭汝父母耳."(넌 어찌 이렇듯 늦게 오느냐? 난 네가 끝내 오지 않을까 걱정돼 벌써 네 부모님 제를 지냈다.)
- "汝可入于內, 速取杯盤來, 以奉郞君一酌."(넌 안으로 들어와 빨리 술상을 차려서 도련님께 한 잔 올리도록 하거라.)
- "娘亦就坐, 吾巡及至矣."(낭자도 이리 와 앉으시오. 난 지나가다 들렀소.)
- "嗟, 吾心之可惜, 恨娘子之無情! 生而何哉, 死而止耳!"(아, 내 마음 가엾어라, 낭자의 무정이 한스럽소! 살아서 무엇하리 죽으면 그만인걸!)
- "郞君可於此日乘昏黑而來到."(낭군은 이날 어둠을 타고서 오실 수 있습니다.)
- "且欲少安, 汝暫侍坐."(우선 조금 쉬고싶으니 네가 잠시 모시고 앉아 있거라.)
- 生頗然之, 牢定約束, 分袂而歸.(생이 자못 그럴듯하다고 여겨 굳게 약속을 정하곤 헤어져 돌아왔다.)
- 乃期而往, 則果有壞垣, 牙缺成門.(마침내 기일이 되어 가니 과연 무너진 담장이 있어 이가 빠진 듯 문이 나 있었다.)
- 生將信將疑, 屛息潛聽, 跫音漸近, 衣香來襲, 開眼視之, 乃蘭香也.(생이 반신반의하면서 숨을 죽이고 가만히 듣고 있노라니 발자국 소리가 점점 가까워지면서 옷 향기가 풍겨왔다. 눈을 떠보니 바로 난향이었다.)

- "凡事貴得萬全, 若又咨行唐突, 第恐事泄."(범사엔 만전을 기해야 하오. 만약 이번에 당돌하면[죄를 범하면] 다음에는 일이 누설될까 두렵소.)
- "事之泄不泄, 惟我在, 郞君無用自煎."(일이 누설되고 안 되고는 제게 달렸으니 도련님께선 공연히 맘 졸이지 마셔요.)
- "有之! 此乃亡兄之少女, 名英英, 字蘭香者也. 若然則誠難矣, 誠難矣!"(있습죠! 바로 죽은 내 언니의 딸인데 이름이 영영이고 자는 난향이랍니다. 만약 걔라면, 참 어렵습니다, 참 어려워요!)
- "人間之五月五日, 乃天上之七月七日也!"(인간세상 5월 5일은 천상 7월 7일이네요!)
- "郞君且歸待期會, 可也."(낭군은 우선 돌아가 기회를 기다리는 것이 가합니다.)
- "事勢若何?"(사세가 어떠합니까?)
- "望眼欲穿, 愁腸欲斷!"(눈이 뚫어지고 창자가 끊어지려 하오!)
- "多少行人, 近而却非, 吾望絶矣!"(얼마나[그렇게] 많은 행인들이 지나가도 죄다 아니니 내 소원은 끝장났소!)
- "至誠感天, 郞且少安."(지성이면 감천이니 도련님은 우선 조금만 참으세요.)
- "三月初吉, 實惟其時, 記憶否?"(삼월초하루가 바로 그때인데 기억나오?)
- "記馬不記人也."(말은 기억나되 사람은 기억나지 않습니다.)
- "見馬不見人也."(말은 보았으나 사람은 보지 못했습니다.)
- "汝非我, 安知我之心哉!"(너는 내가 아니니 어찌 내 마음을 알겠느냐!)
- "子非妾, 安知妾之心乎?"(선생께선 첩이 아니거늘 어찌 첩의 마음을 아시죠?)

- "爾咨蘭英, 汝豈無情人哉?"(아아, 난영아, 넨들 어찌 무정한 사람이겠느냐?)
- "傒我娘, 娘來其蘇矣!"(우리낭자를 기다렸더니 낭자가 왔으니 살았네!)
- "日已云云暮, 分手已迫."(날은 벌써 총총히 저물어 이별이 임박했구나.)
- "後會未易, 良晤難再, 汝其憐之, 無吝乎半餉之歡!"(훗날 만나기도 쉽지 않고 좋은 만남은 다시 갖기 어려우니 너는 이를 가엾게 여겨 잠깐의 즐거움마저 아끼지는 말거라!")
- "情人金某在斯矣."(情人 김 아무개 여기 있소.)
- "郞君大是信士."(낭군은 참으로 신사시군요.)
- 卽携手狎坐, 問安否.(얼른 손을 이끌어 찰싹 붙어 앉아 안부를 묻다)
- "何故其然耶?"(무슨 연고로 그러하십니까?)
- "地邇人遐之故也."(땅은 가까운데 사람은 멀기 때문이오)
- 相與打語, 不覺夜深.(서로 수다를 떠느라 밤이 깊어 가는 줄도 모르다)
- "初我來時, 此月在東, 今已中天.(처음 내가 왔을 때는 저 달이 동편에 있더니 지금 벌써 중천에 떠있구려.)
- "夜將過半, 不以此時同枕, 將何俟焉!"(밤이 절반이나 지났으니 이때 동침하지 않으면 장차 언제를 기다리겠소!)
- 卽把英之衣襟而解之.(즉시 영영의 옷고름을 풀어헤치다)
- "在情不在酒也."(마음은 情에 있지 술에 있지 않소.)
- 夜已將闌, 晨雞喔喔然催曉, 遠鐘隱隱乎罷漏.(밤이 다해갈 무렵 새벽닭이 "꼬끼오!" 동트기를 재촉하고 멀리서 파루를 알리는 종소리가 은은히 들려왔다.)
- "良宵苦短, 兩情無窮, 其如將別何!"(좋은 밤 혹독히도 짧고 우리 연정 무궁하니, 이 이별을 어찌한단 말이오!)

- "一出宮門, 後會難期, 其如此心何!"(한 번 궁문을 나가면 훗날을 기약하기 어려우니 이 마음 어떡하란 말이오!)
- "紅顔薄命, 自古有之, 非獨微妾."(홍안박명은 예로부터 있었으니 첩만 홀로 그런 것은 아니겠지요.)
- "生如此而別, 死如此而怨, 其生其死, 如花殘葉落."(살아서 이렇게 이별하니 죽어서도 이렇듯 원망스러울 겝니다. 허나 살고 죽는 것은 꽃이 시들고 낙엽이 떨어지는 것과 같습니다.)
- "郞君以男兒鐵石之心, 何可屑屑然, 爲兒女之念, 以傷性情乎!"(낭군은 철석같은 심지를 가진 사나이시니 어찌 잗달게 아녀자를 맘에 두어 성정을 해칠 수 있겠습니까!)
- "伏願郞君, 此別之後…善保千金之軀, 不廢學業, 擢高第, 登雲路, 以盡平生之願, 幸甚幸甚!"(바라옵건대 낭군께서는 이번에 이별한 후 천금같은 몸을 잘 보존하시고 학업을 폐하지 마시며 장원급제해 운로에 올라 평생의 소원을 다 이루시길 바라고 또 바라옵니다!)
- 展而欲覽, 淚滴濕字, 不能盡篇.(펼쳐서 보려하는데 눈물 방울이 글자를 적셔 다 읽을 수가 없었다.)
- 握手相看而已.(악수하며 서로 바라볼 뿐이었다.)
- 曙燈唵翳, 東窓欲明, 英乃携生而出, 送于壞牆之外.(이때 새벽 등불이 침침해지면서 동창이 밝아오자 영영은 이내 김생의 손을 이끌고 나와 무너진 담장 밖에서 전송하였다.)
- 生旣還家, 喪神失心, 視不見物, 聽不聞聲.(생이 집으로 돌아옴에 정신이 나가 보아도 보이지 않고 들어도 들리지 않았다.)
- 半醉半醒, 意氣浩蕩(취한 듯 깬 듯 얼큰해 의기 호탕해지다)
- 唱夫工人, 羅列庭中, 衆樂齊作, 百戱俱張.(광대 악공들이 마당 한가운데 늘어선 채 일제히 풍악을 울리면서 아울러 백희를 펼치고

있었다.)
- 宮中侍女, 紅顔粉面, 綠鬢雲鬟, 捲簾而觀者, 可數十許人.(궁중 시녀로 홍안에 분을 바르고 검푸른 머릿결에 구름 같이 쪽진 머리를 한 채 발을 걷고서 구경하는 여인들이 수십 명쯤 되었다.)
- 所謂英英者, 不在其中.(영영이라는 시녀는 거기 없었다.)
- 有一少娘, 出而望生, 入而拭淚, 乍出乍入, 不能自止.(한 아가씨가 나오다가 생을 쳐다보곤 다시 들어가 눈물을 훔치고선, 나왔다 들어갔다 어쩔 줄 몰라했다.)
- 夫人念生酒渴, 命英英奉茶而進.(부인이 생의 주갈을 염려해 영영더러 차를 올리라고 시켰다.)
- 兩人相近, 不得出一言, 徒爲目成而已.(둘이 서로 가까이 대면하게 되었으나 말 한마디 꺼내지 못한 채 단지 눈길을 주고받을 뿐이었다.)
- 生拾而藏之袖中而出, 上馬還家, 拆而觀之.(생이 얼른 주워 소매 속에 넣고 나와 말을 타고 집으로 돌아와 뜯어서 읽어보다)
- 適有同年李正字者, 來問生疾.(마침 동갑내기 벗 이정자가 생의 병문안을 오다)
- 生携手陳情, 告以疾祟.(생이 손을 잡고 속내를 털어 병이 난 빌미를 고백하다)
- 乃申申然定約束, 再拜而送之.(이내 신신당부 약속을 정하곤 재배해서 전송하다)
- "命英英, 奉茶慰渴, 有諸?"(영영을 시켜 차를 올려 주갈을 달래도록 한 일이 있으십니까?) / "有之."(있지.) / "是乃姪之友, 壯元金某也. … 氣息奄奄, 命在朝夕, 姪甚憐之, 問疾所由, 則英英爲祟也. 不識, 可使活諸?"(그는 바로 이 조카의 친구로 장원급제한 김아무개랍니다. … 숨이 끊어질 듯 목숨이 조석지간이길래 제가 심히 측

은히 여겨 병이 난 까닭을 물어본즉 영영 때문이라고 합니다.)

《왕경룡전》

- "銀兩數萬, 家之重貨 … 汝其取來."(은자 수만 냥은 집안의 중한 재물이니 … 네가 그것을 받아 갖고 오도록 하여라.)
- 龍卽治行李, 向浙江.(경룡이 즉시 짐을 챙겨 절강으로 향하다)
- 龍留神注目, 謀欲一見, 但恨無以爲緣.(경룡은 유심히 뜯어보면서 어떡하든 한 번 만나보고 싶었으나 한스럽게도 딱히 엮을 방법이 없었다.)
- "那樓中某樣者, 誰歟?"(저 누각 안의 이러저러하게 생긴 사람은 누구요?)
- "東舘養漢的名朝雲, 適爲遊子之來宴, 故出待耳."(朝雲이라는 동관의 기생년인데 마침 주객들이 술 마시러 온다고 해 나와서 기다리고 있는 게지요.)
- 龍見此絶艶, 心不定情, 卽銓銀三千兩送其家.(경룡이 이 절색[옥단]을 보곤 마음이 두근거려 대번 銓銀 삼천 냥을 그 집에 보냈다.)
- "郎年少書生, 志慮未定."(도련님은 연소한 서생으로 아직 심지가 굳지 못합니다.)
- "新情未洽, 自難決去, 汝姑遲之."([옥단과의] 新情이 미흡해 결연히 떠나기가 어려우니 너는 우선 지체하고 있거라.)
- 龍遽怒曰, "這漢! 胡不往歸!"(경룡이 갑자기 성을 내며, "이놈! 어찌 돌아가지 않는 게냐!")
- 多賣銀兩, 別構書樓.(많은 은자를 팔아[들여] 따로 書樓를 짓다)
- 閣老憤恨不已, 至欲窮尋, 但不知慶龍所在何地, 怒罵而已.(각로는 분을 참을 수 없어 끝까지 찾으려 하였으나 경룡이 어디에 있는지를

- "汝若小避, 則王公子必且去矣. 汝豈可守一貧漢, 虛負高價乎!"(네가 만일 잠시 피해 있으면 왕공자도 필시 가버릴 것이다. 네 어찌 가난한 놈에게 수절해 비싼 몸값을 허비하겠느냐!)
- "某月某日, 西館養漢的某, 闋其孝服."(모월모일 西館의 아무개 년이 상복을 벗게 됐다오.)
- "吾來時, 行色忽劇[遽], 藏財房子, 忘未得下鎖, 多小[少]財貨, 誰禁狗偸?"(내가 올 때 채비하기 바빠 재물 숨겨둔 방을 깜박 잊고 잠그지 않았군! 재물이 얼마나 되든 누가 좀도둑을 막지?)
- "吾欲還去下鎖而來, 老嫗筋力不敢驅馳, 公子可能忘勞否?"(내가 돌아가 잠그고 오고 싶으나 이 늙은이 근력으로는 도저히 달려갈 수가 없으니 공자께서 수고를 좀 해주실 수 있겠소?)
- "家間東西, 蕩無所有, 雖是守奴之所爲, 而隣人亦豈不知!"(집안에 남아 있는 물건이 하나도 없으니 아무리 노비들이 한 짓이라 한들 어찌 이웃사람도 몰랐단 말이오!)
- "吁, 公自取之禍夫, 誰咎乎!"(아, 공자가 자초한 화이니 누굴 탓하겠소!)
- 適有老翁過去, 聞草中有氣息激激之聲, 尋聲入來, 解其縛, 去其塞.(마침 한 노옹이 지나가다가 풀숲에서 헐떡거리는 소리를 듣고는 찾아 들어와 그 포박을 풀고 재갈을 벗겨주었다.)
- "爾亦往赴, 庶可得活, 不然爾死矣!"(너도 그리로 가면 목숨을 부지할 수 있을 게야. 안 그러면 넌 죽어!)
- "爾以後來, 不可晏然同參, 必當獨扣三更, 然後方許."(넌 나중에 왔으니 편안히 동참할 수는 없어. 반드시 혼자 삼경을 치고 난 연후에 허락하겠다.)

- "爾何地人, 爾某名的?"(넌 어디 사람이며 이름이 뭐냐?)
- 路上逢一老嫗, 舊時賣瓢子者也.(길가에서 한 노파를 만났는데 옛날에 표주박 팔던 그 사람이었다.)
- "王公鬼耶, 人耶? … 緣何在這裏? … 何意今朝此地相逢!"(왕공자는 귀신이요 사람이요? … 어떻게 이곳에 계시는 게요? … 오늘 아침 이곳에서 상봉하게 되다니!)
- 會娼母知人來到北樓, 覘於窓外.(마침 창모가 사람이 북루에 와 있음을 알곤 몰래 창 밖에서 엿보았다.)
- 檀覺知, 乃目嫗而佯罵曰, "…復欲媒誰漢乎! 豈知嫗之無良至於此極!"(옥단이 알아채곤 이내 노파에게 눈짓을 하면서 거짓으로 꾸짖길, "…다시 어떤 놈에게 중매를 하려드는 게요! 할미의 불량함이 이 정도인 줄은 몰랐소!)
- "嫗言是矣. 汝何不思而反罵?"(할미의 말이 옳다. 네 어찌 생각해 보지도 않고 도리어 야단을 치는 게냐?)
- 須臾, 隣母娼母皆下樓而去.(잠시 후 이웃 어미와 창모가 다 아래로 내려가 버렸다.)
- "今則時移歲暮, 消息永絶, 王郞之死, 的矣."(지금 세월이 흘러 이 해가 저물어가도록 소식이 없으니 왕랑은 죽은 게 틀림없어요.)
- "欲趂靑春未暮, 以做紅顔之高價."(청춘이 아직 시들지 않은 때를 따라 홍안의 비싼 값을 하렵니다.)
- "嫗其努力, 傳此萬全. 今送銀兩, 嫗取半而半與王郞."(할미는 노력해서 이것을 전함에 만전을 기하세요. 지금 주는 은자 중 할미가 반을 갖고 반은 왕랑을 주세요.)
- "公子一行, 頓無影響, 不知今日之行自何處, 猶享鉅萬之財歟?"(공자께서 한 번 떠남에 소식이 없더니, 모르겠습니다. 오늘은 어디로

부터 행차하셨으며 아직도 거만금 재화를 누리시는지요?)
- "今適定婚於北京, 故方自浙江而來矣."(오늘 마침 북경에서 정혼을 하기로 해서 방금 절강에서 오는 길이오.)
- 遂追赶扣馬而言之曰.(마침내 쫓아가 말고삐를 잡고서 말하다)
- "玉檀知王郎不死, 恨其破盟, 至欲自決, 自此以後, 必不再嫁他人, 若失此財, 則更無所利. 彼無心公子, 若以溫言羨[善]解之, 則必又不忘而復來, 不如因此圖其財."167)(옥단은 왕랑이 안 죽은 것을 알고는 자기의 破盟을 恨해 심지어 자결하려 들었으니 이후로 필시 다른 사람에게는 재가하지 않을 게야. 만일 이번 재물까지 놓치면 더욱 무익하게 되지. 저 속없는 공자를 온화한 말로 잘 타이르면 필시 또다시 잊지 않고 돌아올 터이니 이렇게 해서 재물을 도모하는 게 낫지.)
- "公子何無情若是! 芦林一散之後, 不聞公子在何處, 日望歸來!"(공자께선 어찌 이렇듯 무정하시오! 갈대숲에서 한번 헤어진 뒤 공자께서 어디에 계신지를 몰라 날마다 돌아오기만을 기다렸소!)
- "是日之翌, 待公子不來, 故跟尋公子, 無處不搜."(이튿날에도 공자를 기다렸는데 오시질 않아 공자를 찾느라 알아보지 않은 곳이 없었습죠.)
- "日夜在處北樓不下者, 已三年矣."(밤낮으로 북루에 머물면서 내려오지 않은 지가 벌써 삼 년이 되었답니다.)
- "我權辭解之, 渠亦釋然."(내가 임기응변으로 해명해 그 사람도 풀어졌단다.)
- 母曰, "何?"(창모 왈, "왜?") / 其主母之强脅, 何?"(주모가 강제로 으르면 어떡하오?) / "然則死之而已!"(그러면 죽음이 있을 뿐이오!) / "人生一死, 安得復見?"(인생에 한 번 죽으면 어찌 다시 볼 수

---

167) 이 문장은 언뜻 평이한 보통 문언문처럼 보이지만 전체를 연결해서 읽어보면 백화체 어법에 의거한 문장구조임을 보여준다. 그래서 길지만 일부러 자르지 않았다.

- 있겠소?) / "忠不事二, 烈豈獨異!"(충신불사이군이니 열녀가 어찌 다르겠습니까!)
- 胥吏等亦嘗聞芦林之紿, 故皆罵嫗曰'獷賊'.(서리 등도 '갈대 숲 속임수'에 관해 들은 적이 있어 다들 노파[창모]를 욕해 '추악한 도적'이라고 했다.)
- 衆人復擁上馬, 檀悲呼哀乞曰, "容我少休!"(무리들이 다시 에워싸 말 위에 태우자 옥단이 슬피 울며 애걸하길, "날 잠시만 쉬게 해주시오!")
- 勸玉檀, 檀遂許諾, 與之爲期, 但期在半月之後.(옥단에게 권유하자 옥단이 마침내 허락하곤 기약을 정했으나 단 반 달 뒤에 하기로 했다.)
- "今已歲暮, 王公子不來, 屈指計數, 則餘日無幾. 設令王公重來, 已入他門, 豈敢復出?"(지금 벌써 이 해가 저물어 가거늘 왕공자는 오지 않고, 손꼽아 세어보니 남은 날짜가 얼마 되지 않사옵니다. 설령 왕공자가 다시 온다한들 저는 이미 다른 집안에 들어왔으니 어찌 감히 다시 나갈 수 있겠사옵니까?)
- 閣老聞其來到, 大怒拿入細打.(각로가 경룡이 왔다는 소식을 듣곤 대노해 잡아들여 매를 치다.)
- "汝積歲娼詖[猖披],168) 廢其藝業, 無復望於功名."(너는 오래도록 미쳐 날뛰느라 학업을 그만둬 다시는 공명을 바랄 수 없게 되었다.)
- "汝願爲何事? 將爲農乎, 欲爲商乎?"(너 무슨 일을 하려느냐? 장차 농사를 지을래, 장사를 할래?)
- 龍居書樓, 但[念]檀之所戒,169) 讀書做業, 不輟晝夜.(경룡이 서루에서

---

168) '猖披'는 국어에서 '체면이 구겨져 부끄러워하다'라는 뜻으로 널리 쓰이나, 옛날에는 주로 '망령되이 미쳐 날뛴다'는 정도의 원래 의미대로 쓰였다. '娼詖(창기에게 빠지다)'는 誤記로 간주한다. 신독재수택본과 전남대본에도 다 '猖披'로 되어 있다.

169) '但檀之所戒'에서 '但'은 문맥상 부적절하다. 신독재수택본에는 '長念'을 썼으므로, 이를 참조해 '但'을 '念'으로 대체한다.

지내면서 옥단의 경계를 명심해 독서를 일삼아 불철주야 노력하다)
- 審檀定在趙家.(옥단이 조가네 집에 잡혀 있음을 훤히 알다)
- 狂叫其名.(그 이름을 미친 듯이 부르다)
- 丁寧何今撓我如是耶!(정녕 어찌하여 지금 이렇듯 나를 흔드는가!)
- 御史入房點心, 久而不出, 罪人在庭下, 知無人, 遂相議.(어사가 방으로 들어가 점심을 먹느라 오래도록 나오지 않자 죄인들이 뜰 아래에서 사람이 없음을 알고는 마침내 서로 의논을 하였다.)
- "玉檀當先誅之, 固不可問."(옥단을 응당 먼저 베야 함은 실로 물을 필요도 없다.)
- "今日必須嚴鞫, 盡殺此輩, 明日便可回京!"(오늘은 필히 엄히 국문해 이놈들을 죄다 죽이고 내일은 바로 서울로 돌아가야겠다!)
- "玉檀有罪無罪, 死已判矣, 不須辨矣."(옥단은 유죄이든 무죄이든 사형이 이미 판결났으니 따질 필요도 없게 되었네.)
- "我輩倍前嚴鞫, 何以得活? 不如直告舊妾巫夫之謀而吾徒等釋也."(우리들을 전보다 배는 더 엄히 국문한다고 하니 어떻게 살아남지? 옛날 그 계집과 무당의 술책을 이실직고해서 우리들은 풀려나는 게 낫다.)
- 諸人或諾或否.(서로 좋다고도 하고 싫다고도 하였다.)
- "汝等莫諱其情! 吾已知某也某也之所議耳!"(너희는 실상을 숨기지 말지어다! 내 이미 이러쿵저러쿵 짠 것을 다 알고 있다!)
- "汝之所言, 如此如此."(너희가 말한 게 여차여차하다.)
- "罪人斯得, 無辜當釋!"(죄인을 잡았으니 무고한 자는 응당 석방하노라!)
- "我之所以欲見者, 只欲觀絶色而已, 非有意於合歡也."(난 단지 절색을 만나고 싶어하는 것일 뿐 합환(合歡)에 뜻이 있지는 않네.)[170]
- "夫人之子, 久而不返者, 必以中路耽讀之故, 實非好色之致也."(부인

의 아들이 오래도록 돌아오지 않은 것은 필시 중도에 독서에 빠졌기 때문이지 참으로 여색에 빠졌던 것은 아닌 듯하오.)
- "內子之不事於他人者, 猶玉檀之不欲媚於趙賈也."(당신 아내가 다른 사람을 섬기지 않는 것은 소첩이 조 상인에게 아양부리기 싫어하는 것과 같습니다.)

〈상사동기〉와 〈왕경룡전〉에서 구어체 언어관습이 특별히 짙게 반영된 문장들을 대략 뽑아보면 이상과 같다. 〈왕경룡전〉은 〈상사동기〉보다 분량이 두 배 가량 길기 때문에 좀 더 많이 간추려 보았다. 물론 그밖에도 사실상 구어체나 다름없는 글귀 및 한어(漢語) 어휘로부터 통속소설에 와서야 널리 쓰인 호칭에 이르기까지 다양한 표현들이 대거 나타난다. 앞서 '장식과 구술성 언어'를 살피는 자리에서도 일부 거론한 바 있지만, 눈에 띄는 것들만 추가로 간추리면 아래와 같다.171)

【상사동기】
郎君·小娘·英兒(영영에 대한 구어식 애칭)·阿英(영영에 대한 구어식 애칭)·進賜(나아리: 이두식 표현)·萬一·撤去·拍手·木石人(목석 같은 사람)·無恙(안부를 묻는 말)·信而任之(믿고 맡기다)·歲月如流·僕從羅

---

170) 이하 세 문장은 소박하고 평이한 고문체 산문의 전형적인 예에 해당한다. 〈왕경룡전〉에는 이같은 류의 淺近한 문언문이 지배적으로 나타난다.
171) 아래에 간추린 낱말들은 '호칭(별칭)'을 제외하곤 위에서 정리한 문장들에 나타나지 않은 것들이다. 일단 별칭들은 중복이 되더라도 한 자리에 모아 보았다. 등장인물의 별칭을 비롯해 이름이나 지명 따위는 소설작품의 양식과 매우 밀접한데, 이에 관해서는 차후 깊이 논의할 기회가 있을 것이다. 그리고 아래에 든 어휘들은 물론 소설에만 나타나는 것도 아니고 17세기에 비로소 출현한 것들도 아니다. 그러나 '소설사' 내에서는 아래와 같은 어휘들의 출현 사실이 새롭고도 중요한 것이다. 덧붙여, 주로 〈왕경룡전〉에서 간추렸음을 언급해 둔다. 전기소설 어휘에 대한 보다 종합적인 정리 및 풀이 작업은 후일로 미룬다.

列(종들이 죽 늘어서다)·萬事茫然·愀然失色·發告私情·無事掛念(아무 일에도 괘념치 않다)·虛勞夢想(헛되이 몽상에 젖다)·某月某日·不省人事[인사불성]·寤寐見之(깨나 자나 그녀만 보이다)·一朝一夕·仰天太息[앙천탄식]·半日之暇·以實告之[이실직고]·斂衽正色(옷섶을 여미고 정색을 하다)·仰見明月 등등.

【왕경룡전】

郎君·公子·少娥·閣老·員外郎172)·足下·老僕·御史(암행어사)·御史家丁(암행어사의 졸개)173)·主簿·娘子·少輩(젊은이들)·佳兒·少妹(여동생)·商販者(장사치)·丈夫·兒女·主母·大人·侍婢·汝輩·胥吏·過客·行子(나그네)·秀才·商女(장사치아낙)·却說·矚望(주시하다)·喜而許諾(좋아라 허락하다)·端坐講讀·拔劍自刎·談笑自若·興販(장사하다)·接語(말을 주고받다)·息銀(이자)·酒肆·娼樓·注目·美貌·苦待·整頓·花鈿(꽃비녀)·就寢·貞操·理會·才調·注意·可配君子(아내)·驅逐·銀子·遊客·娼家·堂堂丈夫·路柳墻花·賤質·親庭174)·禮義嚴肅·高見·難處(난처하다)·寄食·不可避(불가피하다)·前進·無人之境·周回·閭閻

---

172) '員外郎'은 흔히 줄여서 '員外' 혹은 '外郎'이라고 부르는데, 正額 이외에 별도로 둔 郎官을 가리킨다. 그러나 중국 민간에서는 그 실제 관직에 관계없이 재력이나 세력을 갖춘 사람에 대한 속칭으로 널리 사용되었다. 문학사에서도 송대 이후의 희곡이나 명청대 통속소설 가운데 세력 있는 인물에 대한 호칭으로 매우 자주 출현한다. 그리고 이 속칭은 국내로 직수입되어 〈왕경룡전〉에서 처음 나타난 이후 통속소설에서 간헐적으로 쓰였다. 비슷한 뜻을 가진 '閣老'와 함께 한중 통속소설에서 널리 쓰인 호칭이다. '閣老' 또한, 중국에서는 재상이나 한림학사에 대한 별칭으로 쓰였지만, 민간에서는 貴人에 대한 경칭으로 더 널리 사용되었다고 할 수 있다. 물론 우리나라에 '각로'라는 벼슬 이름은 없었다.

173) '家丁'은 일반적으로 '머슴'이나 '상일꾼'을 뜻하지만 '御史家丁'에서의 '家丁'은 의미가 좀 다르다고 할 수 있다.

174) '親庭'은 '시집간 여자의 본가'라는 뜻이 아니라, 남녀 모두의 '부모'를 뜻하는 말로 쓰였다. 물론 중국에서도 옛날에는 사용되었던 말이다. 〈왕경룡전〉에는 두 곳에서 등장하는데 그 용례를 들면 이러하다. ① "公子以妾之故, 得罪於親庭, 貽玷於士林, 何?"(공자께서 첩 때문에 친정에 죄를 짓고 士林에 허물을 끼치게 되면 어떡합니까?) ¶ ② "不如乘其機, 收彼財宝, 歸覲於親庭."(기회를 틈타 저 재물을 수습해 친정으로 돌아가 뵙는 것이 낫습니다.)

(여염집)·白晝(백주대낮)·殺戮·必殺·具陳首尾·艱難得行·糊口(입에 풀칠하다)·乞人·胡床175)·展轉行乞·挽留·行資·紙筆墨(지필묵)·分散·悲號哀泣·守節·寢食之處·服用之物·容貌寂寞·手札·不死消息(죽지 않았다는 소식)·悲不自勝·厚賜·金鞍駿馬·生還·舊緣·書札·治行·約日·一如其言·誓約·當時·凶謀·秘計·隣邑·市場·先行·境內·稱嘆·財寶·後悔莫及·密議·黃泉·還鄕治産·良妻·投宿·存沒·無良·愚癡·敗家·正對·酒量無量·終夜不寐·夢寐·哀怨·四顧無人·一聲太息·涕泣相對·虛費·遁去(도망치다)·分離·泣別·相約·交懽·圍立·跟追(추격하다)·公門·下馬·大呼·公府·良家·依托·別屋·偕老·謀計·得脫·赤身還鄕·追趁·殺掠·同謀·詐稱·奪取·署名·交歡·相應·陰約·驅迫黜之(구박해서 내쫓다)·居所·子子無依·微命·隕首·同居·矜惻·還送·祝手拜謝·登程·解放·自由·樹林·好事者·被迫(핍박하다)·來訪·强押[狎]·相押[狎]·稱美·交游·行檢(행실단속, 품행)·私通·卽死(즉사하다)·相爭·明證·疑獄·擅決·敗身·卞白(변명하다)·稟性嚴峻·責問(문책하다)·無不通貫·許可·製述·出題·不輟晝夜·鄕人·旬月·奸謀·耿耿在耳(귀에 쟁쟁하다)·儒生·必死·死生莫知·字意·解元(해시 장원)·會元(회시 장원)·未決·啓請·上達·鄕里·族氏·書簡·寃情·皮封·獄案·供辭·交合·置毒·特命·別獄·火刑之具·搬出·衣服諸具·房中·出座·驚服·按獄·復命歸家·登科·冠蓋族(높은 벼슬아치 집안네)176)·同寢·巧言令色·守節·不利(불리하다) 등등.177)

---

175) 원래는 '胡牀'. '床'은 '牀'의 속자로 쓰인 것인데 흔히 이렇게 표기했다. 중국에서의 '胡牀'이란 간편히 접어서 쓸 수 있는 가벼운 걸상을 가리킨다. 간혹 '交床'이라고도 한다. 우리나라에서는 중국식 坐具를 보통 '胡床'이라고 불렀다. 〈왕경룡전〉에서의 용례를 들면 이러하다. 堂上有一官者, 據胡床而坐, 引頸熟視而問曰….(당상의 한 관리가 胡床에 기대고 앉아, 목을 빼 자세히 훑어보면서 묻기를….)

176) 冠蓋族 : '冠蓋'는 관리의 관복과 수레(수레덮개), 혹은 '貴官'을 뜻한다. '族'까지 붙었으니 벼슬이 높은 가문을 가리킨다. 〈왕경룡전〉에서의 용례를 들면 다음과 같다. 慶龍登科之後, 迫於閣老之命, 聘冠蓋族某氏女爲妻.(경룡은 과거에 오른 뒤 각로의 명에 못 이겨 높은 집안 아무개 씨의 딸에게 장가들었다.)

177) 이 자리에 든 어휘들은 무작정 눈에 익숙해서 간추린 것이 아니다. 대개의 경우 '문장'

〈상사동기〉와 〈왕경룡전〉의 전반적인 문체가 어떠한가를 알기에는 이상에서 추출한 문장 및 어휘들만을 갖고도 충분하리라 여긴다. 저 자체로서 순수 문언문과의 차이를 확연히 보여주고 있으므로 기실 장황한 설명이 필요치 않다고 본다. 무엇보다도 순수 문언문의 고답적 수식과 경직성에서 탈피해 구어체 언어를 지향하고 있음이 여실히 드러난다. 특히 인물간의 대화에서 그러한 현상이 상대적으로 두드러짐을 실감할 수 있었다. 물론 17세기 전기소설 전체가 그 언어·문체적 측면에서 저 〈상사동기〉나 〈왕경룡전〉과 같은 수준으로 기울어 있는 것은 아니다. 17세기 전기소설 내에서도 작품별로 편차를 드러내는데, 나머지 작품들도 전대의 전기소설에 비해 현저히 통속화된 것은 사실이지만, 두 작품은 거의 국문소설에 가까운 언어미학적 특질을 보여준다는 점에서 가장 이색적이다.

저와 같은 실상이 의미하는 바는 자명하다. 전기소설이라고 해서 혹은 문언소설이라고 해서, 화려하고 전아한 문체만을 고집하지는 않는다는 사실이다. 그동안 전기소설의 진면목들이 얼마나 많이 사장돼 왔으며 얼마나 지나치게 획일적으로 인식돼 왔는가 하는 반성은 굳이 긴 설명이 필요치 않다. '전기소설'이 아니라고는 이야기하기 어려워도 '문언소설'이 아니라고는 고집을 부릴 수 있을 정도로 이미 문언소설의

내에서 口氣가 짙게 느껴지는 특징을 지닌다. 사실은 그래서 '문장'인 상태로 관찰해야 그 진의를 온전히 파악할 수 있다. 또한 번역을 하지 않아도 뜻이 무난히 통할 수 있거나, 혹은 도리어 번역을 하지 않을 때 의미 전달이 더 분명해지는 것들이다. 예를 들어, "御史"는 그냥 '어사'라기보다는 문장 내에서 '암행어사'라는 口氣를 품고 있다. "白晝"도 마찬가지로 해당 문장 내에서 '백주대낮'이라는 약간 투박한 맛을 살려주는 게 중요하다. 그런가 하면 "難處"는 '어려운 곳'이나 '어려운 문제'가 아니라 문장 내에서 '(입장이) 난처하다'는 뜻을 지닌다. 그리고 "不利"는 '이롭지 않다'고 새기면 어색하므로 '(입장이) 불리하다'라고 풀이해야 자연스러운 경우이다. "不可避(불가피하다)" "紙筆墨(지필묵)" "卽死(즉사하다)" 등등도 마찬가지다.

범주에서 이탈해 있음을 두 작품은 보여준다. 각도에 따라서는 '세태소설'의 범주로 귀속시킨다 해도 별 무리가 없다고 본다. 문체의 통속화 정도로 보아 국문소설이나 백화소설에 몹시 근접해 있으므로, 17세기 전반기 소설사의 실상을 대변해 준다고 해도 과언이 아니다.

최초로 출현한 국문소설이 그토록 중요한 소설사적 의미를 갖는 이유는 무엇인가? 표현 매체가 '국문'이라는 사실 그 자체에 있는 것이 아니라면, 우리는 그 미지수의 문제에 쏟아온 열정을 한문소설에서 국문의 미학과 그 역사적 위상을 발견하고 설명하는 일에도 나누어 쏟아야 할 것이다. 비단 저 두 작품에 국한해서가 아니라 17세기 전기소설 전체, 나아가 한국한문소설 전반에서 한국적 언어미학을 두루 읽어낼 수 있다고 믿는다.

5) 기타 국면들

17세기 전기소설은 더 다양한 방면에서 언어·문체의 통속화 양상을 보여준다. 정리하면 서술자의 특별한 전달 방식, 독특한 작중인물, 삽입시문 등 대략 세 가지 측면이다. 여기서는 앞서 함께 살피기 곤란했던 자료들을 들어 이를 종합적으로 논의하기로 한다. 우선, 서술자의 특별한 전달 방식에 따른 언어의 통속적 성향을 살펴보자. 아래에 〈동선기〉에서 가져온 예문을 들어본다.

洞仙之遺響古也. 黃唐之際, 徐杭人長於詞, 後來傳得, 而未極其趣. 杭有一妓, 能以理會得之, 悉解星河月帳之眞響. 後數十年, 捲入于桃竹山, 山在海南累千里, 世莫知其所終. 其詳在下.(동선의 자취는 오래되었다. 당나라 때 서주와 항주 사람들이 詞[동선사]를 잘 불러 후대에 전해졌으나 그

意趣를 다할 수는 없었다. 항주의 한 기생이 능히 그것을 이해하여 가사의 참뜻을 다 풀었다. 그 후 수십 년 만에 도죽산에 들어갔으니, 산이 바다 남쪽 수천 리에 있어 세상 사람들은 그 마친 바를 알지 못한다. 그 자세한 이야기는 다음과 같다.)[178]

〈동선기〉에는 이렇듯 서사의 출발을 알리는 일종의 '전언(前言)'을 미리 제시해 놓았다. 이같은 전일담에 이어 "靖康之中, 有西門生者…"라고 시작되는 본문이 등장한다. 이를테면 저것은 화자가 본 화제로 들어가기에 앞서 청중에게 들려주는 요약식 구술과도 흡사하다. 인용문 끝을 보면 "其詳在下"라고 했다. 방금 소개한 동선이라는 그 기생의 자세한 이야기를 지금부터 시작할 테니 잘 들어보라는 식이다. 마치 현장 상황을 환기시키면서 이야기를 들려주는 듯한 표현이라고 할 수 있다. 저것은 분명 문언문으로 기술된 문어체 문장이지만, 그럼에도 마치 설화자의 강설을 듣는 듯한 미감이 전반에서 감지되는 것이다. 불특정 독자를 가상적으로 약정한 상태의 서술로, 구연양식의 수사가 짙게 침투해 있다. 서술자가 소설의 시공간을 독자와 공유하고자 하는 심리를 드러냈다고 볼 수 있다. 이어서 〈최척전〉과 〈왕경룡전〉에서 든 아래의 인용문을 보자.

① 至丁酉八月, 倭寇陷南原. 人皆避竄, 陟之一家, 亦避于智異山鷰[sic鷲]谷寺. 陟令玉英着男服, 雜於衆人, 見之者亦不卞也. 入山累日, 粮盡將飢, 陟與丁壯數三人, 出山求食, 且覘賊勢. 行到求禮, 猝遇賊兵, 竄身岩谷, 僅得免捉. 是日, 賊入鷰[sic鷲]谷, 彌滿遍掠無遺, 路梗不得進退者三日, 僅俟賊退, 入於鷰[sic鷲]谷, 則積屍滿寺, 流血成川.(정유년 8월, 왜구가 남원을 함락시켰다. 사람들이 다 피난을 떠남에 최척의 가족들도 지리

---
178) 국립중앙도서관본. 천리대본 〈동선기〉에는 이 서술이 없다.

산 연곡사로 피했다. 최척이 옥영더러 남복을 입게 한 채 사람들 사이에 섞이니 보는 사람들이 분간하지 못했다. 산에 들어온 지 여러 날만에 양식이 다 떨어져 장차 굶주리게 되자, 최척은 장정 몇 사람과 함께 산을 내려와 양식을 구하고 적의 동태도 엿보았다. 걸음이 구례에 미처 갑자기 적병을 만남에 바윗골에 몸을 숨겨 간신히 잡히는 것을 면할 수 있었다. 이날 왜적들이 연곡으로 잠입해 남김 없이 모조리 노략질을 했다. 길이 막혀 오도가도 못한 지 사흘만에 간신히 왜적들이 물러간 뒤 연곡으로 들어가 보니, 쌓인 시체가 절을 메웠고 흐르는 피가 내를 이루고 있었다.) -〈최척전〉에서

② 慶龍登科之後, 迫於閤老之命, 聘冠盖族某氏女爲妻, 而以念檀之故, 一不曾同寢, 截若他人焉.(경룡은 과거에 오른 뒤 어르신의 명에 못 이겨 높은 집안 아무개 씨의 딸에게 장가들었으나, 옥단을 사랑하는 맘으로 인해 한 번도 동침하지 않은 채 마치 남처럼 끊고 지냈다.) -〈왕경룡전〉에서

두 예문은 일단 서술자가 사건 및 인물의 행동에 대해 전혀 거리를 두지 않은 채 직접 설명해주고 있는 예에 해당한다. 그런데 특별한 측면이 읽힌다. ①의 경우 왜적들이 연곡사를 "싹쓸이(遍掠無遺)"해 "쌓인 시체가 절에 그득(積屍滿寺)"하고 "흐르는 피가 내를 이루었다(流血成川)"고 했다. 그러나 기실 그 정도의 참혹함이 느껴지도록 그려진 부분은 없다. 그럼에도 서술자는 그토록 참혹한 상황이었음을 저렇듯 과장된 어투로 애써 강조하고 있는 것이다. 게다가 사람들이 남복한 옥영이 여자인 줄 몰라봤다고 하는가 하면, 먹을 것이 다 떨어져 그 와중에 최척이 산을 내려왔다고도 했다. 또 최척이 갑자기 적병을 만났으나 바윗골에 몸을 숨겨 간신히 죽을 고비를 모면했다고 전하는가 하면, 길이 막혀 삼일 동안 오도가도 못하는 신세가 되었다고도 했다.

저 길지 않은 삽화에서, 서술자는 주인공들이 겪는 그 위기 상황에 독자가 공감하고 귀 기울여주기를 줄곧 환기시키고 있는 것이다.

예문 ②도 마찬가지다. 서술자는 왕경룡이 오로지 옥단만을 사랑했다는 점을 강조하기 위해, 경룡이 이미 장가를 들긴 했으나 "부친의 명에 못 이겨서(迫於閤老之命)" 어쩔 수 없이 그랬다고 했다. 심지어 경룡이 본처와는 "한 번도 동침하지 않은 채(一不曾同寢)" "관계를 끊고 남처럼 지냈다(截若他人焉)"는 과장된 표현을 쓰는가 하면, 주인공 옥단이 고귀하지 정처는 하나도 중요하지 않다는 점을 나타내기 위해 정처의 이름도 대지 않고 아예 "대가집 아무개씨의 딸(冠盖族某氏女)"이라고만 했다. "관개족(冠盖族)"이라는 표현만 하더라도 그 지체 높은 집안 여자도 옥단보단 못하다는 시각이 은연중 깔려 있다고 보아야 한다. 서술자를 내세워 독자와 주인공의 일치를 꾀한 명백한 구술성 어투인 것이다. 다음 인용문을 보자.

① 相與設計, 紿玉檀及慶龍曰, "某月某日, 西館養漢的某, 関其孝服. 吾家老少, 例所當赴, 玉檀亦不可不往." 龍難之, 娼母曰, "公子若難其獨送, 則亦可同轡否." 龍喜而許諾. 翌日, 擧家啓行….(서로 짜고 옥단과 경룡을 속여, "모월모일 西館의 아무개 년이 상복을 벗게 됐다오. 우리 집 식구들은 응당 가는 게 법도이니 옥단도 가야만 하오." 경룡이 곤란해하자, 창모는 "공자께서 만일 그 아이 혼자 보내기 곤란하면 같이 가시구려." 경룡이 좋아라 허락했다. 다음날, 온 집안 사람들이 길을 떠나니….) - 〈왕경룡전〉에서

② 卽以金銀與秘計授之曰, "如此如此." 還令龍隱卓下, 呼其從者, 列拜關廟, 同時出去.([옥단은 경룡에게] 즉시 금은과 은밀한 계책을 주면서, "여차여차 하세요." 하고는 다시 경룡을 탁자 아래 숨게 했다. 이어 그

종자를 불러 나란히 관왕묘에 절을 하고는 동시에 밖으로 나왔다.) -〈왕경룡전〉에서

두 인용문에서는 서술자가 작중인물의 발화에 끼어드는 사례가 발견된다. 우선 ①에서는 서술자가 창모와 왕경룡의 대화 도중 경룡을 대신해 "경룡이 곤란해하자(龍難之)"라고 얼른 서술하는가 하면, "경룡이 좋아라 허락했다(龍喜而許諾)"라고 서둘러 말하기도 했다. 그런가 하면 ①과 ②에서 각각 볼 수 있는 바와 같이, "모월모일(某月某日)" "여차여차 하세요(如此如此)" 등과 같은 표현을 써서 서술자 스스로 작중인물의 말을 일축해버리기도 했다. "모월모일"은 특별히 지정된 시간이 중요하지 않다는 서술자의 의도를 함축하며, "여차여차"에는 읽다보면 이 은밀한 전후 사연을 다 알게 될 것이란 메시지가 담겨 있다. 서술자로 하여금 인물의 역할을 대신케 하려는 의식이 침투함으로써, 이와 같은 구술성 표현 단위들이 나타나게 되었다고 할 수 있다. 이는 작품 창작 과정에서 의식적으로든 무의식적으로든 불특정 독자와의 대면적 상황이 가상되었음을 보여준다. 나아가 이들은 국문소설에서 흔히 만날 수 있는 표현 단위들로, 한문소설에 나타난 언어 표현의 다양성을 보여주는 예일 뿐만 아니라 한문소설과 국문소설의 친연성을 뒷받침하는 측면이기도 하다.

다음은 작중인물의 특성에 따른 문체의 통속화 경향에 대해 살펴보자. 응당 소설의 인물이야 다들 저마다 개성을 갖고 있게 마련이지만, 한 작품 내에서 유달리 독특한 인물이 그만의 언어를 구사하는 경우가 있을 수 있다. 물론 그 인물을 둘러싼 서술자 담론까지 포함해서 그러하다.[179] 17세기 전기소설 가운데, 인물의 개성으로 인해 언어적 특수성

---
179) 〈운영전〉의 경우에는 주지하듯 운영과 김진사가 자신들의 과거 일을 몽유자 유영

까지 동반한 작품으로는 〈운영전〉을 꼽을 수 있다. 다름 아닌 〈운영전〉의 중요 보조인물 특(特)에게서 그러한 현상을 읽을 수 있는데, 그는 한마디로 '노복의 상말'을 구사한다. 우선 아래에 예문 몇 개를 들어 본다.

1 特大喜曰, "吾友力士十七人, 以日强劫爲事, 人莫能當, 而與我甚結, 惟命是從. 使此輩運之, 則泰山亦可移矣!"(특이 크게 기뻐하며, "제 동료 중에 날마다 강도 짓만 일삼는 역사 열일곱 명이 있습죠. 아무도 당해낼 사람이 없지만 저와는 굳게 짠 사이어서 명령만 내리면 따를 것입니다. 그 패거리를 시켜 나르게 한다면 태산이라도 옮길 수 있나이다!")

2 "如此重寶, 積置于本宅, 則大上典必疑之, 積置于奴家, 則人必疑之. 無已則堀坑山中, 深瘞而堅守之, 可矣."("이렇게 중한 보물을 본댁에 쌓아두면 큰 상전께서 필시 의심하실 게고 이놈의 집에 쌓아두면 남들이 뻔히 의심할 겝니다. 이왕 하는 수 없다면 산 속에 구뎅이를 파서 깊숙이 묻고는 단단히 지키는 게 좋사옵니다.")

3 "吾計如此之深, 吾友如此之多, 天下無難事, 有何畏乎! 況持長劍, 晝夜不離, 則吾目可抉, 此寶不可奪. 吾足可刖, 則此寶不取, 願勿疑焉!"("제 계책이 이렇듯 깊고 제 동료들이 이렇듯 많아 천하에 어려운 일이 없거늘 무서울 게 뭐 있겠습니까! 하물며 장검을 든 채 주야로 붙어 있는다면 제 눈을 파갈 수 있을지언정 이 보물을 빼앗을 수는 없으며 제 발모가지를 자를 수 있을지언정 이 보물을 가져갈 수는 없사오니 원컨대 괘념치 마소서!")

앞에서 회고하는 형식을 취한 소설이다. 형식적으로는 두 인물이 서술자의 역할까지도 맡고 있는 셈인데, 그러나 서술자 담론과 인물 발화는 충분히 구분해서 감상할 수 있고, 또 응당 그렇게 읽어야 한다.

④ "大丈夫死則死矣, 何忍相思怨結, 屑屑如兒女之傷懷, 自擲千金之軀乎! … 半夜入寂之時, 踰墻而入, 以綿塞其口, 負而超出, 則孰敢追我!"("대장부가 죽으면 죽는 게지 어찌 상사병으로 한이 맺혀 잗달게 아녀자들처럼 애를 태워 천금같은 몸을 스스로 내던지려 하십니까! … 한밤중 적막한 때 담을 타넘어 들어가 솜으로 입을 틀어막아 들쳐업고서 뛰면 누가 감히 우리를 쫓아올 수 있겠사옵니까!")

〈운영전〉에서 '대희(大喜)'하는 자는 오로지 특 한 사람뿐이다. 그가 ①에서와 같이 '대희'한 이유는 나중에 운영의 재물을 자기가 빼돌리려는 속셈에서이다. 여하튼 위의 네 인용문은 특이 얼마나 자신만만한가를 공통적으로 보여준다. 강도 짓만 일삼는 역사(力士) 패거리들과 한통속임을 스스로 떠벌리는가 하면, 자기들은 태산이라도 옮길 수 있으니 걱정 말라며 허풍을 떨기도 한다. 종 신분으로 상전 앞에서 과격하고 노골적인 말도 서슴지 않으며, 심지어 ④에서는 마치 김진사를 훈수하는 듯한 말투를 보여준다. 특의 저렇듯 선정적이고 감각적인 언어 표현에서 기세당당하고 충직한 척 교활을 떠는 그의 개성이 그림과 같이 드러나는 것이다. '본댁(本宅)' '큰 상전[大上典]' '이놈 집[奴家]' '아녀자[兒女]' 등과 같은 구어체적 표현도 특만의 언어이다. 그리고 '명령만 내리면[惟命是(從)]' '기왕 하는 수 없다면[無已則]' '죽으면 죽는 것[死則死]' '담을 타넘어 들어가[踰墻而入]' '들쳐업고서 뛰면[負而超出]' '누가 감히[孰敢(追我)]' 등은 어법 면에서 특만의 氣息을 세심히 살린 표현들이다. 나머지 낱말들에 대한 설명은 번역문으로 돌린다. 다음 예문들을 마저 읽어보자.

① "孤單一身, 獨守山中, 衆撅突入, 勢將剝殺, 故捨命而走, 僅保縷命. 若非此

寶, 我安有如此之危乎! 賦命之險如此, 何不速死!"/ 卽以足頓地, 以拳叩胸 而哭.("혈혈단신 산중을 지키는데 느닷없이 떼강도가 들이닥쳐 곧 박살날 것 같은 기세였습니다. 그예 죽어라 도망쳐 겨우 명줄만은 보존하였나이다. 만일 그 보물이 아니었더라면 제게 어찌 이렇듯한 위험이 생기겠나이까! 타고난 명이 이다지도 기구하거늘 어찌 빨리 죽지도 않는고!"/ 곧바로 땅바닥에 고꾸라져 주먹으로 가슴을 치면서 엉엉 울더군요.)

② 卽上寺, 三日叩臀而臥, 招僧謂之曰, "四十石之米, 何用盡入於供佛乎! 今可多備酒肉, 廣招俗客而饋之, 宜矣!"(곧바로 절로 올라가 삼일 동안 볼기를 두드리며 드러누워 있다가 스님을 불러, "마흔 석이나 되는 쌀을 불공에 다 들일 필요가 뭐 있겠소! 지금 술과 고기를 많이 장만해 속객을 널리 불러서 먹이는 게 마땅하오!")

③ 適有村女過之, 特强劫之, 留宿於僧堂, 已過數十日, 無意設齋.…特不得已出, 暫以水沃濯, 而入跪於佛前祝曰, "進士今日速死, 雲英明日復生, 爲特之配!"…特歸語我曰, "雲英閣氏, 必得生道矣. 設齋之夜, 現於奴夢曰, '至誠供佛, 不勝感激' 拜且泣之. 寺僧之夢, 亦皆然矣."(마침 한 시골 아낙이 지나가자 특은 그녀를 강제로 윽박질러 절 방에서 유숙하면서 수십 일이 지나도록 재를 베풀 뜻이 없었습니다. … 특이 부득이 나와 잠깐 물을 껴 얹고 들어와 불전에 꿇어앉아 빌기를, "진사는 오늘 빨리 죽고 운영은 내일 다시 살아나 특의 배필이 되게 해주소서!" … 특이 돌아와 내게 말하길, "운영 아씨는 필시 살아날 길이 있을 겝니다. 재를 베풀던 날 밤 이놈의 꿈에 나타나 '지성으로 불공을 드려주니 너무나 감격스럽네'라고 하시더니 절을 하며 우셨습니다. 사찰 중들의 꿈도 다 그러했답니다.")

세 인용문을 유심히 살펴보면 특의 거칠고[粗俗] 교활한 놀부 심보를 드러내느라 고심한 표현들이 여럿 눈에 띈다. "박살(撲殺)" "죽어라

도망쳐[捨命而走]" "명줄[縷命]" 등과 같은 그의 직접적 언술은 물론이고, "발모가지를 땅에 댔다[以足頓地]"는 표현으로 '일부러 고꾸라진' 행위를 나타내는가 하면, "주먹으로 가슴을 치면서 엉엉 울었다(以拳叩胸而哭)"느니 삼일 동안 "볼기를 두드리며 자빠져 있었다(叩臀而臥)"고 쓰기도 했다. ③에 보이는 "暫以水沃濯"이라는 표현도 무척 사실적인데, '잠깐[임시로] 물을 찌끄려 씻었다'는 뜻이니 씻는 척 시늉만 냈다는 말이다. 마흔 석 쌀을 불공에 '다 쳐들일 필요가 뭐 있느냐'[何用盡入(於供佛乎)], 술과 고기를 '많이 장만해서' '먹이라'[多備酒肉而饋之] 따위와 같은 것도 특만의 어투를 살린 표현들이다. 뿐만 아니라 "進士今日速死, 雲英明日復生, 爲特之配"라는 말은 어순을 국문 구어(口語)와 동일하게 구사한 일종의 한국식 문어체 문장으로 주목되며, '각시[閣氏]'라는 토속어까지 나타난다. 그리고 특의 입을 거쳐서 나온 "至誠供佛, 不勝感激"도 구어체 언어관습이 반영된 표현으로 보아 마땅하다.

한 가지 덧붙이자면, 17세기 전기소설에는 '사건 정황의 특성'에 맞추어 현저히 통속적인 문체를 구사한 경우도 종종 나타난다. 예를 들어 〈주생전〉에서 주생이 배도나 선화와 수작하는 장면, 〈위경천전〉에서 전쟁 발발 이후의 후반부, 〈최척전〉에서 옥영 일행이 항주에서 뱃길로 귀환하는 과정을 서술한 곳 등에서 문체가 자못 기우는 양상들을 읽을 수 있다. 〈최척전〉의 경우 그 자리에서 약간은 어정쩡한 초보 수준의 한어(漢語)를 섞기도 했는데, 항해 도중 중국 배를 만나자 옥영은 "我是杭州人, 將往山東買茶耳!(나는 항주 사람인데 차를 사러[팔러] 산동으로 가는 중이오!)"라고 답한다.[180] 또한 일본인의 말도 "汝是何方

---

[180] "我是杭州人, 將往山東買茶耳."에서 '買茶'는, '팔다'를 흔히 '사다'로 말하는 한국식 표현이다. 남방 항주는 차(龍井茶)로도 무척 유명한 곳이니, 중국 문물에 관심이 높았을 뿐 아니라 다녀온 경험까지 있는 조위한이 산동으로 차를 '사러간다'고 표현했을 리는

人, 而從何來?(당신은 어디 사람이고 어디서 오는 게요?)"라든가 "良苦! 良苦! 此去日本差, 往南方云[去]!(아, 고생했습니다! 고생하셨어요! 여긴 일본으로 가는 길이 아니니 남쪽을 향해 가세요!)"와 같이 한어식으로 써 놓았다. 짐짓 현장 분위기를 살리기 위해 인물간의 대화 부분을 구어체 언어로 구사했던 것이다.

없다. 산동은 차와는 거리가 먼 곳이다. 마땅히 '팔려간다'로 이해해야 한다.

제4장 전기소설 통속화의 문화적 동인

1. 아(雅)문화의 세속화

　주지하듯 소설은 패관소설이니 도청도설이니 하는 것들로부터 출발했고 '소설(小說)'이라는 명칭도 장구한 역사 동안 하찮고 자질구레한 이야기 정도의 뜻으로 통용되었다. 당시로서는 그런 류들이 소설의 전부였으니 응당 그럴 수밖에 없었다. 그리고 아속(雅俗)의 관점에서 볼 때 패관소설은 '아(雅)'에 대비되는 '속(俗)'의 영역에 드는 것들이어서, 전근대시대 내내 대아지당(大雅之堂)에 오른 적이 없다. 어느 선까지를 아(雅)로 간주할 것인가는 논란이 있을 수 있지만, 패관소설은 일단 경사(經史) 혹은 육예(六藝)에서 벗어난 것들이므로 근대 이전까지는 줄곧 속문학(俗文學)에 머물러 있었고 동시에 문예(文藝)의 반열에 오르지 못했던 것이다.
　비록 그렇긴 하나 패관소설의 사회적 지위가 점차 높아감에 따라 '소설가(小說家)'라는 것이 제자(諸子)의 하나로 태어나 정식으로 목록에 등재되었다는 사실은 중요하다. 단지 제자류(諸子類)일 뿐이니 대아지당에 오른 것은 아니더라도, 소설가는 이미 중국 한대(漢代)부터 목록학의 범주에 공식적으로 진입함으로써, 패관소설에 대한 사회적 인식이 개방적이었음을 보여주었다. 이때부터 패관소설은, 애초부터 그래왔듯 '역사[野史]'와의 친족 관계를 형성한 채 실로 장구한 세월 동안 '소설가(小說家)'의 지위를 누려왔다. 그런데 각별히 유의할 점은, 이렇게 됨으로써 패관소설[이하 '필기야사류(筆記野史類)'1)로 지칭]은 도리어 속문학 아닌 속문학, 즉 '아(雅)'에 한층 가까이 진입한 것이나 다름없는 격이 되고 말았다는 사실이다. 국내의 몇 안 되는 자료 중에서 예를 들자면, 우선은 홍석주(洪奭周, 1774~1842)의 개인장서목록해제로 보이는 〈홍씨독서록(洪氏讀書錄)〉에서 그것을 엿볼 수 있다.2) 홍석주는 여기에 '소설가(小說家)' 항목을 따로 두는 가운데 『목천자전』 『하씨어림(何氏語林)』 『세설신어』 『역옹패설』 등과 같은 '필기야사류'만을 귀속시켜 놓았다. 그의 도서해제는 비록 필사본 상태로 전하지만 보통 서목(書目)들과 달리 일정한 격식을 취하고 있는데, 때문에 '소설'은 혹 소장하고 있거나 읽었더라도 등재될 수 없는 게 정상이다. 이는 필기야사류가 사대부들의 문단에서 '공식적으로' 소통돼왔음을 잘 보여준다.

그런가 하면 홍석주의 목록해제처럼 '소설가(小說家)'라는 항목을 별도로 설정하지는 않았더라도, 사실은 이미 오래 전부터 그와 동일한 인식들이 문단에 널리 자리하고 있었다. 무엇보다도 국내 최초의 정격 도서목록해제로 평가받는 김휴(金烋, 1597~1638)의 『해동문헌총록(海東文獻總錄)』은 이를 파악하기에 적절한 자료이다. 김휴는 박인량

---

1) '筆記野史類'란 稗說, 雜記, 雜錄, 瑣語, 野言, 閑話, 滑稽, 雜述, 志人·志怪, 野史·野談, 逸話 등을 포괄하는 아주 범박한 명칭일 뿐이다. 적당한 용어를 찾지 못해 사용하는 것일 뿐, 이의 개념 및 범주 문제는 본서의 논지와 무관하다. 기실 저들은 워낙 장르적 성향이 다양해 하나의 적합한 대용어를 구상하기는 불가능해 보인다. 그리고 이 '필기야사류'와 구분해 오늘날 소설이라고 부르는 것들은 이하 '소설' 혹은 '문언소설'로 지칭하기로 한다.
2) 홍석주, 『淵泉集』(연세대본, 필사본), 『淵泉全書』6(오성사 영인, 1984), 45~87면.

(朴寅亮)의『고금록(古今錄)』으로부터『역옹패설』『필원잡기』『청파극담』, 그리고 이이(李珥)의『기자실기(箕子實紀)』에 이르기까지 50종의 필기야사류 저술을 '사기류(史記類)'라는 항목에 분류해놓았다. 또『부휴자담론』『태평통재』『파한집』『태평한화골계전』등 48종의 저술을 '제가잡저술(諸家雜著述)'에 분류해두었다.3) 만일 그가 '소설가류(小說家類)'를 따로 두었더라면 그 '사기류'와 '제가잡저류' 항목의 책들이 이리로 대거 이동했을 터인데, 이는 필기야사류가 속(俗)보다는 아(雅)의 지점에서 공인된 독서물로 소통되었음을 보여준다.

그런가 하면 이보다 앞서 어숙권(중종조)은『패관잡기』에서 동국(東國)에는 소설(小說)이 적다고 하면서 이인로의『파한집』으로부터 조신(曹伸)의『소문쇄록』에 이르기까지 도합 18종의 필기야사류를 당시 세상에 전하는 것들로 들어놓았고,4) 이수광(1563~1628)도『지봉유설』에서 조선조 이백년간 전해진 저서가 매우 드물고 소설 중에는 볼 만한 것이 거의 없다고 하면서 서거정의『필원잡기』로부터 차천로의『오산설림』에 이르기까지 18종의 저술을 들어놓았다.5) 이 역시 일단은 필기야사류가 사대부문사들의 어엿한 공식 '저술(著述)'로 자리잡았음을 알려주는 예로 해석할 수 있다.

'필기야사류'에 대한 이상과 같은 인식들은 우선 속문학(俗文學)에 대한 '긍정'으로 귀결된다. 때문에 속문학 아닌 속문학, 즉 아속(雅俗)의 거리를 상정할 때 속(俗)보다는 아(雅)의 지점에 놓이는 것으로 분류될 수 있는 게 바로 필기야사류이다. 원칙적으로야 속문학이자 대아지당에 오를 수 없는 것들이지만 실제 사회적 위상은 고고당당(高高堂

---

3) 김휴는 이 '제가잡저술'과 구분해 '儒家雜著述'을 별도로 설정해두었다.
4)『패관잡기』권4,『국역대동야승』I(민족문화추진회, 1973), 530면.
5)『지봉유설』권7, 經書部三·著述.

堂)했던 것이다. 물론 이들조차 일각의 비판을 받거나 가치 유무를 두고 논란이 있었을 것임을 배제할 수는 없다. 대표적인 예로 15세기 당시 훈구파 문인들과 신진 사림들 사이에 『태평광기』나 『태평통재』 따위를 빌미로 이른바 '패관소설'을 둘러싼 일련의 논쟁이 전개된 일도 있었다.6) 그러나 그것은 양측의 정치적 대결과 맞물려 일어난 경향이 농후하고,7) 그들 훈구파 문인들이 편찬한 『태평한화골계전』 『필원잡기』 『용재총화』 등과 같은 필기야사류 저술들은 줄곧 당당한 지위를 누려왔다. 병오년(1606) 봄 조선에 사신 온 주지번(朱之蕃)과 양유년(梁有年)은 『세설신어보(世說新語補)』(明代 王世貞 찬)와 『태평광기』를 선물로 갖고 들어와 허균(許筠, 1569~1618)에게 주었을 정도다.8) 필기야사류에 대한 사대부들의 애독 경향으로 이르자면 기실 경사자집(經史子集)에 비해 별로 밑돌지 않았던 것이다.

이때 무엇보다도 중요한 점은 소설이 저들과 어깨를 나란히 한 채 문단 내에서 속문학 아닌 속문학으로 소통되는 가운데, 소설사가 점차 통속화 추이를 밟았다는 사실 그것이다. 앞서 거론한 자료들을 다시 살펴보면, 우선 소설이 그들 필기야사류와 같은 자리에서 소통되고 있음이 드러난다. 어숙권의 『패관잡기』에는 『금오신화』가 같은 자리에 거론돼 있으며, 이수광의 『지봉유설』에는 『금오신화』와 『기재기이』

---

6) 소인호, 「羅末~鮮初의 傳奇文學 연구」(고려대 박사학위논문, 1996), 94~99면.
7) 소인호, 위의 논문.
8) 〈世說刪補注解序〉, 『惺所覆瓿藁』권4; 〈丙午紀行〉, 『성소부부고』권18. 그리고 『閒情錄』'범례'에 따르면 당시 허균은 주지번으로부터 『棲逸傳』, 『玉壺氷』, 『臥遊錄』 등을 선물로 받기도 하였다. 다 『세설신어』와 비슷한 필기야사류로, 이 가운데 『옥호빙』은 조선에서도 누차 간행되어 썩 널리 읽혔다. 다만 17세기 이전에 조선간본이 나왔는지는 불분명하다. 『옥호빙』에 관한 문헌정보는 다음 논문을 참조할 수 있다. 최용철, 「명대 문언소설의 조선간본과 전파」, 고려대 민족문화연구원 편, 『동아시아문학 속에서의 한국한문소설 연구』, 월인, 2002.

가 함께 정리되었다. 『해동문헌총록』에서 보여준 김휴의 분류 방식 또한 썩 흥미로운데, 그 필기야사류 저술이 주류인 '사기류(史記類)'에 최치원의 『신라수이전』을 함께 분류해 넣었고, '제가잡저술(諸家雜著述)'에는 『금오신화』와 『기재기이』를 포함시켰다. 김휴의 경우 낙동강 유역을 샅샅이 조사해 정식 도서목록해제를 편찬하면서도 '소설가류(小說家類)'를 따로 두지 않는 가운데, 국내 초기소설사를 대표하는 3종의 전기소설을 그렇게 분류했다.

이같은 양상이 의미하는 바는 자명하다. 일군의 소설을 필기야사류와 같은 고아(高雅)한 저술들과 '동급으로' 여겼다는 사실 바로 그것이다. 소설을 필기야사류 저술과 동일한 서열로 취급해온 전통이 형성되는 가운데 수적으로도 늘어난 소설들이 식자층을 중심으로 더 널리 소통됨으로써, 갈수록 개방적인 소설문화가 자연스럽게 조성될 수 있었다. 특히 17세기 이전에 국내외 문언소설집이 단행본 형태로 '간행(刊行)'되기도 했다는 사실은 소설문단의 그러한 정황을 더 확연히 뒷받침한다. 누차 간행된 『전등신화』 및 『전등신화구해』, 조선간본 실물은 전하지 않으나 간행된 것은 확실한 『전등여화』, 윤경희(尹景禧)의 주도로 판각된 『화영집(花影集)』,9) 윤춘년(尹春年, 1514~1567)이 명종(明宗) 연간에 간행했다는 『금오신화』,10) 신호(申濩)와 조완벽(趙完璧)이 공동으로 판각한 목판본 『기재기이』(1553)11) 등이 우선 그것이다.

이들 소설집의 서발문을 읽어보면 마찬가지로 소설을 필기야사와 동급으로 취급하고 있음이 우선 드러난다. 『전등신화구해』를 주해한

---

9) 최용철, 위의 논문.
10) 최용철, 「금오신화 조선간본의 발굴과 판본에 관한 고찰」, 『민족문화연구』32, 고려대 민족문화연구원, 1999.
11) 신호, 〈企齋記異跋〉, 소재영, 『기재기이 연구』(고려대 민족문화연구소, 1990), 154~155면.

임기(林芑, ?~1592)의 경우 처음에는 패설(稗說)엔 주석을 달 필요가 없다고 여겼다가 『산해경』이나 『박물지』 등이 기이(奇異)한 것임에도 주해가 이루어진 것을 상기해 『전등신화』에 주석을 달기로 생각을 굳혔다.12) 그는 『전등신화』와 같은 소설을 『산해경』이나 『박물지』의 반열에 견주었던 것이다. 이를 감수하고 후원한 윤춘년(尹春年, 1514~1567) 또한 소설이라고 해서 홀대할 것이 아님을 분명히 했다.13)

조완벽과 함께 『기재기이』를 간행한 신호(申濩)의 생각 역시 이와 별 차이가 없다. 신호는 경사자집(經史子集) 이하로 말하면 입언(立言)을 위한 부류로 제해(齊諧)나 패관(稗官)이 있으나 신광한의 『기재기이』는 그에 비해서도 더 유익하므로 같은 자리에서 이야기할 수 없다는 식으로 썼다. 『기재기이』에는 입언(立言)의 이치가 잘 담겨 있는 데다 언어문자의 말단에만 힘쓰지 않아 소설 중 가장 모범이 된다는 것이다. 신호의 이같은 관점은 자기 스승의 소설이 최고라는 점을 강조하기 위해 사실은 동격인 제해·패관의 문체적 품격을 헐뜯은 성향이 짙다. 때문에 소설이 필기야사와 동일한 차원에서 인식·소통되었던 정황을 보여주는 자료로 이해할 수 있다.

'소설'이라고 해서 특별히 필기잡기류와 구분하거나 차등을 두지 않는 경향은 이렇듯 상당히 광범위하게 나타났다. 이는 소설과 같은 통속물, 즉 필기야사에 비해 상대적으로 더 통속적인 부류들을 문단 내에서 인정하는 분위기가 차츰 널리 형성되었음을 보여주는 것이란 점에서 특기할 만한 현상이다. 확인 가능한 자료만을 갖고 보더라도 이미 16세기 무렵부터 사대부들의 소설 향유 문화가 자연스럽게 개방적인 추세

---

12) 임기, 〈剪燈新話句解跋〉, 무악고소설자료연구회 편, 『한국고소설자료집Ⅰ』(태학사, 2001), 115~119면.
13) 윤춘년, 〈題注解剪燈新話後〉, 무악고소설자료연구회 편, 같은 책, 119~120면.

로 나아갔다는 이야기이다. 기실 어숙권만 하더라도 〈남염부주지〉를 소설의 우등으로 여긴 바로 그 사람으로,14) 『패관잡기』의 다른 자리에서 〈설공찬전〉에 대해 그 내용이 극히 괴이하다고 하면서도 일부 줄거리까지 들어 놓았을 정도로 소설에 대해 비판적이지 않았다.15)

이수광 역시 〈수성지〉에 나오는 시를 찬미하는가 하면 윤계선의 〈달천몽유록〉에 대해 의아심을 표명하는 정도에 그쳤다.16) 특별히 이수광은 이 두 작품을 『지봉유설(芝峰類說)』「문장부(文章部)」에 분류했는데, 이는 소설이 경우에 따라 '문장(文章)'의 범주에서도 소통될 수 있음을 보여준다. 그런가 하면 〈달천몽유록〉은 윤계선이 애당초 『난중잡록』에 수록해 하나의 야사로 소통시켰고, 〈원생몽유록〉과 『금오신화』도 비록 '우언(寓言)'이지만 야사적 가치가 있다고 평가돼 윤순거(尹舜擧)에 의해 『노릉지(魯陵誌)』에 편입되었다.17) 〈원생몽유록〉이야 그밖에도 수종의 야승에 초록되는 행운을 얻었다. 심지어 〈대관재기몽〉은 심의(沈義)의 문집에는 물론이고 『해동문헌총록』「총론(總論)」에 그 전문(全文)이 실리는가 하면, 『대수잡록(代睡雜錄)』이라는 책에

---

14) 『패관잡기』, 『대동패림』 27. 金時習金鰲新話中, 南炎浮州志, 實小說之一也, 其一理論, 有同大庭之策, 禪位制遠, 過學之手, 不特此也, 其對問世間之事, 旣斥邪歸正而高論治亂之由, 又術其平生之志…但其數敍, 大槪以踏襲瞿宗吉剪燈新話, 而立意出語則遇之, 豈但靑於藍而已哉.(류탁일 편, 『한국고소설비평자료집성』, 아세아문화사, 1994, 62면)
15) 『패관잡기』권2, 『국역대동야승』I, 456면.
16) 『지봉유설』, 〈문부〉 1. 林悌爲愁城誌, 其言離曰, 欲避之於天上, 遇牽牛織女而返佳矣.; 『지봉유설』, 같은 곳. 尹繼善達川夢遊錄, 雖出於寓言, 而語涉鬼怪, 非生人所可道也, 不數年而夭亦異矣.
17) 〈원생몽유록〉과 『금오신화』는 윤순거의 수초본 『魯陵誌』에 들어갔다가 『노릉지』가 『莊陵誌』로 확대 편찬되면서 『금오신화』는 빠졌고 印行本 『노릉지』에 와서는 둘 다 빠졌다. 졸고, 「〈원생몽유록〉의 문헌수록 및 印行 과정」(『고소설연구』4, 한국고소설학회, 1998)에서 이에 대한 고찰이 있었다. 그리고 여기서의 '寓言'은 '小說'과 동의어로 쓰인 것이다.

초록되었다가 다시 훗날 안정복의 『잡동산이』에 등재될 만큼 특이한 유통 경로를 거쳤다. 그리고 최현의 〈금생이문록〉의 경우 16세기말 선산 읍지인 『일선지(一善志)』에 먼저 실렸다가 나중에는 문집에도 수록되었으며, 〈수성지〉는 17세기초 초간(初刊) 당시 이항복의 정고(定稿)로 『백호집』에 등재되는 영광을 누렸다. 훗날 태반의 몽유록이 개인문집에 버젓이 수록·간행될 수 있었던 것도, 이같은 부류의 소설이 갖는 사회적 위상을 실감케 한다.

특히 『금오신화』에 대한 사대부 독자들의 관심은 일찍부터 대단했다. 조광형(趙光亨)이 송시열에게 답한 편지에서 "『금오신화(金鰲新話)』는 본래 저의 집에 없었는데 형이 혹 잘못 들은 것은 아닐까요?"라고 했다거나 이황이 허봉(許篈)에게 보낸 답서에서 김시습과 『금오신화』의 수준을 깔본 것을 보면, 그것의 유행 정도를 능히 짐작케 한다.[18] 또 민주면(閔周冕, 1629~1670)은 『동경잡기(東京雜記)』에서 "그가 저술한 『매월당시집(梅月堂詩集)』 『역대년기(歷代年紀)』 『금오신화』 등이 세상에 널리 유행하고 있다"는 사실을 증언했다고 하며,[19] 김인후(1510~1560)는 잘 알려진 〈借金鰲新話於尹禮元〉을 써서 『금오신화』에 대한 예찬을 남기기도 했다.[20] 특별히 출간까지 된 문언소설집들의 경우 간행자 개인의 애호심이나 작가와의 개인적 친분 관계 때문이기도 했지만, 소설의 사회적 위상 없이는 어려운 것이었으며 동시에 그로 인해 소설 소통의 문화적 토대가 더욱 넓어질 수 있었다.

그런데 이상에서 내내 지적하고 싶었던 측면이 하나 있다. 저들 사

---

18) 〈諸家雜記〉, 『국역매월당집』 4(세종대왕기념사업회, 1980), 65면; 〈答許美叔〉, 『退溪集』권33. 梅月別是一種異人, 近於索隱行怪之徒, 而所値之世適然, 遂成其高節耳, 觀其與柳襄陽書·金鰲新話之類, 恐不可太以高見遠識許之也. (『한국문집총간』30, 273면)
19) 〈遺蹟搜補〉, 『국역매월당집』 4, 50면.
20) 김인후, 〈借金鰲新話於尹禮元〉, 『河西集』권7(『한국문집총간』33, 134~135면).

대부 독자에게 별 마찰 없이 받아들여진 소설은 다름 아닌 전형적 문언소설류였다는 점이다. 당시 주류를 차지한 것들이 문언소설이었다는 사실과는 별도로, 바로 문언소설이기 때문에 필기야사와 동격으로 평가될 수 있었다. 문언소설을 특별 대우하는 양상들, 즉 전체 소설 가운데 문언소설을 최상등으로 인식·평가해온 자취들이 널리 나타났던 것이다. 저들 문언소설은 유형상 전기소설, 몽유록, 가전체소설 등이 주류를 이루는데, 이를테면 일본 봉좌문고에만 전한다는 조선간본 『효빈집(效顰集)』이나[21] 성임(1421~1484)이 출간한 『태평통재(太平通載)』 등과 같은 문언필기소설류와 함께 거의 사대부사회 전반에 걸쳐 거부당하지 않았다.

물론 문언소설에 대해서도 비판적인 사람이 있었다는 사실을 우리는 잘 알고 있다. 주지하듯 기대승(1527~1572)은 『태평광기』와 『전등신화』를 〈삼국지연의〉와 동종으로 취급해 아주 몹쓸 것으로 간주했다.[22] 하지만 소설이라는 산물은 아예 종(種)을 막론하고 다 추방해야 마땅하다고 여긴 천하 도학자(道學者)를 가리켜 극히 예외적인 사례로 간주하지 않는다면 이는 오히려 편견이다. 가령 대표적 소설배척론자로 알려진 택당 이식의 경우 『산해경』을 가리켜 문장이 특이하고 내용이 괴이하다고 생각했을 뿐 결코 비판적이지 않았으며,[23] 『태평광기』와 같은 소설류에 대해서도 단지 경계했을 뿐이지 배척을 한 것은 아니다.[24] 그리고 〈수성지〉에 대해서는 아주 유연한 입장을 취했다.[25] 〈삼국지연

---

21) 최용철(2002), 앞의 논문.
22) 선조실록 2년(1568) 6월 임진조.
23) 古書多怪說, 文章特奇者, 傳後亦遠, 楚辭·山海經等書是也.(『澤堂集』·別集 권15, 『한국문집총간』88, 530면)
24) 雜家小說太平廣記之類, 間有男女風謠, 尙可觀採, 其他荒怪之說, 聊以破閒止睡, 不足亂眞, 但有志於學者, 不可費日力於此.(『澤堂集』·別集 권15, 같은 책, 531면)

의〉나 〈수호전〉과 같은 통속소설에 대해서야 극심히 우려하고 미워했지만, 필기야사류나 문언소설에 대한 태도는 자못 달랐던 것이다.

조선후기의 대표적 소설부정론자로 알려진 이덕무(1741~1793)도 마찬가지다.26) 그의 말을 좀 새겨서 이해하면, 시문(詩文)에 비해 하등인 야담(野談)·전기(傳奇)·지괴(志怪)는 군자와 박물자(博物者)들이 그래도 취하지만 '소설'은 이 하등에도 못 미친다는 것이다. 이때 그가 말한 야담(野談)·전기(傳奇)·지괴(志怪)는 다름 아닌 필기야사류와 문언소설류이고 '소설'은 통속소설류를 가리킨다. 따라서 이덕무조차도 소설 전체를 배척한 것은 아니다. 더구나 그는 "[통속소설은] 원(元)에서 시작하여 명(明)에서 유행하고 오늘날에 이르러 갈수록 더 번성하게 되었다"고 했는데,27) 이는 필기야사류나 문언소설을 통속소설과는 차별적으로 인식하는 가운데 전자를 소설사에서 열외시킨 경우나 다름없다.

이렇듯 상당수 문언소설은 흔히 필기야사류와 동급 내지 동류로 운위되었을 뿐 아니라 거의 비판의 대상에 들지 않았다. 사대부 독자 태반은 소설이라고 해서 다 같은 소설이 아니라는 생각을 갖고 있었고, 소설을 배척한 사람도 모든 소설에 대해 그렇게 여기지는 않았다. 문언소설은 비록 속된 산물이었고 여기(餘技)인 시문(詩文)에 비해서도 더 소기(小技)에 불과했지만, 사실은 종종 대우를 받기도 했던 것이다. 물론 문언소설이 그렇게 소통된 데에는 그럴 만한 이유들이 있었을 터인데, 대개 두드러진 우언적(寓言的) 성향을 비롯해 문장의 아려함이나 기타 지식정보 따위를 풍부하게 함유하고 있다는 점 때문이었던 것

---

25) 〈白湖林公悌〉原註,『澤堂集』·續集 권1. 公好兵法, 有寶劍駿馬, 日行數百里, 自北評換西評, 故犯御史前導, 見劫著愁城誌, 以自見平生, 奇偉事甚多.(같은 책, 199면)
26) 〈歲精惜譚〉,『국역청장관전서』2(민족문화추진회, 1983), 23면(원문 6면).
27) 權輿於元, 濫觴於明, 至于今日, 而尤往而尤盛.

으로 파악된다. 권계적 우의(寓意)에 눈물을 흘린 독자도 있었고, 문장 수련에 유익한 것으로 간주되기도 했으며, 박학(博學)의 길로 안내해 주고 역사지식을 보충해준다고도 평가되었다.28) 독자들은 문언소설을 특히 '문장'이나 '역사'로 읽는 습관들이 있었다. 문언소설은 그러한 측면을 겸비하고 있는 게 사실이니 그럴 법도 하다.

그리고 이같은 추세는 조선시대 내내 거의 변함없이 지속되었다. 문언소설이기에 통속소설과는 엄연히 구분되는 가운데 그 가치를 널리 인정받고 동시에 필기야사류와 어깨를 나란히 한 것이 문화적 실상이었다. 나아가 문언소설에 대한 인식이 갈수록 개방되는 추이가 확산되는 가운데 자연스럽게 소설사의 통속화가 가속화될 수 있었다. 문언소설의 가치를 인정한 담당층이라면 거의 누구나 그것을 긍정적으로 수용하는 가운데 일부에서는 통속성까지 추구하는 움직임이 자연스럽게 싹텄던 탓이다. 나아가 전통적 문언소설만을 고집하지 않고 점차 통속적으로 변모해 갈 수밖에 없는 문화적 토대가 더욱 다져질 수 있었다. 그리하여 17세기로 접어들면서 이전과는 사뭇 다른 문언소설이 대거 나타날 수 있었고, 나아가 통속소설과 공존·교섭하는 가운데 소설사의 판도가 갈수록 통속화 되어갔다.

전통적 문언소설이 주류를 이룬 것이 16세기 중·후반까지의 상황이었다면, 17세기로 내려올수록 일부 통속소설의 양식까지 추구하는 방향으로 흘러갔음이 분명하다. 이에 순수 문언소설의 관습을 지속적으

---

28) 최립, 〈花影集跋〉; 임기, 〈剪燈新話句解跋〉; 윤춘년, 〈題注剪燈新話後〉; 윤순거, 〈魯陵誌跋〉; 申駱峰企齋記異安憑夢遊錄云, "漢世絳侯嬰", 恐誤以勃爲嬰也.(『패관잡기』); 文章軌範·古文眞寶·東萊博議·剪燈新話, 莫不洞究脈絡.(柳希春, 『眉巖集』) 이상은 무악고소설자료연구회 편, 앞의 자료집 참조. 이밖에『전등신화』는 종종 초학자의 문장 수련, 이두 공부, 科詩 연마 등에 유용한 책으로 인식되었고, 몽유록은 자주 寓言으로 평가되었다.

로 따르면서도 한편으로는 통속소설을 겨냥한 새로운 모방을 추구함으로써, 통속적으로 변모한 어중간한 문언소설, 즉 '소설다운 소설'이 산발적으로 등장할 수 있었다. 문언소설을 적극 인정하던 뿌리깊은 전통은 결과적으로 소설의 증식과 함께 소설사의 통속화로 이행할 수 있는 문화적 기틀이 되었던 셈이다. 일단 문언소설을 중심으로 소설의 가치가 광범위하게 용인되던 오랜 관행이 통속소설의 양식을 수용하는 선까지 확대됨으로써, 종래와는 자못 다른 작품들이 17세기 소설사에 나타날 수 있었던 것이다.

2. 기층소설문화의 형성

  기층소설문화란 17세기 전반기 무렵까지 다져진 소설사의 이면 내지 저류를 가리킨다. 그것은 통속소설 및 국문·국문본소설의 보급 실태, 새로운 담당층의 확산 경향 등 두 가지 국면을 통해 엿볼 수 있다. 물론 통속소설의 저변에는 외래적 충격이 포함되며 담당층이란 작가층과 독자층을 뭉뚱그려 하는 말이다. 이같은 토대를 살펴보면 17세기 전기소설의 통속화 요인이 더욱 선명히 파악될 수 있다고 여긴다.

  우선 기억할 측면은 17세기 전후 소설사의 실상이 한문소설 일변도로만 전개되지 않았다는 점이다. 당시 소설 소통의 실태를 살펴보면 퍽 다수의 한문소설이 이미 국문으로 번역되어 널리 나돌았다. 예를 들어 잘 알려진 〈오륜전전〉 서문(1531)에 나타난 증언이나 〈설공찬전〉 관련 기록, 〈강로전〉의 국문 번역 유통 사실 등이 그것으로, 이로 미루어 이미 16세기 전반기 무렵부터 여항의 평민 남성을 비롯한 부녀자들이 국문소설류에 친숙해져 있었다.[29] 뿐만 아니라 국문소설 〈소생전(蘇生傳)〉의 존재가 홍주원(洪柱元, 1606~1672)의 〈희서언서소생전(戱書諺書蘇生傳)〉이란 시를 통해 확인되며,30) 1631년(인조 9) 당시 인흥군(仁興君, 1604~1651)은 〈취은몽유록(醉隱夢遊錄)〉을 국문으로 창작한 일이 있다.31) 그리고 『쇄미록(鎖尾錄)』(1595)의 편자 오희문(吳希文, 1539~1613)이 딸의 요청에 〈초한연의(楚漢演義)〉를 언문으로 풀이해 필사하도록 했다는 소중한 증언도 남아 있다.32) 이들 방증 자료로 미루어 17세기 중반경 이전에 이미 국문창작소설 및 국문번역소설의 소통 지반이 무시할 수 없는 정도로 두터웠음을 짐작할 수 있다. 기실 소설과 같은 통속물은 국문이라는 통속어로 짓거나 옮겨 적는 게 썩 어울린다는 생각들도 일찍부터 가졌을 법한데, 소설의 수적인 증대와 함께 종종 그것을 한글로 번역하거나 창작해서 유통시키는 전통이 일찍부터 형성되었던 것이다.

다음, 중국으로부터 유입된 각종 통속소설이 이미 16·17세기 당시 사대부가나 왕실을 중심으로 널리 성행했음은 누차 지적된 사실이다. 이른 시기의 자료 몇 개만 다시 거론한다면, 허균(許筠, 1569~1618)의 〈서유록발〉,33) 윤근수(尹根壽, 1537~1616)의 『월정만록』에 보이는

---

29) 다음 논문에서 이에 관한 종합적인 논의가 있었다. 정출헌, 「17세기 국문소설과 한문소설의 대비적 위상」, 『고전소설사의 구도와 시각』, 소명출판, 1999.
30) 장효현, 「전기소설의 장르개념과 장르사의 문제」, 『한국고전소설사연구』(고려대 출판부, 2002), 74면.
31) 원제가 "夢遊錄"으로, 현재는 漢譯本으로만 전한다. 『선군유권(地)』(국립중앙도서관 소장)에 수록돼 있다. 그리고 그것이 국문창작이었음은 朗善君 李俁가 쓴 다음 기록을 통해 알 수 있다. 「右湖西·夢遊兩錄, 元無家藏草本, 不肖於篋笥中, 偶得先君以諺書手自記錄者, 譯而書之, 附于卷末, 蓋欲猶勝於全闕之爲愈耳.」 다음 논문에서 소개 및 고찰이 있었다. 졸고, 「仁興君 瑛과 〈醉隱夢遊錄〉-인흥군 문학의 종합적 소개를 겸하여-」, 『고소설연구』5, 한국고소설학회, 1998.
32) 『鎖尾錄』(1595), 무악고소설자료연구회 편, 앞의 책, 186면.
33) 허균이 직접 거명한 소설만도 〈삼국지연의〉·〈수당연의〉·〈동한연의〉·〈서한연의〉

〈당서연의(唐書演義)〉 관련 기록, 〈천군기(天君紀, 일명 天君演義)〉 작자 황중윤(黃中允, 1577~1648)이 남긴 〈일사목록해(逸史目錄解)〉(1633년),34) 정태제(鄭泰齊, 1612~1669)가 그 〈천군연의[天君紀]〉를 읽고 쓴 서문, 1603년 당시『포공연의(包公演義)』한 질을 부마에게 전하라며 정숙옹주(貞淑翁主)에게 보낸 선조의 언간35) 등이 대표적이다. 이 밖에 〈왕경룡전〉이 산출된 점으로 미루어 〈옥당춘낙난봉부(玉堂春落難逢夫)〉가 수록돼 있는 풍몽룡(馮夢龍, 1574~1646)의 '삼언(三言)' (1624)도 이미 17세기 전반기에 국내로 전해졌던 것으로 보인다.36) 이 가운데『포공연의』는 중국에서 간행된 지 겨우 6년 만에 국내로 들어온 사례이며,37) 삼언(三言)도 신간서가 얼마 지나지 않아 유입된 경우이다.

　당시 조중(朝中) 양국의 문물 교환이 얼마나 신속했던가 하는 사실은 윤국형(尹國馨, 1543~1611)의『갑진만록(甲辰漫錄)』에 보이는 기록을 통해 짐작할 수 있다. 윤국형에 따르면, 임진왜란 당시 원군(援軍) 참모로 왔던 오명제(吳明濟)가 펴낸『조선시선(朝鮮詩選)』을 보니 자기가 그에게 준 전별시 한 수가 수록돼 있었는데 그 아래엔 불과 60여일 전의 자기 신상까지 기록돼 있었다는 것이다.38) 게다가 윤국형은 그

　・〈제위지〉・〈오대잔당연의〉・〈북송연의〉 등 여덟 작품이나 된다.
34) 이 〈逸史目錄解〉는 황중윤이 〈天君紀〉를 지은 이유와 장회를 나누고 回目을 달게 된 배경 등을 설명한 글이다. 황중윤은 자기가 일전에 읽어본 연의소설로 〈諸列國誌衍義〉・〈楚漢衍義〉・〈東漢衍義〉・〈三國誌衍義〉・〈唐書衍義〉・〈宋史衍義〉・〈皇明英烈傳衍義〉 등을 열거하였다. 다음 논문에서 소개 및 검토가 있었다. 김동협,「天君紀 고찰」,『한국의 철학』16, 경북대 퇴계연구소, 1988; 김동협,「유가적 인간이해 시론-〈천군기〉에의 고찰-」,『한국문학연구』14, 동국대 한국문학연구소, 1992.
35) 김일근,『언간의 연구』(건국대 출판부, 1988), 184면.
36) 송하준,「〈왕경룡전〉 연구」(고려대 석사학위논문, 1998), 30면. 참고로, 〈玉堂春落難逢夫〉는 '三言' 중『경세통언』에 수록돼 있다.
37) 박재연,『조선시대 중국통속소설 번역본의 연구』(한국외국어대 박사학위논문, 1993), 432면.

『조선시선』을 임인년(壬寅年, 1602) 여름 북경에서 돌아온 성영(成泳)이라는 사람을 통해 얻어 보았다고 하니 그 책이 간행되자마자 국내로 전해진 셈이다. 그런가 하면 윤국형은 무술년(1598) 중국의 대병이 철수한 뒤로 중원의 상인들이 물자를 가져오느라 전후로 연락부절이었고 종로 거리에는 가게를 열어 놓고 물건을 진열해 놓은 사람들이 부지기수여서 중원의 물화(物貨)가 도리어 흔하게 되었다는 기록도 남겼다.39) 특히 임란과 같은 국제적 전쟁을 계기로 양국의 정보나 문물 교환이 급속도로 진행되었음을 새삼 확인할 수 있는 것이다. 또한 중국소설을 엄청나게 탐독했던 19세기 인사 유만주의 증언에 따르면, 숙민공(肅敏公)이라는 사람이 책을 사 모으는 것을 좋아해 뱃길로 중국에 사신 갔다 돌아올 때마다 한 배 가득 싣고 돌아왔다고 하는데,40) 비단 19세기 당시뿐만 아니라 이미 오래 전부터 중국의 신간서들은 이같은 방식으로도 신속히 유입되었을 것이다.

   이상과 같은 16·17세기의 정황들을 통해 우리는 몇 가지 구체적 사실들을 유추해낼 수 있다. 첫째, '통속소설'이 아닌 것들조차도 국문으로 번역되거나 창작되었을 만큼 국문이 특히 속문학과 밀착된 채 널리 활용되었다는 점. 둘째, 소설이 국적에 관계없이 불특정 다수에게 성행하는 소설사의 저류가 형성되었다는 사실. 셋째, 번역(자)이나 필사(자)와 같은 소설의 전파 체계들이 나름대로 성장했다는 점. 넷째, 소설이 평민이나 여성 독자층의 오락물로 파고드는 정도의 소통환경이 일구어지는 가운데 그들이 소설 생산의 잠재적 후원자로 성장하기 시작했다

---

38) 『갑진만록』, 『국역대동야승』XIV(민족문화추진회, 1973), 79면.

39) 『갑진만록』, 같은 책, 96면.

40) 『欽英』21책, 1786년 1월 16일자 기사(최자경, 「유만주의 소설관 연구」, 연세대 석사학위논문, 2000, 115면).

는 점. 이같은 현상들은 한 마디로 소설문화의 전변(轉變)을 의미한다. 이로 말미암아 한문소설과 통속소설의 공존 및 교섭이 가능해졌을 터이며 동시에 한문소설의 통속화도 자연스럽게 추진되었을 것이다.

이때 언급해 둘 문제가 하나 있다. 중국으로부터 수입된 완제품 통속소설의 광범위한 유통이 당시 소설사에서 어떤 의미를 갖는가 하는 문제가 그것이다. 그것들은 무엇보다도 통속소설의 '사회적 위상'을 높이는 데 있어서 견인차 역할을 했다고 본다. 국내 소설문단에 충격을 가함으로써 문화적 개방을 촉진했다는 말이다. 17세기 중후반 무렵부터 사대부 독자들 사이에 통속소설을 둘러싼 논쟁들이 끊임없이 전개된 것도 이에서 기인한 당연한 결과이다. 여하튼 16세기 무렵부터 중국의 통속소설이 대거 유입됨으로써, 논자에 따라 복제품 내지 유사품이라고 억지를 부릴 수도 있는 작품들이 자생할 수 있는 국내 소설문화가 더욱 신속히 나타날 수 있었다. 17세기 이후의 적잖은 소설작품들은 이같은 환경에서의 숱한 독서 경험이 낳은 산물이므로, 자구를 대비해가면서 영향관계를 확인하는 일은 도리어 오류에 빠질 수 있다. 〈왕경룡전〉 같은 작품이야 중국 언정소설(言情小說)과의 직접적인 관련성을 도외시할 수 없지만, 무엇보다도 그것은 국내 소설문화의 저변이 그처럼 선행 텍스트를 맘대로 개작할 수 있을 정도로 두텁게 구축돼 있었음을 보여준다.

한편, 17세기로 들어 '작가층의 전변(轉變)'이 일어났다는 사실에 각별히 주목할 필요가 있다. 우선 17세기는 작자를 잃은 소설이 대거 등장한 시기로, 당시 전기소설은 고전소설사에서 작가의 '무명현상'이 본격적으로 대두하기 시작했음을 선두에서 보여준다. 17세기 전기소설 가운데 작가를 명확히 알 수 있는 작품은 권필(權韠, 1569~1612)의 〈주생전〉과 조위한(趙緯韓, 1567~1649)의 〈최척전〉 둘뿐이다. 논란거리로 남아 있는 〈위경천전〉의 작자를 권필로 추정하더라도, 대다수 작품들이 작가를 잃은 채 태어났다는 이야기이다. 게다가 〈주생전〉과 〈최척전〉의 경우도 작자를 알려주는 기록이 작품 말미에 가탁의 형식으로 요행히 남아 있을 뿐이다. 17세기 전기소설 태반은 작가의 무명현상이 널리 확산되던 소설사적 환경 가운데에서 그렇게 산출되었던 것이다.41) 이는 무엇보다도 17세기 전기소설이 진정한 '변방'에서 태어났음을 뜻한다. 물론 소설이 소도(小道)·말류(末流)로 취급받던 시대적 분위기 속에서, 자신이 그것을 지었다는 사실을 드러내놓고 이야기할 식자층은 거의 없었을 것이다. 그러나 17세기 전기소설의 경우 전대의 그것들과는 자못 다른 환경 속에서 창작되었고, 이로 인해 작가의 무명현상이 거의 필연적으로 나타날 수밖에 없었다.

17세기 전기소설을 지은 사람들은 크게 두 부류로 추정된다. 한 부류는 정치적으로 낙척실의해 일생을 불우하게 살아간 사대부문사들로, 우선 〈운영전〉과 〈동선기〉는 그러한 인사들의 작품임을 보여준다. 이와 함께 〈주생전〉을 지은 권필이나 〈최척전〉의 작자 조위한의 경우도 비슷한 부류로 묶일 수 있다. 권필과 조위한은 당시 '유명세'를 탔던 사람들이란 점에서 다소 다른 신분계층에 있었던 것으로 간주되나, 오래도록 정치적 고립과 좌절을 거듭하기는 마찬가지였다.42) 권

---

41) 물론 15세기 이전의 소설사 '태동기'에 나온 작품들은 거의 다 작가를 알 수 없다. 그러나 나말여초 동안의 소설사는 15세기 이후의 소설사와 일단 같은 자리에서 이야기하기 어렵다. 15세기 이전 소설사의 가장 특징적인 국면은 두 가지이다. 하나는 소설이 역사의 附庸에서 독립해 가는 도정에 있었다는 점이고, 다른 하나는 개인창작성보다는 집단창작성이 강했다는 사실 그것이다. 『新羅殊異傳』이나 『三國遺事』와 같은 '역사물'에 소설적 경사를 보이는 작품들이 간혹 '묻혀 있는' 현상은 아직 소설이 역사의 부용에서 이탈하지 못했음을 여실히 보여주며, 그러한 작품들에 어엿한 '제목'이 없는 데다 설화적 성격까지 농후한 것은 그 집단창작성으로 인해서다. 때문에 당시 소설사의 무명현상은 어쩌면 당연한 것이어서, 17세기 이후 소설사에 나타난 무명현상과는 차원이 다르다.

필은 평생을 불우하게 살았으며 조위한은 인조반정(1623년)을 계기로 비로소 정계에 복귀한 인물이다. 〈최척전〉의 경우 1621년(광해군 13)에 지어진 작품으로, 서인계 정치노선을 탄 조위한이 정치적 소외로 방황하던 시기에 집필되었다.

다른 한 부류로는 현달에 실패한 사대부문사라기보다는 '몰락사인'이나 '중간계층' 정도에 머물렀던 사람들을 상정할 수 있다. 〈상사동기〉와 〈왕경룡전〉의 경우 그 작품성향으로 미루어 상층사대부문사의 손에서 나온 것으로는 보이지 않기 때문이다. 특히 그 문체적 특질로 보아 문식(文識)과 개방적 사고를 지닌 데다 중국어에 능하고 재기 발랄한 언어표현에도 익숙했던 중간층 인사의 소작으로 추정된다.

이렇듯 종래와는 다른 작가층이 대두하는 17세기의 소설사적 환경에서라면 전기소설의 통속화는 기실 필연적인 결과가 아닌가 한다. 그들은 진정한 변방인들이었기에, 단지 개인의 이념을 포장하느라 주력하지 않고, 세속과 소통 가능한 소설작품을 창출할 수 있었던 것으로 보인다. 경우에 따라서는 하층 생활권으로 눈을 돌려 여항 노유(老儒)들의 이야기나 시정의 신문(新聞)에 분분히 귀를 기울이기도 했다. 특히 소설이 갈수록 작가와 독자의 상호 소통관계 속에서 산출되는 추이에서라면, 작가들의 창작행위는 보이지 않는 후원자로 두터워진 그들

---

42) 권필과 조위한은 선조·광해 연간에 형성된 거대 문인그룹의 일원이었다. 당시의 문학동호인은 파악되는 사람만도 줄잡아 30명이 넘는다. 대표적 인사로는 권필과 조위한을 비롯해 許筠(1569~1618)·梁慶遇(1568~1638)·李安訥(1571~1637)·趙纘韓(1572~1631)·任錪(1560~1611)·趙希逸(1575~1638)·任叔英(1576~1623)·鄭弘溟(1592~1650)·吳翮(1592~1634) 등을 꼽을 수 있다. 이들은 대개의 경우 학연으로 얽혀 있고 당색도 서인이었으며 이로 인해 정치이력도 유사했다. 선조·광해 연간의 내외적 혼란기 동안 현실적 좌절을 거듭하는 가운데 비슷한 기질과 처지 그리고 문예취향을 매개로 모여 16·17세기 문화사에 뚜렷한 발자취를 남겼다. 졸고, 「〈최척전〉의 창작동인과 소통과정」, 『고소설연구』9, 한국고소설학회, 2000.

독자층을 겨냥할 터이다. 그리하여 17세기 전기소설 작가들은 자신의 안목으로 현실의 민감한 문제들을 포착해내면서도, 독자 대중의 심미 취향에 걸맞는 통속화된 작품을 자연스럽게 지향해갔던 것으로 생각된다.

제5장 17세기 전기소설의 소설사적 위상

　본서의 서두에서 종종 15·16세기 전기소설을 분석하는 잣대로 17세기의 그것들에 접근해온 경향에 대해 문제를 제기한 바 있다. 가령 앞에서 논구한 것처럼 17세기 전기소설은 갈등의 간접화나 내면화 혹은 진지성만을 고수했다고는 보기 어려우며, 고답성과 폐쇄성을 지녔다고 간주기도 힘들다. 뿐만 아니라 전기소설이 17세기라는 전환기 소설사에서 퇴출당했다거나 해체되었다는 식의 일부 종래 논법은, 일견 타당하면서도 동시에 문제점을 함께 안고 있다고 생각된다. 그리고 전기소설을 문인지식층의 전유물로 평가하거나 국문소설과는 구분되는 그들만의 고유 임무가 따로 있었던 것처럼 설명하는 관점들에도 선뜻 공감이 가지 않는다. 17세기 전기소설과 국문소설의 실제적 거리를 생각할 때, 양자가 그토록 현격한 차이를 지니는 것은 아닐 뿐만 아니라 각각 별도의 역할이 있었다고 이해하기도 어려운 것이다. 그 생산지반이나 소통환경에 있어서도 국문소설의 그것과 매우 밀착된 상태에 있었다.
　그런가 하면 17세기 전기소설은 그 다양한 변모 양상들이 인정돼 종종 고전소설사 전환의 징표로 지목되기도 했다. 고전소설사에서 17세기는 언필칭 '일대 전환기' 혹은 '본격소설시대'로 인식돼온 시기로, 전기소설도 이를 뒷받침하는 주역으로 평가되었던 것이다. 그러나 그동안 이 시기 전기소설을 둘러싼 논의가 끊이지 않았음에도 불구하고 고전소설사 내에서 그것을 어떻게 자리매김 해야 하는가의 문제는 여전히 논란거리로 남아 있다.

본 장에서는 그들 전기소설의 소설사적 운동 상황을 살피고, 비통속소설과 통속소설 사이에서 차지하는 지점을 파악함으로써, 그 소설사적 위상을 밝히도록 하겠다. 나아가 17세기 소설사의 추이 속에서 전기소설이 갖는 의의를 조망해 보도록 하겠다.

1. 독본소설(讀本小說)로의 성장

우선, 15·16세기 소설을 '초기소설'이라고 지칭하면서[1] 그 특질을 간략히 소묘해보는 순서를 밟도록 하자. 초기소설을 해석하는 이 글의 관점은 크게 두 가지다. 하나는 작가 개인의 자아 표출이 위주라는 것이고, 다른 하나는 소통 양상이 경전적(經典的)이라는 점이다.

첫 번째 특질부터 설명하면, 초기소설이 작가 개인의 자아 표출을 위주로 한다는 말은 곧 '우언소설(寓言小說)'에 해당한다는 뜻이다. 한 예로, 김시습은 『전등신화』 한 편만 읽어도 활짝 웃기에 충분해 자기의 평생 응어리진 가슴을 풀어준다고 했는데,[2] 그가 불심지 자르며

---

[1] 여기서 '초기소설'이라는 용어는 단순히 시기적으로 소설사의 초두를 장식했다는 점에서 붙여진 게 아니다. 소설이 아직도 역사와 완전히 결별하지는 못했거나 經典的으로 인식·소통되어 온 소설사의 실상이 반영된 명칭이다. 동시에 17세기 전기소설과의 양식적 이질성까지도 고려한 이름이다. 이는 논의 과정에서 밝혀질 것이다. 지금까지 초기소설이라는 용어는 논자에 따라 편의적으로 사용돼 왔지만 필자는 그럴 경우 소설사를 구획함에 있어서 혼란을 야기할 수 있으므로 제한적으로 써야 한다고 여긴다.

[2] 〈題剪燈新話後〉, 『梅月堂集』권4. 眼閱一篇足啓齒, 蕩我平生磊塊臆.(『한국문집총간』

엮어낸 "풍류기화(風流奇話)"는 김안로(金安老)가 지적한 것처럼 아무리 보아도 우언이다.3) 김시습은 유종원(柳宗元)의 〈하간전(河間傳)〉이나 한유(韓愈)의 〈모영전(毛穎傳)〉 그리고 굴원(屈原)의 〈천문(天問)〉이나 장주(莊周)의 〈대호(大瓠)〉 등을 직접 거론해 『전등신화』가 우언의 전철을 밟았음을 간접적으로 밝히기도 했다. 그와 같은 우언이 자기의 평생 응어리진 회한(悔恨)을 풀어준다는 것이다.4) 문망(文網)이 조밀했던 주원장(朱元璋) 시대에 구우(瞿佑)가 문자옥을 피해 『전등신화』를 우언으로 썼던 것처럼, 김시습도 『금오신화』를 그렇게 지어 참으로 석실(石室)에 숨겼을 수 있는 것이다.

추가로 언급하자면, 『전등신화(剪燈新話)』〈수문사인전(修文舍人傳)〉의 경우 하안(夏顔)의 형상을 빌어 구우 자신의 불우한 신세와 지사적(志士的) 불평 그리고 세상에 대한 울분을 기탁한 것으로 유명하지만, 〈수궁경회록(水宮慶會錄)〉에서는 아예 그 주인공 '여선문(余善文)'이라는 이름에서부터 '나는 글을 잘한다(그러나 불우하다)'는 우의를 기탁했다. 가령 〈최척전〉에 등장하는 '여유문(余有文, 나는 문재가 있다)'

13, 163면)
3) 金安老는 『龍泉談寂記』에서, 『금오신화』를 가리켜 "이상한 세계를 서술해 마음 속 생각을 기탁했다(述異寓意)"고 언급했다. 그런가 하면 明代의 吳植이라는 사람은 『전등신화』를 가리켜 "其辭則傳奇之流, 其意則子氏之寓言也."(〈剪燈新話引〉, 『剪燈新話句解』)라고 했는데, 이는 『금오신화』도 마찬가지다.
4) 그런가 하면 〈題金鰲新話(二首)〉(『매월당집』권6, 앞의 책, 194면)에서는 자신의 『금오신화』가 어떠한 심리상태에서 지어졌는가를 암시했다. 등잔불 돋운 채 긴 밤 분향하고 앉아 인간세상에서 볼 수 없는 風流奇話를 짓는다(挑燈永夜焚香坐, 閑著人間不見書…風流奇話細搜尋)고 했으니, 가슴에 맺힌 응어리를 풀어내는 심경 바로 그것이다. 〈靜夜〉라는 시에서는 근심으로 잠 못 이루는 달 밝은 밤에 "촛불 심지 자르며 新語를 짓는다(剪燭拈新語)"고 했고, 〈夜深〉에서도 달 밝은 밤 깊은 山室에 앉아 "등잔불 돋우고 隱書를 읽는다(靜坐挑燈讀隱書)"고 했다. 이같은 고뇌와 번민은 우언소설 창출의 추동력이 되었다고 본다.

이라는 이름을 이렇게 우의로 해석할 수는 없는 노릇이다. 기실 초기 소설 태반이 음계(陰界)를 그리거나 몽환적(夢幻的)·유선문학적(遊仙 文學的) 성향을 띠는 것도 우언소설의 전형적인 수법으로 볼 수 있다.

초기소설은 그래서 우의적(寓意的) 서술시각이 서사체를 압도하거 나 혹은 양자가 팽팽히 맞서는 양상을 드러내며, 동시에 특정 이념적 주제의식 내지 작가 개인의 자아가 매우 농후하게 감지되기 일쑤이다. 그 특질을 구체적으로 지적하면, 인물의 의론이 지나치고 시사(詩詞) 가 압도적인 데 비해 인물의 형상화 정도나 서사적 우여곡절이 부족하 다는 말로 압축된다. 초기소설 작가들은 시(詩)와 문장·의론을 통해 정치적 우의나 역사인식을 기탁하는 것을 이상적 소설작법으로 여겼 고 또 그렇게 읽을 것을 요구했다. 등장인물은 종종 우의를 대변하는 작가의 화신으로 나타나며, 인물의 군더더기 대화나 시가 압도적 비중 을 차지한다. 우의를 강설하거나 이치를 설명하느라 의론을 구성의 중 추로 삼기도 했으며, 자신의 특수 심리를 기탁하느라 주관적 정서와 시적 정조를 부각시키기도 했던 것이다. 작가들이 주력한 부분은 우의 를 기탁하는 일이었으므로, 그것을 위해 서사를 구성했다고도 간주할 수 있다는 말이다. 그리고 그렇게 우여곡절하고 감동적인 서사체보다 는 주의주장이 담긴 문필에 역점을 둠으로써, 소설 구성에서 서사성이 차지하는 비중이 현저히 약화되는 현상을 낳았다. 가령 상황별 전개나 인과적 서사성이 대단히 미약한 것이 그 단적인 예이다.

초기소설은 이렇듯 추상적·내면적 자아의 추구, 즉 우언적 입언(立 言)이 중핵을 차지한다는 점에서 어엿한 개인주의소설이자 심리소설 로 평가될 수 있다. 동시에 지식인문사의 자아 성찰과 철학적 담론의 장이기도 했다는 점에서 일종의 지식인소설이기도 하다. 물론 종종 자 아가 고독감에 빠지거나 자기분열이나 자기상실의 상념에 사로잡혀 있음을 드러내는 점으로 미루어 그들에 나타난 현실인식의 심각성이야 타의 추종을 불허하지만, 그것은 곧 독자와의 거리가 좁아지기 어려움을 의미하는 것이기도 하다.

가령 상당히 '범속한 사랑'의 이미지로 그려낸 〈이생규장전〉은 초기소설사에서는 혜성과도 같은 존재이다. 그러나 귀신과의 그 애처로운 사랑 가운데에는 애정고사 그 자체의 자유로운 소통을 크게 제약하는 작가의 이념적 그림자가 너무 짙게 드리워져 있다. 이생과 최랑의 사랑은 곧 현실의 질곡에 절규하는 한 지사(志士)의 한(恨)을 드러낸다는 점에서 너무 몽환적이다. 그 귀신과의 기이하고 신비한 사랑이야기는 작가의 말 그대로 인간세상에서는 볼 수 없는 풍류기화여서, 독자로 하여금 진정 서사에 몰입하지 못하고 일정한 거리를 지닌 채 그 기이한 세계를 '관망'하도록 유도한다. 갈등의 간접화를 꾀했다거나 머뭇거림의 미학을 보여준다거나 혹은 화자의 태도가 객관적 의사보고적 거리를 유지한다는 식의 지적은 이같은 경우를 두고 한 말일지도 모르겠다.[5] 〈이생규장전〉은 동시대 다른 소설작품들에 비해 내면에 대한 비상한 탐구를 지나치게 드러내지는 않았지만, 그렇다 해서 일상과 대비되는 기이하고 맹랑한 세계를 그리는 데서 탈피한 것도 못되는 셈이다.

그러므로 초기소설은 다중 독자의 독서취향이나 오락적 욕구와는 원천적으로 맞지 않는다. 작가들은 자신의 자아를 독자에게 진지하게 강요했고 독자는 이에서 자유로울 수 없다. 독자는 텍스트와의 만남이 아닌 작가와의 만남을 통해 그 작가정신을 해부해야 한다. 의당 서사

---

[5] 김종철, 「서사문학사에서 본 초기소설의 성립문제」, 『고소설연구논총』, 경인문화사, 1988; 신재홍, 「초기 한문소설집의 傳奇性에 관한 반성적 고찰」, 『관악어문연구』 14, 서울대, 1989; 강상순, 「전기소설의 해체와 17세기 소설사적 전환의 성격」, 『어문논집』 36, 안암어문학회, 1997.

체 자체를 읽는 일은 별 의미가 없으며 또 그럴 만한 서사체를 구비하고 있지도 않다. 작가의 주관적 사유가 서사세계를 지배하고 있으므로 객관적이고 활동적인 서사성은 무척 미약할 수밖에 없는 것이다. 작품 외적 작가의 목소리와 작품 내적 서술자의 언어가 거의 일치하는 형태로 재현됨으로써 작가의 의도된 이념이 직접 노출되는 경우도 흔하다. 이는 소설로서는 족히 약점이 될 수 있다.

초기소설의 또다른 특징은 그 소통 양상이 경전적(經典的)이라는 점이다. 이에 대해서는 기실 앞 장 '아(雅)문화의 세속화'를 논구하는 자리에서 직감할 수 있었을 터, 장황한 논의 절차를 밟을 필요는 없을 것이다. 여기서 소통 양상이 경전적이라는 표현은 특별히 '독서 태도 및 방법'을 가리켜 하는 말이다.

우선 소설비평사에서 이른바 '장이론(張弛論)'이란 것은 유명하다. 관련 자료들을 훑어보면 필기야사류로부터 국문통속소설에 이르기까지 장르를 막론하고 가장 광범위하게 나타나는 게 이 장이론이다. 소설이란 것은 영원한 가담항어(街談巷語)에 불과했으니 어떡하든 옹호 논리가 필요했다는 점에서 장이론은 선택의 여지가 없었을 것이다. 공자도 장기 바둑을 권했다느니, 양화(陽貨)의 말을 맹자가 취해 인(仁)을 논했다느니, 사마천도 골계를 버리지 않았다느니, 고대 성현을 끌어들여 소설을 정당화하는 논리들을 부지런히 펼쳤다. 그리고 동시에 곁들이는 논리는 바로 세도(世道)를 붙들고 권선징악의 효능을 발하며 명교에 보탬이 된다는 등의 말들이다. 최립(崔岦, 1539~1612)처럼 『화영집(花影集)』을 미처 보지도 못한 상태에서 필시 세상의 권계와 관련 있을 것이며 사람을 감발시킬 것이라는 발문을 쓴 사람도 있었다.[6]

---

6) 최립, 〈花影集跋〉. 무악고소설자료연구회 편, 『한국고소설관련자료집Ⅰ』(태학사, 2001), 121면.

초기소설도 일단은 이렇듯 장이론에 힘입어 한바탕 유희물로 삼기에는 썩 적합한 독서물로 소통될 수 있었던 것이다.

그러나 무엇보다도 초기소설은 '시문(詩文)'으로 감상할 수 있었다는 점에서 사대부 독자들의 구미에 썩 적합한 것이었다. 물론 그 깊은 뜻까지 포함해서 말이다.[7] 고급의 독서취향에 잘 어울리는 시문소설(詩文小說)의 격국(格局)이 넘침으로써, 속문학임에도 불구하고 배척 당하지 않았을 뿐 아니라 간혹 찬사까지 받았다. 기실 초기소설은 아문화의 독보적 무기이기도 했던 한문으로 집필된 것이란 이유만으로도 거부감을 크게 줄일 수 있었을 터이다. 동시에 한자문화권의 고아(高雅)한 지식기반 없이는 해독이 쉽지 않은 수식적 문체와 전고 투성이의 문장을 담고 있어 진지하게 독서하지 않으면 안되었다. 사대부 독자들은 그것들을 앞에 놓고 '가슴으로' 느끼며 음미할 수 있었고, 우의를 읽어내 작가와 소통할 수 있었으며, 시문의 뜻이나 전고(典故)를 밝히느라 골몰하기도 했을 것이다. 이같은 독법은 말 그대로 경사자집(經史子集)을 대하는 태도와 크게 다르지 않은 것이었다. 더구나 일찍부터 이렇듯 소통되었으므로 비판은커녕 당당히 간행(刊行)을 보아 도리어 사대부 독자들 사이에 더 널리 나돌 수 있었다. 또 낮은 지위의 속문학임에도

---

[7] 당시 문자를 암송하는 자들이 반드시 『전등신화』를 이야기한다는 林芑의 증언은 그 방증적 예이다. 임기가 『전등신화구해』를 펴낸 이유는 經史나 제자백가를 숱하게 인용해 질탕하게 놀면서 그칠 줄 모르는 그 문장에 대해 주석이 필요했기 때문이다. 비록 소설이지만 문장 연습이라는 실용적 목적을 위해 주석을 달았던 것이다(〈剪燈新話句解跋〉). 그런가 하면 윤춘년은 〈추향정기〉를 읽고서, 왕과 신하가 제대로 만나기란 어려운 일이니 이 작품을 읽노라니 눈물이 흐른다고 했다. 신이한 자취와 남녀의 정을 통해 드러낸 선악보응의 이치 속에는 구우가 붓을 잡은 참뜻이 깃들어 있음을 정확히 간파했던 것이다(〈題注解剪燈新話後〉). 또한 김시습은 『전등신화』를 읽으면서 처음엔 믿을 게 없는 듯하나 '점차 음미'해 보니 그 재미가 마치 사탕수수를 씹는 듯하다고 했다(〈題剪燈新話後〉). 그리고 朴啓賢은 차를 마시면서 『기재기이』를 여러 번 읽는다고 했다(〈題企齋記異卷後〉, 『駱村集』부록, 무악고소설자료연구회 편, 같은 책, 247면).

불구하고 종종 자집(子集) 정도에는 족히 분류될 수 있었다.

17세기 전기소설의 소설사적 위상은 일단 이상과 같은 초기소설의 특질에 대비해서 조명해볼 수 있다. 우선 17세기 전기소설은 다른 말로 '중편전기소설'이라고 부를 수 있다. 여기서 '중편전기소설'이라는 말에는 세 가지 의미가 내포돼 있다. 하나는 전대의 정격(正格)에서 벗어났다는 것이고, 두 번째는 '읽을거리'로 태어났다는 것이며, 다른 하나는 '소설다운 소설'이라는 뜻이다. 이 자리에서 논구할 것은 바로 두 번째와 세 번째 사항인데, 양자는 기실 밀접히 얽혀 있으므로 '읽을거리'로 태어났다는 문제를 중점적으로 살피기로 한다. '읽을거리'란 다른 말로 '독본소설(讀本小說)'을 가리키며 그 구체적 의미는 이하 논의 과정에서 밝혀질 것이다. 그리고 여기서 '중편전기소설'이라는 명칭에는 진정한 의미의 소설사란 것이 17세기를 고비로 본격 개막했다는 논지가 깔려 있다. 또한 17세기 전반기는 비록 한문전기소설이 주류를 차지했다 하더라도, 편의적으로 15·16세기 소설사와 뭉뚱그려 '초기소설사'로 간주할 수 없다는 시각도 함께 들어 있다.

17세기 전기소설은 그 소통 양상에 있어서 방금 살핀 초기소설과 상통하는 측면을 우선 갖고 있다. 아무리 통속적 문체로 기울어 있다 하더라도, 일단 '한문'으로 쓰여졌다는 점에서 그것들은 그 소통적 범주가 크게 제약될 수밖에 없다. 필시 그것들은 초기소설과 마찬가지로 사대부문사를 중심으로 읽혔을 게 자명하며, 한문소설이란 이유로 배척되는 일도 드물었을 것이다. 관련 자료가 상대적으로 적긴 하지만, 17세기 전기소설에 대한 부정적 비평문을 찾기란 쉽지 않다. 그리고 실제로 그들은 초기소설과 합사(合寫)된 채 같은 자리에서 소통되었음을 몇몇 자료들에서 확인할 수 있기도 하다.[8] 더구나 17세기 인사 김집(金集, 1574~1656) 같은 이는 한문소설집을 읽으면서 문리가 잘 통

제5장 17세기 전기소설의 소설사적 위상 255

하도록 이본을 대조해 꼼꼼히 교열을 보았다는 증언을 남기기도 했다. 그 소설집에는 〈만복사저포기〉와 〈이생규장전〉 이외에 〈왕경룡전〉·〈최고운전〉·〈왕십붕기우기〉 등이 포함돼 있으니, 이는 17세기 전기소설까지도 무척 진지한 자세로 읽었음을 보여준다.9)

그러나 17세기 전기소설은 초기소설과의 이같은 동질성만으로는 도저히 뭉뚱그려 평가할 수 없는 국면들을 현저히 드러낸다. 이를테면 17세기 전기소설의 진면목은 거기에 있지 않다는 것이다. 우선 합사(合寫)된 한문소설집만을 보더라도 대다수가 대체로 17세기 작품들끼리만 묶여 전한다.10) 그러한 현상을 두고 단지 표기문자가 '한문'이어서 그랬을 것이라고 해석한다면 이는 의미를 지나치게 축소하는 논법이다. '한문소설'이라는 동질성도 물론 중요하지만 그보다는 장르적 동질성과 소통 양상을 보여주는 것으로 의미를 부여할 필요가 있다.11) 즉 17세기 전기소설이 많은 독자들 사이를 나돌며 읽히고 전사(轉寫)

---

8) 『草湖別傳』(정경주 소장본 한문소설집), 『愼獨齋手澤本傳奇集』, 『花夢集』 등.
9) 다음 논문에서 해당 자료를 들어 이같은 독법에 대한 논의가 있었다. 정출헌, 「한문소설의 미적 특성과 그 구현 양상에 대한 검토」, 『한국한문학연구』29(한국한문학회, 2002), 64면.
10) 『三芳錄』, 『默齋日記』, 『古談要覽』, 일명 국립중앙도서관본 한문소설집(〈운영전〉·〈상사동기〉·〈서상기어록해〉 합철), 임형택본 한문소설집, 이헌홍본 한문소설집, 김기현본 한문소설집 등. 현황 파악은 다음 목록을 참조했다. 김흥규 외, 「한국한문소설목록」, 『고소설연구』9, 한국고소설학회, 2000. '김기현본 한문소설집'은 근래 다음 글에서 소개가 있었다. 간호윤, 「(발굴자료)崔灝傳」, 『우리문학연구』14, 우리문학회, 2001. 김기현본에는 〈주생전〉·〈운영전〉·〈崔灝傳〉·〈상사동기〉·〈왕경룡전〉·〈최척전〉·〈崔仙傳(최고운전)〉 등 7편의 전기소설이 실려 있다고 한다. 그리고 『화몽집』, 『신독재수택본전기집』, 『초호별전』도 기실 17세기 소설이 주류를 차지하며, 이밖에 천리대본 〈동선기〉·〈최척전〉·〈금화사몽유록〉은 필체가 동일한 점으로 미루어 함께 묶여 있을 것으로 추정된다.
11) 물론 창작시기의 유사성을 보여주는 것이기도 하지만 이 자리에서는 그다지 중요하지 않은 문제이다.

되는 '독본소설'로서의 길을 걸었다는 말이다. 단지 책상 앞에서 가슴으로 되씹으며 음미하는 대상이 아니라, 서사세계에 몰입해 오유(娛遊)할 수 있는 따위의 미학적 기능을 발휘하는 산물로 소통되었다는 말이다. 물론 17세기 전기소설 가운데 특히 〈운영전〉·〈주생전〉·〈위경천전〉의 경우엔 삽입시가 많아 초기소설의 한 특징인 시문소설(詩文小說)로서의 성향도 퍽 짙게 드러내는 게 사실이다. 그렇지만 그것들은 재자가인 인물성격이나 사건의 흐름과 직접적인 관련이 있어, 단순히 작가의 시적 재능을 드러내거나 주정적 환경 및 분위기에로의 몰입을 요구하는 경우와는 자못 다르다. 비교컨대 〈교홍기(嬌紅記)〉나 〈가운화환혼기(賈雲華還魂記)〉와 같은 몹시 통속화된 애정소설의 수준과 거의 동일하고 마치 재자가인소설의 시문과도 같아 독서에 별 장애를 주지 않는 것이다. 여하튼 그들 필사본 소설집들이 마치 단행본 소설집처럼 유통된 현상은, 17세기 전기소설의 소설문단 내 위상을 적절히 보여주는 한 측면이라 할 수 있다.

여기서 우리는 17세기 전기소설은 구활자본이 나오기 전까지 전부 다 필사본으로만 유통되었다는 중대한 사실에 주목할 필요가 있다. 필사본으로만 유통되었다는 것은 그들이 한갓 하찮은 패설잡기, 즉 소설다운 소설로 존재했음을 의미한다. 상업주의와는 전혀 무관하게 당당히 판각되거나 문집에 등재되는가 하면 목록학의 범주로까지 진입했던 초기소설에 비하면 실로 현격한 차이가 아닐 수 없다. 17세기 전기소설은 근본적으로 목록학의 범주에 들 수 없는 것들로, 단지 문자를 아는 여항 노유(老儒)들 사이에 파한(破閑) 이야기책으로 유전된 진정한 '소설'이었던 것이다. 그들을 초기소설과 같은 자리에서 운위하기 어려운 이유는 일단 이렇듯 결코 경전적(經典的)이지 않았으며 또 그럴 수도 없었다는 점 때문이다. 게다가 앞서 17세기로 들어 소설사에서

제5장 17세기 전기소설의 소설사적 위상 **257**

작자의 무명(無名) 현상이 본격적으로 대두하기 시작했다는 사실을 지적한 바 있는데, 17세기 전기소설 태반은 그렇듯 작자를 잃은 채 변방에서 태어났고, 그 소통 과정에서도 이렇듯 줄곧 무명의 신세로만 남아 있었다.

더구나 17세기 전기소설은 그렇게 '책 형식'의 문학생산물로 소통되는 가운데 '이야기되는' 소설, 즉 '고담(古談)'으로 '구전(口傳)'까지 될 수 있었다. 이 또한 특기할 만한 현상으로, 몇몇 자료들에서 그것을 엿볼 수 있다. 우선 관련 자료를 한 자리에 들어본다.

1

슬프게도 그 사람 오래도록 보지 못했네	惆悵伊人久未見
궁문은 깊이 잠기고 비단 휘장 소슬하구나	宮門深鎖錦帳寒
동쪽 복숭아 자두나무 서쪽의 버드나무	東邊桃李西邊柳
어느 날에나 옮겨 심어 한 곳에서 바라볼까	何日移栽一處看

2

길에서 만났다가 곧 헤어졌으니	路上相逢卽相離
깊고 은밀한 약속 귀신만이 알았겠지	深盟密約鬼神知
노복의 餞客 계책이 없었다면	若無餞客蒼頭計
견우와 직녀같은 만남도 없었으리	不有天中一日期

3

만리에 유랑함이 즐겁다고 하나	身遊萬里雖云樂
꿈에라도 규방인연 견딜 수 없었네	夢結深閨亦未堪
백상루 위에서 시 읊던 그 날에	當日百祥樓上咏
어느 사낸들 옷깃 흠뻑 적시지 않았으리	男兒誰不一沾衫

①은 권전(權佺, 1583~1651)이 〈상사동기〉에 대한 감상 소감을 시로 쓴 것이고, ②·③은 이건(李健, 1614~1662)이 〈상사동기〉와 〈주생전〉을 읽고 쓴 시이다.12) 위 시들을 가만히 살펴보면 특징적인 국면이 발견되는데 그것은 바로 소설작품의 '줄거리'를 기억해서 표현했다는 점이다. 이건은 그밖에도 〈상사동기〉를 감상하고 쓴 〈제전객기(題餞客記)〉라는 또다른 시를 남겼고, 〈교홍기〉와 〈가운화환혼기〉를 읽고 쓴 시를 남기기도 했는데, 다 마찬가지로 '줄거리'를 압축해 놓았다. 그런가 하면 이민성(李民宬, 1570~1629)은 〈제최척전(題崔陟傳)〉이라는 장편의 시를 지어 〈최척전〉 줄거리 전체를 거의 다 정리해 놓았다.13) 이같은 소통 양상들이 의미하는 바는 자명하다. 17세기 전기소설이 '읽히고 기억되고 이야기되는' 소설로 자라났다는 뜻이다. 가령 초기소설은 대다수가 이렇게 소통되기 어려웠던 것으로 보이는데, 이는 김인후(金麟厚)와 박계현(朴啓賢)이 남긴 관련 시를 통해 유추할 수 있다.14) 이들이 초기소설을 읽고 쓴 시들은 단지 독자로서의 '감회'만을 피력했을 뿐이다. 양측의 이같은 차이는 단지 독자 개인의 소설 독법이나 시작(詩作) 방식의 차이에서 기인한 것이 아니라, 초기소설과 17세기 전기소설 각각은 그렇게 소통될 수밖에 없는 작품 내적 형국을 갖추고 있기 때문이다. 이는 앞서 논의 과정에서 충분히 밝혔다고 믿는다. 초기소설은 특별한 독자를 만나 국문으로 번역은 될 수 있을지언정 '줄거리' 상태로 전파·전승되기는 상당히 어려웠을 것이란 이야기이다. 초기소설은 더구나 '개작'이 되는 일은 기대하기 힘들다

---

12) 원문 및 번역문 모두 다음 자료집에서 가져왔다. 무악고소설자료연구회 편, 앞의 책, 252~255면.
13) 李民宬, 〈題崔陟傳〉, 『敬亭集』권4(『한국문집총간』76, 252면).
14) 김인후, 〈借金鰲新話於尹禮元〉, 『河西集』권7(『한국문집총간』33, 134~135면); 박계현, 〈題企齋記異卷後〉, 『駱村集』부록(무악고소설자료연구회 편, 앞의 책, 247면).

고 파악되는데, 17세기 전기소설은 그랬다는 점에서 또한 괄목할 만하다.

17세기 전기소설 가운데 전승 과정에서 개작 수준으로 변이된 것들만을 뽑아보면 〈최척전〉·〈왕경룡전〉·〈동선기〉·〈상사동기〉 등 네 작품을 들 수 있다.15) 〈최척전〉의 경우엔 '초록' 형태로 다양한 문헌전승의 흔적을 남겼고,16) 심지어 구전설화로 전파되는 가운데 〈홍도이야기〉라는 문헌설화로 『어우야담』에 채록되기도 했다.17) 소설이 개작되거나 초록되는 현상은 기실 흘려버릴 수 없는 의미를 품고 있는데, 일단 독본소설(讀本小說)로 소통될 수 있는 격국(格局)을 갖추고 있지 않으면 여간해서는 그렇게 되기 어렵다. 17세기 전기소설은 그렇게 통속적인 성향을 띠고 있었으므로, 그것을 향유하는 독자층이 지속적으로 증대되는 가운데 읽고 기억하며 구두로 이야기를 주고받거나 문헌에 요약되는 수준으로 소통됨으로써, 각종 이본의 파생과 함께 줄곧 설자리를 잃지 않았던 것이다. 이 또한 17세기 전기소설의 소설사적 위상을 말해주는 중요한 단서인 것이다.

그런데 17세기 전기소설은 어디까지나 한문소설이므로 본래 식자층이 아니면 접근 자체가 힘들다. 그러나 그것들이 제한된 독자층을 넘어서는 데는 그리 오랜 시간이 걸리지 않았던 것으로 파악된다. 곧바

---

15) 『麋山全集』(국립중앙도서관 소장) 소재 김진항 개작본 〈최척전〉; 〈용함옥〉, 〈청루지열녀〉, 〈벽부용〉, 영남대본 〈왕경룡전〉; 〈잠상태〉; 신구서림본 〈동선기〉.
16) 다음 문헌들에 수록돼 있다. 『通園稿』(규장각 소장), 『欽英』(규장각 소장), 『各家雜記』(장서각 소장), 『어우야담』(이수봉 소장본). 다음 논문들에서 이들 요약본 이본에 대한 검토도 있었다. 졸고, 「〈최척전〉의 창작동인과 소통 과정」, 『고소설연구』9, 한국고소설학회, 2000; 권혁래, 「〈최척전〉의 이본 연구 -국문본의 성격을 중심으로」, 『고전문학연구』18, 한국고전문학회, 2000.
17) 〈홍도이야기〉와 〈최척전〉의 선후 관계는 그동안 논란거리로 남아 있었고 지금도 그럴 수 있으나, 필자는 〈최척전〉에서 파생된 것으로 파악한다. 다음 논문에서 실증 자료를 들어 그것을 밝힌 바 있다. 졸고, 위의 논문.

로 국문으로 번역되어 널리 유통될 수 있는 요건을 갖추었던 것으로 보이는데, 우선 이 글에서 주요 대상자료로 삼은 일곱 작품 가운데 국문본이 현전하지 않는 것은 〈상사동기〉 하나뿐이다. 나머지는 필사본 내지 구활자본 형태의 국문본을 한 둘씩은 다 거느리고 있다. 그리고 〈상사동기〉도 현전본으로 아직 드러난 게 없을 뿐이지 사실은 이미 당대에 국문본이 유전되고 있었다. 이는 권전(權佺)이 남긴 아래의 기록을 통해 유추할 수 있다.

> 내가 병이 난 지 오래되었다. 병중에 무료해서 아이들을 시켜 〈상사동기〉를 읽게 했다. 김생과 영이의 이별대목에 이르러 되는 대로 시를 읊어 병을 물리칠 거리로 삼는다.[18]

권전은 이렇게 말하면서 앞서 든 시를 지은 바 있다. 이 기록을 〈상사동기〉 국문본 유전 사실을 뒷받침하는 실증으로 삼을 수 있는 이유는 바로 "아이들을 시켜 〈상사동기〉를 읽게 했다(使兒輩讀相思洞記)"는 글귀 때문이다. 이는 길게 설명하지 않아도 국문본의 소통 실태를 보여주는 것이다. 더구나 권전은 그것을 손수 읽은 것이 아니라 타인의 낭독을 들으면서 감상했다. 이미 17세기 전반기에 전기소설이 표기문자의 전환에 힘입어 여염집 오락물로 유통되고 있었음을 실감할 수 있는 것이다. 또한 〈상사동기〉는 다름 아닌 고담책(古談冊)으로 항간에 버젓이 나돌고 있었음도 유추할 수 있다. 기실 〈상사동기〉는 그 작품 성향으로 보아 현재 국문필사본이 전하지 않는 게 신기할 뿐인데, 역시 그렇지는 않았던 것이다. 게다가 이 작품은 그 이름도 '상사동기(相

---

18) 『釋老遺稿』권1. 余罹病久矣. 病中無聊莫甚, 使兒輩讀相思洞記, 至金生與榮[英]伊相別之語, 漫吟爲却病之資(무악고소설자료연구회 편, 앞의 책, 252면).

思洞記)'·'상사동전객기(相思洞餞客記)'·'영영전(英英傳)'·'회산군전(檜山君傳)' 등 네 가지나 되는 점으로 미루어,19) 실은 다양한 독법들까지 있어왔음을 알 수 있다.

그런가 하면 〈왕경룡전〉도 이미 17세기 당시에 국문본이 나돌았던 것으로 추정된다. 현종(1660~1674)이 대왕대비전에 보낸 한글간찰과, 숙종의 누이인 명안공주(明安公主)에게 보낸 언문간찰에 첨부된 소설 제목에 〈옥교리(玉嬌梨)〉 『태평광기(太平廣記)』 〈위생전(魏生傳)〉·〈환혼전(還魂傳)〉 『박안경기(拍案驚奇)』 등과 함께 〈왕경룡전〉이 들어 있었다고 하는데,20) 거기에 거론된 소설들은 아마도 언역본(諺譯本)이었을 가능성이 높아 보이기 때문이다. 이와 함께 〈주생전〉 국문본도 상당히 이른 시기부터 나돌았음이 실증 자료를 통해 파악된다.21) 나머지 작품들은 그 언역(諺譯) 시기를 알 수는 없으나, 국문본이 전하는 점으로 미루어 중간 공급자가 따로 있었던 것만큼은 분명하다. 이미 1678년 당시 남자가 되어 진서(眞書)에 능하지 않더라도 언문을 배워 소설책을 잘 읽으면 땅마지기 꽤나 마련할 수 있는 세상이었다고 하니,22) 17세기 전기소설도 상품화폐경제가 성장해 가는 저간의

---

19) '檜山君傳'이라는 제명은 김태준의 『증보조선소설사』에 보인다. 아마도 그러한 제명의 이본이 있었던 것으로 보이는데, 다만 현존 실물로는 아직 알려진 게 없다. 김태준 저·박희병 교주, 『(교주)증보조선소설사』(한길사, 1990), 73면.
20) 장효현, 「한국 고전소설에 미친 중국소설의 영향사」, 『한국고전소설사연구』(고려대 출판부, 2002), 618면.
21) 『默齋日記』 수록본(이복규, 『초기국문·국문본소설』, 박이정, 1998). 이와 함께 다음 논문에서 국문본 〈주생전〉이 추가로 발굴·소개되었다. 김일근, 「〈주생전〉과 〈위경천전〉 언해의 연철본(쥬싱뎐·위싱뎐) 출현에 따른 서지적 문제」, 『겨레어문학』 25집, 겨레어문학회, 2000.
22) 戶首 김아무개란 사람은 자못 언문을 잘한 데다 호수를 맡아 한 지 10여 년만에 부자가 되었다고 하면서 이런 말을 남겼다. 김아무개는 고담책을 읽는 것이 마을에서 제일이었다고 한다.(연세대본 『요로원기』(1678), 무악고소설자료연구회 편, 앞의 자료집, 222~223면.)

세태 속에서 한문에서 국문으로의 전환이 신속히 이루어졌을 것이다. 20세기 초에 결국 상업주의의 지원을 받아 〈운영전〉·〈왕경룡전〉·〈동선기〉·〈상사동기〉 등이 신문연재소설이나 구활자본으로 재활하는 것을 보면,23) 이미 그 이전부터 어떤 형태로든 상품화폐경제와의 연관 속에서 유통돼왔을 가능성이 높다.

이상 17세기 전기소설이 어엿한 '독서물'로 성장해간 소설사적 운동상황을 파악해보았다. 이를테면 초기소설과 달리 독자와의 좁은 소통적 거리를 확보함으로써 그렇듯 줄곧 설자리를 잃지 않았다는 말로 요약될 수 있을 것이다. 한문소설로 태어난 전기소설이 그 통속화에 힘입어 애초 국문소설과의 숱한 동질성을 지닌 결과, 소설사 내에서의 역할이 그렇듯 확장될 수 있었을 터이다.

2. 통속성과 작가의식의 충돌

작가의식이란 '우의적(寓意的) 주제' 혹은 '심층적 주의주장' 정도의 뜻이다. 우리나라 고전소설은 상업적 목적에서 저술되는 일이 드물었고, 대개의 경우 '입언(立言)'이 중요한 창작동인으로 자리한다. 원래 유교문화권에서의 저서입언(著書立言)은 아무나 하는 게 아니라 성현이 후세에 권계를 세우기 위한 것이었다. 유자로서 때를 만나 도(道)를 행할 수 있다면 저서를 일삼을 필요가 없었다. 그리고 실은 성현도 부득이 저서입언을 한 것이지 자원해서 한 것은 아니라고 보아야 한다. 공자는 말 잘하는 사람을 제일 싫어했으며 말보다는 행동을, 그리고

---

23) 영창서관본 〈(演訂)雲英傳〉; 〈용함옥〉·〈青樓之烈女〉·〈벽부용〉; 〈잠상태〉 신구서림본 〈동선기〉.

최소한 언행일치를 귀하게 여겼다. 그러나 무언(無言)이라는 이상을 추구하지는 않았다. 이에 공자가 세운 명분은 바로 '술이부작(述而不作)'이라는 명제이다. 이는 기실 누구에게나 몹시 가혹하고 권위적인 규범으로, 소설을 짓는 사람의 입장에서야 죄인이 될 수밖에 없었다. 저서입언을 하더라도 술이부작 내에서 해야지 그렇지 않으면 지탄받아 마땅한 허무맹랑한 일이었기 때문이다.

괴탄불경지설에 대한 옹호 논리나 방어적 소설작법은 그래서 연유한 것으로 보인다. 허구를 통해 이치를 담는다거나, 가장 허구적인 것이야말로 가장 진실된 것이라는 식의 논법은 비단 국내뿐만 아니라 중국의 소설비평자료들에서도 자주 나타난다. 권계와 감발의 뜻이 담겼다는 투의 말들도 마찬가지다. 또한 실제로 소설을 그렇게 짓는 경우가 빈번했다. 이로 말미암아 고전소설은 짙은 교훈성을 드리우기 일쑤였다. 그런데 문제는 작가들 태반이 발분(發憤)해서 소설을 지었다는 점이다. 이른바 '발분저서설'은 고대로부터 있어온 동아시아 보편적 담론 가운데 하나로 유명하며, 소설사에서도 문언소설에서 통속소설에 이르기까지 유형을 막론하고 해당되는 것으로 이해되어왔다.[24] 굳이 자료를 거론하지 않더라도, 불우한 사람들은 후세에라도 뜻이 행해지기를 바라서 저서입언(著書立言)을 했다거나 재능을 지닌 선비가 불평지기로 인해 유희로 소설을 지어 뜻을 기탁했다는 식의 말들을 흔히 접할 수 있다. 겉만 보지 말고 속뜻을 살펴야 작가의 마음을 이해한 것이 된다는 식의 일리 있는 논리를 편 사람들도 적지 않았다. 물론 사실이 그랬다. 수많은 소설가들이 발분저서로 자기주장을 펼쳤다.[25]

---

24) 다음 논문에서 발분저서론을 조선후기 소설론의 하나로 고찰하고 있음을 볼 수 있다. '창작동기'로 파악하고 있는데 적절한 해석이다. 김경미, 「조선후기 소설론 연구」(이화여대 박사학위논문, 1994), 104~119.

결국 고전소설은 흔히 교훈성과 우의(寓意)라는 두 가지 주제의식을 동시에 품게 되었다. 교훈성은 표면적으로 드러나는 보편적·통속적 주제이고, 우의는 작가 개인의 특수한 주의주장이나 이치[이념]에 해당된다. 우의는 대개의 경우 허구적 서사로 포장된 심층에 숨어 있어 여간해서는 읽어내기가 어렵다. 보편성 강한 허구세계가 우의를 압도해 그것이 잘 드러나지 않는 탓이다. 물론 연구나 고급 수준의 탐독을 하는 경우가 아니라면 반드시 우의를 캐내야 독서가 완성되는 것은 아니다. 우의 전달이 소설 본령의 구실은 될 수 없기 때문이다. 전근대시대에도 소설을 우언으로 읽은 고급수준의 독자나 비평가들이 종종 있었지만, 작품 편수에 비하면 그다지 많았던 것은 아니다. 이때 중요한 것은 통속소설의 지점에 가까운 작품일수록 그렇다는 점이다. 통속소설은 설사 작가 개인의 특정 이념이 존재한다 하더라도 그와는 무관하게 단지 보편적이고 흥미진진한 고담책(古談冊)으로만 소통될 수 있다는 특징을 갖는다. 동시에 그것은 독자로 하여금 다층적 접근을 허용하기 때문에, 심지어 연구자가 그것을 연구할 때에도 결국 그 외피적 의미를 읽어내는 데 그치는 경우가 허다하다.

가령 사대기서나 〈홍루몽〉의 우의를 해석하느라 골몰한 연구자들이 있는데,26) 이는 문인소설가의 개인창작소설에 숨겨진 심의(深意)를 특별히 관찰한 경우이다. 그러나 두 사람 다 성공했다고 보기 어렵다. 통속소설로서의 서사적 장치들을 지적하는 데 그쳤을 뿐 목표한 대로

---

25) 발분저서란 다름 아닌 우의를 기탁하는 행위로 이해할 수 있다. 소설은 기본적으로 사회현실에 대한 寓言的 기능을 수행해 온 장르이다. 작가들은 소설작품을 통해 자기가 하고 싶은 말 또는 자기 자신의 이야기를 하는 일이 빈번했다. 우의는 전략적으로든 무의식적으로든 소설가들이 항시 노려온 것이다.

26) 앤드류 플락(Andrew H. Plaks), 『中國敍事學』, 北京大學出版社, 1996; 이찐성(裔錦聲), 『紅樓夢 : 愛的寓言』, 北京大學出版社, 2000.

작가의 원시적 의도라는 것이 구체적으로 밝혀지지 못했기 때문이다. 통속소설을 분석하다 보면 우의를 아예 밝히지 못할 수도 있고, 때로는 연구자 맘대로 해석하는 실수를 범할 수도 있는 것이다. 국내에서는 고상한 통속소설인 〈사씨남정기〉 연구사가 그것을 적절히 보여준다. 봉건가부장질서의 문제를 중시하든 인간의 선악 내지 욕망의 문제를 포착하든, 이른바 사실주의 문학예술론에 입각한 독법들은 따지고 보면 통속소설 〈사씨남정기〉가 다양하게 함유하고 있는 통속적 보편성의 코드에 견인된 것이다. 그러한 통속적 담론에 가려진 근본적 주제는 이른바 목적소설론의 시각을 진지하게 포용할 때 추출 가능하다.27) 가령 〈사씨남정기〉에 그려진 선인과 악인의 갈등 사이에는 선인을 애써 응원하고 악인을 미워하는 작가의 감정이 편향적으로 개입되어 있다. 충신의 형상으로 환치될 수 있는 선인 사정옥에게 부여된 행동양식의 일체는 전근대시대 가부장 이데올로기의 보편적 모순을 반영한 것이기 이전에 우선은 작가 자신의 현실적 당면문제를 투영시킨 것으로 파악될 수 있다.28)

---

27) 물론 숙종을 정점으로 장희빈과 남인이 결탁해 인현황후를 축출한 일련의 정치적 사건을 빗댄 작품이라는 종래의 목적소설론적 해석은 그대로 받아들일 수 없으며, 교채란이 장희빈에 대응된다는 해석도 준신하기 어렵다. 소설이면 응당 그러하듯, 김만중과 맞서던 불특정 政敵 및 그들과의 정치적 대결 국면이 대단히 굴절된 상태로 반영돼 있다고 보아야 한다.
28) 무엇보다도 작가는 사정옥에 빗대어 줄곧 자신의 이야기를 쏟아 내고자 했던 것이고, 때문에 사정옥은 기본적으로 작가의 분신적 존재이다. 기실 김만중이 당대 현실의 제도적·명분론적 기제마저 도외시한 채 正妻가 내침을 당하도록 서술한 것은 그 정처가 추방당한 자신임을 빗댄 것이다. 사정옥을 내세워 모순된 정치현실에 대한 痛憤과, 질서 회복을 향한 기대와 열망을 분출했다고 할 수 있다. 사정옥이 그러했듯, 그렇게 할 수 있는 사람은 오직 작가 자신뿐이라는 생각 또한 역력하고, 그 고고한 자부심 뒤에는 비회와 체념 그리고 절망감이 함께 서려 있음도 물론이다. 충신임을 자처한 작가는 자신과 같은 충신이 내침을 당하는 그 모순적 현실을 조정의 축소판이라 할 劉府와 사정옥을 통해 보여주고자 했던 것이다. 졸고,「〈금병매〉를 통해 본 〈사씨남정기〉」,『고소설연

이렇듯 통속소설이라 하더라도 가급적 우의를 밝히는 게 필요한 이
유는 작가들이 입언(立言)을 하되 종종 우언적으로 해 왔다는 실상 때
문이다. 더구나 만일 통속소설의 지점에서 현격히 먼 사소설적(私小說
的) 성향의 작품이라면 그것들은 독자의 다층적 수용을 불허한다. 통
속소설의 지점에서 떨어진 작품일수록 오락성이나 보편적 교훈성은
현저히 적을 수밖에 없는 것이다. 그래서 거기서는 작가의식을 밝히는
게 관건이다. 우리나라에서 술이부작을 의식해 저서입언에서 명교(名
敎)를 선전하는 전통은 이미 여말선초 필기야사에서 확고히 자리잡혔
다. 그러나 소설이라는 저서입언을 통해 명교(名敎)를 강화한 것은 유
학이데올로기가 더욱 공고해지면서부터이며, 이는 소설사가 통속화되
는 가운데 통속소설에 대한 기휘가 심해지는 것과 때를 같이 한다. 초
기소설 태반은 발분저서적 특수성이 짙은 데 반해 보편성은 미약하다.
 17세기 전기소설은 그 중간 지점 정도에 놓인다. 대략 통속소설의
지점에 근접해 가는 과정에 있는 것들로, 통속적 해석의 여지를 열어
놓고 있으면서도 한편으로는 독특한 작가정신을 품고 있음이 감지된
다. 앞서 '서사구조의 경우'를 살피는 자리에서 현실인식의 단면을 함
께 논의한 것은 이를 확인하기 위한 필요성 때문이기도 했다. 그렇듯
우의적(寓意的) 주제의식을 노정하는 가운데 통속적 성향을 드러낸다
함은, 고전소설사에서 통속성과 작가의식이 본격적으로 충돌하기 시
작했음을 의미한다. 동시에 작가의식이 통속성에 가려 분산되거나 심
층으로 잠수하기 시작했음을 뜻한다. 물론 작품에 따라 편차가 존재한
다. 〈주생전〉·〈운영전〉·〈최척전〉·〈동선기〉 등에서 작가의식의 투
철함이 엿보인다면 〈상사동기〉와 〈왕경룡전〉의 경우는 그것이 몹시

구』13, 한국고소설학회, 2002.

미약해 논외로 해도 무방할 정도이다. 이후에 본격적으로 출현한 통속소설들은 심각한 작가정신도 통속성에 압도되거나, 문제의식이 아예 증발한 채 통속성을 위주로 하는 경향을 보인다.29)

3. 소설사적 조망

주지하듯 17세기 소설사에는 전기소설(傳奇小說)을 비롯해 전계소설(傳系小說), 가전체소설, 가문소설, 영웅소설 등 다양한 소설유형이 공존했던 것으로 나타난다. 그 가운데 가장 주축을 이룬 유형은 전기소설과 가문소설로, 전자는 17세기 전반기를 대표하며 후자는 후반기에 급성장해 확고한 지위를 굳혔다. 때문에 전기소설과 가문소설의 상호 맥락을 밝힌다면 전기소설의 후대적 행방은 물론이고 17세기 소설사의 핵심적 추이가 온전히 드러날 수 있게 된다. 물론 전기소설과 가문소설이 지닌 상호 편차를 생각할 때 직접적인 대비만으로 양자의 관련성을 명료하게 설명하기란 사실상 기대하기 힘들다. 시도 자체가 불가능한 것은 아니더라도 하필 둘을 직접 견주는 방식은 분명 신빙성이

---

29) 통속소설 내에서도 유형별로 혹은 작품별로 통속화의 층위가 존재한다는 것이다. 가령 통속소설이라는 범주 내에서 통속성을 역점에 둔 본보기로 영웅소설을 들 수 있다. 영웅소설은 현실의 갈등을 일정 수준 반영하면서도, 대개 忠君愛國과 같은 전근대시대의 보편적 지배이데올로기를 외치거나 낭만적 성취로 치장하는 경우가 흔하다. 또한 이원론적 구도나 선악의 대결로 오락성을 고조시키는가 하면 선한 자의 승리를 그려 도덕적 당위성을 제시하는 따위도 종종 볼 수 있다. 이는 소설을 창작함에 있어서 무엇보다도 평민독자의 일상적인 생활철학이나 사회의 보편적 이데올로기의 틀을 절대 우위에 두었음을 뜻한다. 영웅소설의 경우 수용자와 특히 밀착된 가운데에서 산출됨으로 인해 그 소통적 틈새가 그렇듯 유달리 개방된 경향을 드러낸다는 것이다. 때문에 간혹 작품에 따라 寓意的 의미를 품고 있다 하더라도 그것은 압도적으로 구현된 통속성에 가려 독자 앞에 부상하지 못할 가능성이 그만큼 높아진다.

떨어질 수밖에 없다.30) 그렇다 해서 전기소설과 가문소설을 대상으로 한 소설사적 줄기 파악을 회피해서도 안 된다. 왜냐하면 양자는 그 현격한 차이에도 불구하고 상호 맥락을 형성한 것만큼은 분명하기 때문이다. 일단은 가설로 들릴 수도 있겠지만, 가문소설은 전기소설과도 결코 간과할 수 없는 소설사적 맥락을 형성하고 있기에 이를 밝히는 일은 기실 피해갈 수 없는 사안이라는 것이다.

우선 우리는 17세기 전기소설이 전대의 그것들과는 현격한 정도로 변화되었다는 새삼스런 사실을 상기해볼 필요가 있다. 그 가운데 가장 주목되는 측면은 다름 아닌 '애정서사'의 형태 그것이다. 즉 17세기로 들어 소설사가 애정담 위주로 재편되는 가운데 전기소설이 전대의 그것들과는 상당히 다른 양태의 애정서사를 지향했다는 것이다. 무엇보다도 그 전변 방향을 포착하는 일이 관건인데, 그것은 이를테면 재자가인소설식으로 경사되어 갔다. 물론 17세기 전기소설을 재자가인소설의 범주에서 다룰 수 있다는 뜻으로 하는 이야기가 아니다. 전기소

---

30) 주지하듯 고전소설사의 점진적 발전 도정을 중시하는 가운데 17세기 후반기의 국문장편소설이 전대의 전기소설과 맺고 있는 상호 관련성을 적극 인정하려는 연구시각은 꾸준히 있어왔다. 필자는 기본적으로 그와 같은 시도가 타당하다고 여긴다. 그러나 그동안 이렇다할 성과를 거두지 못했다는 측면도 인정할 필요가 있어 보인다. 기실 전기소설과 국문장편소설의 상호 친연성을 무리하게 강조해온 것은 아닌지 자문해 보아야 한다는 말이다. 가령 전기소설이 선보인 모티프나 양식적 특질이 〈구운몽〉이나 〈창선감의록〉 등과 같은 국문장편소설에서 확인된다고 해서 곧바로 양측이 전후 소설사적으로 통할 수 있다는 논법은 자칫 설득력을 얻기 어려운 게 아닌가 한다. 왜냐하면 그들 장편소설이 이룩한 새로운 국면들이야말로 양측의 편차를 확연히 보여주기 때문이다. 그러므로 17세기 전기소설이 해당 세기 후반기를 장식한 국문장편소설과 직통할 수 있다는 주장을 펼치는 일은 그다지 생산적이지 못하다고 여긴다. 더구나 17세기 소설사의 추이를 적절히 파악해내는 일이 관건이지 전기소설과 국문장편소설 양자의 근친성을 살피는 게 급선무는 아닐 것이다. 지금까지 종종 주목된 국문장편소설이 출현하기 이전에 전기소설만 존재했던 것은 아니므로, 그들 양자간의 맥락을 밝히는 작업이 소설사 해석의 지름길이 될 수 있다는 보장도 없다.

설과 재자가인소설은 상호 큰 격차를 지니므로 양자를 한 범주로 묶기는 곤란하다. 단지 17세기 전기소설 태반이 재자가인소설식 애정서사로의 강한 유혹을 드러내고 있다는 사실을 지적하고자 하는 것이다.

  17세기 전기소설이 재자가인소설식 애정서사를 지향했음은 몇 가지 요소를 근거로 비교적 뚜렷이 엿볼 수 있다. 우선 재자가인 주인공이 시사(詩詞)를 매개로 사랑이 싹터 백년밀약을 맺으나 혼사장애에 부딪쳐 수난을 겪다가 돈독한 사랑과 신의로 그것을 극복한다는 패턴을 들 수 있다. 이를 구비한 대표적인 작품으로는 〈왕경룡전〉과 〈동선기〉를 꼽을 수 있는데, 이들에는 주인공 남녀를 교란시키는 확실한 '인간연적(人間戀敵, 小人)'도 등장하며 〈왕경룡전〉의 경우 전형적인 행복한 결말까지 갖춘 상태다. 〈동선기〉는 궁극적으로 행복한 결말로 해석되기는 어려우나 표면적으로는 승리에 이른 것처럼 마무리되었다. 더구나 〈왕경룡전〉은 남주인공이 과거에 장원급제해 여주인공과 재회함으로써 흐트러진 질서가 회복되기에 이르는 구도를 보여주며, 처첩(처)갈등이 소거된 일부다처주의가 나타나기도 한다. 물론 〈동선기〉에도 화해를 겨냥한 일부다처주의가 구현되기는 마찬가지다. 이와 함께 사실은 〈상사동기〉의 경우도 〈왕경룡전〉과 기본적으로 동일한 틀을 갖추고 있다. 인간연적이 등장하지 않으며 일부다처주의를 배제했을 뿐이다. 그리고 〈최척전〉은 재자와 가인이 비록 부부관계로 설정돼 있긴 하지만, 우여곡절 속에 성혼(成婚)하고 긴 고난 끝에 재회해 궁극적으로 문제가 해결되고 질서가 회복되는 그 시말은 재자가인소설식 양식으로의 강한 유혹을 드러낸다. 해피엔딩의 성격이 상대적으로 미약한 〈운영전〉은 주인공 남녀가 패배와 좌절을 맛보는 형태로 나타나지만, 그럼에도 불구하고 강한 현실적 장애를 딛고 애정을 성취하기 위해 고투하는 형국을 전형적으로 갖추었다는 점에서 그야말로 재자가인소설로의 심한 경사를 드러낸다. 더구나 아속(雅俗)이 적절히 결합된 그 격조 높은 풍격(風格)이나 미의식으로 미루어, 고전소설사에서 재자가인소설의 실제적 모태가 되기에 손색이 없는 작품으로 평가된다.

 그런가 하면 17세기 전기소설은 윤리적 가치규범을 비교적 충실히 구현했다는 점에서 재자가인소설식 애정서사로 전변되어 갔음을 드러낸다. 정절이데올로기로 무장한 여중군자가 권토중래(捲土重來)한 현상은 그 단적인 예이다. 신분이 기생인 경우에도 대개 양반가문 출신으로 설정되는 가운데 지고지순한 애정과 신의는 물론이고 윤리규범을 앞장서 추구하는 모습으로 그려진다. 작품에 따라 정도의 차이가 있고 그 양상도 각기 다르지만, 이미 다분히 상투적인 수법으로 완성되어 가는 조짐을 드러낸다. 그 양상이 가장 판이한 〈운영전〉도 기실 예외는 아니다. 특별히 이 작품은 안평대군이라는 절대권력자를 설정하고 있는데, 특이하게도 그는 주인공 남녀에게 치명타를 날리면서도 결코 부정되거나 비판당하지 않는 의미심장한 존재로 나타난다. 이는 봉건예교나 가부장주의를 부정하기보다는 '조화'를 추구하려는 시각에 따른 것으로 해석된다. 봉건이데올로기와의 조화 그 자체를 겨냥한 것은 아니더라도, 그 보편화된 틀을 일정 정도 수용하지 않을 수 없었던 사회적 인격체로서의 태도를 노출했던 것이다. 성정의 자유를 꿈꾸면서도 한편으로는 윤리규범을 거부하기 어려웠던 전근대시대의 역설적인 현실상황을 대단히 사실적으로 반영한 셈이다. 나아가 이렇듯 성정을 억압하는 윤리규범에 대해 정면승부를 표방하는 게 궁극적 목표는 아니었기에, 특(特)이라는 간교한 소인 정적(情敵)이 주인공 남녀를 핍박하는 양태로 그려질 수밖에 없었다. 〈운영전〉의 이같은 형국은 재자가인의 사랑이 소인으로 인한 혼사장애와 충돌하는 가운데 봉건이데올로기에 복무하는 경향을 드러내기 일쑤인 재자가인소설로 언제든 옮겨갈 태세를 갖추고 있다.

　17세기 전기소설에 와서 여주인공의 미색을 유달리 중시하면서도 성정(性情)을 억제하는 경향이 두드러지기 시작했다는 사실은 그래서 중요하다. 빼어난 재색과 현숙한 부덕을 겸비한 가인군자 여주인공을 선호하는 추세 속에서, 용모의 아름다움을 강조하는 동시에 농후한 윤리적 색채를 덧씌우는 경향이 확연히 대두했던 것이다. 물론 작품에 따라 층위가 다르다. 〈주생전〉·〈운영전〉·〈위경천전〉 등에서는 여주인공들이 은근슬쩍 규방 요조숙녀로서의 성적 자유를 갈망하는 태도가 역력히 감지되나, 〈최척전〉·〈동선기〉·〈왕경룡전〉 등에서는 그런 흔적이 전혀 나타나지 않기 때문이다. 〈상사동기〉에 등장하는 영영의 경우는 좀처럼 속내를 드러내지 않아 언뜻 여중군자처럼 보이면서도 성정을 추구하는 심리가 완전히 증발하지는 않은 정도로 나타난다. 그런데 〈주생전〉에서도 배도를 통해 가인군자의 형상을 엿볼 수 있으며 〈위경천전〉의 소숙방도 후반부에 이르러 당당한 여중군자로 돌변하는 모습을 드러낸다. 뿐만 아니라 〈운영전〉의 경우도 위에서 언급한 바와 같이 봉건질서와의 조화를 일정 정도 유지하는 선에 서 있다. 욕망 추구에 과감한 여주인공을 내세운 〈주생전〉·〈운영전〉·〈위경천전〉마저도 전근대시대의 윤리규범에서 완전히 비껴나 있지는 않다는 것이다. 〈상사동기〉는 물론이고 이들 세 작품마저도 보기에 따라 양면적이며 과도기적이라 할 수 있다. 17세기 전기소설은 여주인공을 중심으로 일단 이같은 스펙트럼을 보이는 가운데 갈수록 봉건이데올로기를 짙게 구현하는 방향으로 나아갔던 것이다.

　더구나 그들 여주인공은 여중군자로서의 진선미 추구에 그치지 않고 당찬 여중호걸의 모습까지 드러내는데, 이 또한 17세기 전기소설이 재자가인소설식 애정서사를 지향해 갔음을 반증하는 유력한 근거가

된다. 〈최척전〉의 옥영, 〈동선기〉의 동선, 〈왕경룡전〉의 옥단 등에게서 빼어난 미색과 부덕을 지니면서 동시에 남성적 행동까지 마다하지 않는 여성상을 가장 뚜렷이 읽을 수 있었다. 이들은 공히 남주인공보다 훨씬 더 높은 비중으로 그려졌다. 심지어 동선은 남자로 변장한 채 남주인공을 원조하는 영웅적인 활약을 선보이며, 옥단 또한 남성을 돕고 이끌어 출세시키는 여성으로 나타난다. 그리고 사실은 〈상사동기〉의 경우도 남주인공 중심에서 서술된 작품임에도 불구하고 김생이 공명을 성취하도록 권면하는 영영의 모습을 빼놓지 않았다. 〈주생전〉의 배도나 〈위경천전〉 후반부에 그려진 소숙방에게서 그와 같은 형상을 엿볼 수 있음도 물론이다. 이같은 국면들은 남주인공이 마침내 공명을 성취해 해피엔딩에 이른다는 식의 상투적 수준으로 기울어갈 것임을 예비한 양식이란 점에서, 17세기 전기소설의 전변 방향과 정도를 가늠케 해준다. 나아가 그와 같은 스펙트럼에 나타난 운동 방향은 각 작품의 창작시기와도 거의 일치하는 것으로 짐작된다. 〈주생전〉과 〈운영전〉을 필두로 잡을 수 있고 뒤이어 〈최척전〉이 지어졌으며 다시 얼마 후 〈상사동기〉·〈동선기〉·〈왕경룡전〉이 길어야 일이십 년 간격으로 거의 동시에 출현했을 것으로 대략 추정되기 때문이다. 물론 〈상사동기〉·〈동선기〉·〈왕경룡전〉 각각의 선후 관계를 분명히 알 수는 없다.

그런데 그렇듯 미색과 부덕 그리고 금욕주의를 겸비한 여성상이 강화되어간 것과 달리, 남주인공들은 대개의 경우 성정을 맘껏 발산한다. 상대 여성을 선택함에 있어서 미색을 제일 중시하는 경향은 기본이고, 호색가적 기질을 노골적으로 드러내는 남성도 나타난다. 〈주생전〉의 주생, 〈동선기〉의 서문적, 〈왕경룡전〉의 왕경룡 등은 단연 대표적인 자들이며, 〈상사동기〉의 김생이나 〈위경천전〉의 위생도 일단은 여주인공의 경국지색에 반해 즉흥적 욕정을 품는다. 비록 〈운영전〉의 김진사나 〈최척전〉의 최척에 대해서는 그와 같은 행동이 구체적으로 그려지지 않았으나, 태반의 남주인공들에서 자유분방한 면모가 두드러지는 것이다. 물론 돈독한 애정과 신의야 모든 재자(才子)가 기본적으로 갖추고 있는 덕목으로 나타난다. 주생처럼 너무 자유분방한 나머지 배도와의 언약을 깬 남성도 진정한 여주인공 선화에 대해서는 전혀 그렇게 행동하지 않는다. 이 가운데 서문적과 왕경룡은 끝내 이처(二妻)를 둔 가정환경 속에서 살게 된다는 점에서 몹시 주목되는 인물로 꼽힌다. 그렇다 해서 이들이 좋은 가문의 여러 여성을 동시에 거느리려는 특권의식을 스스로 품는 것은 아니다. 도리어 미천한 신분의 여주인공에 대한 신의가 너무 두터워 정처를 등한시하거나 소박하려는 태도를 드러내기도 한다. 소설세계에서의 일부다처주의가 아직은 제한적으로만 허용되고 있었으며 동시에 다처(多妻) 모두에 대해 동등한 정도의 애정과 신의를 추구하지는 않았다는 것이다. 이는 〈동선기〉와 〈왕경룡전〉이 전기소설의 범주를 넘어서지 않는 가운데 재자가인소설식 애정서사를 향해 움직이고 있었음을 의미한다. 그들 남주인공의 행동양식을 통해서도 이같은 전변 양상이 뚜렷이 포착되는 것이다. 물론 나머지 남주인공들의 행동양식도 각 해당 작품들의 이같은 역동성을 뒷받침해주는 요소로 평가될 수 있기는 마찬가지다. 상호 양상의 차이는 있지만 대개의 경우 투철한 애정과 신의를 바탕으로 자유로운 성정을 추구한다는 점에서 그렇다.

이상 17세기 전기소설이 재자가인소설식 애정서사로 기울어간 실상을 우선 검토해 보았다. 이밖에 재자가인 주인공이 시사(詩詞)를 매개로 결연하는 형국을 비롯해 작품 분량, 서사적 편폭, 언어미학 등에 나타난 운동 양상도 자못 주목되나, 17세기로 들어 전기소설이 지향한 양식적 변화의 방향을 적절히 파악하기에는 위에서 거론한 측면들이 가장 중요해 보인다. 물론 저와 같은 국면의 애정서사를 가리켜 하필 '재자가인소설식'이라고 명명한 이유는 재자가인소설 유형이 지닌 애정서사 형태를 염두해서이다. 중국측 재자가인소설을 비롯해, 〈홍백화전〉·〈구운몽〉·〈윤지경전〉 등 국내에서 창작된 전형적 재자가인소설 내지 그 영역에서 다룰 수 있는 작품들에 견주어 상통 가능한 측면들을 나름대로 추출해본 것이다. 따라서 저와 같은 형태의 애정서사는 17세기로 들어 전기소설 유형이 일으킨 내적 변화의 방향이 다름 아닌 재자가인소설 쪽이었음을 말해준다. 전대로부터 성장해온 전기소설이 17세기를 거치면서 전환적 변화를 겪는 가운데 일단은 재자가인소설이 자생할 수 있는 소설사적 토대를 구축했던 것이다. 17세기 동안 형성된 가장 굵직한 소설사적 축은 일단 이로부터 살필 수 있다.

　우선 애정소설로서의 17세기 전기소설이 재자가인소설과 구분되는 독특한 국면이 하나 있다. 바로 애정을 성취하는 과정만을 중점적으로 그린다는 점 그것이다. 극단적으로 말해 애정전기소설은 재자와 가인이 사랑을 나누면 그것으로 끝이다. 그 결말이 비극적이든 희극적이든 디테일 자체가 두 남녀의 사랑 이외의 것에는 그다지 관심을 두지 않는다. 핵심은 '혼인'으로 확대되지 않는다는 점으로, 애정전기소설은 이 혼인의 비중이 대단히 미약하다. 이는 수다한 양식들의 이입을 제약하는 결정적 요인으로 작용하는데, 무엇보다도 '부모'의 역할을 꼽을 수 있다. 일반적으로 애정전기소설에서는 부모가 특별한 역할을 부여받은 인물로 등장하는 법이 없다. 주인공의 부모가 아예 등장하지 않는 작품도 흔하다. 이는 부모의 행동양식을 필연적으로 동반하는 혼인담이 그려지지 않기 때문이다. 뿐만 아니라 부모의 행동양식을 다루지 않다 보니 저절로 가정이나 가문을 둘러싼 양식들의 이입도 원천적으로 차단된다. 17세기 전기소설마저도 그렇다는 것이다. 물론 혼인모

티프 정도야 그들 전기소설에도 널리 나타나지만 결코 '혼인을 다루었다'고는 해석할 수 없다. 기실 사랑과 혼인은 불가분의 관계이니 그래서 나타난 수준에 머문다.

애정은 물론이고 혼인에까지 역점을 둔 유형이 바로 재자가인소설이다. 이를테면 애정서사와 '혼인서사'의 결합으로 재자가인소설이 전형적 완성을 보았다. 애정서사는 전기소설로부터 대물림된 것이고 혼인서사는 재자가인소설이 거의 새로운 수준으로 확장시킨 양식이다. 재자가인소설은 일반적으로 사랑과 혼인을 대등한 비중으로 그리는데, 그 높은 혼인서사의 비중은 애정전기소설과의 유형적 통합을 어렵게 만드는 핵심 요소이다. 재자가인소설은 도리어 혼인이 필연적으로 전제된, 혹은 혼인을 향해 내달리는 애정서사를 보여준다. 응당 혼인을 둘러싼 양식들이나 혼인으로 인해 불거진 사건들이 대거 나타난다. 재자가인 쌍방 부모의 증대된 역할이 구체적으로 그려지는가 하면 인척 환경이 설정되기도 하며 쌍방 가정이나 가문의 상황이 대두하기도 한다. 심지어 주인공 부모는 희망하는 혼처와의 성공적 혼사를 위해 중매쟁이로 나서기 일쑤이다. 뿐만 아니라 거의 공통적으로 권력형 훼방꾼이 개입해 혼사장애를 조장하며, 혼처를 두고 재자가인과 그들 부모 사이에 갈등이 일기도 한다. 나아가 혼사문제로 인해 가문질서가 위기를 맞는 경우도 종종 나타난다. 특히 재자와 가인은 보통 혼인 전에 통정을 하지만 그것으로 결연이 완성되는 게 아니라 다시 우여곡절 끝에 '정식으로' 혼례를 올린다. 물론 혼인에 앞서 남주인공이 장원급제하거나 공업(功業)을 달성하게 되며, 종종 늑혼(勒婚)이나 사혼(賜婚)의 형태가 나타나기도 한다. 또한 남주인공이 다처(多妻)를 두는 것은 기본이고, 그럼에도 처첩(처)갈등은 거의 없다고 보아도 무방할 정도이다. 게다가 재자가 상대 복수(複數) 가인들에 대해 애정과 신의를 동등하게 베푸는 형태로 그려 이상적 일부다처주의를 구현한다.

　재자가인소설의 이같은 특징들이야 기실 우리에게 그리 낯설 게 없다. 중요한 것은 이를 종합해 다시 재자가인소설의 양식적 운동 방향을 유추해낼 수 있다는 점이다. 우선 재자가인소설에 나타난 애정서사는 그 양상이야 애정전기소설의 그것과 몹시 흡사하지만, 그 '사랑'이란 것은 더 이상 재자와 가인 둘만의 문제로 한정되지 않는다. 기본적으로 부모나 집안과 맞물려 있으며 나아가 조정 군신이나 국가와도 연관돼 있는 꼴을 드러낸다. 이는 물론 그 애정서사 자체가 파란만장한 '혼인'을 향해 질주하기 때문인데, 그렇듯 혼인에 대한 지속적인 탐색을 중추로 삼을 경우 일단은 애정서사의 비중이 현저히 약화되는 방향으로 경사될 가능성이 높아진다. 재자가인소설은 이미 애정전기소설에 비해 애정지상주의나 현실인식이 약화되고 도덕적 설교를 비롯해 정치적 정의감이나 공명의식이 현저히 강화되는 양상을 보이는데, 이는 애정서사의 양식적 변화가 사실상 정점에 이르렀으며 동시에 혼인을 둘러싼 새로운 양식을 향해 기울어 갔음을 의미한다. 이미 재자와 가인의 돈독한 사랑으로 갈무리되는 단계를 넘어 개인의 현세적 욕망을 비롯해 권세와의 투쟁이나 국가·가문의 질서가 반영된 혼인서사를 지향했다는 것이다.

　재자가인소설이 이룩한 이같은 양식적 국면들을 아예 중핵으로 그릴 경우 응당 유형적 변화가 일어날 터인데, 그 후보 유형으로는 단연 가문소설을 꼽을 수 있다. 그 양식적 근친성에도 불구하고, 가문소설은 일단 청춘남녀의 열정적 연애나 애정문제에 무관심하다는 점에서 재자가인소설과 통합되기는 어려운 유형이다. 이를테면 재자가인소설이 애정서사로부터 출발해 혼인서사로 끝을 맺는다면 가문소설은 혼인서사와 직간접적으로 관련 있는 수다한 양식들을 물고 들어온 형국을 보여준다. 가문소설이 재자가인소설이 이룩한 혼인서사를 계승하는 가운데 발전했을 것이란 추론은 그래서 가능하다. 기실 전근대시대에는 혼인을 둘러싸고 파생될 수 있는 양식들이 지금보다 훨씬 더 광범위했다. 예를 들어 윤리규범, 중매, 권력 과시적 결연, 일부다처, 처첩(처)갈등, 계후문제, 정략관계, 권력투쟁, 가문의 내외적 질서 및 운명 등등을 떠올릴 수 있을 터이다. 가문소설은 주로 이같은 양식들로 채워져 있다는 점에서 혼인서사로부터 변모·발전했을 가능성이 대단히 높은 것이다.

그렇다면 애정전기소설에서 가문소설에 이르기까지의 실제 소설사적 맥락은 어떻게 소묘될 수 있을까? 이 시점에서 우선 재고해볼 자료로는 다름 아닌 〈홍백화전(紅白花傳)〉을 들 수 있다. 이 작품은 무엇보다도 창작시기를 두고 논란이 있어 소설사 해석에 십분 활용되지 못한 것으로 생각된다. 그러나 성립시기 문제는 우선 김태준의 증언에 귀기울일 필요가 있다고 여긴다. 김태준이 『증보조선소설사』에서 〈홍백화전〉을 '선(宣)·인(仁) 양대 간에 발흥한 소설문학'에서 논의했다 함은 주지의 사실이다. 그런데 그가 논의한 내용 중 우리가 소홀히 보아 넘긴 측면이 하나 있다. 〈홍백화전〉이 〈최치원전(최고운전)〉·〈회산군전(상사동기)〉·〈운영전〉 등과 함께 『백호화담(白湖花談)』 속에 유취(類聚)돼 있었다는 증언이 그것이다. 더불어 김태준은 백호(白湖)가 누구인지는 알 수 없고 그 체재와 내용이 정돈돼 있다는 말도 덧붙였는데, 그가 쓴 문맥으로 보아 『백호화담』이라는 책 속에 저 네 편의 소설이 합철돼 있었던 것만큼은 분명하다.31) 지금은 그 행방을 찾을 수 없

---

31) 김태준 저·박희병 교주, 앞의 책, 73~74면. 이 부분 논의는 주의해서 읽지 않으면 자칫 오독하거나 논지를 놓치기 십상이다. 전체 문맥은 물론이고 〈홍백화전〉 관련 부분 설명에 대해서도 오독한 경우들이 종종 있었다.

지만, 우리가 흔히 접해온 필사본 한문소설집들과 동일한 형태였을 것으로 짐작된다.32) 물론 〈홍백화전〉이 17세기에 지어진 전기소설과 함께 묶여 있다는 사실이 곧 성립시기를 확실하게 보장하는 것은 아니다. 다만, 여타 필사본 한문소설집들을 일괄해 보면 대개의 경우 창작시기까지 비슷한 경향을 거의 공통적으로 드러내고 있으므로 저 또한 조기 성립의 가능성을 뒷받침하는 유력한 방증으로 삼기에 충분하다는 것이다. 게다가 그동안 잘 알려지지 않았던 윤덕희(尹德熙, 1685~1766)의 〈소설경람자(小說經覽者)〉(1762)라는 서목(書目)에서 "홍백화전(紅白花傳)"의 당시 유전 사실을 확인할 수 있기도 하다.33) 그 창작시기를 늦어도 18세기 중반 이전으로 소급할 수 있는 실증적 발판까지 마련된 셈이다. 이같은 정황이라면 〈홍백화전〉은 대략 17세기 중후반 무렵에는 출현했을 가능성이 대단히 높고, 따라서 17세기 소설사의 추이를 유추하는 자리에서 적극 활용될 필요가 있다고 여긴다.

〈홍백화전〉은 우선 남주인공 계일지(桂一枝)와 두 가인 순직소(荀織素)·설유란(薛幽蘭)이 돈독한 애정을 바탕으로 백년가약의 약조를 실천하느라 서로 지혜를 모으고 의기투합하는 양태의 자못 우여곡절한 애정서사를 보여준다. 그런가 하면 성공적 혼인을 지향하는 재자가인 소설로서의 격국(格局)을 지녔다는 점에서 17세기 애정전기소설과도 상당한 격차를 드러낸다. 기실 재자와 가인의 결연에 쌍방 부모가 깊이 개입하거나 그 결연 과정이 집안의 질서와 맞물려 전개되는 형태의 소설은 일찍이 드물었다. 애정전기소설의 전통을 계승하는 가운데 거

---

32) 『白湖花談』은 『韓國古書綜合目錄』에도 등재돼 있는데, 필사본 1책으로 金台俊 소장이라고 밝혀놓았다. 그러나 조사 결과 그 행방을 찾을 수 없었다. 『韓國古書綜合目錄』(국회도서관, 1968), 1026면.
33) 박재연 편, 『韓國所見中國小說戱曲書目資料集·十二峰記』, 선문대 중한번역문헌연구소, 2002.

의 전형적인 재자가인소설의 수준으로 탈바꿈된 게 〈홍백화전〉이라 할 수 있다. 때문에 이 작품은 17세기 중후반기 이래의 또다른 소설사적 변화, 즉 가문소설과 같은 보다 새로운 소설유형의 출현을 예고한 것으로 평가될 수 있다. 〈홍백화전〉을 17세기 소설사에서 다룬 김태준의 설명은 그래서 인상적으로 다가온다. 김태준은 이를 가리켜 "설화 내용이 조선 이야기책의 남본(藍本)이 된 듯하다"고 했는데, 〈홍백화전〉을 하필 이렇게 평가한 이유는 그 '혼인담'에서 특별한 새로움을 포착했기 때문이다. 이를테면 전대 소설사에서는 일부다처주의가 뚜렷이 투영된 혼인담을 다룬 적이 없는데 〈홍백화전〉에서 이같은 국면이 부상하자 이를 가장 주된 특질로 파악하는 가운데 조선 소설의 남상이 된다고 설명했던 것이다. 그것이 "마침내 고대 조선 문예사조의 일대 요소를 이루었다"고 언급하기도 했다.34)

이와 함께 근래 소개된 『묵재일기(默齋日記)』 소재 소설 가운데 〈비군전〉(국문본)은 각별히 주목되는 자료이다.35) 〈비군전〉은 불과 4면 정도의 서두 부분만 남아 있어 자세한 분석 자체가 힘들지만, 일단 부유한 집 딸 비군과 명문가 자제 산나낭의 결연을 그린 애정소설류임에는 확실하다. 그런데 이 작품은 그 서두에, 산나낭의 부친 굴광전이 아들을 위해 혼처를 찾던 중 친구로부터 원전이라는 사람이 훌륭한 딸을 두었다는 말을 듣곤 그 집으로 편지를 보내 청혼한다는 내용을 담고 있다. 이는 전기소설류의 서두와는 상당히 다른 형태로, 다름 아닌 재자가인소설류임을 직감할 수 있다. 그 형성시기를 대략 17세기 중후반 정도로 잡는다면 〈홍백화전〉과 비슷한 소설사적 의의를 갖는 작품으로 평가될 수 있을 것이다.

---

34) 김태준 저·박희병 교주, 앞의 책, 74면.
35) 이복규, 앞의 책, 114~119면.

그런데 가문소설이 형성되기까지에는 재자가인소설과의 유형적 양면성을 지닌 작품들이 먼저 나타났던 것으로 보인다. 가령, 최근 보고된 연구성과에 따르면〈투색지연의(鬪色誌演義)〉는 그 창작시기가 불확실함에도 불구하고 17세기 후반 내지 18세기 초반 무렵의 소설사적 정황을 몹시 폭넓게 보여준다.36) 즉〈투색지연의〉에 등장하는 인물들의 정체를 추적해 보면,〈빙빙전〉·〈옥교행〉·〈옥환빙〉·〈한씨삼대록〉·〈소현성록〉·〈소문록〉·〈이현경전〉·〈옥기린〉·〈추학기〉등과 같은 국내 소설을 비롯해,〈애경전〉이나〈녹주전〉과 같은 중국의 전기소설(傳奇小說), 그리고 중국 희곡에 근원을 둔〈한궁추〉계열의 작품과〈홍불기〉계열의 작품 등 십 수종의 소설이 그 시기 동안 차례로 유전되었음을 알려주는 실로 중시할 만한 정보를 안고 있다는 것이다. 이는 한중 양국의 각종 소설작품이 국적에 관계없이 소통되는 가운데 새로운 소설유형이 실험되었던 실상을 실감나게 보여준다는 점에서 특기할 만하다. 더구나 중장편에서 대장편화로의 이행기적 정황까지 파악할 수 있는데, 초기에는 대체로 규방이라는 제한적 범위 내에서 혼사장애나 처처(첩)갈등을 그린 작품들이 주류를 이루었던 것으로 나타난다. 물론〈투색지연의〉를 이어 18세기 전반기의 정황이 반영된〈여와전(女媧傳)〉과의 비교를 통해 이같은 유형적 층위와 소설사적 추이를 유추할 수 있다는 것이다.37)

17세기 후반기에 재자가인소설이 가문소설로 전환되어가던 실상은 이로써 사실상 밝혀진 셈이다.〈소현성록〉이나〈창선감의록〉과 같은 초기가문소설에 앞서, 혼사장애 및 처첩갈등이 중핵을 차지하는〈빙빙전〉·〈옥교행〉·〈옥환빙〉등과 같은 작품이 존재하는 가운데 활발

---

36) 지연숙,「〈여와전〉 연작의 소설비평 연구」(고려대 박사학위논문, 2001).
37) 지연숙, 위 논문, 180~188면.

한 양식사적 운동이 진행되었다는 사실이 드러났기 때문이다. 이들 세 작품은 재자가인소설이 가문소설로 전환되는 지점에서 나타날 수 있는 유형으로, 재자가인소설 내지 형성기가문소설로 규정될 수 있다.[38] 이후 재자가인소설보다는 가문소설이 주도적 유형으로 부상해 갔던 국내 소설사적 실정에 무게를 둔다면 가문소설 쪽으로 더 기울어 있다고 생각된다. 실제로 〈빙빙전〉만 하더라도 이미 재자가인소설의 유형적 범주에서 상당히 이탈해 있다. 여하튼 〈빙빙전〉 이하 세 작품은 17세기 후반기 이래 재자가인소설의 변이(變移) 실태와 함께 그 양식적 전변에 힘입어 가문소설이 형성되어가던 소설사적 추이를 적절히 반증해준다. 재자가인소설이 청춘남녀의 애정과 혼인 과정을 그리는 데 초점을 맞추었다면, 이제는 그 시야가 가정이나 가문 혹은 조정(朝廷) 내로 완전히 이동하는 가운데 한 남성이 다수의 여성과 결연을 맺어 능력과 세를 과시하거나, 권력이 개입해 여성을 두고 경쟁을 벌이거나, 남편의 총애나 가모권을 둘러싸고 처첩(처)간에 다툼을 벌이는 형태의 소설이 한동안 주류로 성장했던 것이다. 재자가인소설에서 가문소설로의 전환 과정은 대략 이 정도로 가닥을 잡을 수 있을 것이다.

다만 재자가인소설의 등장으로 소설사적 토대가 한층 더 두텁게 구축되어 가문소설과 같은 소설유형이 출현할 수 있었다 하더라도, 양자가 '단계적'으로 발전했다는 식의 논법으로 몰아가기는 좀 곤란해 보인다. 왜냐하면 가문소설은 재자가인소설과 매우 짧은 시간적 격차를 두

---

[38] 물론 〈옥교행〉과 〈옥환빙〉은 失傳된 작품이어서 그 전모를 알 수는 없으나 지연숙의 위 논문에서 〈투색지연의〉와 〈여와전〉을 통해 대체적 성향이 밝혀졌다. 그리고 〈빙빙전〉의 경우 중국소설 번역본일 가능성도 배제할 수 없는 데다 〈투색지연의〉에 반영된 게 현전본과 일치하는지의 여부도 문제로 남아 있기는 하다. 일단 이 글은 〈투색지연의〉 작자가 읽었던 〈빙빙전〉이 중국소설 번역본이라 하더라도 원전 그대로는 아니었을 것이며, 현전 〈빙빙전〉도 당시의 그 이본과 큰 차이는 없을 것으로 처리하고자 한다.

고 나타난 데다 국내의 재자가인소설이 그다지 맹위를 떨치지는 못했던 것으로 간주되기 때문이다. 17세기 전반기 동안 더욱 성장한 애정전기소설을 비롯해 중후반기 이후 중국으로부터 전래된 재자가인소설과 국내의 재자가인소설이 합세해 가문소설의 출현을 부추기는 한편, 가문소설이 그들과 공존하는 가운데 점차 독립해갔던 것으로 파악함이 가장 무난해 보인다. 동시에 재자가인소설과 영웅서사의 양식적 교섭까지 활발히 진행되는 가운데 보다 새로운 유형적 양면성을 지닌 〈구운몽〉이나 〈숙향전〉과 같은 작품들도 산출될 수 있었을 터이다.

제6장 결론

　본서는 17세기 전기소설(傳奇小說) 전체를 대상으로 그 통속화 경향에 관한 연구를 중추 과제로 삼았다. 17세기 전기소설은 고전소설사의 전환적 국면을 잘 보여준다는 이유로 그동안 꾸준한 관심 속에 연구돼 왔다. 그러나 15·16세기 전기소설을 분석하는 잣대로 17세기 전기소설을 관찰하거나, 한문소설인 전기소설은 국문소설과 현격히 다르다는 인식에서 접근하는 등의 치명적인 문제점들을 종종 노출해왔던 게 사실이다. 그 담당층이나 생산지반에 있어서도 한문소설과 국문소설 양자는 판이한 양상을 보인다는 게 거의 정설로 굳어진 지 오래이다. 결과적으로 17세기 소설사의 추이와 관련해 실로 많은 문제들이 베일에 가려진 가운데 전반기와 후반기 사이에 소설사의 사각지대가 형성되기에 이르렀던 게 아닌가 한다. 이에 이 글은 전적으로 소설사의 실상이 그래서가 아니라 미흡한 연구결과 때문이기도 하다는 가설적 진단을 내리는 일로부터 출발했다. 그리고 그 해법을 17세기의 전기소설에 대한 새로운 연구시각에서 찾을 수 있다는 기대하에, 종래의 연구방법과는 달리 이를테면 국문소설을 읽는 시각에서 접근해 그동안 알려지지 않았던 새로운 국면들을 드러내고자 하였다. 이제 앞서 논의한 내용을 요약 정리하는 것으로 끝을 맺고자 한다.

제2장에서는 전근대시대에 한중 양국에서 있어온 통속소설 관련 주요 비평자료들을 종합적으로 살펴본 데 이어 고전소설의 통속성을 분석하는 개념적 도구들을 나름대로 제시해 보았다. 이른바 '비통속소설'과 '통속소설' 양자의 차이를 이론적으로 검토한 결과, 소설의 통속화란 '수용자와의 거리'가 좁아지도록 기여한 소설사적 현상을 가리키며, 통속성은 그것을 가능케 하는 제반 서사적 특질을 의미한다. 동시에 통속성이라는 것은 '주제의 보편성'과 '소통의 개방성'이라는 큰 개념 구도 아래 놓인다. 그리하여 통속성이 강한 소설일수록 작가 개인의 이념적 그림자를 압도해 작품 그 자체는 단지 허구적 독서물로 소통되는 가운데 독자의 다층적 수용을 허용한다. 17세기 전기소설이 '통속소설'이라는 범주에 들어온 것은 아니더라도, 그 '통속적' 성향은 일단 이같은 큰 기준에 의거해 분석할 수 있다.

제3장에서는 본서의 핵심 주제인 17세기 전기소설의 통속적 성향을 밝히고 그것이 갖는 소설사적 의미들을 설명하는 데 초점을 맞추었다. 서사구조, 인물성격, 서사기법, 문체와 언어 등 크게 네 가지 방면에 걸쳐서 논의를 진행하였다. 17세기 전기소설은 우선 그 소묘대상이 문인층만의 세계에 머물지 않고 세속의 기식(氣息)이 반영된 시정 풍물로 이동·확대된 경향을 드러낸다. 그리하여 진정한 '현실의 뒷이야기'나 '여항 미담(美談)'으로 소통되기에 적합한 친근한 서사성을 갖추게 되었다. 그런가 하면 해피엔딩에 가까운 완결지향적 결말은 물론이고, 특히 플롯의 정돈국면이나 사건전개의 기복이 이른바 '평온회복의 구도'를 구현함으로써 독자층의 요구에 부응하는 방향으로 기울어갔음을 보여준다. 그리고 인물성격으로 보아 가장 주목되는 측면은 세속적 형상으로부터 주인공을 소조(塑造)하는 가운데 교훈성이 강화되었다

는 점이다. 작가들의 시야가 확대되는 가운데 평민의 심미취향에 걸맞는 유협(游俠)이나 풍류기남 그리고 우부(愚夫)에 가까운 남주인공의 형상을 그림으로써, 신분계층의 벽을 뚫고 독자 대중의 심리로 파고들 수 있는 자질을 획득하였다. 또한 요조숙녀형 여주인공을 통해 전근대 시대 여성들의 일상적 속내를 반영함으로써 심금을 뒤흔드는 정서적 감동과 함께 여성독자들도 비집고 들어갈 수 있는 틈이 형성될 수 있었다. 그런가 하면 사랑하는 남성의 배신에 화병으로 죽어간 비운의 여중군자로부터 현실에 맞서는 당찬 여중호걸에 이르기까지, 정절이데올로기 하나로 귀결될 수 있는 여주인공들이 17세기 전기소설 속으로 권토중래하였다. 등장인물의 윤리적 속성이야말로 소설의 통속성을 보장하는 본질적인 국면 가운데 하나로, 아마도 17세기 전기소설 작가들은 전란이 동반한 사회적 동요와 무질서 속에 생존하면서 퍽 자연스럽게 소설세계에서의 윤리적 체현을 구현코자 했던 것으로 보인다.

이와 함께 17세기 전기소설은 그 분량이 늘어남에 따라 쉽고 편리한 독서를 위해 구사된 다양한 서사기법들을 보여준다. 우선 '상황별 안배'라는 기법을 엿볼 수 있는데, 이는 복수 인물들의 동태나 활동반경의 변동을 중시하는 가운데 그것들을 오락가락 상황별로 그리는 수법이다. 일련의 사건들이 전후 상황에 따라 다채롭게 호응·확대됨으로써, 플롯의 변화기복과 사건 진행의 속도감을 노정해 독자로 하여금 소설 독서의 몰입과 흥미를 유도한다. 그런가 하면 거의 국문소설에 버금가는 수준으로 발전한 '복선과 조응'이라는 서사기법도 대거 나타난다. 이는 독자의 주의를 환기시켜 흥미를 유지하는 가운데 스토리의 흐름을 관망하도록 돕는 역할을 한다. 또한 독자로 하여금 경이와 호기심을 유발하고 이목을 집중케 하는 '전경화(前景化) 전략', 독자에게 인물·사건의 정보를 사전에 흘리거나 뒤에서 확인시켜주는 '정보제공

장치' 등과 같은 서사기법들도 퍽 널리 구사되었다. 그리고 이같은 서사기법에는 공통적으로 구연문학적 수사가 교묘히 침투해 있다는 점에서 특기할 만하다. 의식적이든 무의식적이든 서술자와 독자의 가상 맞대면적 상황이 설정되었던 것인데, 이는 17세기 전기소설이 독자와의 좁아진 거리 속에서 양산되었음을 의미한다. 독자와의 거리를 좁히기 위해 그와 같은 서사기법들이 운용된 것이기 때문이다. 한편, 17세기 전기소설 태반은 그 문체나 언어적 측면에서 비교적 평이하고 천근(淺近)한 문언체로 기울어 있다. 이를테면 전반적으로 '반백반문(半白半文)'이나 '반한반문(半韓半文)'으로 경사된 양상을 드러내는데, 이는 한문소설로서의 전기소설이 국문소설과의 거리를 얼마나 좁히고 있었는가를 실감나게 보여준다. 번역을 하지 않아도 알아볼 수 있는 일상적 언어표현들을 대거 활용하거나 심지어 백화소설이나 국문소설에 가까운 언어미학적 특질을 드러내기도 한다. 나아가 눈물의 감상성이나 해학성 등과 같은 세속적 감각과 선정성이 두드러지는 통속취향의 서술단위들이 대거 출현한다. 구술문학의 양식을 흡수하거나 모방한 양상들이야 그들 전반에서 나타난다.

 제4장에서는 17세기 전기소설이 그렇게 통속화된 주된 요인은 무엇인지에 관해 살폈다. 이때 특별히 중시한 점은 소설을 유형적 층위에 따라 차별적으로 인식하던 종래의 실태와 17세기 전반기 무렵까지 다져진 기층소설문화의 지반 양상에 대해서다. 17세기 전기소설은 초기소설사를 주도한 상층의 아문화(雅文化)가 세속화되고 기층소설문화가 두텁게 형성됨으로써 그 통속화가 가속화될 수 있었다. 이미 15·16세기 당시부터 전통적 문언소설을 널리 긍정하는 문화적 토대가 마련된 가운데 17세기로 접어들면서 이전과는 사뭇 다른 통속적 문언소설이 대거 출현할 수 있었다. 게다가 17세기 전후 소설사의 실상이란

게 한문소설 일변도로 전개되지는 않았다. 통속소설 및 국문·국문본 소설이 널리 보급되고 새로운 담당층이 확산되어 소설사의 판도가 갈수록 통속화되는 소설사적 전변 속에서 한문소설인 전기소설의 통속화가 급속도로 진행되었다. 특히 17세기는 작자를 잃은 소설이 대거 등장한 시기로, 당시 전기소설은 고전소설사에서 작가의 무명현상이 본격적으로 대두하기 시작했음을 반영한다. 이는 작가층의 전변(轉變)이 일어났기 때문으로, 가령 〈상사동기〉나 〈왕경룡전〉의 경우 그 작품성향으로 미루어 현달에 실패한 사대부문사도 아닌 몰락사인이나 중간계층 정도에 머물렀던 인사의 소작으로 보인다.

제5장에서는 17세기 전기소설의 소설사적 위상은 어떻게 정립될 수 있는지에 관해 논구하였다. 우선 주목한 측면은 그들 전기소설이 소통되던 역사적 운동 상황 및 사회적 위상에 관해서다. 17세기 전기소설은 15·16세기에 나온 초기소설과 달리, 더 이상 책상 앞에서 가슴으로 되씹으며 음미하는 대상이 아니라 서사세계에 몰입해 오유(娛遊)할 수 있는 미학적 기능을 발휘하였다. 시문(詩文)으로 음미되던 수준을 넘어, 읽히고 이야기될 수 있는 하나의 독서물(讀書物)을 지향했다는 말이다. 그렇게 읽히고 전사(轉寫)되는 '독본소설(讀本小說)'로서의 길을 걷는 가운데 일단은 문자를 아는 여항 노유(老儒)들 사이에 파한(破閑) 이야기책으로 유전되는 식의 진정한 소설로 성장하였다. 그 태반이 작자를 잃은 채 변방에서 태어난 이래 그 소통 과정에서도 줄곧 무명의 신세로만 남아 있었던 것이다. 뿐만 아니라 그렇게 '책 형식'의 문학생산물로 유통되는 가운데 '이야기되는' 소설, 즉 '고담(古談)'으로 구전(口傳)까지 될 수 있었다. 그리고 그 과정에서 초록본이나 개작본 형태의 이본도 양산될 수 있었다. 나아가 상품화폐경제가 성장해 가는 저간의 세태 속에서 한문에서 국문으로의 신속한 전환이 이루어졌고,

이에 힘입어 더욱 널리 소통될 수 있었다. 독자와의 좁은 소통적 거리를 확보함으로써 줄곧 설자리를 잃지 않았던 것인데, 한문소설로 태어난 전기소설이 그 통속화에 힘입어 애초 국문소설과의 숱한 동질성을 지닌 결과 소설사 내에서의 역할이 그렇듯 확장될 수 있었다.

그렇다 해서 17세기 전기소설이 '통속소설'의 단계에 진입했다는 뜻은 아니다. 17세기 전기소설은 대략 통속소설의 지점에 근접해 가는 과정에 있는 것들로, 통속적 해석의 여지를 열어 놓고 있으면서도 한편으로는 독특한 현실인식을 함축하고 있음을 보여준다. 이는 고전소설사에서 통속성과 작가의식이 본격적으로 충돌하기 시작했음을 의미한다. 또한 작가의식이 통속성에 가려 분산되거나 심층으로 잠수하기 시작했음을 보여준다. 물론 작품에 따라 편차가 존재한다. 〈주생전〉·〈운영전〉·〈최척전〉·〈동선기〉 등에서 작가의식의 투철함이 엿보인다면 〈상사동기〉와 〈왕경룡전〉의 경우는 그것이 몹시 미약해 논외로 해도 무방할 정도이다. 이후에 본격적으로 출현한 통속소설들은 심각한 작가정신도 통속성에 압도되거나, 문제의식이 아예 증발한 채 통속성을 위주로 하는 경향을 보인다.

17세기 전기소설은 다양한 소설유형이 공존했던 당시 소설사 내에서 재자가인소설을 경유해 가문소설로 이어지는 소설사적 맥락 속에 놓인다. 우선 최근 보고된 연구성과에 힘입어 볼 때 가문소설이 형성되기까지에는 재자가인소설과의 유형적 양면성을 지닌 작품들이 먼저 나타났다. 즉 〈소현성록〉이나 〈창선감의록〉과 같은 초기가문소설에 앞서, 혼사장애 및 처첩갈등이 중핵을 차지하는 〈빙빙전〉·〈옥교행〉·〈옥환빙〉 등과 같은 작품이 존재하는 가운데 활발한 양식적 운동이 진행되었다. 이를 통해 17세기 후반기에 재자가인소설이 가문소설로 전환되어가던 실상을 확인할 수 있다. 그런데 당시 출현한 재자가인소설은 17세기 애정전기소설의 전변에 힘입은 측면이 적지 않다. 비록 17세기 재자가인소설로 확인되는 작품은 〈홍백화전〉이나 〈비군전〉 정도에 불과하나, 애정전기소설의 양식적 전변 방향은 이들 재자가인소설 쪽이었다. 재자가인소설식 애정서사로의 강한 유혹을 드러냄으로써 그러한 소설유형이 양산될 수 있는 국내 소설사적 토대를 닦는 데 기여했다는 것이다. 재자가인소설은 애정전기소설의 그와 같은 애정서사를 대물림하는 가운데 혼인서사를 구비해 새로운 소설유형으로 태어날 수 있었다. 여기에 중국으로부터 유입된 재자가인소설까지 합세해 양식적 실험이 가속화되는 가운데 보다 새로운 소설유형인 가문소설로 경사되어갔던 것으로 보인다.

주지하듯 17세기 소설사는 두 차례의 전환기를 맞았던 것처럼 나타난다. 전기소설을 중심으로 한 전반기 동안의 변동 이래, 후반기로 들어 가문소설이나 영웅소설과 같은 국문장편소설이 소설사의 주류로 새롭게 부상했기 때문이다. 그러니 논자에 따라 전반기와 후반기를 몹시 단절적으로 파악하거나 국문장편소설의 전환성을 강조하는 가운데 장편소설을 17세기 소설사의 중심에 두는 경향을 보이기도 한 것은 어찌 보면 당연한 일이다. 그런데 문제는 17세기 후반기의 소설사적 전환성을 그토록 강조할 경우 당시 국문장편소설을 마치 평지돌출한 것처럼 해석하는 논법으로 귀결될 위험이 있을 뿐 아니라 전반기와의 사이에 형성된 사각지대를 더 조장하고 마는 결과를 가져올 수 있다. 물론 17세기 소설사의 전체적 실상이 온전히 파악되지 않은 상태에서 내려진 다소 성급한 결론이었고, 동시에 그 시기 전기소설을 둘러싼 새로운 작품론이나 자료적 보완이 미진했던 탓이다. 이 글은 이같은 문제를 논의하고 해결하는 과정에서 나름대로의 대안을 제기하고자 했다.

물론 보충해야 할 과제도 적지 않다. 우선은 17세기 전기소설 내에서의 각 작품별 층위를 그다지 중시하지 않았으므로, 그 편차들을 보다 면밀히 분석하는 일이 필요하다. 게다가 통속화 양상을 밝히는 데 초점을 맞추었기 때문에 작가정신 내지 현실인식의 국면을 균형감 있게 설명해 주지 못했다는 비판에 노출돼 있다. 이는 연구방법상 통속성과 작가정신의 충돌 국면을 한 자리에서 설명하기 어려운 고충 때문이었다. 그렇다 하더라도 양 측면을 면밀히 짚어가면서 논의할 때 보다 객관적이고 설득력 있는 해석을 기대할 수 있을 것이다.

【참고문헌】

1. 자료

<周生傳> : 金九經本(문선규 역주, 『花史·周生傳·鼠大州傳』, 통문관, 1961), 북한본(리철화 역, 『림제·권필 작품집』, 조선고전문학선집 61, 문예출판사, 1990), 일명 『草湖別傳』(정경주 소장) 수록본.

<韋敬天傳> : 『古談要覽』(임형택 소장) 수록본(임형택, 「전기소설의 애정주제와 <위경천전>」, 『동양학』 22, 단국대 동양학연구소, 1992; 정민, 「<위경천전>의 낭만적 비극성」, 『한국학논집』 24, 한양대 한국학연구소, 1993).

<雲英傳> : 『三芳錄』(국립중앙도서관 소장) 수록본.

<相思洞記> : 『三芳錄』 수록본.

<王慶龍傳> : 『三芳錄』 수록본, 일명 『愼獨齋手澤本傳奇集』(구 정병욱 소장) 수록본, 전남대본, 영남대본(국문필사본).

<崔陟傳> : 천리대본, 고려대본, 규장각본, 연세대본(국문필사본).

<洞仙記> : 천리대본, 국립중앙도서관본(<투색지연의>와 합철된 것).

<王十朋奇遇記> : 일명 『愼獨齋手澤本傳奇集』 수록본.

<劉少娘傳> : 일명 『愼獨齋手澤本傳奇集』 수록본.

<(演訂)雲英傳>(영창서관본), 소재영·장홍재, 『운영전』, 시인사, 1985.
<(王御史傳)龍含玉>(현토한문본), 구 정병욱 소장본.
<동선기>(신구서림본), 김기동·전규태, 『동선기·배시황전·옥소기연』, 서문당, 1984.
『企齋記異』(고려대 소장), 소재영, 『企齋記異 연구』, 고려대 민족문화연구소, 1990.
<紅白花傳>, 영남대본(한문필사본).
<비군전>(『默齋日記』 수록본), 이복규, 『초기국문·국문본소설』, 박이정, 1998.
<鬪色誌演義>, 국립중앙도서관 소장.
<빙빙전>(장서각 소장), 박재연 교주, 『빙빙뎐』(중국소설희곡번역본총서 1), 학고방, 1995.
<숙향전>(이화여대본), 김진영·차충환 편저, 『숙향전 전집 1』, 박이정, 1999.
<崔孤雲傳>, 최삼룡 외 역주, 『유충열전/최고운전』, 고려대 민족문화연구원, 1996.
<愁城誌>, 『林白湖集』, 『한국문집총간』 58.
<天君演義>, 김광순 역주, 『천군소설』, 고려대 민족문화연구소, 1996.
<折花奇談>, 일본 동양문고 소장본(『한국학보』 68, 일지사, 1992).
<布衣交集>, 서울대 규장각 소장.
『剪燈新話句解』, 『古本小說叢刊』 제33집 제4책, 中華書局 영인.

『剪燈餘話』,『古本小說叢刊』제5집 제1책, 中華書局 영인.
『警世通言』, 人民文學出版社, 1999.

權 韠,『石洲集』,『한국문집총간』 75.
金時習,『梅月堂集』,『한국문집총간』 13.
金麟厚,『河西集』,『한국문집총간』 33.
金鎭恒,『檗山全集』, 국립중앙도서관 소장.
金春澤,『北軒集』,『한국문집총간』 185.
兪晚柱,『通園稿』, 서울대 규장각 소장.
兪晚柱,『欽英』, 서울대 규장각 영인, 1997.
李 植,『澤堂集』,『한국문집총간』 88.
李 滉,『退溪集(Ⅱ)』,『한국문집총간』 30.
李民宬,『敬亭集』,『한국문집총간』 76.
趙緯韓,『玄谷集』,『한국문집총간』 73.
許 筠,『惺所覆瓿藁』,『한국문집총간』 74.
洪奭周,『淵泉集』,『淵泉全書』 6, 오성사 영인, 1984.
鄭泰齊,『菊堂排語』, 국립중앙도서관 소장.
金 烋,『海東文獻總錄』, 학문각 영인, 1969.
『국역매월당집』, 세종대왕기념사업회, 1980.
『국역청장관전서』, 민족문화추진회, 1983.
『국역대동야승』, 민족문화추진회, 1973.
이수광(남만성 역),『芝峰類說』, 을유문화사, 1994.
『CD-ROM 국역조선왕조실록』
김기동・이종은 공편,『古典漢文小說選』, 교학연구사, 1984.
김동협 편,『黃東溟小說集』, 문학과 언어연구회 영인, 1984.
김시습 지음・심경호 옮김,『(매월당 김시습) 금오신화』, 홍익출판사, 2000.
김현양 외,『(譯註) 殊異傳逸文』, 박이정, 1996.
김홍규 외,「한국한문소설목록」,『고소설연구』 9, 한국고소설학회, 2000.
류탁일 편,『한국고소설비평자료집성』, 아세아문화사, 1994.
무악고소설자료연구회 편,『한국고소설관련자료집Ⅰ』, 태학사, 2001.
박재연 편,『韓國所見中國小說戲曲書目資料集・十二峰記』, 선문대 중한번역문헌연
    구소, 2002.
박희병 選注,『한국한문소설』, 한샘출판사, 1995.
성현경・조융희・허용호,『광한루기역주연구』, 박이정, 1997.
이상구 역주,『17세기 애정전기소설』, 월인, 1999.

정범진 편역, 『앵앵전』, 성균관대 출판부, 1995.
정학성, 『(역주) 17세기 한문소설집』, 삼경문화사, 2000.
조희웅, 『고전소설이본목록』, 집문당, 1999.
『韓國古書綜合目錄』, 국회도서관, 1968.
丁錫根 編著, 『中國歷代小說序跋集(上中下)』, 人民文學出版社, 1996.
宁稼雨 撰, 『中國文言小說總目提要』, 齊魯書社, 1996.
江蘇省社會科學院 편, 『中國通俗小說總目提要』, 中國文聯出版公司, 1990.
劉世德 主編, 『中國古代小說百科全書』, 中國大百科全書出版社, 1998.
宋梧剛, 『中國小說傳統技法』, 湖南文藝出版社, 1989.
范勝田 主編, 『中國古典小說藝術技法例釋』, 浙江古籍出版社, 1989.

2. 논저

간호윤, 「(발굴자료)崔灝傳」, 『우리문학연구』 14, 우리문학회, 2001.
강상순, 「전기소설의 해체와 17세기 소설사적 전환의 성격」, 『어문논집』 36, 안암어문학회, 1997.
강상순, 「구운몽의 상상적 형식과 욕망에 대한 연구」, 고려대 박사학위논문, 1999.
권도경, 「조선후기 통속적 한문소설 연구」, 이화여대 석사학위논문, 1999.
권도경, 「17세기 애정류 전기소설에 나타난 정절관념의 강화와 그 의미」, 『한국고전여성문학연구』 2, 한국고전여성문학회, 2001.
권혁래, 「<최척전>의 이본 연구 -국문본의 성격을 중심으로」, 『고전문학연구』 18, 한국고전문학회, 2000.
김 현, 「무협소설은 왜 읽히는가」, 『김현문학전집 2』, 문학과지성사, 1991.
김경미, 「조선후기 소설론 연구」, 이화여대 박사학위논문, 1994.
김대현, 『조선시대소설사연구』, 국학자료원, 1996.
김동협, 「天君紀 고찰」, 『한국의 철학』 16, 경북대 퇴계연구소, 1988.
김동협, 「유가적 인간이해 시론 -<천군기>에의 고찰-」, 『한국문학연구』 14, 동국대 한국문학연구소, 1992.
김명신, 「<호구전>의 주인공 협의적 성격에 대한 소고」, 『중국소설논총』 15, 한국중국소설학회, 2002.
김일근, 『언간의 연구』, 건국대 출판부, 1988.
김일근, 「<주생전>과 <위경천전> 언해의 연철본(쥬싱뎐 · 위싱뎐) 출현에 따른 서지적 문제」, 『겨레어문학』 25집, 겨레어문학회, 2000.
김종철, 「상업주의소설론」, 『한국문학의 현단계Ⅱ』, 창작과비평사, 1983.
김종철, 「서사문학사에서 본 초기소설의 성립문제」, 『고소설연구논총』, 경인문화사, 1988.
김종철,「전기소설의 전개양상과 그 특성」,『민족문화연구』 28, 고려대 민족문화연구원, 1995.
김주연 편,『대중문학과 민중문학』, 민음사, 1980.
김창식,「연애소설의 개념」, 대중문학연구회 편,『연애소설이란 무엇인가』, 국학자료원, 1998.
김태준 저·박희병 교주,『(교주)증보조선소설사』, 한길사, 1990.
김현룡,「<최고운전>의 형성시기와 출생담 고」,『고소설연구』 4, 한국고소설학회, 1998.
대중문학연구회 편,『대중문학이란 무엇인가?』, 평민사, 1995.
동국대 한국문학연구소 엮음,『대중문학과 대중문화』, 아세아문화사, 2000.
문범두,『석주권필문학의 연구』, 국학자료원, 1996.
민혜란,「金聖嘆의 소설기법론에 대하여」,『중국소설논총』 1집, 중국소설연구회, 1992.
박기석,「운영전」,『한국고전소설작품론』, 집문당, 1990.
박노춘,「고전문학 관계기록 三片」,『숭전어문학』 5, 숭전대 국어국문학회, 1976.
박성봉 편역,『대중예술의 이론들』, 동연, 1995.
박성봉,『대중소설의 미학』, 동연, 1995.
박영희,「17세기 재자가인소설의 수용과 영향「<호구전>을 중심으로-」,『한국고전연구』 4, 한국고전연구회, 1998.
박일용,『조선시대의 애정소설』, 집문당, 1993.
박일용,「전기계 소설의 양식적 특징과 그 소설사적 변모양상」,『민족문화연구』 28, 고려대 민족문화연구원, 1995.
박일용,「<사씨남정기>의 이념과 미학」,『고소설연구』 6, 한국고소설학회, 1998.
박일용,「<최고운전>의 작가의식과 소설사적 위상」,『고전문학연구』 16, 한국고전문학회, 1999.
박일용,「가문소설과 영웅소설의 소설사적 관련 양상」,『고전문학연구』 20, 한국고전문학회, 2001.
박재연,『조선시대 중국통속소설 번역본의 연구』, 한국외국어대 박사학위논문, 1993.
박희병,『한국고전인물전연구』, 한길사, 1992.
박희병,『한국전기소설의 미학』, 돌베개, 1997.
박희병,「한문소설과 국문소설의 관련양상」,『한국한문학연구』 22, 한국한문학회, 1998.
소인호,「羅末~鮮初의 傳奇文學 연구」, 고려대 박사학위논문, 1996.
소인호,「<주생전> 이본의 존재 양태와 소설사적 의미」,『고소설연구』 11, 한국고소설학회, 2001.
소재영,『企齋記異 연구』, 고려대 민족문화연구소, 1990.
송하준,「<왕경룡전> 연구」, 고려대 석사학위논문, 1998.

신경숙, 「<운영전>의 반성적 검토」, 『한성어문학』 9, 한성대 국문과, 1990.
신동흔, 「<운영전>에 대한 문학적 반론으로서의 <영영전>」, 『국문학연구』 5, 국문학회, 2001.
신상필, 「<동선기> 연구」, 성균관대 석사학위논문, 1998.
신재홍, 「초기 한문소설집의 傳奇性에 관한 반성적 고찰」, 『관악어문연구』 14, 서울대, 1989.
심경호, 「오륜전전에 대한 고찰」, 『애산학보』 8, 애산학회, 1989.
양승민, 「<원생몽유록>의 문헌수록 및 印行 과정」, 『고소설연구』 4, 한국고소설학회, 1998.
양승민, 「仁興君 瑛과 <醉隱夢遊錄> -인흥군 문학의 종합적 소개를 겸하여-」, 『고소설연구』 5, 한국고소설학회, 1998.
양승민, 「<최척전>의 창작동인과 소통과정」, 『고소설연구』 9, 한국고소설학회, 2000.
양승민, 「<동선기>의 작품세계와 소설사적 위상」, 『고소설연구』 11, 한국고소설학회, 2001.
양승민, 「<금병매>를 통해 본 <사씨남정기>」, 『고소설연구』 13, 한국고소설학회, 2002.
양승민, 「<운영전>의 연구성과와 그 전망」, 『고소설연구사』(一葦 우쾌제 박사 화갑기념논문집), 월인, 2002.
오춘택, 「한국고소설비평사 연구」, 고려대 박사학위논문, 1990.
우쾌제, 『한국가정소설연구』, 고려대 민족문화연구소, 1988.
윤재민, 「전기소설의 인물성격」, 『민족문화연구』 28, 고려대 민족문화연구원, 1995.
윤재민, 「전기소설의 성격」, 『한국한문학연구』특집호, 한국한문학회, 1996.
윤재민, 「조선후기 전기소설의 향방」, 『민족문학사연구』 15, 민족문학사연구소, 1999.
윤주필, 「愁城誌의 3단 구성과 그 의미」, 『한국한문학연구』 13, 한국한문학연구회, 1990.
윤주필, 『한국의 방외인문학』, 집문당, 1999.
윤채근, 『소설적 주체, 그 탄생과 전변』, 월인, 1999.
이경우, 「천군연의」, 김진세 편, 『한국고전소설작품론』, 집문당, 1990.
이복규, 『초기국문·국문본소설』, 박이정, 1998.
이상구, 「<운영전>의 갈등양상과 작가의식」, 『고소설연구』 5, 한국고소설학회, 1998.
이상택, 「고대소설의 세속화과정 시론」, 이상택·성현경 편, 『한국고전소설연구』, 새문사, 1991.
이혜순, 「전기소설의 전개」, 『고소설사의 제문제』, 집문당, 1993.
임규찬·한진일 편, 『임화 신문학사』, 한길사, 1993.
임성래, 『조선후기 대중소설』, 태학사, 1995.
임형택, 「17세기 규방소설의 성립과 <창선감의록>」, 『동방학지』 57, 연세대 국학연구원, 1988.
임형택, 「전기소설의 애정주제와 <위경천전>」,『동양학』 22, 단국대 동양학연구소, 1992.
임 화,『문학의 논리』, 서울출판사, 1989.
장효현,『한국고전소설사연구』, 고려대 출판부, 2002.
전성운, 「<구운몽>의 창작과 명말청초 염정소설」,『고소설연구』 12, 한국고소설학회, 2001.
정 민, 「<주생전>의 창작기층과 문학적 성격」,『한양어문연구』 9, 한양어문연구회, 1991.
정 민, 「<위경천전>의 낭만적 비극성」,『한국학논집』 24, 한양대 한국학연구소, 1993.
정 민,『목릉문단과 석주 권필』, 태학사, 1999.
정경주, 「필사본 한문소설집 <草湖別傳>의 해제」,『한문고전의 문화해석』, 경성한문학연구회, 1999.
정길수, 「절화기담연구」, 서울대 석사학위논문, 1999.
정우봉, 「조선후기 소설론에 있어 구성의 문제」,『한국고소설사의 시각』, 국학자료원, 1996.
정출헌,『고전소설사의 구도와 시각』, 소명출판, 1999.
정출헌, 「<최고운전>을 통해 읽는 초기 고전소설사의 한 국면」,『고소설연구』 14, 한국고소설학회, 2002.
정출헌, 「한문소설의 미적 특성과 그 구현 양상에 대한 검토」,『한국한문학연구』 29, 한국한문학회, 2002.
정환국, 「17세기 애정류 한문소설 연구」, 성균관대 박사학위논문, 2000.
조동일,『한국문학통사(3)』, 지식산업사, 1991.
조성면 편저,『한국근대대중소설비평론』, 태학사, 1997.
지연숙, 「<여와전> 연작의 소설비평 연구」, 고려대 박사학위논문, 2001.
진경환,『고전의 타작』, 월인, 2000.
최기숙, 「17세기 장편소설 연구」, 월인, 1999.
최수경, 「청대 재자가인소설의 연구」, 고려대 박사학위논문, 2001.
최용철, 「금오신화 조선간본의 발굴과 판본에 관한 고찰」,『민족문화연구』 32, 고려대 민족문화연구원, 1999.
최용철, 「명대 문언소설의 조선간본과 전파」, 고려대 민족문화연구원 편,『동아시아문학 속에서의 한국한문소설 연구』, 월인, 2002.
최자경, 「유만주의 소설관 연구」, 연세대 석사학위논문, 2000.
황윤실, 「17세기 애정전기소설에 나타난 여성주체의 욕망발현 양상」, 한양대 박사학위논문, 2000.

H. J. 갠스(강현두 역),『대중문화와 고급문화』, 1977.
아놀드 하우저(최성만·이병진 역),『예술의 사회학』, 한길사, 1983.

움베르토 에코(김운찬 옮김), 『대중의 슈퍼맨들』, 열린책들, 1994.
케스린 흄(한창엽 옮김), 『환상과 미메시스』, 푸른나무, 2000.
完顔紹元, 『流氓的變遷』, 上海古籍出版社, 1993.
劉爲民, 『痞子文化』, 中國經濟出版社, 1995.
董躍忠, 『武俠文化』, 中國經濟出版社, 1995.
葛兆光(심규호 옮김), 『도교와 중국문화』, 동문선, 1993.
김진곤 편역, 『이야기 소설 Novel』, 예문서원, 2001.
루샤오펑(조미영·박계영·손수영 옮김), 『역사에서 허구로』, 길, 2001.
陳平原(이종민 역), 『中國小說敍事學』, 살림, 1994.
方正耀(홍상훈 역), 『中國小說批評史略』, 을유문화사, 1994.
鄭振鐸, 『中國俗文學史』, 東方出版社, 1996.
胡　適, 『白話文學史』, 東方出版社, 1996.
魯迅(조관희 역주), 『中國小說史略』, 살림, 1998.
石昌渝, 『中國小說源流論』, 三聯書店, 1994.
浦安迪(Andrew H. Plaks), 『中國敍事學』, 北京大學出版社, 1996.
董乃斌 『中國古典小說的文體獨立』, 中國社會科學出版社, 1994.
宋克夫, 『宋明理學與章回小說』, 武漢出版社, 1995.
薛洪勣, 『傳奇小說史』, 浙江古籍出版社, 1998.
陳益源, 『元明中篇傳奇小說硏究』, 鶴峰文化, 1997.
趙明政, 『文言小說』, 廣西師範大學出版社, 1999.
王定璋, 『白話小說』, 廣西師範大學出版社, 1999.
黃霖·楊紅彬, 『明代小說』, 安徽敎育出版社, 2001.
周建渝, 『才子佳人小說硏究』, 文史哲出版社, 1998.
裔錦聲, 『紅樓夢 : 愛的寓言』, 北京大學出版社, 2000.
孔慶東, 『超越雅俗 - 抗戰時期的通俗小說』, 北京大學出版社, 1998.

찾아보기

【가】

가담항어(街談巷語) 252
가문소설 12, 267, 276, 277, 281
가부장 이데올로기 66, 115, 265
가상의 독자 43
가운화환혼기(賈雲華還魂記) 256, 258
가인군자 여주인공 271
가허착공(架虛鑿空) 33
각설(却說) 129, 130
감상성 182
감상적 몰입 53
감정 분출 184
갑진만록(甲辰漫錄) 241
강로전 239
개작 258, 259
경세통언(警世通言) 29
경전적(經典的) 15, 248, 252, 256
고금소설서(古今小說敍) 31, 41
고담(古談) 257
고담책(古談冊) 260, 264
고진감래(苦盡甘來) 40, 50, 55, 75
광한루기 139
광한루기서(廣寒樓記敍) 123
괴탄불경지설 263
교홍기(嬌紅記) 256, 258
교훈성 30, 264
구사일생의 대단원 55
구술성 170, 174, 187

구어체 174, 201
구연 상황 137
구연양식 137, 187
구운몽 274, 282
구전(口傳) 257
구활자본 256, 262
국문본 57, 261
국문소설 12, 14, 20, 27, 44, 67, 73, 148, 218
국문소설사 14
국문통속소설 18, 34, 121, 137, 180
권계성 30
권선징악 30, 40
권전(權佺) 187, 258, 260
권필(權韠) 243
규방소설 12
규방의 뒷이야기 57
금고기관서(今古奇觀序) 30
금병매(金甁梅) 35
금생이문록 235
금오신화 19, 21, 231, 232, 234, 235
기대승 236
기재기이 231, 232, 233
기층소설문화 239
김만중 33
김성탄(金聖嘆) 123, 149, 150
김소행 138
김인후(金麟厚) 235, 258

찾아보기 299

김진항(金鎭恒) 109
김집(金集) 254
김춘택(金春澤) 32
김휴(金烋) 229, 232

【나】
남염부주지 89
낭만적 담론 75
낭만적 위무(慰撫) 62
낭만적 재회 73
낭만적 질서회복 70
노릉지(魯陵誌) 234
농인법(弄引法) 150
뇌우법(雷雨法) 151
눈물의 감상성 180
늑혼(勒婚) 275

【다】
다중 독자 67
다층적 수용 36
단편소설 37
달천몽유록 234
담당층 12, 15, 24
당서연의(唐書演義) 240
대관재기몽 234
대수잡록(代睡雜錄) 234
대아지당(大雅之堂) 22, 27, 228
대중소설론 25
대호(大瓠) 249
도선적(道仙的) 제재 57
도시환경 64
도식성 169
도우(導愚) 30, 41
도청도설 228

독본소설(讀本小說) 248, 254, 256, 259
독서물 122, 262
독오재자서법(讀五才子書法) 150
독자와의 거리 38
독자층 15
동경잡기(東京雜記) 235
동서한통속연의서(東西漢通俗演義序) 28
동선기(洞仙記) 57, 73, 76, 86, 111, 116, 117, 118, 119, 133, 138, 144, 145, 147, 164, 167, 218, 244, 269
동파지림(東坡志林) 33

【마】
모영전(毛穎傳) 249
모종강(毛宗崗) 122
몰락사인 245
묵재일기(默齋日記) 279
문언소설 27, 29, 237, 238
문인지식층 13, 78
문헌전승 259
미담(美談) 65
미워도 다시 한 번 186
민간신앙 76
민주면(閔周冕) 235

【바】
박계현(朴啓賢) 258
박태석(朴泰錫) 138
반백반문(半白半文) 169, 201
반한반문(半韓半文) 201
발분저서 60, 263
백호집 235
백호화담(白湖花談) 277

백화소설 20, 27, 32, 218
백화체 장회소설 145
범속한 사랑 251
벽사진경(辟邪進慶) 67
변화기복 149
병자호란 59
보상장치 69, 75
보조인물 116
보통독자와의 거리 39
보편적 가치 41
보편적 이데올로기 53
복선 139, 142
복선과 조응 138, 148
복초론적(復初論的) 구도 42
봉건이데올로기 271
부지소종(不知所終) 56
불염(不厭) 30, 42
비군전 279
비통속소설 22, 27, 34
비환득실(悲歡得失) 34
비환이합(悲歡離合) 30
빙빙전 280, 281

【사】
사대기서 264
사소설(私小說) 266
사씨남정기 32
사씨남정기 서문 34
사씨남정기 연구사 265
사필귀정 40, 43, 76
사혼(賜婚) 275
삼국지연의 122, 236
삼국지통속연의인(三國志通俗演義引) 28

삼방록(三芳錄) 66
삼언(三言) 241
삼한습유 138
상사동기(相思洞記) 15, 63, 72, 91, 93,
 116, 154, 169, 186, 190, 201, 217,
 258, 260, 269
상업주의 46, 262
상투적 구기(口氣) 178
상품화폐경제 261
상황별 안배 122, 136
상황별 줄거리 구성 136
새옹지마(塞翁之馬) 40, 50, 55
서사구조 48
서사기법 43, 122
서사의 변화기복 136
서사적 연쇄와 긴장 42
서사적 통속성 42
서유록발 240
서유영 33
서포만필 33
서한통속연의서(西漢通俗演義序) 28
선정성 184
설공찬전 234, 239
설서인(說書人) 145
설자(楔子) 145
설화인의 어투 187
성세항언 29
성세항언서(醒世恒言敍) 29, 33
세설신어보(世說新語補) 231
세속소설 17
세태소설 18, 218
소문록 280
소박한 민간신앙 40
소생전(蘇生傳) 239

소설경람자(小說經覽者)　278
소설문화의 전변(轉變)　243
소설비평자료　23, 27
소설사적 환경　245
소통의 개방성　44
소통의 대중성　30
소통의 항상성(恒常性)　30
소현성록　280
속문학(俗文學)　20, 22, 228
속문학론(俗文學論)　25
쇄미록(鎖尾錄)　240
수궁경회록(水宮慶會錄)　249
수문사인전(修文舍人傳)　249
수사유문서(隨史遺文序)　29
수성지　234, 235
수용자와의 거리　44
수호전　28, 123, 139, 149
숙향전　17, 282
순수예술소설　36, 37
순정 멜로드라마　186
술이부작(述而不作)　263
시문소설(詩文小說)　256
신광한　233
신라수이전　232
신문연재소설　262
신성소설　17
신성의 세계　76
신파극　186
신호(申濩)　233
심층구조　48

【아】
아속(雅俗)　22, 26, 51
아속공상(雅俗共賞)　32

안아미(眼兒眉)　139
알레고리　55
애정공식　77
애정담　19, 34, 268
애정서사　268, 275
애정소설　38, 49
애정지상주의　39
애정편력　57
야담(野談)　237
양유년(梁有年)　231
어숙권　230
언어적 통속성　30
언어적 통속화　44
언역(諺譯)　34, 261
언정소설(言情小說)　243
여선문(余善文)　249
여성독자　57, 115
여유문(余有文)　249
여주인공의 다양화　98
여주인공의 희생과 정절　65
여중군자　105, 271
여중호걸　105, 271
여항 미담(美談)　67
연의소설(演義小說)　17, 28, 32
열녀　115
열녀전　67
영웅담　19
영웅서사　282
영웅소설　12
예외성　38, 52
예외성 애정서사　63
오륜전전　239
오명제(吳明濟)　241
오희문(吳希文)　240

옥교행 280
옥기린 280
옥단전(玉檀傳) 66
옥단춘전 17
옥당춘락난봉부(玉堂春落難逢夫)
　63, 241
옥환빙 280
완결지향적 결말 77
왕경룡전(王慶龍傳) 63, 64, 70, 94,
　107, 112, 116, 117, 119, 129, 138,
　148, 158, 162, 188, 201, 217, 219,
　261, 269
왕십붕기우기(王十朋奇遇記) 16, 66,
　115, 116, 119, 173
요조숙녀 98, 271
요조숙녀형 여주인공 104
용속성(庸俗性) 45
용속한 통속소설 46
우언(寓言) 234, 249
우언소설(寓言小說) 248
우언적 입언(立言) 250
우여곡절한 줄거리 38
우연성 69
우의(寓意) 264
우의적 서술시각 250
운림초객(雲林樵客) 123
운영전(雲英傳) 15, 55, 56, 73, 76,
　100, 116, 117, 119, 123, 126, 138,
　140, 145, 165, 186, 244, 269
웃음의 미학 188
원굉도(袁宏道) 28
원생몽유록 234
월정만록 240
위경천전(韋敬天傳) 52, 102, 140, 160,
　169, 244
위무(慰撫) 42
위무적 담론 75
유가이데올로기 66
유세명언(喩世明言) 29
유소낭전(劉少娘傳) 16, 66, 115
유토피아 75
유협(游俠) 79
유협의 그림자 89
육미당기(六美堂記) 서문 33
윤국형(尹國馨) 241
윤근수(尹根壽) 240
윤덕희(尹德熙) 278
윤지경전 274
윤춘년(尹春年) 232, 233
의리와 정절 40
의미의 보편성 44
의사보고(擬似報告) 53
의사보고적 제재 50
의사사실적(擬似事實的) 진실 50
이건(李健) 258
이국정서 53
이덕무 237
이민성(李民宬) 68, 138, 258
이생규장전 51, 99, 177, 251
이수광 230
이식 236
이춘풍전 17
이현경전 280
인간연적(人間戀敵) 117
인과응보 40, 43, 76
인물설정의 예외성 38
인정물태 34
인정물태의 통속성 41

인정세태 30
일사목록해(逸史目錄解) 241
일상성 30
일상적 심미체험 54
일상적 환경 67
일선지(一善志) 235
읽을거리 254
임경업전 19
임기(林芑) 233
임화 36
입언(立言) 233, 262, 266

【차】
작가와 독자의 맞대면적 상황 137
작가의 무명현상 243
작가의식 262
작가정신과의 길항관계 37
작가층 24
작가층의 전변(轉變) 243
잡동산이 235
장식 169
장식적 서술 단위 173
장이론(張弛論) 252
장죽파(張竹坡) 35
장편소설 12, 13, 37
장회소설 138
장회 형식 138
재자가인(才子佳人) 34, 52, 78
재자가인소설 32, 77, 269, 274, 275, 276, 280, 281
저서입언(著書立言) 263
저속성(低俗性) 45
저속한 국문소설 45
적강구조 73, 75

적강형 애정소설 57, 74
적대적 상황 38
적선지가유경(積善之家有慶) 67
적속(適俗) 30, 41
전경화 전략 150
전기(傳奇) 237
전등신화 232, 236, 248, 249
전등여화 232
절대적 자유 75
절대적 현실부정 55
절화기담 139
정묘호란 59
정보 제공 장치 160
정숙옹주(貞淑翁主) 241
정절 이데올로기 52
정태제(鄭泰齊) 138, 139, 241
제재의 통속성 48
제전객기(題餞客記) 258
제최척전(題崔陟傳) 69, 138, 258
조선간본 효빈집(效顰集) 236
조선시선(朝鮮詩選) 241
조위한(趙緯韓) 54, 243
주생전(周生傳) 16, 49, 81, 102, 106, 139, 151, 154, 160, 243, 258
주지번(朱之蕃) 231
중간계층 245
중편소설 37
중편전기소설 254
즉흥성 184
지괴(志怪) 18, 237
지리번쇄(支離煩瑣) 33
지봉유설 230
진서(眞書) 261

【차】

借金鰲新話於尹禮元 235
창선감의록 280
천군연의 138
천군연의서(天君衍義序) 139
천문(天問) 249
천우신조 54, 70
청루지열녀(青樓之烈女) 66
초기소설 14, 121, 248, 250, 256, 258
초기소설사 254
초사회선법(草蛇灰線法) 139
초월자의 개입 69
초한연의(楚漢演義) 240
최고운전 19
최립(崔岦) 252
최생우진기(崔生遇眞記) 89
최척전(崔陟傳) 16, 53, 68, 83, 108, 109, 116, 119, 127, 143, 157, 219, 243, 258, 269
추학기 280
취은몽유록(醉隱夢遊錄) 240

【타】

태평광기 231, 236
태평통재(太平通載) 236
통속문학 20
통속서사물 77
통속소설 19, 22, 26, 27, 29, 36, 45, 46, 62, 76, 136, 182, 240, 242
통속소설론 25
통속소설의 지점 266
통속연의 28, 29
통속적 기이함 41
통속적 미의식 40

통속적 보편성 265
통속적 언어 43
통속적 환경 52
통속적인 유가이데올로기 65
통속화본(通俗話本) 31
투색지연의(鬪色誌演義) 280

【파】

파란만장한 서사 38
판소리계소설 17
패관소설 228
패관언서(稗官諺書) 33
패관잡기 230
평산냉연 32
평산냉연서(平山冷燕序) 32
평온회복의 구도 68, 73, 77
평온회복의 도식 42
포공연의(包公演義) 241
표면구조 48
풍류기남(風流奇男) 92
풍몽룡(馮夢龍) 31, 241
풍부한 내면성 181
필기야사류 229, 231
필부필부(匹夫匹婦) 120
필연적 우연 38

【하】

하간전(河間傳) 249
한국식 한문 201
한국적 언어미학 218
한글간찰 261
한당유사 138
한문소설사 14
한문소설집 255

찾아보기 305

한문장편소설 34
한씨삼대록 280
항상성 33
해동문헌총록(海東文獻總錄) 229, 232, 234
해피엔딩 58, 173
해학성 188
행복한 결말 68
허구적 독서물 36
허구적 예외성 105
허구적 진실 40
허균(許筠) 231, 240
현실부정 58
현실의 뒷이야기 48, 55, 61, 67
현실주의 경향 12
현우・선악(賢愚善惡) 34
협사(俠士) 79
형성기가문소설 281
호사다마(好事多魔) 40, 50, 143
혼인 274
혼인담 274
혼인서사 275, 276
홍도이야기 259
홍루몽 264
홍백화전(紅白花傳) 274, 277
홍석주(洪奭周) 229
홍씨독서록(洪氏讀書錄) 229
화본소설(話本小說) 29, 32
화영집(花影集) 232, 252
환경의 통속성 48
환경과의 부조화 36
환경의 예외성 38
환상세계 75
환상적 이국정서 52

황중윤(黃中允) 241
홍미본위 46

■ 양승민(梁承敏)

경기 안성 출생.
강남대 국문과를 나와 고려대 대학원에서 석·박사학위를 받음.
민족문화추진회(현, 한국고전번역원) 국역연수원을 졸업했고,
북경사범대와 중국사회과학원 문학연구소에서 연수과정을 마침.
현재 선문대 중한번역문헌연구소 연구교수로 있음.
smyangkr@hanmail.net

한국고전서사문학연구총서 ⑯

한문소설의 통속성

2008년 5월 20일 초판 1쇄 발행

지은이 양승민
펴낸이 김흥국
펴낸곳 도서출판 보고사

등록 1990년 12월(제6-0429)
주소 서울시 성북구 보문동 7가 11번지
편집부 922-5120~1, 영업부 922-2246, 팩스 922-6990
홈페이지 www.bogosabooks.co.kr
메일 kanapub3@chol.com

ⓒ 양승민, 2008
ISBN 978-89-8433-515-8 (93810)
정 가 15,000원

▶잘못된 책은 교환하여 드립니다.